한국사

42

대한제국

국사편찬위원회

한국사 간행취지

우리 겨레가 앞으로 어떻게 살아갈 것인가 하는 문제는 우리들은 물론 우리와 더불어 살아가는 세계인들의 관심사일 것이다. 이에 대한 해답은 과거에 어떻게 살아왔는가 하는 우리 역사에 대한 인식을 통해 찾을 수 있을 것이라고 생각된다.

본 위원회에서는 이미 1970년대에 「한국사」 25권을 간행하여 해방 이후 한국사의 연구성과를 집대성함으로써 한국사에 대한 인식을 새롭게 한 바 있다. 그 이후 한국사회는 놀라운 성장과 발전을 이루었고 역사학계도 상당한 연구성과를 축적하였다. 이러한 변화에 발맞추어 한국사학계는 새로운 「한국사」 편찬의 필요를 느끼게 되었다.

이에 본 위원회는 일차적으로 한국사 연구지원비를 마련하여 역사학계로 하여금 1980년대 중반까지 연구성과가 미진하다고 생각되는 분야를 연구할 수 있도록 하였다. 이어서 1989년부터 1990년까지의 준비를 거쳐 1991년에는 신편한국사 편찬위원회를 따로 구성하고 총 60권에 달하는 새로운 「한국사」를 편찬하기로 하였다. 그리고 다음과 같은 「한국사」 편찬의 목표를 세웠다.

1) 한국의 역사와 문화에 대한 객관적 인식의 토대를 제공할 수 있는 한국사를 편찬한다.

2) 민족의 창조적 문화활동과 민족사의 내재적 발전을 드러내는 한국사를 편찬한다.

3) 최근까지의 연구성과를 체계화하고 새로운 영역을 개척함으로써 한국사 연구의 지평을 넓힌다.

4) 한국사 연구와 관련하여 고고학·인류학·사회학·경제학 등 인접학문의 연구성과를 수용하여 한국사 인식의 폭을 넓히는 데 기여한다.

새로운 「한국사」를 펴내면서 우리 모두가 바라는 바는, 민족의 통일에 대비해야 하고 급격히 변화하는 시대상황 속에서, 한국사 연구자의 깊이 있는 연구를 도와주고 독자들의 역사인식을 드높일 수 있는 길잡이 구실을 할 수 있었으면 하는 것이다.

국사편찬위원회 위원장

목 차

Ⅳ. 일제의 국권침탈

Ⅴ. 대한제국의 종말

개 요

I

청일전쟁 이후 3국간섭과 민비시해를 비롯한 일련의 정치적 격변속에서도 갑오경장과 을미개혁을 추진하던 조선왕조는 1897년 10월에 '大韓帝國'을 선포하여 본격적인 근대국가로의 전환을 기도하였다. 그러나 이 대한제국은 1910년 8월 일제에 의해 국권이 상실되어 불과 14년에 걸친 단명제국으로 종언을 고하였다. 그것도 대한제국의 대내외적 '獨立國家의 自主權'은 1904년 러일전쟁 이전의 전반기에 겨우 유지되었고 후반기 7년 동안은 일제에 의해 자주권이 잠식되다가 한국 식민지화을 추진하던 일제 통감부의 괴뢰정부로 전락된 모습마저 보였다.

법적으로 대한제국의 국호인 '大韓'은 1897년 10월 12일부터 쓰기 시작하였다. 근대적 부강국가를 이룩할 목적으로 '조선왕조'를 '대한제국'으로 전환시키고자 〈大韓國國制〉를 제정하였다. 오랫동안 宗廟와 社稷에 제를 올리며, 형식적인 면이 크기는 하지만, 明과 그를 이은 淸에 事大之禮를 행하고 그의 '小邦'임을 자처하던 조선왕조는 황제가 군림하는 중국과도 동등하게 自主之邦이며 皇帝之國임을 천명하는 의례로 圜丘壇을 쌓고 그곳에서 天地에 제를 올리고 稱帝建元하고 국호를 '대한'이라 부르게 한 것이다. 이를 황제의 頒詔文에서 다음과 같이 천명였다.

> 朕이 생각컨데 檀君과 箕子 이래로 강토가 나뉘어 각각 한 모퉁이를 차지하고 서로 雄함을 다투다가 高麗에 이르러 馬韓 辰韓 弁韓을 呑倂하였으니 이것이 三韓을 統合함이다. 우리 太祖께서 용흥하는 처음에 輿圖로써 밖으로 개척한 땅이 더욱 넓어져 북으로 靺鞨의 界를 다함에 상아와 가죽을 생산하고, 남으로 耽羅國을 건움에 귤과 풍부한 여러 해산물를 貢하는지라. 폭원이 4천리에

一統의 業을 세우시며 禮義法度는 唐虞를 조술하고 산하가 공고하여 福을 우리 子孫萬世 반석의 宗에 드리셨거늘 오직 짐이 不德하여 여러 어려움을 당하였는데 上帝께서 돌아보시어 위태함을 돌려 平安함을 갖게 하고 獨立의 기초를 창건하여 자주의 權利를 행케하시니…금년 9월 17일에 白嶽(북악산)의 남에서 天地에 祭를 올리고 황제에 즉위하며 천하에 號를 정하여 '大韓'이라 하고 이 해로써 光武 元年을 삼는 것이다(《高宗實錄》 권 35, 광무 원년 10월 11일).

대한은 조선의 부정이나 혁명이 아니라 도리어 단기 이래의 분립, 자웅을 다투던 여러 나라를 통합하고 나아가 마한·진한·변한까지 병탄한 고려를 이은 조선의 유업을 계승, '독립의 기초를 창건하여 자주의 권리'을 행하는 뜻에서 국호로 정하였다고 밝힌 것이다. 동시에 연호를「광무」로 고쳐 이 해를 광무 원년으로 삼았다.

이와 같이 성립된 대한제국은 근대국가로서의 부국강병을 이룩하여 '자주지방'의 독립국가의 면목을 갖추고자 국정전반의 개혁을 추진하였다. 광무개혁이라 부르는 이 개혁중 중요한 것만 몇 개 들면 다음과 같다.

첫째, 군제개혁과 군대확충이었다. 개편방향은 강력한 황제권 행사를 위해 정권을 수호하며 주위 열강의 침략에 대비하면서 자주적 근대군대를 육성하는 것이었다. 최고 군통수부로 元帥府를 설치하고 서울에는 왕궁숙위와 도성경비를 위하여 親衛隊·侍衛隊가 개편·증강되었다. 이들 시위대와 친위대에 대한 대우를 여타 정부부서의 관리보다 특별 우대하여 사기를 진작시키는 방법도 썼다. 또한 중앙군에 비례하여 지방군도 계속 증강되어 갔다. 청일전쟁 후 갑오·을미년간 지방군은 평양과 전주에 친위대가 1개 대대씩 있었을 뿐이었다. 대한제국 후 계속 증가되어 1899년에는 지방군이 2개 진위대대 및 14개 지방대대로 확대되기에 이르렀다. 경외를 합하면 거의 2개 사단의 병력으로까지 군비확장이 이루어졌다. 그러나 무기가 정예화되지 못하고 훈련도 부족하여 1904년 일제 러일전쟁 도발에서는 자국내에서의 전쟁임에도 불구하고 무소위의 군대로 관망할 수밖에 없었다.

둘째, 연례숙원사업인 量田事業을 추진하였다. 그 방향은 '舊本新參'의 이념을 내세워 신구를 새롭게 절충하여 개혁하는 것이었다. 따라서 量田論과 土地所有權을 아울러 추구한 것이다. 1898년부터 1904년까지 7년 동안 추진된 이 양전사업은 내부적으로 많은 문제를 안고 있었으나 종래 양지아문에서 양전한 것까지 합치면 218군으로 확대되어 전국적으로 3분지 2에 비율을 차지하게 되었다.

셋째, 산업진흥을 위하여 식신흥업정책을 추진한 것이었다. 그를 위하여 농상공의 진흥은 물론 교통·운수·화폐·금융분야까지 확대하면서 산업진흥정책을 추진하였다. 그러나 열강의 이권경쟁과 정치적 불안이 겹쳐 소기의 성과는 얻지 못하였다. 때문에 근대 학계에서 光武改革論爭까지 일고 있다.

넷째, 근대교육의 진행정책이었다. 그중에도 실용교육과 관리양성교육에 중점을 두는 교육정책이 추진되었다. 그러한 배경에서 鑛務學校와 電務學校, 郵務學校까지 세워지고 일어·한어·영어 등의 각종 외국어 교육기관이 번창하게 되었다. 그러나 광무년간의 교육지표인 교육입국에는 질양 어느 면에서나 실현되기 어려운 상황이었다.

Ⅱ

일제는 조선말 소위 征韓論을 제기하면서 침략을 기도한 이래, 한국을 국제적으로 고립시켜가면서 한국에서의 독점적 지배권을 확대시켜 갔다. 일제는 이와 같은 목표를 달성하기 위하여 '명치유신' 이래 영미 등 열강의 비호아래 급속하고도 철저한 군국화의 길을 걸었다. 그리하여 1894년에는 청일전쟁을 도발하여 한국내에서 중국세력을 몰아내고, 이어 제국주의 열강의 세력권 분할 등과 같은 국제정세를 교묘히 이용, 중국에서의 영국의 우월권을 인정하는 구실로 제1·2차 영일동맹을 맺어 영국으로부터 한국에서 일본의 우월한 지위를 인정받았다. 한편 필리핀에서의 미국의 우월권을 승인하는 명분을 세워 태프트-카츠라밀약에서 미국으로부터도 한국에서의 일본의 우월한 지위를 보장받았다. 그리하여 제국주의 열강의 세계분할 횡포 가운데 한국의 주권이 일제의 수중에 넘어가는 국제적 '양해'가 성립되기 시작했다. 이렇듯 일제는 한국을 제국주의 열강의 간섭권 밖으로 끌어내는 데 성공하면서 재빨리 '주한일본군'이라는 침략군을 앞세워 한국강점을 감행하기에 이르렀다.

일제의 한국강점은 특히 1904~1905년의 러일전쟁을 계기로 본격화되어, 일본은 궁극적으로 한국을 식민지화하기 위한 '병합'에 착수하였다. 일제는 1894, 5년의 청일전쟁과 뒤이은 삼국간섭 이래 10년을 두고 러시아를 배제하면서 한국을 독점, 식민지화하고자 하였다. 한국의 식민지화를 위한 이러한 방략은 마침내 1903년 4월 러시아의 용암포 병참기지화 착수를 계기로 1903년 8월부터 1904년초까지 일단 외교적 담판을 시도하였다. 이 담판에서 러시아와 일본은 식민지화 대상인 한국과 만주를 놓고 각기 분할점유하자는 외교적 흥정을 시도하였다. 하지만 양국 모두 군사력에 의한 식민지의 확장이라는 제국주의 야심을 포장한 까닭에 양보가 있을 리 없었다. 따라서 1903년 말에는 39도선 분할을 운운하던 이 회담이 교착상태에 빠지게 되었다. 이에 일본은 영일동맹의 체결과 미국의 지지를 배경삼아 무력을 통한 해결을 결정하는 한편 한국에 대한 독자적인 식민지화 방침을 굳혀 1903년 12월 30일 일본 閣議에서는 무단적인 「對韓方針」을 결의하고 착수시기만을 노리게 되었다. 이 방책에는 일제는 어떠한 경우라도 한국을 식민지화하겠다는 결연한 의지가 분명히 내재되어 있다. 다만 이 의지를 군사적인 실력으로써 목적을 달성하되 가능한 한 외형상이나마 명분이 서는 방책을 구사하겠다는 것이다.

이와 같은 방침에서 수행된 일본의 첫단계 실천이 러일전쟁의 도발과 한국주둔군의 파견 및 한국의 군사적 강점, 그리고 이와 같은 군사적 위협을 발판으로 삼아 한일의정서를 체결하는 것이었다. 일본은 1904년 2월 6일 러시아에 대하여 주러일본공사 栗野愼一郞를 통해 국교단절을 통보하고 征露軍과 함께 미리 편성한 한국파견군의 출동령을 내려 2월 9일 서울에 입성하였다. 일제의 이러한 군사행동은 종래 2개 중대의 일본군이 주둔하여 자국 거류민 보호를 담당하던 서울의 형세를 일거에 변화시켰다. 즉 한국파견군의 서울 침입은 한국에 대한 정치·군사적 장악을 의미하는 것이다. 이에 한국정부는 겁에 질려 기왕에 표명하려던 중립선언을 백지화시켰다. 일본군의 서울입성이 완료되자, 일본공사 하야시 곤스케(林權助)는 당일 광무황제를 알현하여 금차 러일의 개전과 일본군의 서울입성은 "한국 황실과 국토를 보호하여 한국의 독립을 영구히 하기 위한 의거"라는 상투적인 거짓말로 광무황제를 기만하면서 排日行動을 견제하기 시작하였다. 일본군은 이후에도 전력 보강과 征露北軍의 증파를 구실로 서울뿐 아니라 연일 전국 도처에 들어왔다. 특히 인천·서울간은 일본군과 그들의 군수물자로 가득하였으며, 서울의 주요 건물은 일본 침략군의 병영지가 되다시피 하였다. 이처럼 서울을 비롯한 전국 각지에는 일본군이 대규모로 진주하였기 때문에 궁궐·한국군 병영·학교·관청 및 민간 대저택 등을 차례로 징발 사용하였다.

2월 23일의 한일의정서는 이와 같은 일본군의 주둔하에서 강제로 체결된 것이다. 이후에는 한국에 대한 군사적 경영을 본격화하기 위해 3월 11일자로 한국임시파견대를 '韓國駐箚軍'이라 개칭하고 그 사령부를 서울에 두고 제12사단 병참부에 후비병을 보충하여 영구 주둔을 차비하였으며, 육군소장 原口兼濟를 초대 주차군사령관에 임명하였다.

그후 동년 10월에는 후일 제2대 조선총독으로 악명을 떨친 하세가와 요시미치(長谷川好道)가 사령관에 임명되었으며, 병력은 사령관 예하에 2개 사단이 서울을 비롯한 전국 주요지역에 유기적으로 분산배치되었다. 이러한 한국침략 일본군은 연간 약 4백만원의 경비를 소비하면서 對韓軍事經營案에 따라 한국의 주권을 침탈해 갔던 것이다.

Ⅲ

1910년 8월 29일 발표된 '한일병합에 관한 조약'[1]은 명실상부하게 한국의 일제 식민지 전락을 명문화한 것이다. 러일전쟁 도발과 아울러 시작된 일제의 한국 식민지화 추진은 '주한일본군'의 군사경영을 주축으로 추진된 것이

1) 이 조약문은 韓·日文의 原文은 서두에 조약의 명칭없이 前文과 本文만으로 구성되었다. 그러나 전문속에 '合併條約'이라 명시되어 한일간의 '併合'에 관한 조약임을 명시했다. 8월 22일 체결되었으나, 일제는 내외정세를 관망 29일 공포했다. 따라서 한국은 8월 29일을 國恥日로 하였다. 한편 이미 8월 21일 작성된 이 조약의 英文原文에는 'Treaty regarding the Annexation of Korea to the Empire of Japan'이라는 명칭이 있다. (이하 〈한일합병조약〉이라 약칭).

다. 러일전쟁의 수행을 구실로 서울을 비롯한 중요 도시와 전국 요충지에 진주한 주한일본군은 서울 용산에 사령부를 두고 각 주둔지에 영구 군영지를 건설하면서 한국을 군사적으로 강점하였다. 이후 일제는 주한일본군의 무력을 앞세워 명의만 남은 한국정부를 회유 혹은 협박 등의 갖은 수단을 다하여 무력화시켜 가면서 끝내 그들의 괴뢰정부로 전락시켰다.

그보다 일제는 이와 같은 군사력을 앞세워 한국의 외교와 재정권을 탈취. 1905년 11월까지는 그들의 '보호국'으로 만들었다. 뿐만 아니라 한국의 내정·경찰·사법권 등을 장악하고 철도·통신권을 접수함으로써 한국의 통치권을 행사하였다. 나아가 일제는 한국의 농업·상업·공엄 등 모든 산업까지 잠식, 끝내 한국의 식민지체제를 구축하였다. 그리하여 일제 식민지의 완성을 선언하는 1910년 8월의 한일합병조약 반포에까지 이른 것이다.

이와 같이 주한일본군의 한국침략 이래 한일합병조약에 이르기까지 일제가 경영한 식민지체제의 내용을 정리하면 첫째, 러일개전을 핑계로 삼아 한국을 강점한 일제 침략군이 일진회 등 현지 친일세력의 도움을 얻어 전국적 항전을 벌이던 의병을 거의 '진압'하였다. 그리하여 실질적으로는 의병항전이 무력화되기에 이른 것이다. 일제측으로서는 설사 의병활동이 계속된다 하여도 그것은 한국 식민지통치에는 별 지장을 미치지 못하는 것으로 판단하고 있다. 즉 '한일합병' 직전 의병의 동향을 일제는 다음과 같이 파악하면서 의병탄압을 위한 만전의 대책을 세워 놓고 있었다.

> 정변(한일합병)에 즈음하여 전 한국을 통해 조그마한 동요도 있은 일이 없고 평화로운 사이에 時局을 종결시킬 필요를 생각해 暴徒(義兵)의 토벌과 北關 두만강 연안의 경비, 수도에서의 응급한 준비를 위해 (1910년) 6월 중순부터 군대배치 및 이동을 행하여 7월 9일로서 전부 완료하였다. 당시 폭도로서 다소 저명한 것은 황해도 동북부와 강원도 북부의 蔡應彦이 거느린 한 집단과 姜基東 도당이 있다. 두만강 대안에는 간도 및 두만강 하류 방향으로 北關에 침입하려고 기도하는 李範允의 도당과 노우키에프스크(煙秋) 부근의 崔都憲(才亨)과 洪範圖가 거느린 것 등도 있다(寺內正毅, 〈朝鮮總督報告 韓國併合始末〉 부록, 韓國併合과 軍事上.의 關係).

둘째, 사령부를 용산에 둔 '주한일본군'이 서울을 비롯한 전국 주요도시와 요새지를 완전 장악하고 영구 군사시설을 건설, 군사적으로 한국 영유를 완결시켰다. 한편, 3,400명 이상으로 알려진 그들 헌병과 4천명의 헌병보조원, 그리고 경찰 등을 일본군 헌병대로 지휘체제를 일원화시켜 그들로 하여금 '치안' 경찰의 임무까지 담임시켰다.

셋째, 주한일본군을 배경으로 통감부는 한국정부를 정치적으로 무력화시켜 한국통치에 실권이 없는 명분상의 정부로 전락시키는 데 그치지 않고 통감부의 괴뢰정부로 개편하여 식민지체제 확립의 앞잡이로 만들었다. 한편, 한국정부 지휘하의 군대를 재정상의 구실 등을 내세워 계획적으로 해산시켜 위험요소를 제거하였다. 1910년 국치 전후의 한국군대는 궁중 호위와 위장용으로 1개 보병연대 및 기병연대가 있었으나 이것까지도 엄중 단속시켰다.

이와 같은 일련의 상황은 일제가 그들 주한일본군을 앞세워 한국을 강점하면서 완전히 한국의 주권을 유린하는 데 그친 것이 아니라 한국정부를 괴뢰화시켜 정치·경제·사회·문화 등 모든 방면에 걸친 주권을 탈취 행사하여 실질상 한국을 식민지로 경영하고 있음을 의미하는 것이다. 그러나 일제는 이에 그치지 않고 명목상으로 국호와 황제가 남아 있고 정부가 존재하므로 이마저 완전 제거하여 명실상부한 일본의 식민지로 만들 '한일합병'이라는 수순이 필요하였던 것이다.

일제의 한국 식민지체제의 확립이 이와 같은 상황에까지 도래하였으므로 이완용 이하 괴뢰화된 한국정부의 수괴들은 물론 모든 친일세력들은 일제에 의한 '한일합병'이란 조치는 불가피할 뿐만 아니라 당연한 것으로 인식하고 오직 남은 것은 '합병'선언 직전까지 친일에 앞장서 일제에게 '공로가 있는 한인'인 자기들의 차후의 부귀영화를 보장받는 즉 일제 '天皇의 寬仁'한 처분만을 기다리는 상황이었다. 그것마저도 가증스럽게 '皇帝의 안녕을 확실히 확보'한다는 명분의 그늘에서 조금이라도 일제에게 많은 공로를 세우려고 경쟁까지 벌이는 상황이었다.

'한일합병'이란 식민지화의 마지막 조치의 일제측 하수인인 테라우치 마사타케(寺內正毅)통감은 마침내 본국정부에 불려가 일왕으로부터 '합병'을 결행하라는 '諭旨'를 받고 그해 7월 23일 귀임하였다. 이에 전후해 이완용·송병준 등 부일두목들은 서로 경쟁하다시피 테라우치에게 하수인이 되기를 자원하여, 결국 내각총리대신 이완용이 지명되었다. 그 방법은 '합의적 조약' 즉 한일합병조약을 체결하는 것으로 꾸미고 형식은 한국 황제가 일본 천황에게 자진하여 '한국의 통치권을 영구히 양도'하는 것으로 하고, 그에 관한 모든 문안과 절차는 테라우치가 본국정부에서 훈령을 받은 것에 따랐다.

> 짐은 동양의 평화를 공고히 하기 위하여…한국의 통치를 모두 짐이 가장 신뢰하는 대일본 황제폐하에게 양여할 것으로 결정하여…내각총리대신 이완용에게 대일본제국 통감 寺內正毅와 회동하여 상의 협정케 한다(寺內正毅, 〈朝鮮總督報告 韓國倂合始末〉).

위의 이완용의 신임장 내용부터 前文과 8개조의 한일합병조약과 그밖의 모든 것이 테라우치가 본국정부에서 훈령받은 '괴문안'이라고 할 수밖에 없는 것을 받아 억지로 한국측의 제안으로 위장 발표한 것이다.

명목상의 주권마저 강탈해 간 한일합병조약의 체결이 이와 같이 일제의 하수인 테라우치와 '土倭의 수괴'로 불리던 이완용 사이에 한국 국민의 의사와는 무관하게, 더구나 한국민의 의지에 반하여 자의적으로 합의형식(조약)에 의해 체결된 것으로 발표되고 말았다. 이로써 한국에는 국호와 정부, 황제 등 일체의 주권적 표현마저 사라지고, 대신 일본의 식민지 통치기구인 통감부를 확대한 朝鮮總督府가 생겨 명실상부한 무단통치하에 들어가게 되었다. 이런 민족사에 참담한 오물인 한일합병조약을 체결하는 댓가는 오직 다음과 같은 것이었다.

> 현 내각대신으로 그 유종의 직책(일제 괴뢰내각 대신으로서의 임무)을 다하고 원만히 시국 해결(한일합병조약 체결)을 수행함에 있어서는 특히 달리 발탁되어 특별한 恩賞과 榮爵을 받고, 이에 더하여 평생 행복한 생활을 하기에 족한 賜金이 내려질 뿐 아니라 모두 중추원 고문에 임명되어 장래 시정상의 자문을 맡고 명예를 거머쥘 수 있다(寺內正毅, 〈朝鮮總督報告 韓國倂合始末〉).

그중에서도 이 조약체결의 하수인 집단의 두목인 이완용은 특히 '賜金'과 '伯爵' 작위를 받아 一身一家의 부귀의 발판을 마련하였다.

한일합병조약이 일제의 자의적인 조치와 이를 추종한 괴뢰 친일 이완용내각간의 암거래였음은 조약체결중 논의된 "첫째 韓國의 국호를 朝鮮으로 고칠 것, 둘째 皇帝를 李王殿下, 大皇帝를 太王殿下, 皇太子를 王子殿下라 칭한다"라고 한 대목에서도 여실히 그 실상이 부각된다. 즉 조약체결시 한국황제가 자진하여 한국의 통치권을 영구히 일본왕에게 양여한다는 등 '유구한 역사와 문화를 지닌 나라'를 완전히 말살하는 내용의 조약문이나 그 절차중의 본질적인 것에 대하여는 테라우치가 지시하는 대로 순종하고 말았다.

단지 "국호는 의연 韓國으로 하며 皇帝에게는 王의 존칭이 부여되어야 한다"고 이견을 제시하며 그 이유를 다음과 같이 주장하였다.

> 주권없는 국가 및 왕실로서는 단지 형식에 지나지 않는다고 할지라도 일반 인민의 감정에 미치는 바 적지 않아 일찍이 한국이 청국에 예속된 시대에도 여전히 국왕의 칭호는 존재하였던 역사가 있기에 왕호를 부여하여 그 종실의 제사를 영구히 존속시켜 인민을 융화하는 한 방편이 되어 소위 和愛協同의 정신에도 부합되는 것이다(寺內正毅, 〈朝鮮總督報告 韓國倂合始末〉).

그러나 이것 둘다 본질적으로 반영되지 못하고 속임수의 내용으로 분식되어 절충·시행되었다. 그리하여 대한이란 국호는 아주 없애버리려 하였으나 인민의 동요를 우려하여 "한국의 국호를 고쳐서 지금부터는 朝鮮이라 함"이라 하여 우리 나라 국호가 '대한'에서 '조선'으로 변경하여 위장하였던 것이다.

이것은 일본에 편입된 식민지의 지명에 불과한 것으로 나라를 없애면서 한국 민족을 잠시 현혹시켜 그들의 식민지로 경영하려는 계략에 불과하였다. 그러므로 일제의 헌법에는 일본국토에 대하여 그들 종래의 "本州와 九州·四國·北海道 및 臺灣과 그 부속도서"에서 "혼슈와 큐슈·시코쿠·혹카이도 및 조선·타이완과 그 부속도서"로 한다고 정리, 조선을 명백하게 일본의 '신영토로 편입된' 지역으로 규정하였던 것이다. 따라서 조선인은 조선에 사는 그들의 새로운 '부용인'이므로 조선총독부는 그들을 통치하는 권부로 사용한 것이다. 이와 같이 한일합병조약에 의하여 대한의 국명은 강제로 금지되고 조선을 우리 나라와 민족의 卑稱 내지 그들 식민지 지명으로 왜곡 강제하면서도 그를 숨기기 위하여 '국호개정'이란 칙령까지 이용한 것이다.

그러나 우리 민족은 일제의 이와 같은 의도와는 관련없이 조선이 유구한

국명일 뿐 아니라 민족의 자존·자립의 개념을 지닌 미칭의 국명으로 식민지통치 전 기간에 걸쳐 사용하였으며 '대한'이란 일제가 강제로 없앤 조국을 의미하는 개념으로 간주, 그 부흥을 위해 민족적 항쟁을 계속하였다.

다음으로 皇帝칭호에 대해서는 처음에 나라가 없어졌으므로 사용할 수 없으니 '太公'이라 하고 황태자를 '公'이라 할 것을 제시하였다가, 곧 인심의 동요를 막기 위하여 李王·李王子로 고쳐 단지 李氏王室의 祭祀者로서의 명칭만을 유지하게 한 것이다. 즉, '王'이란 명칭이 있다 하여도 그 위에 '李'를 첨가 '이씨왕실'의 개념만을 취하게 한 것이다. 이와 같이 일제와 그들의 괴뢰 정부인 이완용의 한국정부 사이에 맺은 식민지화를 명실상부하게 확정짓는 한일합병조약의 발표 절차도 만약 한국정부가 반대하여 성사되지 못할 경우에도 대비하여 일방적으로 병합을 단행하는 선언서까지 마련하였으나 괴뢰정부 부일배들의 자진협력으로 그것은 무용화되고 말았다.

이와 같이 일제의 하수인인 데라우치통감과 그들의 괴뢰로 전락한 이완용 사이에 암거래로 맺어진 괴문서인 한일합병조약이 자주국 한국 인민의 의사와는 전혀 상반된 원천무효의 불법조약, 곧 '국제범죄'였다. 그러므로 나라가 망한 사실조차 모른 채 국내에서는 주한일본군의 대탄압을 피해 산간벽지로 숨어든 의병의 항일전만이 간간히 치뤄질 뿐 일제측 주장대로 '겉으로는 평온한' 편이었다. 그러나 외신을 통하여 한일합병조약 늑결 사실을 알게 된 國外 한인들은 즉시 조약의 불법성을 성토하면서 그 무효를 선언하고 나섰다. 그 가운데서도 海島間의 한인들이 聲明會를 조직, 조약의 원천무효를 주장할 뿐만 아니라 영원한 血戰을 선언하는 성명서를 러시아와 미국을 비롯한 국제 열강에게 보냈던 것은 그 두드러진 사례가 되고 있다.

〈尹炳奭〉

Ⅰ. 대한제국의 성립

Ⅰ. 대한제국의 성립

1. 대한제국의 성립 배경

1) 청일전쟁 이후 동아정세의 변화

고종이 러시아공사관에서 경운궁으로 거소를 옮기자(1897. 2. 20) 皇帝即位를 요청하는 상소가 점차 조야로부터 쇄도하였다. 이들의 주장은 고종이 황제로 즉위하고 연호를 변경하여 나라의 위엄을 높이고 자주독립의 기틀을 마련해야 한다는 것이었다. 이른바 稱帝建元을 하자는 주장이었다. 이런 분위기에서 그해 8월에는 얼마전 일본의 위압 하에 정해져 1년간 쓰였던 建陽이란 연호를 光武로 변경하고, 10월 12일에는 마침내 고종이 황제로 즉위하였다. 이어 다음날 조정에서는 조선이란 국호를 대한으로 개정하여 대한제국의 탄생을 내외에 선포하였다. 500여 년간 지속된 조선왕조가 막을 내리고, 한국사상 최초로 황제의 나라 大韓帝國의 시대가 열린 것이다.[1)]

---

1) 이 글의 작성에는 아래의 글이 참고되었다.
宋炳基, 〈光武改革研究－그 性格을 中心으로〉(《史學志》 10, 1976).
姜萬吉, 〈大韓帝國의 性格〉(《創作과 批評》 48, 1978).
權錫奉, 〈淸日戰爭以後의 韓淸關係의 研究(1894-1899)〉(《淸日戰爭을 前後한 韓國과 列强》, 韓國精神文化研究院, 1984).
李求鎔, 〈大韓帝國의 成立과 列强의 反應〉(《江原史學》 1, 1985).
李玟源, 〈稱帝論議의 展開와 大韓帝國의 成立〉(《淸溪史學》 5, 1988).
———, 〈大韓帝國의 成立過程과 列强과의 關係〉(《韓國史研究》 64, 1989).
———, 〈大韓帝國의 改革과 그 實態－政府와 獨立協會의 皇權認識과 關聯하여〉(《韓國民族運動史研究》 9, 1994).
月脚達彦, 〈大韓帝國成立前後の對外的態度〉(《東洋文化研究》 1, 學習院大學 東洋文化研究所, 1999).
奥村周司, 〈李朝高宗の皇帝即位について－その即位儀禮と世界觀－〉(《朝鮮史研究會論文集》 33, 1995).

대한제국의 등장은 우리 나라가 事大朝貢國인 왕국에서 자주독립적인 황제의 나라가 되었다는 데 상징적 의미가 있다. 그것은 한국사의 전통적인 흐름과 개항 이후 접목된 세계사적 흐름이 합류하여 나타난 역사적 격랑의 중요한 귀결점이다. 그것은 또한 이후에 전개된 한민족 역사의 새로운 출발점이기도 하다.[2] 다시 말해서 대외적으로는 한국이 중국 중심의 冊封體制에서 서구 중심의 萬國公法體制로 확고히 편입했음을 최종적으로 그리고 공식적으로 확인한 획기적 사건이었고, 대내적으로는 王國인 조선과 民國인 대한민국(임시정부) 사이에 존재한 근대의 '자주독립'한 전제군주국이었다.

그러나 대한제국이 선포된 시기는 국내외적으로 심각하게 위기가 연출되던 때였다. 항일운동을 펼치던 전국의 동학농민군은 일본군에 의해 초토화된 상태였고, 서울의 궁정에서는 일본의 군인과 경찰, 낭인배 등이 왕비를 참혹하게 살해하여 그 시신을 불태워 버리는 만행을 자행하였는가 하면, 신변의 위협을 견디다 못한 고종이 궁녀의 가마에 숨어 러시아공사관으로 피신하는 기막힌 사태가 불과 1~2년전에 연출되고 있었다.

환궁한 그해에도 고종은 신변이 불안정하였다. 국가재정은 고갈되고, 군대와 경찰은 국내치안을 유지하기도 어려울 만큼 조직이 무너져 있었다. 그러니까 청일전쟁 이후의 한반도 상황은 그야말로 瀕死의 지경이었다.

이렇게 나라의 운명이 급전직하로 추락해 가던 시기에 도리어 고종이 황제로 즉위하고 대한제국을 선포한 것이다. 대한제국이 등장한 내외적 배경은 무엇인가. 멀리는 조선 후기 이래 지속된 華夷觀의 변화, 가까이는 청일전쟁 이래 전개된 동아의 국제상황 변화이다.

황제란 하늘의 명을 받아 천하를 다스리는 사람이다. 전근대의 동양사회에서는 중국의 천자만이 황제를 칭할 수 있었다. 즉 중국 중심의 화이관이 지배하던 동양권에서는 모든 나라가 천자의 제후격인 왕이 다스리는 나라로서 어디까지나 중국의 일개 藩屬國이었다. 각국은 중국에 事大朝貢을 하였고, 연호도 중국의 그것을 사용하였다.[3] 그 결과 조선에 이르기까지 역대 한

2) 宋炳基, 위의 글.

3) 이를 '天朝禮治體系'로 보는 견해에 대해서는 黃枝連, 《亞洲的華夏秩序－中國與亞洲國家關係形態論》·《東亞的禮義世界－中國封建王朝與朝鮮半島關係形態

국의 왕조는 중국황제의 책봉을 받는 나라로서 자주국이 아니라는 인식이 일반의 뇌리에 깊숙이 박혔다.

이러한 중국 중심의 사고가 큰 변화를 맞게 된 것은 조선 후기에 이르러서이다. 17세기에 들어서 명나라가 청나라로 교체되고 서학이 전래되자 조선조 지식인들의 세계관이 변해갔다. '만주의 오랑캐족'이 한족왕조를 무너뜨리고 중원을 차지하여 고도의 문물을 향유하고 있다는 현실은 물론이고, 동양 외에도 고도의 문명을 누리고 있는 또 다른 세계가 서양에 존재한다는 것, 나아가 태양이 지구를 도는 것이 아니라 지구가 태양을 도는 한 개의 위성에 불과하다는 사실 등은 조선의 유자들에게는 그야말로 큰 충격이 아닐 수 없었다. 바로 이러한 충격이 일부 지식인들에게는 자의식 형성에 중요한 계기가 되었다. 즉 내 나라 조선은 무엇인가라는 의문이 그것이다.

그래서 이들은 과거에 주로 중국의 역사와 문화에 관심을 집중하던 자세에서 벗어나 우리 나라의 역사·지리·언어·사상 등 각 분야에 적극적으로 관심을 기울여 갔다. 이들에게서 발해의 역사를 신라의 그것과 함께 우리 역사의 정통으로 보아야 한다[4]는 인식이 팽배함은 물론, 중국도 지구상의 하나의 나라이고 조선도 똑같은 하나의 나라라는 인식이 등장하였다.[5] 그러나 당시 정치권 주류측의 인식은 그렇지 않았다. 현실적으로는 小中華의식이 팽배한 가운데 대외적으로는 청국의 영향력도 상존하였다.[6]

이후 조선의 문호가 개방되면서 지식인들의 세계관은 또 한차례 변화를 맞게 된다. 개화사상가들이 등장하면서 청국으로부터 나라의 자주권을 확립하자는 요구가 일부의 관료에게서나마 서서히 무르익어 갔고, 거기서 대두한 것이 왕을 황제로 높이고 연호를 독자적으로 쓰자는 주장이었다.[7] 그러나 임오군란(1882)과 갑신정변(1884), 거문도사건(1885) 등을 거치면서 청국이 조

論》(北京 : 中國人民大學出版社, 1992·1994) 등을 참조.

4) 韓佑劤·李成茂編, 《史料로 본 韓國文化史-朝鮮後期篇》(一志社, 1985), 531쪽.

5) 李瀷, 《星湖僿說》, 〈天地門-分野〉.

6) 宋贊植, 〈星湖의 새로운 史論〉(李佑成·姜萬吉編, 《韓國의 歷史認識》 下, 創作과 批評社, 1976).

李萬烈, 〈17·8世紀의 史書와 古代史認識〉(위의 책).

7) 李玟源, 앞의 글(1988).

선에 대한 내정개입을 강화해 감에 따라서 그러한 주장은 용납되기 어려웠다. 한 예로 임오군란 2개월 후 조청간에 체결된 무역장정은 마치 종속관계의 文證 같았다.[8)]

청국이 이렇게 조선에 대한 내정간섭을 강화해 간 것에는 나름대로 이유가 있었다. 서구 열강이나 일본이 한반도를 장악한다면 북경이 위태로워진다는 안보상의 판단 때문이었다. 脣亡齒寒의 논리였다. 이러한 배경 하에 지속된 청국의 간섭은 결국 조선이 청국과는 종속관계를 유지하면서, 다른 한편으로 서구 열강과는 근대적 조약체결을 통해 적어도 형식상으로는 대등한 국가관계를 유지해 가는 기이한 모습을 갖게 하였다. 한쪽으로는 만국공법이 지배하는 세계질서 속에, 다른 한쪽으로는 전근대적 책봉체제의 굴레에 묶여 있었던 셈이다.

그러나 청일전쟁의 결과 조선을 구속하던 책봉체제의 굴레는 벗겨졌다. 강화의 결과 체결된 시노모세키조약(下關條約, 1895. 4. 17)에서 '청국은 조선의 완전무결한 독립자주국임을 확인하고, 장래 조선의 청국에 대한 貢獻·典禮를 전적으로 폐지한다'고 하였다. 이후 청국의 조선에 대한 압제도 현실적으로는 사라졌다. 대한제국의 등장은 이처럼 의식상으로는 조선인들이 지니고 있던 중국 중심의 세계관이 변하고, 현실적으로는 청일전쟁의 결과 조선이 청국의 구속을 벗어난 상황에서 가능했다.

2) 조선의 위기와 정부의 대응

시노모세키조약에서 청국의 조선에 대한 종주권이 부인된 것 자체는 고종의 황제즉위와 대한제국 선포를 가능하게 한 중요한 외적 조건이었다. 그러나 청국의 구속에서 벗어난 것만으로 조선이 명실상부하게 자주독립국이 되었다면 구태여 그같은 조치를 취한다는 것도 무의미한 일이었을 것이다. 황제즉위와 대한제국 선포를 추진한 배경에는 별도의 이유가 있었던 것이다. 그것은 일본과 러시아의 압제, 그리고 고종의 거듭된 신변위기로 인해 형성

8) 즉 朝中商民水陸貿易章程(1882. 10. 4)을 말함. 이에 대해서는 金鍾圓, 〈朝·中商民水陸貿易章程〉(《歷史學報》 32, 1966), 120~169쪽을 참조.

된 조야의 국권과 군권의 확립에 대한 절실한 열망이었다.

청일전쟁의 결과는 조선이 청국의 간섭을 벗어나게 하였다는 점에서 긍정적인 면이 있었다. 그러나 조선을 더 위기에 빠뜨리는 심각한 문제가 목전에 다가왔다. 조선을 지배하려는 일본의 목표 때문이었다. 전쟁 초기부터 고종이나 대원군, 대신들 모두는 서울을 장악한 일본군의 인질로 전락하였다. 혹여 조선에서 일본에 대항하는 집단과 인물에 대해서는 가차없는 보복이 가해졌다. 그 점을 단적으로 보여주는 것이 일본군의 동학농민군 초토화 작전이었고, 을미사변(명성황후시해사건 : 1895. 10. 8)의 만행이다.9)

얼마 후 조선은 고종의 러시아공사관 피신에 의해 가까스로 위기를 피하였지만 이후로도 어려움은 지속되었다. 만주와 한반도를 둘러싸고 러일간에 세력균형이 유지되는 가운데 조선의 국권은 일본과 러시아 양국에 의해 급속히 실추되어 갔기 때문이다. 대한제국 선포를 전후하여 한국에 관해 3차에 걸쳐 체결된 러·일간의 협정(웨베르-小村覺書, 로바노프-山縣議定書, 로젠-西協定)이 무엇보다 그 점을 잘 보여 준다. 러·일 양국간에는 한반도에서 세력균형이 형성되어 대외적으로는 평온해 보였지만, 이들 협정의 조문에 보이듯 고종의 신변보장 문제나 정부대신들의 인사문제, 나아가 군사와 재정권 등이 모두 양국의 견제 하에 표류하고 있었던 것이다.10)

이렇게 일본과 러시아가 공동으로 가하는 압제는 고종과 정부측이 안고 있던 가장 큰 부담이었다. 그 외에도 산발적으로 야기되고 있던 국내 각 집단의 반정부·반개화운동 등도 정부측에는 큰 부담이었다. 일례로 유생과 농민층은 외압 하에 있던 정부대신이나 지방에 파견된 관료들을 외세의 앞잡이로 보고 적대행동을 하는 일이 빈번하였다. 반면 정부는 이들을 '폭도'로 보았고, 때로는 외압에 의해서 군사와 경찰을 동원하여 이들을 '진압'하였다. 외압에 대해 공동대처를 하지 못하고 오히려 자국의 군민들끼리 출혈을 보이던 형국이었다.

---

9) 朴宗根著·朴英宰譯, 《淸日戰爭과 朝鮮》(一潮閣, 1988).
李玟源, 〈閔妃弑害의 背景과 構圖〉(崔文衡外, 《明成皇后弑害事件》, 民音社, 1992).

10) 李玟源, 《俄館播遷 前後의 韓露關係 1895~1898》(韓國精神文化硏究院 韓國學大學院 博士學位論文, 1994).

이런 상황에서 정부가 적절한 대응을 하기란 기대난망이었다. 군사·재정적 기반은 무너져 가는 데다 관료조직은 와해되어, 나라의 운명을 결정지을 국제정세가 어떻게 움직여지는지 한치 앞을 예측하기 어려웠다. 이렇게 안팎의 압력에 직면하면서 고종과 정부는 '以夷制夷'식의 다변외교와 이권양여를 통한 외원모색, '상징(물)의 조성'을 통한 자주독립 의식의 환기, 언론 및 집회의 지원을 통한 국권의식 고취와 배외운동 등으로 대책을 수립해 갔다. 여기에는 관료와 재야의 신지식인, 도시민 등 고종과 정부의 입장을 보다 잘 이해할 수 있던 집단의 호응이 따랐다.[11]

그러나 외교적 대응은 기회균등을 요구하는 각국의 압력에 의해서 기대했던 성과는커녕 손실만 커 갔다. 각국 모두가 막강한 무력과 경제력, 정보력을 바탕으로 내정개입을 해 오는 상황에서, 군사력과 경제력이 거의 뒷받침되지 않은 채 '도덕적 차원'의 외교만으로 소기의 성과를 기대하기란 불가능한 일이었다.

그럼에도 밖으로 고립무원한 상황에서 어느 정도 성과를 본 것이 있었다. 독립문·독립관·독립공원 등을 건립하거나 《독립신문》과 독립협회 등을 통해 세계의 흐름과 정세를 알리고, 국권의 자주와 나라의 독립에 대한 관료와 일반의 의식을 환기한 것 등이 그것이다. 이들 모두 국권의식의 고취에 중요한 목적이 있었음은 물론이다.

아관파천 수개월 뒤에 독립문을 건립하기로 한 고종의 결정에 대해 다음과 같은 내용은 그 점을 잘 보여준다.

> 우리는 오늘 국왕이 서대문 밖 영은문 터에 독립문을 건립하기로 정했다는 사실을 경하한다. …이 문은 다만 중국으로부터의 독립을 의미하는 것이 아니라 일본·러시아로부터 그리고 모든 구주 열강으로부터의 독립을 의미하는 것이다(*The Independent*, 1896년 6월 20일, 논설).

요컨대 독립문은 청국으로부터 독립을 이룬 것을 상징하는 기념물일 뿐만 아니라 일본과 러시아 등으로부터 나라의 자주권을 지키자는 의미의 기념물

---

11) 李玟源, 앞의 글(1994).

이었다. 고종의 황제즉위와 대한제국 선포도 넓게 보면 이들과 맥락이 같다.[12] 청일전쟁 이후 청국세력의 철수, 그 이후 한반도 주변에 조성되어간 러·일간의 세력균형과 러·일 공동의 조선에 대한 압제, 그리고 국권의 자주에 대한 관민의 인식의 확대는 고종의 황제즉위와 대한제국 선포의 중요한 내외적 배경이었다. 고종과 정부측으로서는 청일전쟁·아관파천·환궁을 거치면서 청국·일본·러시아의 일방적 구속을 벗어나 잠시 운신의 폭이 넓어진 상황에서 택한 조치였다.

거듭 강조하지만, 거기에는 몇 가지 목적이 함께 있었다. 첫째는 중국에 대한 사대종속 관념을 탈피하자는 것, 둘째는 청일전쟁 이후 더욱 실추된 군주의 권위와 권력을 회복시키자는 것, 셋째는 일본과 러시아 등 모든 외국의 간섭으로부터 자주독립을 이루자는 갈망이 그것이다. 환언하면 국가적 위기에 대응하여 군주를 중심으로 힘을 모아 추락한 나라의 자존심도 복구하고 무너져 가는 국가체제도 강화하자는 것이었다.[13]

2. 고종의 황제즉위 과정

1) 황제즉위의 논리

대한제국의 등장에서 핵심은 고종의 황제즉위와 국호의 제정이다. 그렇다면 군주를 중심으로 국가체제를 강화하자는 것과 황제즉위와는 어떠한 관계가 있는 것인가. 다시 말해 국가체제를 강화하자는 목표가 황제즉위로 연결된 이유는 무엇인가. 그것은 '황제가 없으면 독립도 없다!'는 국민 일반의 인식 때문이다. 당시 다수의 일반 국민들은 여전히 중국 중심의 화이관에 입각한 세계관을 떨쳐버리지 못했다. 다시 말해 황제의 나라는 자주독립한 나라

12) Vipan Chandra, *Imperialism, Resistance, and Reform in late Nineteenth Century Korea : Enlightment and the Independence Club,* Institute of East Asian Studies, University of California, Berkeley, 1988, pp.15~16.

13) 李玟源, 앞의 글(1994).

이고, 왕의 나라는 자주독립한 나라가 아니라는 생각이 그것이다. 바로 이런 점 때문에 조선이 개항한 이래 대한제국이 선포되기까지 고종의 황제즉위가 필요하다는 주장이 조야에서 누차 제기된 것이다.

최초로 이를 주장한 인물은 金玉均으로 알려져 있다. 그는 갑신정변 당시 청국에 조공하는 허례를 폐지할 것을 주장하면서 조선국왕을 청국황제와 동등한 지위로 격상시켜 자주독립의 상징으로 삼고자 한 것으로 보인다.[1] 그러나 갑신정변의 실패와 함께 김옥균 등의 이러한 시도는 좌절되고, 오히려 청국의 내정간섭만 확대시켰다. 그후 1892년 朝墺修好通商條約을 체결·비준할 당시 양국 관계자 사이에 언급된 바 있고, 1894년 일본이 개혁을 명분으로 조선의 내정에 간섭할 당시에는 주한일본공사 오도리 가이스케(大鳥圭介)도 일시 꺼냈다가 유야무야 된 적이 있었다.[2]

이후 을미사변 직후의 살풍경한 분위기 하에서도 이 일은 내각에서 거론되어 '일사천리'격으로 가결을 보기까지 하였다(1895. 10. 15). 즉 황제와 군주의 위치는 서구에서 아무런 차이가 없는 것이지만, 일반 국민은 '황제가 없으면 독립도 없다'는 생각들이니 황제즉위는 반드시 필요하다는 주장이었다.[3] 그러나 러·미·불측의 외교관들이 먼저 이 문제에 대해 제동을 걸고 나왔다. 환영해 마지않아야 할 고종도 이를 거부하였고 내각의 인사들 사이에도 논란이 많았다. 그러자 얼마 후 일본공사는 이 일의 추진을 중지하도록 조선의 대신들에게 '권고'하였고, 결국 황제즉위건은 무산되었다.[4]

이상을 통해 볼 때 고종의 황제즉위건은 조선과 일본 양쪽에서 때때로 제기하였음을 알 수 있다. 무슨 이유 때문일까. 조선측 인사들은 자주독립의 인식을 일반 국민들에게 심어주고, 특히나 을미사변 이후에는 왕비를 잃은

---

1) 《駐韓日本公使館記錄》 7, 〈機密本省往復〉(國史編纂委員會, 1989, 明治 30년 10월 25일 機密第71號 皇帝位號ノ起因ニ幷其承諾ニ關スル意見.
黃 玹, 《梅泉野錄》 上(韓國學文獻硏究所編, 《黃玹全集》 下, 亞細亞文化社, 1978), 993~994쪽.

2) 위와 같음.

3) 尹致昊, 《尹致昊日記》 4(國史編纂委員會, 1975), 74~75쪽.

4) 《駐韓日本公使館記錄》 4, 〈機密通常和文電報往復〉(1988), 1895년 10월 26일발.
《尹致昊日記》 4, 76~80쪽.
金允植, 《續陰晴史》 上(國史編纂委員會, 1966), 379쪽.

고종의 비탄도 위무하자는 뜻이 있었던 것으로 보인다. 그러나 일본측의 목적은 달랐다. '일본이 청국으로부터 조선을 자주독립시켰다'는 선전임과 동시에 을미사변 이후의 사태를 호도하려는 것이었다.[5] 청일전쟁을 '조선을 위한 義戰'이라 한 것과 맥락이 같다. 이렇게 볼 때 황제즉위건에 대한 고종의 거부는 일본의 압제에 대한 저항이었고, 열국 외교관의 성토는 일본이 조선에서 마음대로 독주하는 것에 대한 견제였던 것이다.[6]

이로부터 얼마 후 고종이 러시아공사관으로 피신하자 황제즉위건은 재등장한다. 이번에는 이를 주장한 쪽이 과거와 달랐다. 김옥균을 암살한 洪鍾宇 등이 이를 주장하고 나선 것이다.

> 이 임시 왕궁시대(아관파천 당시를 말함)에 프랑스로부터 귀국한 홍종우는 일찍이 奇計로써 김옥균을 상해에 유인하여 살해하였듯이 기지에 능하였는데, 그는 프랑스(에 다녀온) 선물로 황제즉위식을 거행할 것을 진언하였다. 반역변란당의 화로 과거 일년간 공포와 우울 속에 잠겨있던 국왕에게 제공된 홍종우의 프랑스 선물은 暗夜의 燈火였다(菊池謙讓, 《近代朝鮮史》 下, 京城 : 鷄鳴社, 1939, 478~481쪽).

홍종우는 일찍이 일본을 방문(1888~1890)하였고 프랑스에 유학(1890. 12~1893. 7)한 바 있는 신지식인, 나름대로는 국제상황에 대한 인식과 개화에 대한 생각도 갖고 있었던 인물이다. 그러나 그가 생각한 개화의 모델은 일본이 아니라 서구 유럽, 그 중에서도 제정시대의 프랑스였다.[7] 이렇게 김옥균과 홍종우 양인의 정치적 입장과 구상은 달랐지만, 황제즉위가 필요하다고 본 점은 같았다. 사실 친일파와 친러파 모두 정파는 다르지만 황제즉위 자체를 필요하게 여긴 것은 마찬가지였다.[8] 그러나 고종이 러시아공사관에 피신해

5) 中央研究院近代史研究所 編, 《清季中日韓關係史料》 8(臺北, 1972), No. 3412.

6) Allen to Olney, Nos. 160·161, Seoul, Oct. 17·19, 1895(*Despatches from U. S. Ministers to Korea 1883~1905*(이하 *DUSMK*로 칭함).

7) 洪淳鎬, 〈韓佛人士交流와 프랑스 顧問官의 來韓〉(《한불수교100년사》, 韓國史研究協議會, 1986), 112~113쪽.
조재곤, 〈大韓帝國期 洪鍾宇의 近代化 改革論〉(《擇窩許善道先生停年紀念 韓國史論叢》, 一潮閣, 1992).

8) 고종의 칭제건에 대해서는 '친일내각' 인사들뿐 아니라 '친로내각' 인사들도

있던 비정상적 상황에서 역시 이 문제가 구체화되기는 어려웠다.

결국 고종의 황제즉위건이 정부측에 의해 본격적으로 공론화 되어 간 것은 고종이 러시아공사관에서 明禮宮(경운궁, 현재의 덕수궁)으로 환궁(1897. 2. 20)한 이후이다. 그해 5월(음력 3월) 前郡守 鄭喬와 前承旨 李最榮을 비롯하여 儒學 沈宜承·權達燮·姜懋馨, 議官 任商準 등이 황제즉위를 요청하는 상소를 마련하였다. 그 내용은 대체로 다음과 같은 것이었다.

> 구주 각국에서 황제와 군주의 위치가 평행하고 그 높음도 대략 같으니 改號할 필요가 없다는 주장은 동서양 국가의 位號와 관습의 차이를 알지 못하고 하는 말이다. 하필 東亞의 좋은 칭호를 두고 서구의 관습을 따르겠는가. 토지가 넓지 않고 藩屬을 두지 않았으면 거론할 수 없다고 하는데 이것은 어리석은 자의 망령된 주장으로 족히 변론할 것도 없다.…제국은 구역의 넓고 좁음이나 附屬의 유무에 무관한 것으로 혹자가 支那를 통일한 연후에나 의논할 수 있겠다 하는 것은 俗儒의 어리석은 주장이다. 외국의 인정여부에 관한 의문은 만국통행의 공법을 알지 못하는 자의 말이다. 萬國公法을 보건대 존호는 각국이 자주로 하는 것이며, 타국은 이를 좇아 인정할 뿐이니 타국이 인정하고 아니함은 논할 것이 못된다. 동아의 대국인 청국과 일본은 모두 이런 존호를 쓰는데 오직 우리 나라는 아직까지 거행하지 않고 있어 동양국면에 크게 관계가 있다(鄭喬,《大韓季年史》上, 國史編纂委員會, 1957, 161~162쪽).

이같은 맥락의 상소는 그해 10월초까지 이어졌다. 그 내용은 대체로 앞서와 같은 내용이었다.

> 첫째, 皇·帝·王은 비록 글자는 다르지만 한나라를 자주하고 독립하여 의지하지 않는다는 점에서 같은 뜻을 지닌다. 帝位에 오르신다 하여도 萬國公法상 조금도 구애됨이 없으므로 정부에서 의논하여 대책을 세우시고 황제의 尊號를 올림으로서 尊君하는 輿情에 부응하시고 문약·의부하는 습관을 깨뜨려야 할 것이다.
>
> 둘째, 갑오경장 이후 독립의 이름만 있고 독립의 실이 없다. …우리 나라 국

원했다(《尹致昊日記》4, 123쪽 ; Nelson M. Frederic, *Korea and The Old Orders in Eastern Asia,* Batom Rouge, Louisiana State University Press, 1946, p. 235 ; 러시아大藏省編,《國譯 韓國誌-本文篇》, 韓國精神文化硏究院, 1984, 42쪽).

민이 문약한 성품으로 의부하는 성습이 멀리는 이천 년, 가까이는 오백 년으로 이를 떨쳐 버려야 할 것이다.

셋째, 우리 나라의 의관문물이 모두 明의 제도를 좇아 그 統을 이었다. 따라서 位號를 바로 세우는 일이 불가할 것이 없다. 청이 우리와 동양에 처해 있는 것은 독일·오스트리아가 로마와 인접해 있는 것과 다름이 없다.

네째, 우리 나라가 자주독립국임은 만국이 공인하고 있는데 무엇이 두려워 하지 못하는가. 우리 나라 강토는 한·당의 옛 땅과 관계있고 의관문물은 송·명의 제도를 모두 좇았으니 그 계통을 접수하여 그 존호를 쓴다해도 불가할 것이 없다.

다섯째, 혹자는 말하기를 왕이나 군은 한 나라를 다스림을 말하고 황제는 여러 나라를 다스림을 말한다 하여 영토를 개척하고 백성을 늘려 여러 나라를 통합한 상태가 아니면 황제칭호의 사용이 불가하다고 한다. 그러나 우리 나라는 三韓을 통합한 것이고 육지강토는 4천리요 인구는 2천만에 모자라지 않는다. 오늘날 폐하의 신민된 자가 지존한 존호를 씀에 누가 이를 원하지 않는다는 것인가(《高宗實錄》 권 35, 광무 원년 9월에서 10월초 참조).

이상에서 보듯이 '황제의 존호를 씀으로써 문약하고 남에게 의지하는 습관을 깨뜨려야 한다'는 것, 갑오경장 당시 밝힌 자주독립의 이름을 황제즉위를 통해 보다 구체화하자는 것, 우리 나라가 漢·唐·宋의 계통을 이은 明나라의 문물을 좇았으니 그 정통을 이은 나라로서 황제의 존호 사용이 타당하다는 것이었다.[9)]

그러나 이에 대한 반대도 없지 않았다. 보수유생과 서구지향적인 신지식인들의 논리가 그러하였다. 먼저 崔益鉉·柳麟錫 등 위정척사운동을 전개하던 보수유생들은 尊華攘夷의 관념에 근거하여 고종의 황제즉위건에 대해 비판하였다. 즉 중화의 문명을 이은 우리의 의관문물제도를 바꾸는 것은 불가하며, '서구의 의례에 따라 존호를 바꾸는 것'은 짐승의 제도를 취하는 것으로서, 소중화의 나라에서 황제즉위를 한다는 것은 망령되이 스스로를 높이는 행위라는 것이었다.[10)]

한편 尹致昊와 같은 서구지향적인 신지식인의 논조도 비판적이었다. 다만

---

9) 《高宗實錄》 권 35, 건양 2년 5월 1·9·16·26일.

10) 崔益鉉, 《勉菴集》(麗江出版社, 1990), 89~91쪽.
柳麟錫, 《昭義新編》(國史編纂委員會, 1975), 62~65·83~84·278쪽.

보수유생들과는 논리가 달랐다. 윤치호는 황제즉위란 서구의 열강에게 아무런 의미가 없는 '유명무실'한 조치이며, '외국 군대가 왕궁을 침입하여 국모를 시해하는 마당에 서구 열강 아무도 알아주지 않을 그같은 행사에 재정을 낭비하기보다는 국정의 개선과 효율적 운영을 통해 자주독립의 기초를 다지는 것이 시급하다'는 생각이었다. 즉 빈약한 정부의 재정을 낭비하는 '외화내빈'의 행사보다는 내정에 충실을 기해야 한다는 것이었다.11)

《독립신문》에서도 비슷한 논조가 우회적으로 펼쳐지고 있었다. 즉 '나라가 자주독립 되는 데는 꼭 대황제가 계셔야 자주독립 되는 것은 아니다. 왕국이라도 황국과 같이 대접을 받으며 권리가 있는 것이다. 지금 조선에 제일 긴요한 것은 자주독립의 권리를 잃지 아니하여야 할 터인즉, 관민이 대군주폐하가 황제 되시는 것을 힘쓰는 것도 옳거니와 제일 자주독립권리를 찾으며 지탱할 도리를 하여야 할 것'이라 하였다.12) 이것 역시 황제즉위식과 같은 행사보다는 자주독립의 기초를 닦을 수 있는 현실적인 대책이 필요하다는 뜻이었다.

그러자 반론이 제기되었다. 張志淵·鄭喬 등 '동도서기'적 입장을 가진 지식인들의 논리가 그러하였다. 이들은 보수유생들의 논리는 너무 고루하고, 윤치호 등의 논리는 시대를 너무 앞질러 간다고 보았다. 전자의 주장에 대해서는 '어리석은 자들의 망령된 주장으로 일고의 가치도 없다'고 반박하였고, 후자의 주장에 대해서는 '청·일 모두 황제·천황을 칭하는데 우리만이 왕(당시 대군주폐하)을 칭하여 비하할 이유가 없으며, 황제가 없으면 독립도 없다는 일반인의 인식을 고려할 때, 우리 군주의 존호도 황제로 높여 쓰는 것이 반드시 필요하다'는 논리를 폈다.13)

고종이나 정부측에 설득력 있게 받아들여진 것은 장지연·정교와 같은 지식인들의 논리였다. 그럼에도 정부측에서는 한동안 황제즉위건을 보류해 두고 있는 듯하였다. 황제즉위를 요청하는 상소도 5월 이후로는 한동안 뜸하였

11) 《尹致昊日記》 4, 72~75쪽·5, 88~120쪽.
12) 《독립신문》, 광무 원년 10월 2일, 논설.
13) 張志淵, 〈辨贊正崔益鉉論皇禮疏〉(《韋庵文稿》 3, 國史編纂委員會, 1971), 90~91쪽. 鄭喬, 《大韓季年史》 上, 160~162쪽.

다. 여론이 무르익기를 기다렸던 것이다. 다른 한편 정부에서는 이 문제에 대한 열국의 반응이 어떠한지를 탐문하였다. 다소 차이가 있었지만 각국은 '이 일이 조선의 자주에 속한 일이기 때문에 굳이 이를 저지하거나 방해하지는 않을 것'이라는 반응이었다.[14] 이후 정부측에서는 본격적으로 일에 착수하게 되었다.

이상의 전과정을 놓고 볼 때 고종의 황제즉위건은 조야의 여론을 바탕으로 정부측이 추진해 갔음을 알 수 있다. 그렇다면 그 핵심에 위치하고 있었던 고종의 생각은 어떠한 것이었을까. 고종은 일찍이 황제즉위건에 대해 관심이 적지 않았다. 고종으로서는 청국과 일본 등 외세의 압제에서 시달리면서 거듭 국가적 위기와 신변의 위협을 경험한 바 있었으며, 게다가 2년 전 왕비를 비명에 잃은 슬픔을 지워버리기가 어려웠다. 바로 이러한 현실이 고종으로 하여금 황제로의 즉위를 모색하게 한 것으로 보인다. 황제즉위건에는 그동안 위축되어 온 군권의 회복, 비명에 간 왕비를 위무하려는 소박한 열망, 그리고 나라의 총력을 모아 내외의 위기에 대응하자는 구상 등이 두루 용해된 것이었다.[15]

이상에서 보듯이 황제즉위에 관한 주장은 초기의 몇몇 인사들로부터 전현직관료 등으로 확대되어 갔다. 그에 관한 논의는 고종이 환궁한 한두 달 뒤부터 수개월간 간헐적으로 진행되었으며, 황제즉위의 필요성이 논리적으로 정리되고, 반대하는 주장에 대해 하나 하나 비판하는 등 대체로 여론수렴의 형식을 취하고 있었다. 그리고 그 배경에는 국가적 위기를 타개해 보자는 고종과 정부측의 구상이 깊게 배어 있었다.

이런 과정을 거쳐 그해 8월 연호가 제정되고, 10월초에 정부백관의 상소가 이어지면서 마침내 고종도 황제즉위건에 대해 재가를 하였다(10. 3). 황제즉위식 거행일도 그달 12일(음력 9월 17일)로 확정되어 이 문제는 최종 결말을 보기에 이르렀다.

---

14) 《清季中日韓關係史料》 8, No. 3439, 5050쪽.
15) 위와 같음.
《尹致昊日記》 5, 98~99쪽.
Allen to Sherman, No. 18, Seoul, Oct. 14, 1897, *DUSMK*.

2) 고종의 황제즉위식

고종의 황제즉위와 관련해 주목되는 것은 연호의 제정과 圜丘壇[16]의 설치 그리고 환구단에서의 황제즉위식 행사 등이다. 조선에 이르기까지 한국의 역대 왕조는 특별한 경우를 제외하면 거의가 중국의 연호를 썼다. 중국의 천하였기 때문이다. 그러나 아편전쟁 이래 중국은 동양의 중심적 역할을 상실해 가기 시작하였고, 청일전쟁에 이르러서는 더욱 그러하였다. 그 결과 조선도 1896년에는 建陽이라는 새 연호를 쓰게 되었다. 그 점에서 조선은 청국으로부터 '독립했다'고 할 수 있었다.

그러나 이 '조선의 독립'이란 유명무실한 것이었다. 청국의 간섭은 벗어났다 하여도 일본의 간섭으로부터는 자유롭지 못했기 때문이다. 건양이란 연호의 채택도 일본의 간섭하에서 진행되었고, 主上殿下를 大君主陛下로, 王妃殿下를 王后陛下로, 王世子低下를 王太子殿下 등으로 변경한 것도 그러하였다.[17] 이를 두고 '우리 역사상에 등장한 적이 없는 기이한 명칭'이라는 비판도 없지 않았다.[18] 결국 아관파천과 환궁 등을 거치면서 조선이 일본의 구속을 잠시 벗어난 사이에 문제의 연호와 존호가 공개적으로 논의되기 시작한 것이었다.

얼마 후 沈舜澤이 議政에 임명되어 황제즉위식에 관한 의례와 그때까지 장례를 미루어 두었던 왕비의 장례식 준비에 착수하도록 명을 받았다. 그가 光武와 慶德 두 개의 안을 놓고 建元건을 상주하자, 광무가 새 연호로 확정되었다(1897. 8. 16).[19] 광무라는 새 연호에는 모든 외세의 간섭으로부터 벗어나 힘을 기르고 나라를 빛내자는 의미가 있었다.

연호를 제정한 뒤 9월에 들어서면서 정부관료들이 고종의 황제즉위를 요

---

16) 환구단은 원구단이라고도 읽는다. 그러나 1897년 당시의 《독립신문》에서는 환구단으로 거듭 쓰고 있으므로 여기서도 당시의 표현을 따라 환구단으로 표기하였다(《독립신문》, 광무 원년 10월 12일, 논설).

17) 《官報》, 개국 503년 12월 12일.

18) 《淸季中日韓關係史料》 8, No. 3430, 5040쪽.

19) 《官報》, 건양 2년 8월 14·17일.

청하는 상소를 다시 올렸다. 관료·유생들의 상소를 바탕으로 심순택과 趙秉世·朴定陽·南廷哲 등이 고종을 알현하여 거듭 황제로 즉위할 것을 진언하였고, 李秀丙 등 성균관 유생들의 상소도 이어졌다. 아홉 번의 사양 끝에 고종은 마침내 이를 재가하였다. 아홉이란 숫자는 동양적 의미로는 가장 큰 수, 사양할 만큼 사양했다는 뜻이니 다분히 의식적이었다.[20]

즉위식 행사는 11일에서 12일에 걸쳐 행해졌다. 황제즉위를 경축하는 태극기가 장안에 물결치는 가운데 치러졌다. 장소는 '환구단', 서울의 南署 會賢坊 小公洞契였다.[21]

원래 환구단은 천하를 다스리는 지상의 황제가 천지의 신에게 제사를 지내는 단이니 원칙적으로는 황제의 나라에만 존재한다.[22] 그럼에도 우리 나라에서 '圜丘祭'가 제도화된 것은 고려 성종대부터로 보인다. 그러나 고려 전기에 행해졌던 환구단에서의 제천행사는 고려 말기에 와서 背元親明策을 취한 이후 명나라 사신의 혁파종용과 당시 신진사류층의 성리학적 명분론 등에 의해 폐지되고 말았다. 조선왕조의 건국 이후로도 태종 및 세조 때 기우제 등의 경우에 방편적으로만 거행된 것 외에는 환구제를 국가적 행사로 거행할 수 없었다.[23]

이처럼 중국을 의식하여, 혹은 주자학적인 명분론에 입각한 중화사상에 의해 조선왕조 5백년 동안 행해지지 못했던 제천행사를, 이제 황제즉위식과 함

---

20) 《高宗實錄》 권 35, 광무 원년 9월 25~30일.
《大韓季年史》 上, 162쪽.

21) 현재 소공동에 위치한 웨스틴조선호텔(Westin Chosun Hotel) 자리이다. 환구단의 조성 경위에 대해서는 《高宗實錄》 36, 광무 원년 9월 21일·29일, 10월 1일·12일조 및 《官報》, 광무 원년 9월 21일·10월 4일 〈宮廷錄事〉 등을 참조.

22) 그의 원형은 현재 북경성의 동남부에 위치한 방대하고도 웅장한 규모의 天壇에서 잘 느껴볼 수 있다(望天星·曲維波編, 《天壇》, 北京 : 中國世界語出版社, 1996).

23) 韓佑劤, 〈朝鮮王朝時代에 있어서의 儒敎理念의 實踐과 信仰·宗敎〉(《韓國史論》 3, 1976).
金泰永, 〈圜丘壇〉(서울市史編纂委員會, 《서울市六百年史－文化史蹟篇》, 1987), 201~204쪽.
平木實, 〈朝鮮半島における王權－朝鮮王朝時代を中心に〉(松原正毅編, 《王權의 位相》, 弘文堂, 1991).

께 환구단에서 행할 수 있게 된 것이었다. 완성된 환구단의 모습을《독립신문》에서는 이렇게 소개하였다.

이전 남별궁 터전에 단을 모았는데 이름을 환구단(圜丘壇)이라고도 하고 황단(皇壇)이라고도 하는데 역군과 장색 천여 명이 한달이 못되어 거의 다 건축을 하였는데 단이 삼층이라. 맨 밑층은 장광이 영척으로 일백 사십 사척 가량인데 둥글게 돌로 쌓아 석자 길이 높이를 쌓았고, 제이층은 장광이 칠십 이척인데 밑층과 같이 석자 높이를 쌓았고, 맨 윗층은 장광이 삼십 육척인데 석자 길이로 둥글게 높이를 쌓아서 올렸고, 바닥에는 모두 벽돌을 깔고 맨 밑층 가으로는 둥글게 석축을 모으고 돌과 벽돌로 담을 쌓았으며 동서남북으로 황살문을 하여 세웠는데 남문은 문이 셋이라. 이 단은 금월 십이일에 황제폐하께서 친행하시어 거기서 백관을 거느리시고 황제위에 나아가심을 하느님께 고하시는 예식을 행하실 터이라(《독립신문》, 광무 원년 10월 12일, 논설).

이상으로 보아 이때의 환구단은 규모는 작았지만, 대체로 명대와 청대에 걸쳐 중국 천자의 제천행사에 쓰였던 북경의 환구단 형태를 따른 것이었다.[24] 황제즉위식 광경은 서울의 내외국인들에게 좋은 구경거리였다. 먼저 즉위식 전날의 광경에 대해《독립신문》에서는 이렇게 보도하였다.

십일일 밤 장안의 사가와 각 전에서는 등불을 밝게 달아 길들이 낮과 같이 밝았다. 가을 달 또한 밝은 빛을 검정 구름 틈으로 내려 비쳤다. 집집마다 태극국기를 높이 걸어 애국심을 표하였고, 각 대대 병정들과 각처 순검들이 만일에 대비하여 절도있게 파수하였다. 길에 다니던 사람들도 즐거운 표정이었다. 십이일 새벽에 공교히 비가 왔다. 의복들이 젖고 찬기운이 성하였다. 그러나 국가의 경사를 즐거워하는 마음에 젖은 옷과 추위를 개의치 않고 질서 정연히 각자의 직무를 착실히 하였다. 십일일 오후 두시 반 경운궁에서 시작하여 환구단까지 길가 좌우로 각 대대 군사들이 질서정연하게 배치되었다. 순검들도 몇백 명이 틈틈이 벌려 서서 황국의 위엄을 나타냈다. 좌우로 휘장을 쳐 잡인 왕래를 금하였고 옛적에 쓰던 의장등물을 고쳐 황색으로 만들어 호위하게 하였다. 시위대 군사들이 어가를 호위하고 지나갈 때에는 위엄이 웅장했다. 총끝에 꽂힌 창들이 석양에 빛을 반사하여 빛났다. 육군장관들은 금수로 장식한 모자와 복장을 하였고, 허리에는 금줄로 연결된 은빛의 군도를 찼다. 옛 풍속으로 조선군복

24) 북경의 天壇은 북쪽에 위치한 祈年殿과 皇乾殿, 남쪽에 위치한 환구단과 皇穹宇의 두 부분으로 이루어져 있다(望天星·曲維波編, 앞의 책 참조)

> 을 입은 관원들도 있었으며 금관조복한 관인들도 많이 있었다. 어가 앞에는 대황제의 태극국기가 먼저 지나갔고, 대황제는 황룡포에 면류관을 쓰고 금으로 채색한 연을 탔다. 그 뒤에 황태자가 홍룡포를 입고 면류관을 쓴 채 붉은 연을 타고 지나갔다. 어가가 환구단에 이르자 제향에 쓸 각색 물건을 둘러보고 오후 네시쯤 환어하였다(《독립신문》, 광무 원년 10월 14일, 논설).

이어 황제즉위식은 다음날 새벽에 고종이 다시 환구단에 나아가 천신에게 고하는 것으로 시작되었다.

> 십이일 오전 두시 다시 위의를 갖추어 황단에 가서 하느님께 제사하고 황제위에 나아감을 고했다. 황제는 오전 네시반에 환어했다. 동일 정오 십이시에 만조백관이 예복을 갖추고 경운궁에 나아가 대황제폐하께와 황태후폐하께와, 황태자전하께와 황태비전하께 크게 하례를 올리니 백관이 즐거워들 하더라(《독립신문》, 광무 원년 10월 14일, 논설).

환구단에서의 황제즉위식 행사는 동양의 전통적인 양식에 서양의 양식이 일부 혼합된 모습이었다. 이러한 행사는 한·당·송·명으로 이어지는 계통을 우리 나라가 직접 계승하여 衣冠文物과 典章制度를 모두 皇明의 遺制를 따랐다고 주장하던 관료와 일부 유생들의 주장과도 부합하는 내용이었다.[25] 즉 한편으로는 만국공법 질서하의 자주독립한 나라라는 근대적 의식, 다른 한편으로는 명나라의 정통을 우리 스스로가 이었다는 '주체적 중화의식'이 뒤섞여 있었다.

이로써 비록 취약하기 짝이 없었지만, 한국사상 초유의 황제국이 탄생하였다. 《독립신문》에서는 이렇게 보도하였다.

> 광무 원년 시월 십이일은 조선사기에서 몇 만년을 지내더라도 제일 빛나고 영화로운 날이 될지라. 조선이 몇 천년을 왕국으로 지내어 가끔 청국에 속하여 속국대접을 받고 청국에 종이 되어 지낸 때가 많더니…이달 십이일에 대군주폐하께서 조선사기 이후 처음으로 대황제 위에 나아가시고 그날부터는 조선이 다만 자주독립국뿐이 아니라 자주독립한 대황제국이 되었으니…어찌 조선인민이 되어…감격한 생각이 아니 나리오(《독립신문》, 광무 원년 10월 14일, 논설).

---

25) 《高宗實錄》 권 35, 광무 원년 10월 10일.

3. 대한제국의 성립과 열국의 반응

1) 국호 '대한'의 제정과 반포

황제즉위식이 거행된 다음날 조정에서는 朝鮮이란 국호를 大韓으로 변경하여 마침내 大韓帝國을 선포하였다. 국호를 결정한 것은 고종과 대신들이었다. 국호를 대한으로 변경한 이유는 무엇이었는가. 고종과 대신들의 주장은 이러했다.

> 나라는 옛 나라이나 천명을 새로 받았으니 이제 이름을 새로 정하는 것이 합당하다. 삼대 이래로 황제의 나라에서 이전의 나라 이름을 그대로 쓴 적이 없다. 조선은 箕子가 봉해졌을 때의 이름이니 당당한 제국의 이름으로는 합당하지 않다. 大韓이란 이름을 살펴보면 황제의 정통을 이은 나라에서 이런 이름을 쓴 적이 없다. 한이란 이름은 우리의 고유한 나라 이름이며, 우리 나라는 마한·진한·변한 등 원래의 삼한을 아우른 것이니 큰 韓이라는 이름이 적합하다(《高宗實錄》 권 35, 광무 원년 10월 11일).

요컨대 우리 나라는 마한·진한·변한 등 원래의 삼한을 통합한 것이니 큰 한, 곧 대한이라는 이름이 적합하며, 조선왕조의 조선이란 이름은 중국에 의해 기자가 봉해졌던 땅의 이름에서 유래한 것으로 당당한 제국의 명칭으로는 타당하지 않다는 논리였다.

대한제국을 선포한 직후 정부에서는 이를 곧 국민에게 알렸다. 《독립신문》의 영문판과 《한국휘보》 등에서 이 내용을 내외국인에게 상세하게 보도했다.

> 금월 십삼일에 내리신 조칙으로 인연하여 조선국명이 大韓이 되었으니 지금부터는 조선 인민이 대한국 인민이 된 줄로들 아시오(《독립신문》, 광무 원년 10월 16일, 논셜).

이로써 과거 오백년 동안 중국에 사대조공을 해온 조선왕국은 1897년 10월 12일 조용히 막을 내렸고, 한국사상 최초로 황제의 나라 대한제국이 탄생하였다. 당시 《한국휘보》에서는 이를 두고 '조용한 변화'라 하였다. 즉 고종의 황제즉위와 대한제국 선포는 침략자의 발자국 소리나 반역자의 함성, 산을 울리는 포성, 침략자들의 요란한 횃불도 보이지 않는 가운데 조용히 일어난 의미심장하고도 기대에 부푼 변화라는 것이었다.[1]

대한제국이 선포되면서 환구단 등 각종의 의례는 천자국의 그것에 준하여 변경되었다. 즉 종래 南壇에서 제사를 지내온 風·雲·雷·雨의 神을 환구단으로 옮겨오고, 사직단에 모시던 國社·國稷의 神位를 太社·太稷으로 높여 받들게 되었으며, 황제즉위시 행차한 경운궁 즉조당의 편액은 태극전으로 이름이 바뀌었다. 국왕이 입던 자주색 곤룡포도 황색으로 바뀌었고, 왕태자를 황태자로 책봉하고 역대의 고사에 따라 전국의 죄인들에 대해 大赦令을 내렸다.[2] 아울러 故민비는 명성황후로 추존되어 다음달 황후의 예로 장례를 치렀다. 이후 정부에서는 國歌와 황제의 御旗·親王旗·軍旗 등을 제정했으며, 황제를 대원수로 한 프러시아식 복장과 관복을 제정하여 황제의 권위를 높이는 상징물도 제작하였다.[3]

2) 열국의 승인

국제법상 한 나라의 성립 자체는 선포로서 효력을 발휘하는 것이므로 대한제국의 성립 여부는 사실상 다른 나라의 승인 여부와는 무관한 것이었다. 그러나 고종의 황제즉위와 대한제국 선포 자체는 나라의 체면을 높이자는 것도 중요한 목적이었다. 그런 만큼 고종과 정부로서도 각국의 호의적 관심과 승인을 바라는 마음이 간절하였다. 이에 정부에서는 대한제국을 선포한 직후 서울 주재 각국 대표에게 이를 알려 본국정부의 승인 여부를 회답하도

1) *The Korean Repository*, Vol. 4, 1897, pp. 385~400.
2) 《舊韓國官報》, 광무 원년 10월 11일 〈宮廷錄事〉.
李玟源, 앞의 글(1988).
황제즉위의 의례에 대해서는 奧村周司과 月脚達彦의 앞의 글 참조. 단 이들의 글에서는 청국과의 종속관계를 파기한 것에만 의미를 부여하고 있는 점이 아쉽다.
3) 宋炳基, 앞의 글.

록 촉구하였다. 그러므로 각국 정부도 어떠한 형태로든 이에 대한 입장을 표명해야 할 상황이었다.

그러나 각국 대표의 솔직한 반응은 대체로 냉담하였다.[4] 알렌(Horace N. Allen)의 보고에 의하면 이러하다.

> 일본측은 전에 이 조치를 주장하였지만, 근래에는 반대하여 온 것으로 안다. 러시아측은 전에 이에 반대하였지만, 이제 그 반대를 철회하였음이 틀림없다. 독일과 영국 대표는 이를 반기지 않고 있다(Allen to Sherman, No. 14, Seoul, Oct. 5, 1897, *DUSMK*).

황제즉위식 참석 여부를 놓고 서울주재 각국 외교대표들간에 갑론을박이 있었던 것이나, 각국 정부가 이의 승인 여부를 놓고 즉각 반응을 보이지 않고 다소간 뜸을 들인 것도 이같은 입장과 무관하지 않았다.[5] 이러한 반응을 보인 원인은 대한제국 선포 자체가 각국으로서는 그다지 달가울 것이 없는 조치였기 때문이다. 왜냐하면 한국이 모든 주변국의 압제로부터 벗어나고 싶으니 간섭하지 말라는 뜻을 내포하고 있었기 때문이다.

실제로도 서구 각국의 외교관들은 대한제국의 선포를 '1루블의 가치만도 못하게 여긴다'거나 '동전 한닢만도 못하게 여긴다'고도 하였다. 주한일본공사의 보고에서는 고종의 황제즉위 추진과 왕비의 황후례에 따른 장례식 계획을 '浮華虛飾의 망상'이라고까지 하였다.[6] 심지어 일본의 어느 신문에서는 대한제국의 선포에 대해 우롱하는 기사까지 실었다. '대한제국을 선포했지만 과연 대한이 독립국이냐'는 것이었다.[7]

그러자 《독립신문》에서는 그같은 일본 언론의 내용은 헐뜯기 좋아하는 글쟁이의 말이라고 반박하였다.

---

4) 각국의 반응 부분은 일·영·미·러·프·청·독 등 각국의 자료가 약간씩 차이를 보이고 있어 혼란스럽다. 이 중 미·청·영측의 기록은 대체로 일치하고, 일·러·프측 기록은 앞뒤 모순되는 부분이 적지 않아 주의를 요한다.

5) Allen to Sherman, No. 18, Seoul, Oct. 14, 1897, *DUSMK*.

6) 《駐韓日本公使館記錄》 7, 〈機密本省來信〉(國史編纂委員會, 1989), 明治 30년 9월 27일, 機密第61號 王妃葬式延期ノ原因.

7) *The Independent*, 1897년 10월 21일.

> 대한은 약소국이기는 하나 남의 속국이 아니다. 벨기에나 희랍·화란·터키나 마찬가지이다. 대한은 어느 나라와 마찬가지로 동등한 권리를 가지고 있다. 다만 인민이 아직 열리지 않았을 뿐이다(*The Independent*, 1897년 10월 21일).

그러나 이같은 비공식적 차원의 비방과는 별도로 각국은 대한제국의 성립을 직·간접으로 승인하였다.

먼저 일본은 신속히 '대한제국황제'를 지칭하면서 고종의 황제즉위와 대한제국 선포를 간접적으로 승인하는 의사를 표하였다. 일본은 청일전쟁 직후 한동안은 대외적 선전을 위해 고종의 황제즉위를 종용하기도 하였지만, 아관파천 이후 상황이 바뀌자 태도를 바꾸어 이를 반대하였다. 일본은 특히 고종의 환궁 이후 진행되는 황제즉위 논의에 대해 비판적이었다. 황제즉위건을 부화허식의 망상이라고 비방하였고, 일본외상 오쿠마 시게노부(大隈重信)는 주한일본공사에게 조선의 황제즉위건 추진을 철회하도록 공작하게 한 일도 있다.[8]

그러나 일단 황제즉위가 실현되자 일본은 입장을 바꾸었다. 한국정부에서는 대한제국 선포 직후 민비를 명성황후로 추존하여 장례식을 준비하고 있었는데, 이때 일본에서는 주한변리공사 가토 마스오(加藤增雄)를 특사로 임명하였다. 장례식에 참석한 가토는 조선의 대신들에게 냉대를 받았다. 명성황후시해사건과 그 이전 일본의 만행에 대한 분노 때문이었다. 그러자 가토는 천황의 조위국서를 전하였다. 국서에는 '대한국대황제폐하', '대황후폐하'라는 호칭을 쓰고 있었다. 고종과 대신들은 일본이 대한제국을 승인했다 하여 그에 대한 냉대를 누그러뜨렸다.[9] 일본의 대한제국 승인 소식은 즉시 한국의 신문에 실렸다. 일본은 누적된 한국민의 반일감정을 무마하고, 한국정부의

8) Lowther to Salisbury, No. 125, Tokio, Oct. 1, 1897. *F. O. 405-Part X.* 주한영국영사 조단은 2년전(1895)에 일본의 고무에 의해 이같은 변화의 움직임이 있었으나 일본이나 다른 나라 모두 이를 환영하지 않고 있음이 분명하다고 보고하고 있다(Jordan to MacDonald, Inclosure 1 in No. 142, Seoul, Oct. 5, 1897, *F. O. 405-Part X*).

9) 《高宗實錄》 권 36, 광무 원년 11월 22일.
黃玹, 《梅泉野錄》, 220~221쪽.
Allen to Sherman, No. 34, Seoul, Nov. 13, 1897, *DUSMK.*

반감을 무마하려던 목적을 일부나마 이룬 셈이었다.[10]

다음으로 러시아·프랑스 양국은 일본측의 애매한 표현과 달리 대한제국 선포를 공식문서를 통해 명쾌하게 승인하고 축하하였다. 앞서 고종은 러시아의 국호 명명일에 즈음하여 이를 축하하는 전문을 러시아에 보냈고, 러시아 황제(니콜라이 2세)는 '대한국대황제폐하'의 호의에 감사한다고 회답해 왔다(12. 19). 얼마 후 러시아황제는 다시 공문을 보내어 고종의 황제즉위를 축하하고 승인한다고 표명하여 한국 조정을 기쁘게 하였다.[11] 러시아공사와 보조를 맞추던 주한프랑스공사 플랑시(V. Collin de Plancy, 葛林德)도 고종의 황제즉위를 승인, 축하한다는 프랑스정부의 공문을 전하였다.[12]

러시아로서는 대한제국 선포가 자국의 간섭을 벗어나자는 의미도 있다는 점에서는 물론 불만이었다. 그러나 대한제국 선포는 러시아측에 긍정적인 측면도 있었다. 러시아가 한국에서 우위를 확립하고 있는 상황에서 한국이 자주독립국임을 선언한 것은 러시아가 한국의 자주독립을 위해 기여했다는 선전효과도 있었고, 한국은 자주독립국이니 러시아 외에 더 이상 다른 외국은 간섭해서는 안된다는 뜻도 지닌다고 보았다. 아관파천 이전에 일본이 취했던 태도나 마찬가지로 '二重論理'를 가지고 있었다.[13] 당시 러시아의 군사고문과 재정고문 고빙문제로 한국조정을 뒤흔들어 놓고 있던 주한러시아공사 스페이에르(Alexis de Speyer)가 이 문제에 대해서만큼은 결정적으로 제지하지 않

10) Allen to Sherman, No. 34, Seoul, Nov. 13, 1897, *DUSMK*.
《駐韓日本公使館記錄》 7, 〈本省往來信〉, 明治 30년 10월 18일, 發第64號 大君主陛下へ謁見幷ニ稱號ニ關スル御祥文送附ノ件 및 〈機密本省往復〉, 明治 30년 10월 28일, 機密第73號 王妃葬式期幷ニ參禮者ニ關スル意見書.

11) 《官報》, 광무 원년 12월 30일.
《舊韓國外交文書》 , 〈俄案〉 1(高麗大 亞細亞問題硏究所, 1968)(이하 《俄案》 1의 형식으로 표기함), No. 953, 1897년 12월 31일, 士貝耶 → 趙秉式, 皇帝位號의 致賀.
Allen to Sherman, No. 54, Jan. 2, 1893, *DUSMK*.
鄭喬, 《大韓季年史》 上, 171쪽.

12) 《法案》 1, No. 867, 1898년 3월 5일, 葛林德 → 閔種默, 皇帝位號上請通告件에 대한 致賀回信.

13) Nelson, *Op. cit*, pp. 235~240.
李玟源, 앞의 글(1985), 134~135쪽.

왔던 것도 바로 그 점에 이유가 있다.[14)]

그 다음으로 영국의 경우는 공식적인 입장의 표명이 뚜렷하지 않았다. 다만 자국의 외교적 이해와 관련하여 다음해 3월 주한영국총영사 죠단(Jordan)의 직함을 공사로 승임시킨 것이 주목되는 일이었다. 그 동안 한국정부에서는 영국이 상주 외교대표급이 아닌 총영사를 파견한 데 대해 정규대표의 파견을 촉구한 바 있었다. 왜냐하면 러시아와 프랑스는 서울에 공사(Minister)급 외교관을 파견하고 있었고, 일본과 미국도 대리공사(Charge's d'Affaires)급의 외교관을 파견하고 있었기 때문이다. 다시 말해 한국정부는 영국정부가 한국을 낮게 본다고 생각한 것이다.

한편 주한영국영사도 서울에서 타국 외교관에 비해 서열이 낮고 한국정부측에도 그렇게 비쳐져 자신의 업무수행이 적지 아니 지장을 받고 있었다. 가령 1897년 가을 러시아의 고위 세무관리 알렉시에프(Kir Alexeiev)가 서울에 온 이후 브라운의 해고문제로 논란이 되었을 때 조단은 다른 나라 외교관들처럼 외교대표의 자격으로 행동하는 데 불편이 없지 않았다. 게다가 고종을 알현하는 것조차 러시아측의 방해를 받았다.

그 외에도 조단으로서는 불편한 것이 한두 가지가 아니었다. 가령 서울주재 영국영사는 북경주재 영국공사를 거쳐 영국의 외무성에 업무를 보고하고 또한 북경의 영국공사를 통하여 본국의 훈령을 받았다. 결국 조단은 주한영국외교대표부의 격이 낮은 데 대한 한국정부의 경시와 외교업무 수행상의 불편 등을 이유로 공사로 승임시켜 줄 것을 요청하였다.[15)] 이에 영국정부는 마침내 주한외교관을 영사급에서 공사급으로 승임시켜 주었고, 한국정부도 영국이 한국을 이전보다 중시한다고 여겨 만족해 하였다.[16)]

다음으로 미국의 반응을 보자. 미국은 고종의 황제즉위에 대한 열국의 반응과 동정을 즉시 보고하라 지시할 만큼 관심을 기울여 왔다. 그러나 러시아와 일본이 승인했다는 보고를 접한 후에도 사태를 관망하는 입장이었다.[17)]

---

14) 李玟源, 위의 글.

15) MacDonald to Salisbury, No. 78, Peking, Feb. 16, 1898, *F. O. 405-Part XI.*

16) 《英案》 1, No. 1333, 1898년 3월 9일, 朱邇典 → 閔種默, 朱總領事의 公私陞任事. Allen to Sherman, No. 84, Seoul, March 11, 1898, *DUSMK*.

17) Sherman to Allen, No. 25, Washington, Nov. 30, 1897, Diplomatic Instructions

이에 한국의 외부대신이 미국정부의 분명한 입장표명을 누차 촉구하자 알렌 공사는 난처한 입장이었다. 알렌은 '우리 정부에서는 기꺼이 황제의 존호사용을 승인하였지만, 아직 공식적으로 고종에게 축하를 하도록 훈령을 내리지는 않았다'고 궁색한 답변을 반복하였다.[18] 그러나 알렌의 말은 어디까지나 본국의 방침을 헤아려 스스로 한 표현에 지나지 않았고, 그때까지 당시 미국무부에서 그러한 지시를 내린 기록은 보이지 않는다. 이후 대원군의 薨逝에 대하여 미국대통령이 보낸 조위전문에서 '대황제폐하'를 언급함에 이르러서야 미국정부의 간접적인 승인을 확인하였다.[19] 그후 미국정부는 입장표명을 거듭 요청한 알렌의 보고를 접한 뒤 1898년 3월 29일자의 훈령에서 공식축하의 뜻을 한국정부에 전하도록 알렌에게 지시하였다.[20] 알렌의 직함은 1900년에 가서 약간의 수정을 보게 된다. 즉 '大美欽命駐劄朝鮮便宜行事大臣兼總領事 安連'에서 '大美欽命駐劄漢城便宜行事大臣兼總領事 安連'으로 변경된 것이다. 韓國이라는 국호 대신 漢城으로 슬쩍 대치한 것이 흥미롭다.[21]

독일의 경우는 황제즉위건에 대해 직접적인 승인의 행위나 축하의 의사표시가 있었던 것으로 보이지는 않는다. 다만 주한외교대표의 직함 중 조선을 계속해서 고집했던 미국과 달리 이를 한국으로 고쳐 씀에 따라 간접적인 승인의 의사를 표현한 것으로 받아들여졌고, 한국정부와도 별다른 마찰은 보이지 않았다.

끝으로 청국의 반응은 어떠했는가. 청국은 대한제국 선포에 대해 솔직하게 거부반응을 보였다. 청국은 고종의 황제즉위를 '妄自尊大'라고 비난하면서 청일전쟁의 패배보다 더욱 모욕적인 일로 여겼다.[22] 청국정부는 청일전쟁 당

---

from the Department of State to U.S. Ministers to Korea, 1883~1905(*National Archives M. F. Record Group* No. 77 : 이하 *DIDUSMK*로 칭함).

18) Allen to Sherman, Nos. 34 · 50 · 54 · 56 · 72, Nov. 13, Dec. 23, 1897, Jan. 2, Feb. 12, 1898, *DUSMK*.

19) Allen to Sherman, No. 72, Seoul, Feb. 12, 1898, *DUSMK*.

20) 《美案》 2, No. 1696, 1898년 12월 26일, 安連 → 閔種默, 大院君薨逝에 대한 美大統領弔電傳達의 件.
Sherman to Allen, No. 25, Washington, March 29, 1898, *DIDUSMK*.

21) 《美案》 3, No. 2226, 1900년 10월 3일, 安連 → 朴齊純, 美人스웨러路照申請.

22) 《淸季中日韓關係史料》 8, No. 3412, 5009쪽 및 No. 3439, 5050쪽.

시 원세개가 서둘러 귀국하면서 실질적인 영사업무는 주한영국영사 힐리어(Walter C. Hillier)와 조단 등에게 맡겨져 있었다. 1897년 2월초 唐紹儀가 總商董(총영사격)으로 비공식적으로 서울에 와서 근무하고 있었다. 한국과 청국의 양 국민 사이에는 현실적으로 홍삼이나 비단 등 각종 물품의 무역거래가 이루어지고 있었기 때문이다. 그러므로 양국은 청일전쟁 이래 방기된 무역업무에 대해 별도의 상무조약을 체결할 필요가 있었다.[23]

그러나 새로이 조약을 맺는다는 것은 대한제국정부의 황제를 인정하지 않고는 조약의 성립이 불가능한 것이었다. 결국 이 문제를 놓고 청국조정에서는 의론이 분분하였다. 자존심은 상하지만 한국에서 활동하고 있는 청국상인의 보호를 위해 관계를 재조정하자는 이홍장 등 대신측과 감히 황제즉위를 하다니 '패씸하고 불쾌하다'는 공친왕 등 황실측 주장이 팽팽하게 교차되었다. 한동안 황실측의 주장이 우세하여 진전이 없었으나, 공친왕이 사망하자 이홍장의 주장이 수용되어 마침내 대한제국 황제와 대청제국 황제의 명의로 韓淸通商條約이 체결되었다(1899).[24]

이것은 한중관계사상 처음으로 한국과 중국이 대등한 입장에서 체결한 근대적 조약이며, 전통적인 책봉체제의 유산을 양국이 공식적으로 청산하고 새 출발을 한 점에 획기적 의미가 있다.

이상과 같은 고종의 황제즉위와 대한제국 선포과정에 몇 가지 문제점이 없는 것은 아니다. 국가차원 이전에 자신의 권력을 강화하자는 고종의 개인적인 욕망이 그러한 조치에 내재해 있었고, 의식상으로도 전통적인 중화사상의 굴레를 완전히 벗어난 것은 아니라는 문제점이 보인다. 또한 변화하는 시대와는 걸맞지 않게 이후 정부에 의한 개혁정책이 복고적으로 선회한 면이 있음을 부인하기도 어렵다. 게다가 황제즉위식과 각종 의례의 변화에 따른 경비의 지출도 만만치 않은 부담이었다.

비록 이러한 문제점이 있음에도 대한제국 선포가 갖는 역사적 의의는 그

---

23) 李求鎔, 〈朝鮮에서의 唐紹儀의 活動과 그 役割〉(《藍史鄭在覺博士古稀記念 東洋史學論叢》, 高麗苑, 1984).

24) 權錫奉, 〈淸日戰爭 以後의 韓淸關係의 硏究(1894~1899)〉(《淸日戰爭을 前後한 韓國과 列强》, 韓國精神文化硏究院, 1984).
李求鎔, 앞의 글.

나름대로 존재한다. 그 점을 다음과 같이 요약해 볼 수 있다.

첫째, 대한제국의 선포는 우리 나라가 전근대 중국 중심의 책봉체제로부터 탈피했음을 최종적으로 그리고 공식적으로 확인한 것이란 점에 중요한 의미가 있다. 비록 서구 열강에게는 현실적 구속력이 없는 조치였지만, 적어도 한국과 대등한 관계를 인정하지 않으려던 청국, 그리고 소중화의 관념에 젖어 있던 일부의 유생과 다수의 일반에게는 그 자체가 적지 않은 충격과 자극이었다. 전래의 화이관이나 소중화의식이 19세기까지도 엄존하고 있었던 사실에 비추어 그것은 나라의 권리에 대한 인식의 획기적 전환이었다.

둘째, 대한제국 선포는 국권이 외세에 잠식되어 가는 고립무원의 절망적 상황에서 안으로는 군주를 중심으로 힘을 모으고, 밖으로는 일본·러시아·구미국가 등 모두의 간섭으로부터 자주독립을 이루자는 뜻을 내외에 선언한 점에서 현실적 의미가 있다. 동학농민군의 구호였던 '斥倭洋倡義', 의병의 구호였던 '斥邪衛正', 독립협회의 국권수호운동이나 《독립신문》·독립문의 명칭에 담겨있던 '自主獨立'의 표어와 넓은 맥락에서는 같았다. 외압에 대한 대응의 방식은 각 집단이 상이했지만, 국가의 자주독립을 열망한 점은 조야 모두가 같았던 것이다.

〈李玟源〉

Ⅱ. 대한제국기의 개혁

II. 대한제국기의 개혁

1. 대한제국의 〈국제〉 및 군사제도

1) 〈대한국국제〉의 제정 과정

(1) 교전소의 설치

대한제국의 역사적 성격을 파악하는 데 가장 기초가 되는 법률체계는 1899년 8월 17일 반포된 〈大韓國國制〉이다. 따라서 이 〈국제〉를 제정 반포되는 상황을 이해하기 위해서 먼저 당시의 입법기구 설치과정을 살펴볼 필요가 있다.

고종은 러시아 공사관으로부터 경운궁으로 돌아온 직후인 건양 2년(1897) 3월 16일 전·현직 대신들을 불러 이들로부터 정치현황과 민심의 동향 및 제반 時弊와 그 해결책에 관한 의견을 청취하였다. 이 자리에서 그는 신법과 구법을 절충하면서 법전을 편찬하자는 건의를 받게 되었다. 그 결과 고종은 당시의 상황을 國政을 새롭게 운영할 '更張의 기회'로 생각하고, 신구 관제와 제반 법규 정비를 위한 기관을 특설하고 인원을 선정하라는 조칙을 내렸다.[1] 이에 따라 그것을 담당할 기구로 중추원에 校典所가 설치되었고, 같은 달 23일 의정 金炳始, 궁내부특진관 趙秉世·鄭範朝를 교전소 총재대원에 임명한 것을 비롯하여, 찬정 金永壽·朴定陽·尹容善, 외부대신 李完用을 부총재대원에, 각 부 고문관인 미국인 르젠드르(李善得 ; Charles W. LeGendre)·그레이트하우스(具禮 ; Clarens R. Greathouse), 영국인 브라운(柏卓安 ; John M. Brown)과 徐載弼을 교전소 위원으로 임명하였다.

---

1) 《秘書院日記》 고종 13책, 건양 2년 2월 14일.

이들은 4월 12일 제1차 회의를 열어 〈校典所議事規則〉(전문 16조, 부칙 3조)을 제정하고 매주 월요일과 목요일 오후에 정례회의를 개최하기로 결정하였다. 또한 4월 15일의 제2차 회의에서는 金嘉鎭·權在衡·李采淵·成岐運·尹致昊·李商在·高永喜 등과 같은 개화 행정관료를 知事員으로 선정하여 실무를 담당케 하였다. 그리고 이들을 중심으로 같은 달 19일의 제3차 회의에서 참서관과 관제조사위원·형률조사위원 및 보조원을 두었으며 국한문기록위원(金重煥)·영문기록위원(朴鎔圭)도 임명하였다.

교전소는 대한제국 성립에 즈음하여 보수적인 분위기가 점증하는 가운데 새로운 기운을 받아들여 국가의 면모를 일신하려는 조야의 여론을 바탕으로 하여 법률을 제정함으로써 향후 정국을 국왕 중심의 구도로 재편하고자 만들어진 것이라 할 수 있다. 예컨대 구성원을 보아 알 수 있는 바와 같이 교전소는 어느 특정 세력이 주도한 것이 아니었다. 즉, 정치적 성향으로 볼 때 김병시·조병세·정범조·김영수 등 정부내의 원로 관료세력, 아관파천을 주도하여 친러·친미내각을 형성시킨 이완용·박정양 등 이른바 정동구락부 세력, 외국인 고문관 그룹이 참여하고 있었다. 특히 국제법과 세계대세에 밝은 외국인 고문관 등을 참여시킨 데에는 서양의 근대적 법체계를 도입하고자 하는 목적이 있었다.

그러나 이같은 의도로 설립한 교전소는 그 본래의 사업을 달성하지 못했다. 교전소가 이렇다할 활동을 할 수 없었던 원인은 여러 가지 면에서 찾아볼 수 있지만, 위원들 간의 정치적 이해와 입장 차이가 가장 큰 이유였다고 할 수 있다. 특히 여기서 쟁점이 된 것은 군주권의 위상을 어떻게 설정할 것인가였다.

고종이 애초 의도한 바와 달리 중추원고문 서재필은 교전소를 의회정치로 넘어가는 중간단계의 입법기관으로 삼아, 박정양 및 개화파 소장관료를 중심으로 교전소의 작업을 통해 법률과 규례 제정의 체계화를 이루어 오히려 군주권을 제약하고자 노력하였다. 이 때문에 방향을 달리하는 르젠드르 등 다른 위원들의 강력한 반발로 갈등을 일으켰다.[2] 급기야 위원들 중 사직한 자

2) 尹致昊, 《尹致昊日記》 5, 1897년 7월 2일(國史編纂委員會, 1975), 71~72쪽.

들도 많았고 또한 회의에 참석치 않는 자도 있게 되었다. 고종 역시 서재필이 교전소를 주도하는 것을 기피하여 4월말의 회의를 끝으로 교전소의 활동은 별다른 성과없이 흐지부지 되었다.3)

(2) 법규교정소를 통한 〈대한국국제〉의 제정

법률제정을 통한 군주권의 확립문제는 그후 稱帝建元으로 대한제국이 성립된 이후에도 초기에는 이렇다 할 진전이 없었다. 비록 황제국가를 선포하기는 했어도 아직까지 황제권이 그에 걸맞을 정도로 명실상부하게 확립된 것이 아니었기 때문이었다. 고종이 황제로서 위치를 부각시킬 수 있었던 것은 1899년 이후부터라 할 수 있다. 정부는 1898년 12월 강제로 해산시킨 독립협회·만민공동회 등의 경험을 되돌아보고 재야민권운동을 통한 황제권에 대한 간섭과 견제를 완전히 배제하려고 하였다.

이 기간에는 통치기강의 확립도 강조될 수 있을 만큼 황제권이 비약적인 성장을 보이고 있었다. 그 일환으로 황제를 중심으로 하는 만세불변의 법률제정을 통하여 그것을 공고히 할 필요가 문제로 제기되었다. 이에 선행작업으로 그해 3월 의정부에서는 총무국장 洪鍾宇의 주관아래 건양 연간부터 그해까지 반포된 주요 법규를 모아 《法規類編》이라는 자료집으로 간행하는 한편 이를 각계에 보급하여 현실 업무에 적용코자 하였다.

나아가 고종은 같은 해 6월 23일에 조서를 내리기를 "比年 이래 한 생각으로 다스림을 꾀하여 새 시대에 적합한 것을 구하고자 힘써 왔다. 典章과 法度가 아직 중용을 얻지 못하고 있는 것은 政令과 제도의 설치가 미진하여 그러한지 일을 맡은 신하가 그 직을 다하지 못하여 그러한지. 높고 장한 발전을 생각하고 마땅히 일대 更張을 가하고자 정부에 명하여 校正所를 임시로 설치하니, 법률과 사리에 밝은 자를 선정하여 법규를 논의하고 정하여 인민에 신뢰를 세우도록 하라"고 황제 직속의 법률제정 기관인 교정소의 설치

---

3) 《독립신문》, 건양 2년 5월 11일.
愼鏞廈, 《獨立協會硏究》(一潮閣, 1976), 56쪽 참조. 그렇지만 교전소는 명목상 계속 유지되었으며, 공식적으로 해체된 것은 법규교정소 설립 직후인 1899년 7월 10일 法規校正所 총재 尹容善의 奏에 의해서였다. 이때까지 교전소 관원으로 활동하고 있는 자도 있었다.

를 지시하였다.[4] 이에 따라 정부회의를 거쳐 7월 2일 새롭게 法規校正所라는 명칭의 기구로 개칭하고 구성원을 선정했다. 이때 정해진 인사들은 다음과 같다.

총 재 : 의정부의정 尹容善
의정관 : 중추원부의장 徐正淳, 궁내부대신 李載純, 궁내부특진관 趙秉鎬·尹用求, 학부대신 閔丙奭, 의정부찬정 權在衡, 군부협판 朱錫冕, 특명전권공사 成岐運, 한성판윤 金永準

또한 7월 10일에는 남아 있던 교전소 관원을 모두 해임시키고 아래와 같은 인원들로서 실무자를 다시 선정하였다.

실무위원 : 법부법무국장 申載永, 중추원의관 金益昇·韓永福, 군부대신관방장 韓鎭昌
주 사 : 외부주사 崔文鉉, 의정부주사 張鴻植·金重演, 궁내부주사 崔泓俊, 농상공부주사 洪在夏, 법부주사 柳遠聲

그리고 7월 13일 궁내부특진관 李鍾健, 의정부찬정 李允用, 중추원의관 李根命, 비서원경 朴容大를 의정관으로 추가 선정하였고, 8월 1일에는 과거 교전소의 구성원이었던 의정부贊務 르젠드르, 탁지부고문 브라운, 법부고문 그레이트하우스를 다시 법규교정소 의정관에 임명하였다. 이후부터 법률과 칙령의 제정이나 폐지에 관한 안건은 모두 법규교정소로 넘겨 의견을 거친 후에 법부를 경유하지 않고 직접 상주하기로 결정을 보았다. 법규교정소는 고종황제의 관심도와 그 인원규모에 있어서 과거 교전소에 비해 월등한 위상을 차지하고 있었다. 이 기간 고종의 입장은 황제권 강화에 집중되어 있었다고 해도 과언이 아니며 이것이 곧바로 법규교정소 인사에 반영되었다. 법규교정소의 총재와 의정관의 면면을 보아도 의정부찬정 권재형 외에는 대체로 보수적이거나 황실 측근의 인물들로 포진해 있었다.[5] 결국 '법률과 사리에

4) 《秘書院日記》 고종 14책, 光武 3년 5월 16일.
5) 1896년 법부협판과 고등재판소 판사, 1897년 농상공부 협판, 교전소 지사원을 역임한 권재형은 대한제국 성립 즈음인 건양 2년(1897) 9월 25일 《公法會通》 第84·85·86조에 기초하여 우리 나라도 서양의 帝國들처럼 帝號를 자주적으

명달한 자'는 권재형 및 각부 외국인 고문관에 불과하였다.

한편 甲午年(1894) 이래 여러 정치적 사변을 겪으면서 가장 큰 문제가 되었던 것은 君權의 법적·제도적 뒷받침이 없었다는 점이다. 특히나 대한제국 선포 이후 일정 기간이 지난 시점에서 皇權의 안정과 정착화의 필요는 통치권자의 입장에서는 매우 절실한 문제로 작용되지 않을 수 없었다. 이에 법규교정소에서는 구법을 버리고 새로운 제도를 많이 채용하여 법률을 제정하기로 하였는데 그것은 대한제국의 헌법이라 할 수 있는 〈國制〉를 반포함으로써 완수되는 것이라고 보았다. 이 시기 법규교정소 창설의 가장 큰 목적은 〈국제〉의 제정에 있었다.[6] 따라서 주로 실무위원들과 고문관을 중심으로 이를 뒷받침할 작업이 곧바로 추진되었고 그것은 그해 8월 중순 완성되었다.

고종은 1899년 8월 17일 조서에서 "나라는 반드시 국제를 頒示하여 정치와 군권이 어떠한 것인가를 밝힌 연후에 가히 臣民으로 하여금 꼭 지키고

로 결정할 수 있다고 주장하면서 황제즉위 상소를 올렸다(《秘書院日記》 고종 13책, 建陽 2년 8월 29일). 이를 통해 볼 때 그는 국제법에 대한 일정한 인식이 있었음을 알 수 있다.

6) 왜냐하면 모든 법령의 제정과 폐지를 담당한다는 그 초기의 거대한 목적과는 달리 법규교정소는 몇 가지 법령제정을 제하면 〈국제〉의 제정외에 주목할만한 활동이 없기 때문이다. 이후 법규교정소와 관련된 《실록》의 기록을 살펴보면 아래와 같다. 1899년 7월 17일 〈성균관관제〉 개정, 7월 18일의 奏·判任官 시험 및 임명규칙 개정에 관해 강구하라는 詔書를 받았고, 10월 6일 의정부에서 법규교정소 수리비 및 廳費 1,827元 8錢 2釐을 재가받았다. 1900년 3월 무관 및 사법관 임명규칙을 제정하였고, 6월 4일 한성판윤 이채연을, 그해 9월 15일 내부대신 李乾夏, 협판 閔景植, 법부 법률교사 프랑스인 크레마지(金雅始 ; Laurent Crémazy)를 의정관으로 임명하였다. 같은 달 18일 교정소로 하여금 '服食器用'과 관련된 條例를 詳定하여 재가를 받아 시행토록 하라는 조칙이 있었지만 그 실행 여부는 불명확하다. 이어 그해 11월 7일 특진관 趙秉式을 부총재로 임명하였고, 이듬해인 1901년 1월 19일 궁내부협판 李址鎔을 의정관으로 임명된 기록을 끝으로 더 이상의 인사기록은 없다. 법규교정소 기구와 관련된 마지막 기록은 1902년 3월 의정 윤용선이 상주하여 법규교정소를 잠시 정부에 合設하자고 하여 황제가 이를 따른 것이었다. 이후 명목만 남은 법규교정소는 1904년 1월 한일의정서 체결 직후의 기구개편시 해체되었다.
이상으로 보아 실제 제반 법률제정과 집행은 일찍부터 법부의 소관으로 넘어간 듯하다. 건양 2년 교전소에서 담당하고자 하였던 형률제정도 1902년 1월에 가서야 그 기초가 끝나 정부회의에 상정될 수 있었다(《皇城新聞》, 光武 6년 1월 14일).

행하여 어김이 없게 하는 것인 바 본국에서는 오히려 일정한 법을 반시한 적이 없어 모자라는 典例가 되지 않는다고 할 수 없으니 법규교정소로 하여금 국제를 의논하여 登聞 取旨하라"[7]고 지시하였다. 이에 그날 법규교정소 총재 尹用善 이하 임원이 황제를 알현하면서 미리 준비된 〈대한국국제〉의 주본을 제출함으로써 그 내용이 공표되었다. 윤용선은 "뭇 의논을 취하고 公法을 원용 참조하여 國制 一編을 擬定하여 우리 나라의 정치가 어떤 정치가 되며 군권이 어떤 군권이 되는가를 밝히는 것이 진실로 법규의 큰 두뇌요 큰 관건입니다"[8]라고 하면서 황제에게 〈대한국국제〉가 법규교정소의 회의를 거쳐 가결되었다는 사실을 보고하였다. 곧바로 고종은 이 주본이 衆議와 같고 외국인 또한 옳다고 말하였는가를 물었고 윤용선이 그렇다고 답하였다. 이에 재가하여 당일 반포되므로써 〈대한국국제〉는 비로소 법률적으로 효력을 발휘할 수 있게 되었다.

2) 〈대한국국제〉의 내용과 역사적 성격

(1) 〈대한국국제〉의 내용

〈대한국국제〉는 다음과 같이 총 9개조로 구성되어 있다.

제1조 大韓國은 世界萬國에 公認되온 바 自主獨立하온 帝國이니라.
제2조 大韓國의 政治는 由前則五百年 傳來하시고 由後則亘萬世不變하오실 專制政治이니라.
제3조 大韓國大皇帝께옵서는 無限하온 君權을 享有하옵시나니 公法에 謂한 바 自立政體이니라.
제4조 大韓國臣民이 大皇帝의 享有하옵시는 君權을 侵損하는 행위가 有하면 其已行未行을 물론하고 臣民의 도리를 失한 자로 認할지니라.
제5조 大韓國大皇帝께옵서는 國內 陸海軍을 統率하옵서 編制를 정하옵시고 戒嚴解嚴을 命하옵시나니라.
제6조 大韓國大皇帝께옵서는 法律을 制定하옵서 其 頒布와 執行을 명하옵시고 萬國의 公共한 法律을 效倣하사 國內法律도 개정하옵시고 大赦 特赦 減

7) 《秘書院日記》 고종 14책, 光武 3년 7월 12일.
8) 위와 같음.

刑 復權을 命하옵시나니 公法에 謂한 바 自定律例이니라.

제7조 大韓國大皇帝께옵서는 行政 各府部의 관제와 文武官의 俸給을 制定 혹 改正하옵시고 행정상 필요한 각항 勅令을 發하옵시나니 公法에 謂한 바 自行治理이니라.

제8조 大韓國大皇帝께옵서는 文武官의 黜陟任免을 行하옵시고 爵位 勳章 及 기타 榮典을 授與 혹 遞奪하옵시나니 公法에 謂한 바 自選臣工이니라.

제9조 大韓國大皇帝께옵서는 各有約國에 使臣을 派送駐紮케 하옵시고 宣戰講和 及 諸般約條를 締結하옵시나니 公法에 謂한 바 自遣使臣이니라.

각 조의 의미를 분석하면 다음과 같이 정리될 수 있다.[9]

제1조는 國號를 통한 자주독립의 皇帝國이라는 정체를 밝힌 것이다.

제2조는 대한제국이 조선왕조 개창 이래 근 500년간 지속되어 온 세습군주 통치의 연결선상에 있음을 표현한 것이라 하겠다. 즉, 여기에서 말하는 '전제정치'는 군주의 통치권이 제한을 받는 입헌정치가 아니라 황제의 권한이 절대적인 정치체제를 표명한 것이다.

제3조는 황제의 통치권은 어떠한 제한도 받지 않는 무한한 것이며, 또한 대한제국이 公法에 기초하여 다른 나라의 간섭을 받지 않고 스스로 정치체제를 법률로서 제정할 수 있는 권한을 가지고 있다는 것을 천명한 것이다.

제4조는 황제의 의지에 따라서 臣民에 대한 총체적 제약을 가할 수 있다는 것을 규정한 것이다. 즉, '신민=군주국가의 인민'으로 〈대한국국제〉에 신민의 권리규정은 없고 전반적으로 군주의 대권사항만 규정한 것으로 미루어 의무주체·통치대상으로서의 신민의 지위를 명백히 한 것으로 보인다. '대황제의 향유하옵신 군권'이라는 것은 통치권, 즉 군주주권하의 황제 親政의 정치체제를 의미하는 것이다. 결국 황제권에 대한 어떠한 행위의 도전도 용납할 수 없다는 것을 명시한 것이라 하겠다.

제5조는 육해군에 대한 통수의 대권을 규정한 것이다. 이는 과거와는 달리 군령권을 황제에 귀속시켜 그의 칙령이나 조칙을 통하지 않고서는 어느 누구도 명령을 발할 수 없다는 그해 6월 22일의 〈元帥府規則〉을 추인하는

9) 이하 조항 해설에는 田鳳德, 〈大韓國國制의 制定과 基本思想〉(《法史學硏究》 창간호, 韓國法史學會, 1974) 및 高文淑, 〈「大韓國國制」 硏究〉(단국대 석사학위논문, 1984)의 많은 도움을 받았음을 밝혀둔다.

것이며, 〈대한국국제〉 선포 바로 다음날인 8월 18일 군부관제 개정으로 그 실체가 분명하게 드러난다.

제6조는 입법·사법권 발권의 주체와 사면권을 규정한 것이다. 즉 황제 1인이 법률의 제정·반포·집행 등 모든 입법·사법적 권한을 가지는 것이며, 사면·감형·복권 등에 이르기까지 다른 나라의 현행 법률을 참고하여 황제 스스로 법률과 규례를 제정하는 권한을 행사하겠다는 것이다. 그것은 결국 무한한 법적 권한을 갖겠다는 뜻이다.

제7조는 행정명령권으로 자주적으로 통치와 행정행위를 하겠다는 것을 의미한다. 각 부 관제의 제정과 개정, 칙령의 권한을 발휘할 수 있는 황제 고유의 권한을 규정한 것이다.

제8조는 모든 관리에 대한 임면대권과 상벌권을 규정한 것이다.

제9조는 외국과 이루어지는 모든 사항에 대해 황제가 권한을 가지는 즉 외교대권을 규정한 것이다.

대한제국헌법의 의미를 갖는 〈대한국국제〉에는 황제의 육해군 통수권, 계엄·해엄령 발포권, 법률의 제정·반포 등 일체의 법률권을 황제에 귀속시키고, 문무관의 출척·임면권, 외국과의 조약·선전·강화·사신파견 등을 규정하고 있다. 이에 따라 입법·사법·행정·외교권과 군사권의 모든 절대적 권한을 황제 1인에게 집중시킬 수 있게 되었다.

(2) 〈대한국국제〉의 역사적 성격

〈대한국국제〉는 대황제가 친히 정한 국가 기본법이라는 의미에서 국제라고 한 것이다. 여기서 '制'는 황제의 명령 즉, 황제의 법을 말하는 것이다. 이는 중국의 천자나 일본의 천황이 專用하던 용어로 과거 조선왕조 개창 이래 사용해왔던 왕의 명령인 '敎'와는 구별되는 것이다.

그것은 또한 대한제국 고유의 헌법 명칭으로 군주주권의 전제정치 국가라는 역사성을 천명한 것이다. 그러나 '국제'라고 명명한 것은 아직까지 우리나라에는 법률을 제정할 의회가 없는 상태에 있었기 때문에 '헌법'이라 하지 않고 '국제'라는 용어를 채택할 수밖에 없었던 역사적 현실을 반영한 것이다.

이 〈대한국국제〉 가운데에서 우선 주목되는 것은 서구의 국제법인 《公法會

通》[10]을 참고하여 제3·6·7·8·9조항에 '公法에 謂한 바'라고 단서를 붙이고 있다는 점이다. 즉 만국공통의 법률에 기반하여 대한제국의 법률을 만들었다는 뜻이다. 요컨대 대한제국이 국제공법에 의지하면서 세계 만방에 황제국가로서의 독립성과 위상을 과시하려 했던 것을 여실히 보여주고 있다. 이는 서양적 민주주의와 법사상을 독특한 동양적 권위주의와 국가주의로 각색하여 받아들인 것이라 할 수 있다.[11]

고종의 이러한 입장은 〈국제〉의 제정에 참여한 사람들, 특히 외국인 고문관들의 법사상과도 일치하는 것이며, 이들은 국제의 제정에 서양의 절대주의 사상을 끌어들여 황제권을 수호하려는 고종에게 이론적 근거를 마련해 준 것이다. 이미 대한제국 성립 직후인 1898년 4월 법부 고문관 르젠드르는 윤치호와의 대담시 정부측 입장을 대변하여 '가장 개명된 자들이 중심이 된' 자문위원회의 설치를 제시하였다. 그는 그렇지만 현재 대한제국이 처해 있는 상황으로 볼 때 '완전한 대의정부'는 적합치 않으며 현실은 마치 30년 전 명치유신 당시의 일본과 유사하니 명치정부처럼 절대주의 정책을 추진해야 된다고 생각하고 있었다.[12]

여기서 우리는 당시의 시대적 상황과 결부시켜 〈대한국국제〉와 갑오개혁시의 〈洪範14條〉를 비교할 필요가 있다. 갑오개혁시에는 법률칙령안, 세입세출의 예산 및 결산, 내외 國債에 관한 사항, 국제조약 등 나라의 중요한 안건은 반드시 내각회의를 거치도록 하였다. 이는 〈홍범14조〉 제3조의 '대군주는 正殿에 나아가 일을 보되 政事를 친히 각 대신에게 물어 裁決한다'는 규정으로 명문화하였다. 대체로 14조의 내용은 군주권을 제한하는 방향으로 구성되어 있으며, 국권의 확립과 내각제도의 수립, 민·형법제도의 개혁과 인민의 생명과 재산보전 등 민주주의적 요소를 내포하고 있었다. 그러나 이것은 국가와 정부조직의 大憲이 아니기 때문에 헌법이나 준헌법으로 볼 수 없

10) 《公法會通》은 독일의 법학자 브른츨리(Johannes C. Bluntschli, 步倫)의 책을 1880년 중국에서 漢譯한 것인 데, 우리 나라에서는 건양 원년(1896) 5월 학부 편집국을 통해 중국판을 재출간하여 민간에 배포하였다.
11) 崔鍾庫, 《韓國의 西洋法受容史》(博英社, 1983), 417·427~428쪽.
12) 《尹致昊日記》 5, 1898년 4월 14일, 151쪽. 한편 그는 대한제국이 강력한 정부를 가지지 못하면 프랑스혁명과 같은 민중혁명을 초래할 것이라 경계하였다.

고 일종의 大政綱이라 할 수 있다.[13]

〈홍범14조〉는 비록 일본이라는 변수가 개입되었다는 문제가 있지만 우리나라 근대법 확립과정에 커다란 영향을 준 것이었고 향후 인권의 신장과 소유의 불균형 해소 등에 있어 매우 진일보한 발전 전망을 가지는 것이었다. 그러므로 갑오개혁 이후 근 5년이 지난 〈대한국국제〉가 반포될 무렵은 근대적 법사상에 대한 인식이 보다 심화되는 시기임에는 분명하다. 그럼에도 불구하고 〈대한국국제〉에는 국민의 권리에 관한 규정이 없으므로 근대적 의미의 법률체계와는 거리가 먼 것이다.[14] 이처럼 〈국제〉의 모든 조항이 황제의 대권사항에만 한정될 수밖에 없었던 이유는 열강의 세력균형을 이용하여 외세의 간섭을 차단하고 열강과 마찬가지로 황제권 강화를 통하여 국권을 신장시키려는 대한제국 정치담당자층의 의지를 반영하고자 하였기 때문이었다.

정부는 황제권 강화정책으로 일관하고 있었다. 〈대한국국제〉의 각 조문은 황제의 무한한 권리만을 강조하고 있다. 특히 〈국제〉의 제3조에서의 '무한하온 군권'은 입헌군주제가 아니라 절대군주제적 정치체제임을 천명한 것이었다. 또한 제2조의 '전제정치'나 제4조의 '대황제의 향유하옵신 군권' 및 '그하고 안하고를 물론이고 臣民의 도리를 失한 자'라 함은 매우 막연한 조항이지만 황제의 통치권에 제한을 가하는 일체의 민권운동을 봉쇄할 정치적 목적에서 나온 것이다. 제6조의 '대황제가 법률을 제정'한다는 규정도 황제가 입법권을 가지고 의회의 설치를 용납하지 않겠다는 것을 천명한 것이며, 오직 황제권만이 무한하며 신성불가침의 절대적인 것이라는 입장이었다.[15]

즉 황제가 유지하고자 하는 법과 질서는 황제권 수호와 절대화에 필요한 법과 질서였다. 따라서 민중의 동의는 당연히 배제되는 것이었다. 기존 권력층은 자신들의 방식을 고수하거나 개화인사들의 지향인 입헌군주제 등과 같

13) 신용하, 〈19세기 한국의 근대국가 형성 문제와 입헌공화국 수립 운동〉(《한국사회사연구회논문집》 1, 문학과지성사, 1986), 56쪽.

14) 〈대한국국제〉에서는 〈홍범14조〉의 제13조에서도 제시한 '인민의 생명과 재산보전'을 보장할 수 있는 護産權이 전혀 거론되지 않고 있다. 결국 이는 황제의 권리만 강조한 것이지 백성을 보호할 의무는 생략되어 있는 것으로 민권의 면에서 큰 문제점을 지니고 있는 것이다.

15) 일찍이 프랑스와 프로이센의 헌법에도 '신성불가침'의 조항이 있었고, 의회의 규정을 제외한다면 당시 러시아나 일본은 아직 이와 유사한 상태에 있었다.

이 새롭게 대두되는 정치질서에 대해 매우 냉담하거나 다분히 자기방어적인 법률적 행위를 취하지 않을 수 없는 것이었다. 그러나 〈대한국국제〉와 같은 법제적 규정은 황제 주도의 근대주권국가 형태를 마련하려는 여러 국가에서도 나타나는 현상으로 우리 나라에만 국한된 특수한 것은 아니었다.[16)]

요컨대 대한제국은 이러한 상태의 정치체제를 가지고 있었고, 황제권 수호와 절대화에 필요한 법과 질서를 유지하기 위해 '공법'이라는 만국 공통의 법률로 외피를 쓴 법률체계로 표현한 것이 바로 〈대한국국제〉이다.

3) 대한제국의 군사제도

(1) 군제개혁의 방향

근대화 과정에서 군사력의 확충문제는 정권담당자들에게 초미의 관심사였다. 따라서 개항 이후 조선은 각종의 근대적 제도를 도입함과 더불어 지속적인 군사력 증강정책을 취해 왔으며 1894년 갑오개혁을 통해 외형적으로 근대적 제반 제도를 도입·개편시켰다. 개혁 이후 군사제도 역시 이 시기 일반적 현상과 같이 근대적 형식과 내용을 추구하는 방향으로 개혁되어 갔다. 한편 1896년 아관파천 이후 군사제도는 일본식에 대신하여 러시아식이 도입되어 이후 대한제국 초반까지 군사훈련과 제도는 러시아식으로 대체되었다.

그렇지만 내용적으로 보았을 때 당시의 개혁은 일본과 러시아라는 외세의 간섭에 의해 진행되었던 것으로 그 근대성에도 불구하고 일정한 한계가 있는 것이었다. 이에 따라 앞으로의 개혁 방향은 중세사회 해체기 이래의 지향인 反봉건의 입장 견지와 한편으로는 자주적 입장의 근대화 추진이라는 시대적 과제를 남기게 되었다. 그러한 면은 대한제국기에 이르면 국내외 정세 변화에 따라 어느 정도 극복되어 가는 모습으로 나타났다.

대한제국기 군사제도 개편의 방향은 강력한 황제권 행사를 위해 정권을 수호하려는 것과 열강의 침략에 대비하면서 자주적 근대 군제를 성립시키려

---

16) 이에 대해서는 金泰雄, 〈大韓帝國期의 法規 校正과 國制制定〉(《韓國近現代의 民族問題와 新國家建設》, 金容燮敎授停年紀念 韓國史學論叢 3, 지식산업사, 1997) 206~207쪽 참조.

는 두 가지 입장을 견지하였던 것이라 할 수 있다. 이를 위해 대한제국정부는 군사력 강화를 피하지 않을 수 없었는데, 이는 당시 열강간의 세력균형이 지속될 동안 '강병'을 달성하지 않으면 다시 갑오년 때와 같은 외세의 침략을 허용하게 될 것이라는 위기감이 강력하게 작용하였기 때문이다.

대한제국은 황제권 강화를 위한 여러 가지 제도적 장치를 마련하였다.[17) 이때 황제권력의 물리력으로 작용하는 군사기구와 이의 정책적 운용은 당연히 개편과정을 겪지 않을 수 없었다. 특히 민의 의식 고양에 따라 중앙에서의 독립협회·만민공동회 등 민권운동과 英學黨·活貧黨을 비롯한 지방의 민중운동 확산은 기존 통치권을 위협하는 것이었기에 정부로서는 치안확보가 절대적이었다. 이에 따라 체제유지의 강력한 보루로서 군대의 육성은 매우 절실한 것이었으며, 1899년 이후 황실의 공권력 장악 및 강화작업과 결부되어 군의 위치도 상승해 나가고 있었다.

대한제국이 성립되면서 황제의 절대권 확보와 관련하여 그 물리력으로 작용하는 강력한 군대 건설의 필요성은 황제뿐만 아니라 정부 및 지식인층에서도 제기되었다. 광무 원년(1897) 12월 군부협판 朱錫冕은 엄격한 군률 제정, 무관학교 설립, 지방 진위대의 증액 및 탁지부를 통한 1년 2차의 군부경비 지급, 재능에 따른 인재발탁 등을 주장하였다.[18) 당시 독립협회에서도 기왕의 군사제도에 대한 비판과 자강을 위한 군사력 정비를 건의하였다.[19) 이러한 군사제도 개혁에 대한 필요와 군사력 강화의 요구는 황제권 강화를 바라는 황실의 입장과 결부되어 이후 광무년간의 군사정책을 추진할 수 있었다.

그러나 대한제국이 출범되자마자 곧바로 황제권이 강화되는 모습을 보여주는 것은 아니었다. 아직까지 부국강병의 목표는 지향점에 불과하였으며, 현실적으로 취약성을 면할 수 없었다. '강병'이라는 목표 달성의 관건을 쥐고 있는 군대 역시 마찬가지였다. 이에 따라 가장 시급한 문제는 갑오개혁 이후 약화되었던 군사기구를 자주적 입장에서 강화시키는 일이었다.

---

17) 이에 대해서는 도면회, 〈정치사적 측면에서 본 대한제국의 역사적 성격〉(《역사와 현실》 19, 한국역사연구회, 1996), 31~37쪽 참조.
18) 《秘書院日記》 고종 13책, 光武 원년 11월 6일.
19) 《독립신문》, 建陽 2년 2월 27일·6월 1일 및 光武 원년 9월 21일.

러시아 본국 내부의 강·온파의 대립 및 그 결과로 나타나는 만주집중 정책으로의 방향선회와 대한제국 朝野의 사절론에 따른 1898년 3월 러시아 군사교관 및 재정고문 철수 이후에서야 비로소 주체적 입장의 군제개혁이 실시될 수 있었다. 황제는 그간 시행해 온 러시아식 군사교육이 어느 정도 효과를 보았다고 판단하고, 이제 러시아 사관이 철수하였으므로 '軍容을 더욱 壯하게 할 것'을 군부에 지시하였다.[20] 또한 전년 군부협판 주석면의 건의에 연이어 그해 4월 군부대신 이종건이 무관학교 설립을 청의하여 재가받았고, 같은 달 26일 군부로 하여금 군법기초위원장과 위원을 임명하여 군법제정을 담당케 하였다.[21] 6월에는 '陸海軍 親摠'에 관한 조칙을 내려 각국 대원수 예에 의거하여 황제는 대원수가 되어 친히 육·해군을 총관하고 황태자로 원수를 삼아 일체를 통솔케 하되 출정할 때가 아니고서는 비록 皇子·皇孫이라도 大將을 삼을 수 없도록 하여 황제 중심의 군사편제를 마련하였다.[22] 이에 따라 7월 2일 '陸軍增設과 海軍定制'에 관한 조칙을 내려 군부로 하여금 상비군 준비와, 육군 10개 대대 증설, 해군편제 방법 및 그 경비확충에 관한 제도적 기반을 마련토록 하였다.[23] 이는 그동안 명목상으로 유지되어 오던 군주의 군사통수권을 계통적으로 확립하려는데 목적이 있었다.

또한 군사제도 개혁과 관련하여 그것을 주도할 지속적인 논의기구가 필요하였다. 따라서 1899년 1월부터는 군부의 최고위직인 副將과 參將을 거친 사람들이 매월 3차례 정기적으로 모여 군무와 군제개혁의 방향을 논의하였다.[24] 그해 2월의 군부회의에서 제출된 사안은 ① 휴직 사관을 수용하고 다시 額外人을 임용치 아니할 것, ② 전에 정지하였던 무관학도를 현재 설치한 학교에 붙여 졸업 수용할 것, ③ 東學과 義匪(의병) 초토시 군공이 있는 사람을 수용할 것, ④ 군부내에 교육국을 설치하고 매주일에 1차씩 각 尉官의 기

20) 《舊韓國官報》, 光武 2년 3월 26일.
21) 《軍部來文》(奎17786) 3책, 光武 2년 6월 21일
22) 宋炳基 외 편, 《韓末近代法令資料集》(이하 《法令資料集》으로 줄임) II, 光武 2년 6월 29일(國會圖書館, 1970), 377~378쪽.
23) 러시아대장성편, 《韓國誌》(1900 ; 韓國精神文化硏究院역, 《國譯 韓國誌》, 1984, 682쪽).
《法令資料集》 II, 光武 2년 7월 2일, 378~379쪽.
24) 《皇城新聞》, 光武 3년 1월 27일.

예를 시험할 것 등이었다.[25] 특히 휴직사관의 재기용 문제는 갑오개혁 이전 인물의 등용이란 점에서 향후 정책방향의 선회를 의미한다. 이에 따라 군부에서는 1902년까지 과거 統衛營·壯禦營 대관 등 갑오 이전 군인의 이력을 살피면서 추천을 받아 복직시키고 있었다.[26]

이제 실질적으로 軍備를 어떻게 확충할 것인가의 문제점이 남게 되었다. 1899년부터 황실에서는 프랑스·러시아·독일·영국·일본 등으로부터 각종 총포와 탄약의 구입과 자체제작을 통해 군의 화력강화를 준비하고 있었다.[27]

1898년 4월 무관학교, 1899년 6월 원수부 설치와 더불어 장교들도 근대적 학문을 익혀야 할 것도 요구되었다. 이에 정부에서는 우수한 사관의 일본육사 유학을 추진하고 있었다. 1900년 이전부터 일본에 유학하는 사관학도는 상당수가 되었으며, 그해 6월 일본에 유학한 학생중 육군사관학교 졸업자는 30여 명에 이르렀다. 이들은 귀국 후 중앙과 지방 군대의 중견장교로서 일정한 역할을 하였다. 한편 군대의 증설은 지속적으로 추진되었다. 1900년 6월 평안북도와 함경남도에 총 4천여 명의 진위대대를 설치하였고, 7월에는 총 병력수 1만 7천여 명의 전국 진위대 편제를 갖출 수 있었다.[28]

그렇지만 이러한 작업은 우선적으로 많은 예산을 필요로 하는 것이었다. 내장원과 탁지부의 징세를 통한 황실과 정부의 지속적인 재정확충 정책에도 불구하고 군사비의 지출은 지나칠 정도로 과중하였다. 《官報》 각 연도 세입세출 예산표에 의해 1901년부터 이후 3년간 국가예산 중 군사비가 차지하는 비중을 살펴보면 다음과 같다.

1901년 정부 총예산은 802만 151元으로 이중 군부예산은 359만 4,911원이었다. 이는 전체예산의 44.8%였다. 1902년 총예산은 758만 5,811원이며 이중 군부예산은 278만 6,290원으로 36.7%, 1903년 1,076만 5,491원 중 412만 358

---

25) 《皇城新聞》, 光武 3년 2월 23일.

26) 《皇城新聞》, 光武 3년 3월 4일·6년 7월 9일.

27) 이에 대해서는 조재곤, 〈대한제국기 군사정책과 군사기구의 운영〉(《역사와 현실》 19, 한국역사연구회, 1996), 112쪽, 〈표 1〉 참조.

28) 정확한 수치라 할 수는 없지만 1897년 2월 현재 군부 병정의 수효가 4천여 명으로 추산(《독립신문》, 建陽 2년 2월 13일)되는 것과 대비할 때 상당한 증액임을 알 수 있다.

원으로 38.1%로 3년 평균 39.8%를 차지하였다. 여기서 군부예산에 계산되지 않은 원수부와 호위대 예산이 도합 10만원 이상을 상회하고 있었던 사실을 볼 때 전체 예산 지출항목의 40% 이상을 군사비로 지출하였음을 알 수 있다. 군부의 지출은 정부내의 단일 부서 중 압도적 비중을 차지하고 있었다.

1900년부터 1903년의 4년간은 예산규모뿐만 아니라 대한제국기 군제 중에서도 병력수나 조직체계 등에 있어서 가장 증강된 상태에 있었던 기간이었다. 군사기구의 조직도 어느 정도 정돈된 모습을 보여준다. 황제도 1901년 8월 "군대의 편제가 성취되고 部伍가 정리되었다"고 고무적으로 인식하고 각 연대에 軍旗를 반급할 것을 지시하였다. 자체적인 대포생산도 준비되고 있었다. 10월 三淸洞 北一營에서 17연발총을 제조하였고 繼天紀元節에는 제조한 대포를 砲隊營에서 시험하기도 하였다.

(2) 원수부를 통한 황제권 강화

대한제국 수립 전후의 정치·사회적 불안은 황제가 군의 인사권과 군령권을 강력하게 장악할 수 없게 한 요인이 되었다. 그러나 경찰과 군사력의 동원에 의해 독립협회와 만민공동회를 해체시킴으로써 황실과 정부정책에 대한 견제세력을 제어하는데 성공한 이후부터 절대주의 국가에서 볼 수 있는 황제 중심의 강력한 군대육성의 움직임이 전면에 대두되었다. 그 일환으로 황실에서는 과거 군부대신이 가지고 있었던 권한을 대폭 축소시키면서 이들에게 일반 사무행정의 군정권만 주었고, 군령권은 황제에게 귀속시켜 황제의 칙령이나 조서를 통하지 않고서는 어느 누구도 명령을 발할 수 없게 하였다. 그것의 구체적인 표상은 1899년 6월 22일 원수부의 설치로 나타난다.

이때 새로이 제정된 〈원수부규칙〉에 의하면 궁성내 설치한 원수부는 국방과 용병·군사에 관한 명령을 전관하며, 군부와 중앙 및 지방의 각 부대를 지휘 감독할 수 있는 조항을 두어 황제가 강력한 권한을 소유할 수 있도록 하였다. 그리고 원수부의 관원은 모두 무관으로 선임토록 하고 문관은 원수부 구성원이 될 수 없다고 명문화하였다. 〈규칙〉에 의하면 원수부는 국방 및 작전계획·군대편성·군대교육·부대검열·군인상벌·存案·회계 등에 걸치는 광범위한 기능을 가졌다. 산하 기구로는 군무국·검사국·회계국·기록국의 4국을 두고, 각 국장은 칙명을 받아 각부 대신에게 통보하고 중앙 및 지방 각 부대에 명령할 수 있는 권한을 가지게 되었으며 군부대신에게는 추후 알려주면 되도록 규정하였다.

원수부의 핵심부서는 군무국과 검사국이다. 군무국의 주요 사무는 군사에 관한 조칙과 공문을 군부와 중앙 및 지방 각 부대에 발포하고 이들의 일기와 보고를 접수하여 개략을 抄錄하여 황제에게 올리는 사항 등이었다. 검사국에서는 매일 시위대에 속한 장교 중 1인을 위임하여 궁성호위병과 중앙 및 지방 각 부대를 시찰케 하고 심사보고서를 원수인 황태자를 경유한 후 대원수인 황제에게 보고하였다. 이후 원수부에서는 각 진위대를 시찰하여 영·위관의 근무태도, 병정수, 군물파손, 軍田 조사, 군민간 분쟁, 지출장부 조사 등을 행하였다.

이와 같이 원수부의 권한과 기능이 강화된 반면 상대적으로 군부의 권한은 대폭 축소되었다. 〈대한국국제〉 선포 다음날인 1899년 8월 18일 〈軍部官制〉를 개정하여 군부의 정리에 곧바로 착수하였다. 먼저 군부대신의 권한은 軍備를 관리하고 각 관해와 요새를 감독하는 것으로 한정하고, 대신 및 협판은 문관도 임명할 수 있게 하였다. 이는 협판 이하 군부 임원에게도 똑같이 적용되었다. 29일에는 詔書를 내려 대신관방에서는 군인의 봉급, 장교 병적과 문관 명부, 인사 및 문관 임명, 외국유학생 등과 관계된 사무만 볼 수 있도록 하였다. 이로써 황제의 군령발동과 주요 군사정책의 결정은 원수부의 보좌에 의해서만 이루어지게 되었고, 이후 군사정책과 집행은 군령기관인 원수부와 군정기관인 군부의 이원화 체제로 나가게 되었다.

1900년 3월에 원수부관제가 다시 개정되면서 원수부의 기능은 더욱 강화되는 추세였다. 각 국장의 칭호가 총장으로 격상되었고, 이들 각 총장은 직접 의정대신에게 청의할 수 있었으며 勅旨를 받아 각부 대신에게 지령할 수 있었다. 이는 정부 부서의 기능보다 황제의 의지를 중시하는 것으로, 원수부는 각 부에 우선하는 것이므로 정부회의를 거칠 필요없이 독자적인 집행구조를 가질 수 있게 된 것이다. 또한 총장은 경무사나 관찰사·한성부재판소 및 각 재판소 판사 이하에게는 훈령이나 지령을 할 수 있게 되었다. 지방관에 대한 명령 지휘계통도 원수부→군부→관찰사→군수의 순서로 이루어

지게 되었다.29)

이어 9월 다시 〈군부관제〉를 개정하여 군법국과 의무국을 폐지하고 포공국과 경리국만 남겼다. 대신관방의 임무도 축소시켜 단지 외국과 외국유학생에 관한 사항을 관장하는 것만 규정했다. 1899년 8월의 〈군부관제〉에는 병적 및 인사임명권이 있었고 무관이 주로 관방장이 되었던 데 반해, 향후 문관으로만 임명할 수 있도록 하여 군부의 권한을 무력화시키고 원수부를 주축으로 군령을 대행케 하였다. 이제 군부는 군정사항만 관장하였다. 따라서 원수부의 총장을 겸직하지 않는 한 군부대신의 권리는 약해질 수밖에 없게 되었다.

〈 표 〉 원수부의 특징적 활동

연 월 일	내 용	출전
1899. 9. 2	騎兵 1개 대대를 설치하고 말 600필 구입 문제를 논의	《皇》
1900.11.12	군무국에서 전 南小營 앞에 奬忠壇을 세우고 갑오년 이후 戰亡士卒을 제사	《季》
1901. 4. 6	勅任官의 族·戚 4촌 중 100여 명을 뽑아 외국 해군학교에 유학시키고자 논의	《皇》
1901. 4.27	《韓淸俄路程記冊》을 인쇄하여 각 府部院에 보냄	《皇》
1901. 6. 4	훈련원을 수리하여 육군중학교를 설치하고자 함	《皇》
1901. 8.26	의무병역제 시행을 기획	《皇》
1901.11.19	월남[安南]의 사이공 말(西貢馬) 300필을 구입	《皇》
1901.12.11	육군병원을 건축하고 軍醫官制를 제정	《皇》
1901.12.11	이전 군부에서 각국 공사관 고용 한국인 등을 위해 발행하던 도성내 夜行木牌를 원수부에서 발급	《元》
1902.11. 8	야전포·군마를 외국에서 주문구입차 10여 만원의 거액을 탁지부로 하여금 지불토록 함	《皇》
1903. 3.18	徵兵條例 반포	《皇》
1903. 8. 6	商兵編制를 발표, 褓負商 등 상인 8천 명을 모집하여 8개 대대로 편성	《皇》

* 《皇》: 《皇城新聞》, 《季》: 《大韓季年史》 下, 《元》: 《元帥府來去案》 2.

29) 《各司謄錄》 37, 평안도편 9, 〈非章訓學存案〉 2, 光武 5년 2월 24일, 357쪽.

육군법원도 원수부에서 관할하였는데 검사국총장 예하의 육군법원장은 각 府部院의 長과 여단장 이상 및 사령관에게 조회하는 권한을 가졌고 각 관찰사와 재판소 판사 및 연대장 이하에게 훈령·지령을 내리도록 하였다.[30] 육군법원은 황제의 특별지령에 의한 죄인은 물론 황제가 직접 임명한 칙임관까지도 체포하여 검사국총장에게 보고한 후 심판할 수 있는 권한도 있었다.

이 시기 원수부의 특징적인 활동을 살펴보면 앞의 〈표〉와 같다.

4) 중앙 및 지방군의 기능과 역할

대한제국기 주요 군대로는 중앙에는 侍衛隊·親衛隊가 있었고 지방에는 地方隊·鎭衛隊가 있었다. 이 시기 군사제도 개혁과 연관하여 중앙군과 지방군의 개편도 상당 부분 진행되었다. 특히 軍權강화의 움직임은 중앙과 지방 군사조직의 확대를 통해서 나타난다.

황실이 있는 서울에는 궁중 숙위와 도성 경비를 위하여 친위대와 시위대가 개편 증강되었다. 이들 시위대와 친위대 군사에 대한 대우는 특별하였는데, 여타 정부 부서의 관리들에 대한 대우와는 달리 이들 중앙군에게는 수시로 월급을 인상하거나 특별수당을 지급하였으며 연체되는 일은 극히 드물었다. 한편 황제 주변과 행차시의 호위 문제는 扈衛隊가 담당하였다.

이 시기 확충된 군사는 주로 지방의 치안에 치중하고 있었다. 군대편제와 예산운용의 대다수는 지방군의 활동에 투여되었다. 중앙군의 증원에 비례하여 지방군도 계속 증강되어 갔다. 처음 을미년간 지방군은 평양·전주에 진위대 1개 대대씩 있었을 뿐이었으나 이후 계속 증설되어 1897년에 가면 15개 지방대를 설치하였다. 1899년 1월경에는 진위대·지방대 편제가 개정되면서 지방군은 2개 진위대대 및 14개 지방대대로 편제되기에 이르렀다.

대한제국기의 정치는 민권운동이 와해된 직후인 1899년에 들어서자마자 계엄통치적 상황으로 국면이 전환되고 있었다. 정부는 일련의 강경정국을 조성하였다. 이에 1월 15일에 몇 가지 특징적인 조치가 취해졌다. 먼저 서울과

30) 《法令資料集》 Ⅲ, 光武 4년 9월 18일, 200~201쪽.

그 주변의 도적을 금압하는 방략을 마련하고 범법자는 '군율'로 결단하는 조칙을 내리고, 전년 말에 해체된 독립협회가 지회 등을 통하여 관과 정치를 의논하는 것을 일체 엄금토록 하였다. 그 탄압책으로 군부로 하여금 진위대·지방대에 훈령하여 금지시켰다. 또한 진위대·지방대 편제를 개정하여 이들로 하여금 지방의 각 요해처에서 '지방 진무와 변경 수비'에 전임할 것을 조목으로 규정하였다. 긴요한 구역에는 그 지역의 사정에 따라 각 지방대의 분견대를 적당히 나누어 둘 수 있게 하였다. 아직까지는 지방대 체제가 진위대보다 양적으로 우세하였다.

지방대의 재정은 해당 지역 郡의 驛土·屯田 등을 군부·탁지부로 하여금 적당히 헤아려 기획하도록 하였다. 한편 진위대의 관제와 경비는 중앙의 친위대의 예를 원용하였다. 당시 지방대 군관의 월급은 일반 관리와 같게 산정되었고 별다른 변동없이 대부분 중앙군과 거의 동일할 정도로 대우는 좋은 편에 속하였다.

그러나 지방대는 진위대를 설치하기 이전의 과도적인 군사제도였다. 따라서 군제가 어느 정도 완비되어 가는 가운데 진위대 체제로 흡수되었다. 1900년 7월 원수부에서는 지방대의 호칭을 폐지하고 지방군은 모두 진위대로만 편성하였다. 이 시기 전국 진위대는 6개 연대로 편제되었는데 1년 총 예산지출은 216만원 정도로 추산된다. 이러한 예산 지출은 인원과 군사비의 측면에서 볼 때 군대의 축소가 이루어졌던 갑오·을미년간에 비해 상당히 증강된 것이었다.

진위대의 주요 활동은 활빈당·'동학여당'·民擾·화적·비도 등 지방의 소요나 민란의 철저한 진압, 범죄자 포착, 지역순찰 등에 있었다. 진위 각 대장은 주둔지 및 부근지에 비상한 사변이 있을 때는 파병 진압과, 국내 안녕질서를 위해 주도자와 참여자를 '초토·포착·진정·초멸'하는 일을 주요한 임무로 삼고 있었다.[31]

그렇지만 이상의 내용에서 알 수 있는 것처럼 진위대는 많은 경비를 필요로 하는 것임은 두말할 나위가 없다. 이 시기 궁내부 내장원과 탁지부의 징

31) 〈鎭衛別則〉(《各司謄錄》 47, 〈訓謄冊〉 7, 경기도 보유편, 光武 9년 8월, 266~268쪽).

세를 통한 황실과 정부의 지속적인 세입확충 정책에도 불구하고 군사비 지출은 지나칠 정도로 과중한 것으로 정부의 예산회의에서도 논란이 되는 것이었다. 예산부족으로 1902년 단계에 가면 진위대 병정의 반수를 감액하고 시위·친위대는 매일 반씩 출근하여 식비를 삭감함으로써 총예산 부족액을 보충하자고 탁지부에서 정부회의에 제의하여 이 문제가 논의되기도 하였다.[32] 이처럼 경제적 문제와 결부되어서도 많은 문제가 파생하고 있었고 또 다른 한편으로는 지방대·진위대 군사의 월권행위나 이권개입도 심각한 문제였다.

여러 사례에서 보듯이 진위대의 활동은 주로 국내 치안문제에 있었다. 한 나라의 군사력 편성은 국방체제 강화가 가장 큰 임무가 되었어야 했다. 그러나 대한제국기 군사제도는 그 예산 투입의 규모에 비례하여 정작 힘을 쏟아야 될 국방문제에는 주력하고 있지 않았다. 서북과 동북의 국경치안도 형편없는 수준이었다. 군사의 확충은 황실수비와 지방치안 등 주로 내부적인 문제에 노력을 경주하고 있었다.

당시 군사의 임무는 중앙군은 황실수비와 도성순찰이었으며, 진위대는 지방진무였다. 한편 별도로 변경수비 조항을 두어 북쪽의 국경수비에 일부 충당하고 있었지만, 그것은 국경 일대의 義和團을 비롯한 淸匪 방어도 힘들 정도였고 간도 유민과 청국 주민들과의 분쟁을 조정하는 등 지엽적인 문제를 해결하는 데 불과하였다. 따라서 어느 한 제국주의 국가가 침입해 온다면 또

---

32) 《皇城新聞》, 光武 6년 1월 31일. 한편 같은 신문 논설에 의하면 이 기간 군사의 현황과 군사비 지출규모를 자세히 알 수 있다. 신문에서 말하는 당시의 군사 수는 시위·진위 6천, 지방대 7천 6백, 평양병 3천, 원수부 9백, 계 17,560 명이다. 1902년 군사비는 359만 3,911원으로 군사비가 정부 예산의 거의 절반을 차지하는 것임에도 불구하고 군사가 단지 土匪탄압·賊徒방어에 있을 뿐, 우수한 병기사용의 미숙성으로 수만금의 거액을 소비하고 있다고 한다. 따라서 減兵은 국고를 절감하는 좋은 방법일 뿐만 아니라 殖産生財의 원천이라 하면서 신문에서는 減軍案으로 서울 守衛 약 1천 명, 지방 주둔 1천 명, 마적 방어 1천 명의 총 3천 명이면 족하고 그 나머지는 영업분야에 돌릴 것을 주장하였다(《皇城新聞》, 光武 6년 2월 3일 및 2월 4일, 논설). 그러나 군대감축과 식비삭감 등의 문제에 대해 원수부 군무국총장 李鍾健이 의정대신 尹容善에게 조회하여 그 부당성을 논하면서 강력히 반발함으로써 결국 타결을 보지 못하였다(《元帥府來文》 6, 奎17783, 光武 6년 2월 18일).

다른 국가의 힘을 빌리지 않고서는 이를 방어하기에는 현실적으로 어려울 정도로 취약하였다.

1904년 1월 러일전쟁이 전개되자 대한제국은 그 와중에 휩싸이게 되었다. 또한 전쟁에서 일본이 승리하고 이후 식민지화 정책을 노골적으로 추진함에 따라 군사력 강화를 통한 자주적 국방을 이룩하여 대한제국이 세계 여러 나라에 명실상부한 '제국'으로서의 존재와 그 힘을 과시할 수 있는 문제는 영원한 미해결 과제로 남게 되었다.

이 시기 군사제도의 운용은 국토방위라는 국방적 측면보다는 경찰력의 범주에 가깝다고 할 수 있다.[33] 군대는 경찰을 대행하고 있었고, 그 임무도 확연히 분류되는 것이 아니었다. 군대는 중앙의 민권운동과 지방의 민중운동 등의 정치적 불안을 막는, 즉 치안확보를 위한 국가권력의 폭력장치로서 경찰의 임무를 대행하고 있었기 때문에 '경찰 아닌 경찰'같은 존재였다.

결국 대한제국기 군대의 성격은 국방을 위한 강병, 또는 민족세력에 의한 국가관 교육체계라기보다는 황제권을 보위하고 내부치안을 담당했던 기구로 규정할 수 있다. 이러한 점 때문에 대한제국의 군사정책은 근대화 사회에서 요구되는 군사력의 기초를 설정하는 역사적 과제를 제대로 해결하지 못하였고, 군사기구의 운용 역시 막대한 노력과 예산을 투여하였음에도 불구하고 실패로 끝날 수밖에 없었다.

〈趙宰坤〉

2. 광무양전 · 지계사업

1) 양전사업의 추진 배경과 목적

19세기 후반 조선사회에는 조선 후기 이래 진전된 상품화폐경제의 발달과 개항 이후 미곡무역의 활성화로 인하여 토지의 상품화가 촉진되었으며, 토지

33) 《國譯 韓國誌》, 707쪽.

소유를 둘러싼 계층간의 분해가 심화되었다. 이 시기 지주제의 발전과 농민층의 몰락현상은 기본적으로 봉건적 토지소유제도의 비합리·불평등에 기인한 것이었다. 더불어 조세제도의 불균·편중현상에 의해 촉진되었다.1) 또한 개항 이후 제국주의 열강은 개항장 및 그 주변 토지에 대한 침탈을 더욱 확대시켜 나가고 있었다. 당시에는 농촌사회의 변혁과 자본주의 발전 방향을 둘러싸고 토지문제가 핵심적인 해결과제로 등장했으며, 국가적 차원에서도 토지주권의 수호대책이 요망되고 있었다.2)

1880년대에 들어와서는 본격적으로 새로운 토지제도를 수립하자는 논의가 제기되었다. 1884년 광주 유생 趙汶이 주장한 方田法 실시론, 경상도 진사 宋殷成이 주장한 토지계권의 발급과 限田論, 1885년 金駿榮이 주장한 均田論 등이 그것이다. 이들은 공통적으로 새로운 양전방식으로 頃畝法을 채택하려 하였으며, 새로 구획된 토지를 경작하는 농민에게 분배할 것을 주장하였다.3)

이에 반해 기존의 地主制를 그대로 온존한 채, 지주의 토지소유를 서양의 근대적인 법제를 통해 확고히 보장하려는 논의도 나타났다. 1884년 9월《漢城旬報》에서는 일본의 지조개정을 소개하면서 지주의 이해를 보장하기 위한 地券制度라고 평가하고 있었다. 1884년 갑신정변에는 '地租法으로 改正할 事'라는 政令이 제기되었다. 이후 1888년 박영효의 상소에서도 '지조를 改量하

1) 金容燮, 〈朝鮮後期의 賦稅制度 釐正策－18세기 中葉～19세기 中葉〉(《韓國近代農業史硏究》上, 증보판, 一潮閣, 1984).
裵英淳,《韓末 日帝初期의 土地調査와 地稅改正에 관한 硏究》(서울대 박사학위논문, 1988).
李榮昊,《1894～1910년 地稅制度 연구》(서울대 박사학위논문, 1992).
왕현종, 〈한말(1894～1904) 지세제도의 개혁과 성격〉(《한국사연구》77, 1992).

2) 鄭昌烈, 〈韓末 變革運動의 政治·經濟的 性格〉(《韓國民族主義論》, 창작과 비평사, 1982).
金容燮, 〈近代化過程에서의 農業改革의 두 方向〉(《韓國資本主義性格論爭》, 대왕사, 1988).

3) 金容燮, 〈韓末 高宗朝의 土地改革論〉(《東方學志》41 ;《韓國近代農業史硏究》下, 1984, 11～21쪽).
崔潤晤, 〈肅宗朝 方田法 시행의 역사적 성격〉(《國史館論叢》38, 國史編纂委員會, 1992), 23～30쪽.

여 지권제를 시행할 것'이라고 주장되었다.4)

1891년 兪吉濬은 지권제도의 수립에 대해 〈地制議〉에서 구체적인 방안을 제시하였다. 그는 조세의 부과대상인 토지에 대해 所有權을 정확하게 파악하고 이를 기초로 근대적인 지세제도를 수립할 것을 주장하였다. 토지의 측량에 경무법을 적용하여 양전을 해야 하며, 田統圖를 작성하여 전국의 地籍圖를 마련하자고 하였다. 이것을 기초로 하여 농지만이 아니라 산림·과수원·목장·漁池·鑛所에 이르기까지 모든 부동산을 대상으로 토지소유권을 나타내는 지권을 발행하자고 하였다. 또한 田地文券圖式을 만들어 외국인과 永賣나 權賣·典當이 이루어질 수 없도록 함으로써 내국인의 토지소유권을 보호하고 동시에 지주의 토지소유권을 확립하려고 하였다.5)

이렇게 전통적인 農本사상으로서 '耕者有田'이라는 원칙 하에 농민의 토지소유와 경작권을 확보하기 위한 토지재분배론이 제기되는 한편, 기존의 지주제를 옹호하고 이에 의거한 농업생산과 상업자본으로의 전화를 추구하려는 논의가 제기되고 있었다. 개항 이후 외래 자본주의의 미곡유출과 토지침탈로 인해 더욱 확대된 농민층의 몰락과 지주제의 확대 강화를 배경으로 하는 이러한 논의는 양대 계급에게는 회피할 수 없는 현안이 되어가고 있었다.

이에 따라 1894년 농민전쟁과 갑오개혁에서는 토지제도의 개혁을 둘러싸고 적대적인 입장에서 상반된 개혁론으로 대립하였다. 결국 농민층의 농업경영을 보장하는 방안으로 주장된 '平均分作'을 비롯한 농민적 토지재분배론은 받아들여지지 않았다. 甲午改革에서는 봉건부세명목의 단일지세로의 통합이나 근대적 조세체제의 정비를 시도하는 수준에서 조치를 취했으며, 1895년 7월 중순 한성부내 외국인 居留地를 설정하는 계획을 수립하여 외국인의 무제한적인 토지침탈을 제도적으로 억제하려고 하였을 뿐이었다.6) 이러한 토

---

4) 《漢城旬報》, 1884년 9월 29일, 〈日本地租條例〉.
金玉均, 〈甲申日錄〉(《金玉均全集》, 亞細亞文化社, 1979), 95~96쪽.
原敬文書硏究會編, 〈朴泳孝上疏文〉(《原敬關係文書》 6), 160~174쪽.

5) 兪吉濬, 〈地制議〉(《兪吉濬全書》 Ⅵ, 一潮閣, 1971), 145~172쪽.

6) 왕현종, 〈19세기 후반 地稅制度 改革論과 甲午改革〉(《韓國 近現代의 民族問題와 新國家建設》, 지식산업사, 1997), 149~157쪽.

지정책은 1893년부터 추진된 家契發給制度를 근간으로 하면서도 점진적으로 소유권의 법인을 이루어 가는 차원에 그친 잠정적인 조치에 불과했다.

대한제국기에 들어와서 토지문제를 둘러싼 계층간의 대립은 보다 심화되었다. 대한제국정부는 1898년에 '率舊章而參新規'라는 이념을 내세워 新舊를 새롭게 절충하고 개혁하려는 방향전환을 모색하였다. 특히 이 시기에는 이전에 비해 더욱 구체적인 量田論이 제기되었을 뿐만 아니라 토지제도의 근대화를 추구하는 논의가 본격적으로 일어나고 있었다.

당시 논의 중에서 李沂의 〈田制妄言〉이나 兪鎭億의 〈方田條例〉는 주목할 만한 양전론의 하나였다.[7] 이들은 구래의 결부제 폐단을 시정하기 위해 方田·頃畝法의 취지를 일정부분 수용·해결함으로써 객관적인 토지측량을 이룰 수 있게 했으며, 토지 소유자에게 田案을 발급함으로써 국가가 전국의 토지를 효율적으로 관리하고자 하였다. 장기적으로는 지주의 토지소유를 제한하면서 小農民의 토지소유 확보와 농업경영을 보장하기 위한 제반 방안을 마련하고자 하였다. 요컨대 이전에 해결하지 못한 토지조사와 소유권 법제를 수립하는 것이 초미의 과제가 되고 있었다.[8]

이러한 양전논의를 배경으로 하여 대한제국기의 근대개혁을 추진하던 光武政權은 1898년 6월 〈土地測量에 關한 請議書〉를 마련하였다. 6월 23일 내부대신 朴定陽과 농상공부대신 李道宰가 주도하여 '全國土地測量事'라는 제목으로 의정부회의에 정식 안건을 올렸다.[9]

토지측량에 관한 청의서

전국에 지방을 分하야 구역을 정하고 구역에 지질을 측량하야 조리가 明케 함은 有國에 大政이라. 夫我國에 구역이 不爲不大오, 토지가 不爲不美라. 강계

---

7) 李 沂, 《海鶴遺書》 권 1, 田制妄言 및 권 2, 急務八制議.
兪鎭億, 《田案式》, 方田條例.
兪致範, 《一哂錄》.

8) 金容燮, 〈光武年間의 量田·地契事業〉(앞의 책, 1984), 508~509쪽.

9) 《去牒存案(農商工部去來牒存案)》 3책, 光武 2년(1898) 6월 22일, 土地測量에 關ᄒᆞᆫ 事件.
《奏議》 17책, 光武 2년 6월 23일.

가 分定만 只有하고 지질에 측량은 未詳하야 原野의 廣窄과 川澤의 장단과 山嶺의 고저와 林藪의 濶狹과 海濱의 漲灘과 畎畝의 肥瘠과 家屋의 占趾와 土性의 燥濕과 도로의 夷險을 難以取準하니 迨此政治維新한 時에 豈非一大欠典이리오. 竊念 금일급무가 토지측량에 莫過하기로 此段을 회의에 提呈事

光武 二年 六月 日

의정부찬정 內部大臣 朴定陽

의정부찬정 農商工部大臣 李道宰

의정부찬정 尹容善 각하 査照

광무양전사업에서는 측량의 대상이 종래의 양전사업과 같이 농지의 비척이나 가옥의 규모를 조사하는 것에 그치지 않았다. 위의 청의서에서 알 수 있듯이 지질, 산림과 천택, 수풀과 해변, 도로에 이르기까지 광범위하게 설정하고 있었다. 즉 전국 토지 일체에 대한 조사를 목표로 하고 있었다. 이렇게 거대한 측량사업을 추진하는 데는 사전에 여러 가지 異論이 검토될 필요가 있었다.

당시 의정부회의에서는 격렬한 토론이 벌어졌다. 당시 회의를 주재한 참정 윤용선은 "이는 국가에 있어 최대의 정책이므로 대저 누가 不可라고 하겠는가"라고 하여 강력하게 시행의 의지를 피력했지만, 衆論은 원칙적으로는 당연한 사업이라고 해도 실시에는 적당한 인물이나 허다한 어려움이 있기 때문에 신중하게 고려하지 않으면 안된다는 것이었다. 실제 의안에 찬성한 대신은 청의서를 낸 박정양과 이도재 이외에 윤용선과 궁내부 尹定求 등 4인에 불과한 반면, 반대한 대신은 외부대신 兪箕煥을 비롯하여 군부대신 閔泳綺 등 6인이었다. 결국 이 날 회의에서는 土地測量에 관한 件을 부결시키고 말았다. 그렇지만 이 안건이 완전히 수포로 돌아간 것은 아니었다. 회의결과를 보고 받은 高宗은 의정부회의 결과를 뒤집어서 본래의 청의 대로 시행하라는 批答을 내렸다. 光武皇帝인 高宗이 전격적으로 전국적인 양전사업을 시행하라고 선언한 것이었다. 7월 2일에 그는 직접 토지측량을 裁可하고 양전을 담당할 아문과 그 처무규정을 마련하라는 조칙을 내렸다.[10)]

10) 《奏本存案》 3책, 奏本 123호.

한편 전국적인 토지조사방침이 공론화 되는 상황에서 한성부의 토지·가옥 문제에 대한 대책도 마련되고 있었다. 1898년 6월 23일 度支部 司稅局은 '漢城五署字內에 國內外人民家屋基址를 定納年稅할 事'라는 請議案件을 준비하고 있었다.[11] 이 안건은 주로 漢城府의 가옥 전체에 대해 家屋稅를 부과해야 한다는 내용이었다. 이전에는 미과세 되고 있었던 가옥에 대한 세를 신설하면서 그 적용 범위를 내국인의 것뿐만 아니라 외국인이 소유한 가옥에 확대한다는 것이었다. 그런데 이 안건에서 주목되는 점은 "毁屋한 基址나 無屋土地는 轉賣를 勿許하여 五署內에 一切 地段으로 官有에 常屬케 한다"는 원칙이었다. 여기서 '훼옥한 기지나 무옥토지'란 원래 소유자가 있었으나 현재는 가옥이 무너져 없어진 토지로서 소유권자가 불분명한 토지였다. 이런 토지를 외국인들이 집중적으로 매점하고 있는 상황이었다. 이에 따라 원소유자와 현 외국인 소유자간의 분쟁이 빈번하게 발생했기 때문에 대한제국정부는 가옥이 없는 나대지의 잠매가 원천적으로 불법이라는 원칙을 내세워 관리하고자 했다.

따라서 외국인의 土地侵奪은 다만 현존의 가옥을 사용하는 地上權에 한하여 허용될 뿐이며 토지 그 자체의 소유권은 절대로 허용될 수 없다는 입장을 표명한 것으로 이해된다. 국가의 입장에서 외국인이 이미 매입한 토지에 대해 재정적으로나 정책적으로나 환수가 어려운 상황이었지만, 이러한 문제에도 불구하고 1898년 6월 한성부 지역에서 외국인 소유 가옥에 대한 국가적인 통제나 관리를 강화하겠다는 방침을 세운 것이었다.

이 안건은 1898년 7월 6일 의정부회의에서 한성부의 토지분쟁과 관련된 부서인 내부대신 朴定陽, 외부대신서리 兪箕煥, 탁지부대신 沈相薰에 의해서 정식으로 상정되어 결정되었다.[12] 이날은 공교롭게도 앞서 고종이 직접 결정

《日省錄》 35책, 1898년 5월 14일(양 7월 2일).

11) 《外部去來牒》 1책, 1898년 6월 23일.

《奏本》 6책, 1898년 7월 4일, 奏142호 漢城五署官有地管理定稅에 關ᄒᆞᆫ 請議書.

12) 《奏本存案》 3책.

《奏議》 6책, 奏本 142號.

《各部請議書存案》 6책.

한 量地衙門을 설립하는 處務規定도 축조·심의되었다. 따라서 대한제국은 이 시점에서 토지조사 및 토지소유분쟁에 대한 처리방침을 결정함으로써 전국적인 토지조사를 통해서 토지소유에 대한 제권리를 확정하려고 하였으며, 적어도 한성부지역에서 外國人의 土地所有 擴大를 저지하고 大韓帝國의 土地主權을 확보하려고 하였다.

2) 양지아문의 설립과 양전시행

(1) 양지아문의 토지측량과 광무양안

量地衙門은 성격상 정부기구 중에서 내부·탁지부·농상공부 등 3부와 밀접한 관계에 있었으며, 각기 내부의 土木局·版籍局과 탁지부의 司稅局, 농상공부의 農務局·鑛山局 등이 유기적으로 관련되었다. 그래서 양지아문 총재관은 별도의 관료를 임명한 것이 아니라 내부·탁지부·농상공부의 대신을 겸임 발령하여 朴定陽·沈相薰·李道宰 등을 그대로 임명하였으며, 副總裁官도 유관부서로서 한성부와 학부의 장관으로 判尹 李采淵과 協辦 高永喜를 임명하였다.[13] 이렇게 범정부적인 유관기구를 포괄하면서 양전을 전담할 독립관청으로서 양지아문이 발족된 것이었다.

당시 대한제국정부는 종전의 양전논의를 일부 수용하면서 몇 가지 새로운 방침을 세우고 있었다. 특히 주목되는 것은 토지의 객관적인 측량을 위해 외국인 기사를 고빙하고 있었던 점이다. 1898년 7월 14일 정부는 美國人 技士 크롬(Krumm, 巨廉)의 주도하에 측량견습생을 양성하고 서양의 측량방식을 사용해서 5년 동안 측량에 종사하도록 하였다.[14]

《奏議》 18책.

《日省錄》 35책, 1898년 5월 18일(양 7월 6일).

13) 勅令 제25호 量地衙門職員及處務規定제6조.

《日省錄》 35책, 1898년 5월 18일(양 7월 6일).

14) 《各部請議書存案》 6책, 勅令 제25호 量地衙門職員及處務規定 9조.

《外部量地衙門來去文》, 大韓政府에셔 美國量地技士 巨廉을 本國量地技師로 雇聘ᄒᆞᄂᆞᆫ 合同.

이렇게 양전을 위한 기구와 방식이 확정되었지만 토지측량은 곧바로 이루어지지 못했다. 일부에서는 서양의 측량기술이나 조사관리들에 대한 불신을 표명하며 비판하는 논의가 일어났다. 1899년 3월 10일 中樞院에서는 측량사업이 실시되지 못하는 것을 비판하면서 심지어 양지아문의 폐지를 주장하는 논의가 일어날 정도였다.[15] 이러한 논의는 근본적으로는 이번 토지조사를 통하여 농촌사회 내부에서 기존의 계급관계가 어떻게 변화될 것이며, 또한 어떤 방향으로 변화되어야 하느냐 하는 문제를 둘러싼 논쟁이었다.

드디어 1899년 4월 5일 量地衙門은 조세수입의 확대라는 명분으로 전국적인 양전의 확대·시행을 결정하였다.[16] 결국 조선 후기 숙종조 경자양전 이래 전국적인 양전사업이 거의 180여 년 동안 없었는데 비로소 여기에서 실시를 보게 되었다. 이번 양전사업은 측량 방식과 구체적인 목적에서 보아 크게 2개의 지역으로 나뉘어졌다. 하나는 한성부였고, 다른 하나는 전국지역이었다. 우선 한성부에는 서양의 측량기술에 의거하여 측량하되 기존의 家契발급제도의 확대 실시라는 방향으로 추진되었던 반면, 나머지 각도 지방에서는 옛 제도인 結負制를 준용하는 방식으로 측량하되, 토지에 관한 여러 사항을 포괄적으로 조사하는 國勢調査의 방향으로 추진되었다.

양지아문은 1899년 4월 1일 한성부 지역의 토지를 측량하기 시작하였다.[17] 최초의 측량은 崇禮門 안에서부터 시작되었다.[18] 이어 水標橋에 이르는 道路와 方里 구획을 대상으로 도로의 길이와 넓이, 인가의 집터 그리고 官有·民有의 일체 地段 등을 측량할 예정이었다. 특히 외국 공관, 敎堂, 사택 및 상점인 棧房 등 외국인 거주지도 포함되어 있었다.

양전사업이 순조롭게 진행된다면 1899년 한성부의 도로와 5署內의 方里를

15) 왕현종, 〈대한제국기 量田·地契事業의 추진과정과 성격〉(《대한제국의 토지조사사업》, 민음사, 1995), 55~65쪽.

16) 《各部請議書存案》 10책, 1899년 4월 5일, 各道量務監理를 該道內郡守 중에 諳術著績흔 者로 擇任흐야 爲先試可에 關흔 請議書.
《奏本》 29책, 1899년 4월 24일, 奏本 72호.

17) 《皇城新聞》, 1899년 4월 1일, 잡보 〈量地開始〉.

18) 《독립신문》, 1899년 4월 5일, 잡보 〈량디아문〉.

측량하고 이후 1년 이내인 1900년 5월경까지 측량을 마무리할 수 있을 것으로 기대하고 있었다.[19] 그렇지만 그렇게 빠른 시일안에 양전을 끝마치기는 어려운 상황이 발생하였다. 측량과정에서 측량추를 분실하거나 학도들의 봉급 등의 문제도 많았으나,[20] 한성부의 양전에서 부딪힌 가장 큰 문제는 외국인의 불법적인 토지소유를 어떻게 처리하느냐 하는 것이었다. 그래서 1900년 3월 9일에서야 외국인 거류지를 측량하기 시작하여, 9일과 10일에는 일본공관, 12일·13일은 竹洞 守備隊營 그리고 14일에는 駱洞 守備隊營을 측량했다. 또한 4월 17일에는 러시아공관을, 19일에는 불란서공사관을 측량하기로 하였다.[21]

이렇게 양지아문의 측량사업이 진행되면서 한성주재 각국 공사와 외국인들은 이 사업에 주목하고 있었다. 특히 일본과 미국공사는 깊은 관심을 표명하였는데, 이들은 양지아문의 설립 초기부터 장차 한성내의 家屋 地基를 측량하고 별도로 立案을 나누어주는 사업을 하는 기관으로 파악하고 있었다. 그래서 그들은 외국인에게 契案을 발급하는 법을 세울 기회로 파악하고 家契制度를 개항장에서 쓰이는 地契와 같은 제도로 만들 것을 희망하고 있었다. 특히 일본은 1899년 3월에 한성부내 토지·가옥의 위치와 면적을 측량하되 不動産의 原簿를 작성하고 이에 의거하여 地劵과 家劵을 발급해 달라고 요구하고 있었다.[22] 이는 외국인의 토지가옥의 소유를 보다 정확히 파악하고 공인하는 제도의 필요성을 제기하는 것이었지만, 그 이면에는 외국인 토지소유의 합법화를 기도하는 것에 다름없었다.

이러한 외국인 토지소유의 무제한적인 개방과 합법화 요구는 결국 대한제국의 토지주권뿐만 아니라 대한제국 국민의 토지소유권의 해체를 추구하고 있다는 점에서, 대한제국이나 한성부로서는 도저히 받아들일 수 없는 것이었

19) 《地契衙門來文》, 1899년 5월 29일, 公文.
20) 《황성신문》 1899년 4월 20일, 잡보 〈學徒退去〉 및 4월 29일 측량추 분실 광고.
21) 《皇城新聞》, 1900년 3월 9일, 잡보 〈居留地測量〉.
《外部量地衙門來去文》, 1900년 3월 5일 및 4월 12일, 조회.
22) 《舊韓國外交文書》 4, 〈日案〉 4, 5040호, 1899년 3월 23일, 漢城府家劵制度改正實施要望(일본공사 加藤增雄 → 외부대신 朴齊純), 252~254쪽.

다. 이러한 상황에서는 한성부의 토지조사가 쉽게 마무리되기 어려운 상황이었다. 이미 1901년초에 이르러서는 서울 주민의 家戶에 대한 조사가 거의 마무리 단계에 와 있었으므로,[23] 향후 근대적 토지소유권의 제도수립에 대한 방침이 가능한 한 빨리 내려져야 했다.

이렇게 한성부의 토지조사가 진행되는 동안, 이와는 별도로 전국적으로 각도를 단위로 하여 양전사업이 실시되고 있었다. 1899년 6월 양지아문에서는 충청남도 牙山郡에서 시범적인 양전을 실시했다. 전의군수 鄭道永이 충청남도 量務監理를 맡아 李鍾大·李沂·李喬赫·宋遠燮 등 4인의 量務委員을 비롯한 學員 22명을 대동하고 6월 20일부터 약 3개월간 양전을 실시하였다.

이곳의 양전에서는 매필지마다 실지에 나아가 민간의 斗落이나 舊結負도 조사하였으며 특히 농지의 형상을 그대로 본떠서 전답도형을 그렸고 실적수를 정밀하게 표기하였다. 뿐만 아니라 토지의 소유자인 田主·畓主 이외에도 作人도 빠짐없이 조사하였으며 심지어 垈主 이외에 여러 명의 家主도 조사하였다.[24] 비록 양무위원에 따라 각기 다른 양식으로 조사되기는 했으나, 이후 양안의 정리과정에서 이기가 도입한 양안의 기재양식에 따라 통일적으로 정연하게 정리되었다.[25]

무엇보다도 아산군 양전을 거쳐서 토지조사 방법과 양안작성 원칙이 최종적으로 결정되었다. 즉 전답도형도의 도입, 절대면적인 실적수 표기, 토지의 소유와 경영관계를 나타내주는 '時主와 時作'의 병기로 확정되었다. 이후 아산군 양전을 담당한 양무위원들이 양전의 확대와 더불어 경기·충청·전라도의 양전을 실질적으로 담당하게 되었다. 따라서 아산군 양전은 이후 전국적인 양전사업의 확대실시에 결정적인 토대가 되었다. 이를 바탕으로 양지아문에서는 전국적으로 양무감리와 위원을 파견하면서 양전사업을 체계적으로 진행시키게 되었다.

---

23) 《황성신문》, 1901년 1월 12일, 잡보 〈當懸門牌〉.

24) 宮嶋博史, 〈光武量案의 역사적 성격〉(《대한제국기의 토지제도》, 민음사, 1990), 60~69쪽.

25) 왕현종, 앞의 글(1995), 65~75쪽.

〈표 1〉 전국 양무감리 명단

지역	전임자	전임관직	임명일자	후임자	전임관직	임명일자
경기	李鍾大	양무위원	1899.11.11			
충남	鄭道永	전의군수	1899. 5.29	李勝宇	종 2품	1900. 4.27
				閔致純	정 3품	1900. 5.21
충북	李啓弼	옥천군수	1899.11.11	李德夏	6품	1900. 4.27
				李弼榮	3품	1901. 4. 9
전남	金星圭	장성군수	1899. 3.18~	李祐珪	4품	1900.11. 6
			1900.10.30	全秉薰	전의관	1901. 3.21
				韓龍源	4품	1901. 4. 9
전북	李台珽	남원군수	1899. 5.29	李承淵		1900. 5.30
				吳弦默	익산군수	1901. 3.21
경남	南萬里	거창군수	1899. 3.18	崔斗文	양무위원	1900. 4. 5
경북	朴準成	신녕군수	1899.11.11	金滋善	정 3품	1900. 4. 5
황해	全秉薰	전의관	1901. 4. 9			
평남	彭翰周	평양감리	1901.10.22			

＊출전 : 《官報》·《日省錄》 해당 일자 인사기록 참조.

양지아문에서의 측량사업은 토지조사 방식에서 구래의 양전방식을 준용하면서도 새로이 몇 가지 원칙을 추가로 설정하고 있었다. 우선 양지아문의 양전은 모든 부동산을 대상으로 삼았다는 점이다. 경작지는 지목이 크게 田·畓으로 나뉘는데, 전의 경우에도 작물재배 여부에 따라 자세히 구분하였다. 家舍는 용도에 따라 公廨·寺刹·書院 등으로 표기하였으며, 水舂·防築·堤堰·土器店·鹽田·火田 등도 상세히 조사 기록하였다.

또한 양안에 등록하는 방식에서는 종래 國朝舊典에 의거하여 천자문 순서에 따른 자호체계를 그대로 유지하였으며, 일정한 생산량을 기준으로 토지를 파악하는 방식인 結負制, 田品 6等에 따른 同積異稅制를 그대로 준수하였다.[26] 이렇게 토지조사 방식에 있어 구래의 양전방식을 유지하면서도 보다 객관적인 토지면적을 파악하기 위한 조사방식을 채택했다. 첫째, 每筆地의 면적을 기록하는 방식의 차이가 있었는데, 종래에는 長廣尺만을 기록한 데

26) 《增補文獻備考》 中, 田賦考 2, 645쪽.

대해 이것 이외에도 總實積數를 기입하여 절대면적을 표시하였다. 둘째, 개별 필지의 형상을 단순화했던 다섯 가지 圖形에 그치지 않고 다양한 等邊, 不等邊形을 표기하여 세분화된 토지의 형상을 파악하려고 했다. 셋째, 田畓圖形圖를 처음으로 도입함으로써 이전의 양전에서 파악된 토지형상의 파악에서 한 단계 진전시켜 地籍圖制로 이행하려는 중간과정을 보여주었다. 따라서 양지아문의 양전사업은 종래 소출 중심으로 토지를 평가하던 단계에서 객관적인 면적과 토지 가치를 평가하는 단계로 전환하는 것을 의미했다.[27)]

양지아문은 전국적으로 측량사업을 실시하면서, 대개 세 단계의 과정을 거쳐 양안을 작성·정리하고 있었다. 우선 각 지방에서 면 단위로 실제 들에 나가 측량하고 관련사항을 기록하는 단계이다. 초기 양전과정에서 작성되는 장부를 '野草'라 하였다.[28)] 경상북도 義城郡 北部面의 野草가 유일하게 남아 있다. 여기에는 각 필지별로 전답과 草家·瓦家의 구별, 배미(夜味)의 기재, 양전방향, 토지형상, 四標, 실적수, 등급, 결부수, 전답주 및 작인 등의 순서로 기록하였다. 실지조사를 통해 실적수와 등급, 결부수를 계산하여 기록하고 사표명과 전답주명이 양전방향과 반드시 일치하도록 표기하였다.[29)] 야초의 말미에는 하루 측량한 토지면적을 마무리하면서 총실적수와 결부수를 표기하였다. 대개 하루의 측량 필지수와 결부수는 88필지에서 128필지에 이르기까지 다양하였다. 평균적으로는 121필지, 8結餘를 측량하였다. 이는 이전의 경자양전에서는 하루당 3결이 조사되었음에 비추어 광무양전은 보다 짧은 기간에 많은 토지를 조사하였음을 알 수 있다.[30)] 이렇게 작성된 야초 장부에는 아직 자호와 지번이 부여되어 있지 않으나 각 필지의 사표가 나란히 연

---

27) 崔元奎, 〈대한제국기 量田과 官契發給事業〉(《대한제국의 토지조사사업》, 민음사, 1995), 222~229쪽.

28) 전라도 구례군 오미동의 사례연구에서 실지 토지조사에 대한 기록이 처음으로 소개되었다(《紀語》 권 2, 1900년 3월 ; 李鍾範, 〈韓末 日帝初 土地調査와 地稅問題〉, 《대한제국의 토지조사사업》, 민음사, 1995, 546쪽).

29) 이영호, 〈光武量案의 기능과 성격〉(《대한제국의 토지조사사업》, 민음사, 1995), 128~131쪽.

30) 宮嶋博史, 〈광무양안과 토지대장의 비교분석〉(《조선토지조사사업의 연구》, 민음사, 1997), 204쪽.

속되어 있어서 양전을 거쳐간 동리나 평의 순서 그대로 표기되었으며 이후 양안의 정리과정에서도 그대로 준수되었다. 초기 양전과정에서 기록의 정확성 여부가 전체 양전 및 양안작성에 결정적으로 중요한 의미를 지니고 있었다.

광무양전의 두 번째 단계는 각 도별로 '中草冊 量案'을 작성 · 정리하는 단계이다. 이는 군별로 양무위원과 학원들이 한데 모여 각 면별로 측량된 야초를 수집해서 전체 군단위로 새로 정리하는 과정을 말한다. 이들은 우선 일정한 면의 순서에 따라 각 필지별로 字號와 地番을 부여하였으며, 면적과 결부, 시주와 시작기재의 정확성, 사표와 시주의 일치 등을 수정하였다. 일부 지역의 중초책 양안에는 조사형식과 내용이 달리 기재된 것도 보인다. 예를 들어 경기도 지역 양안에서는 面 總目에 이전의 舊結數 및 戶數 총액을 조사한다든지, 충청남도 남부지역 양안에서는 家戶를 조사하면서 元戶뿐만 아니라 挾戶도 조사하고 있었다.

다음으로 각 군별로 정리된 중초책 양안을 양지아문에서 모아 놓고 재수정하는 과정을 거쳐 '正書冊 量案'을 완성하는 단계를 밟는다. 양지아문의 조사위원들은 중초책 양안의 표지에 初査 · 再査를 붙여가면서 각 면별로 전답의 실적통계 및 결부수, 시주와 시작 등을 최종적으로 확정하였다. 각 군현이나 도 단위에서 量田官吏가 나름대로 파악하여 중초책 양안에 기재된 구결총이나 전답주와 소작인의 표기 등은 삭제하였다. 이러한 과정을 통해서 전국적인 광무양안은 통일적인 형식을 갖추게 되었다. 이렇게 광무양안은 野草의 작성단계에서 대개 3개월 정도의 측량과정을 거치고, 중초책 양안에서 정서책 양안의 정리단계에서 거의 1년 이상 기간을 거쳐 완성을 보게 되었다.

당시 광무양안에서는 國家收稅地의 확충이라는 목표를 달성하기 위해 실제 경작농지의 면적을 파악하여 종래의 結總보다 많은 新結을 찾아냈으며, 家屋稅나 戶口調査와 연계하여 垈地의 규모와 가옥 상태, 현거주자의 家戶구성여부 등을 정밀하게 파악하였다. 이는 광무양전이 지닌 목적 중의 하나였던 대한제국의 國勢調査로서의 성격이 어느 정도 성과를 거두고 있었음을 보여주고 있다. 그리하여 완성된 광무양안은 비로소 토지의 위치와 면적 및 토지소유자를 기재한 '土地調査簿'의 기능을 갖게 되었다.

(2) 광무양안과 '시주'의 성격

지금까지 대한제국기 양지아문에서 추진한 양전사업의 결과물인 양안이 갖고 있는 기능과 성격에 대해서는 여러 가지 異論이 제기되었다.[31] 초기 연구에서는 양안이 본래 토지에 대한 세를 부과하기 위하여 작성하는 것이지만, 그것은 동시에 소유권을 보호하기 위한 登記簿의 기능도 있다고 보았다. 특히 광무양안은 토지소유권의 보호를 목적으로 발급되는 地契制度를 수립하기 위한 것이었다는 점이 강조되었다.[32]

이에 대한 반론은 광무양전이 국가의 수조 대상지 조사과정에 불과했다고 비판하였다. 특히 燕岐郡 東一面의 사례연구의 경우에서는 時主의 실명여부가 추구되었는데, 호적이나 족보와 상호 비교하였지만 실제 양안상의 호와 호적상의 호는 커다란 차이를 보이고 있었고 동일인으로 확인된 167명 가운데에도 불과 48명만이 정상적으로 기록된 형태이고 나머지는 分錄과 代錄 등으로 형제들이나 사망한 선조의 이름으로 기록되었다는 점이 밝혀졌다.[33] 이로써 '起主'를 곧바로 '農家世帶'로 간주하는 것은 무리이며, 또한 시주와 시작을 토지소유자와 경영자로 단순화하기 어렵다는 점이 제기되었다.[34]

그런데 양안상의 시주 실체를 보다 분명히 파악하기 위해서는 광무양전사업에서 추진된 농가 조사방식과 소유자의 파악과정에 보다 주의할 필요가 있다. 이 시기 양전사업에서는 농촌사회에서 현실의 토지소유자와 경작자를 정확하게 파악하려는 방침을 세우고 있었다. 실제 量田事目으로 채택되었을 것으로 추정되는 吳炳日의 '量田條例'에서는 "양전을 실시하기 전에 해당지역에 훈령을 내려 田主가 자기 성명의 표를 세워 境界를 판별하도록 할 것"

---

31) 이영학, 〈광무양전사업 연구의 동향과 과제〉(한국역사연구회, 《역사와 현실》 6, 1991), 327~343쪽.

32) 金容燮, 〈光武年間의 量田·地契事業〉(앞의 책, 1984), 336쪽.

33) 李榮薰, 〈光武量田에 있어서 〈時主〉 파악의 실상〉(《대한제국기의 토지제도》, 민음사, 1990), 115~123쪽.

———, 〈光武量田에 있어서 〈時主〉 파악의 실상〉 2(《省谷論叢》 23, 1992) 참조.

34) 宮嶋博史, 〈量案における"主"の性格－1871年 慶尚道彦陽縣量案の事例〉(《論集朝鮮近現代史》, 姜在彦先生古稀記念論文集, 明石書店, 1996), 128~131쪽.

을 채택하고 있었다.[35] 이렇게 전주의 자진신고를 기초로 하여 소유자 조사가 이루어지는 것을 원칙으로 하였지만, 실제 대부분의 경우에는 地主들이 일일이 참여하지는 않았던 것으로 보인다. 대부분의 지역에서는 경기도 수원과 용인군의 토지조사과정에서 나타났듯이, 指審人이나 頭民 · 洞長들이 대신 보고했으며, 아니면 學員이 時作의 소명을 통해서 간접적으로 조사하였던 것으로 생각된다.[36]

양지아문의 양전방식 중에서 특이한 것은 전답주라고 간주되는 시주만 조사하지 않고 作人이라고 할 수 있는 시작도 조사했다는 점이다. 또한 일부 지역에서 結名 · 結戶를 조사하는 경우도 있었다. 이는 초기 양전지역의 하나인 온양군 一北面의 일부, 南上面, 西面 등이 해당된다. 여기서 시주와 시작의 기재란에 더불어 표기된 결명과 결호는 특정한 姓에다 奴名이나 戶名類의 이름을 조합시킨 형태를 취하고 있었다.

〈표 2〉 結名別 時主 · 時作 기재유형

구분	중초책 양안	정서책 양안	필지수(%)	전답면적 : 정보(%)
	전 · 답주명－결명－작인명	시주명－시작명		
Ⅰ	A-a-A	A-A	90(27.5)	29.10(21.2)
Ⅱ	A-a-B	A-B	243(35.2)	54.52(39.8)
Ⅲ	a-a-a	a-a	1(0.0)	0.13(0.1)
Ⅳ	a-a-B	a-B	5(0.7)	0.65(0.5)
Ⅴ	A-A-A	A-A	97(14.2)	14.65(9.8)
Ⅵ	A-A-B	A-B	141(20.4)	36.85(26.9)
Ⅶ	A-B-B	A-B	12(2.0)	0.93(0.8)
계			690(100)	136.83(100)

* 출전 : 최윤오 · 이세영, 〈光武量案과 時主의 실상〉(《대한제국의 토지조사사업》, 민음사, 1995), 341쪽, 〈표 2〉 전재.

35) 吳炳日, 《田案式》, 〈量田條例〉 참조.

36) 《司法稟報》 乙, 42책, 光武 8년 6월 15일자 〈平理院檢事 洪鍾檍의 法部大臣 李址鎔에 대한 제64호 報告書〉.

위의 표에 나타난 바와 같이, 결명은 전답주와 작인 사이에 위치하면서 다양한 관련형태를 나타내고 있었다. 결명은 대부분의 경우(Ⅰ~Ⅵ)에서 전주·답주와 밀접한 관련성을 가지고 있었다. 따라서 실질적인 토지의 소유자가 결명을 借名하여 代錄하고 있는 것이 아닌가 추측할 수 있다.37) 이렇게 결명도 기록한 것은 시주·시작을 파악하기 위한 하나의 과정이었다고 하겠다. 즉 종래 서로 분리되었던 수세장부와 양안을 일치시키는 동시에 조세납부자를 파악하고자 했기 때문이었다. 그러한 과정을 통하여 양안의 기재양식상으로는 현실의 조세납부의 대상자가 곧 토지의 소유자인 시주로 귀착되었다는 점을 알 수 있다.

그런데 여기서 조사된 시주의 규정은 일반적으로 '양전조사 당시의 시점에서의 토지소유자'라는 의미로 간주되었다. 또한 '시주'의 표기방식은 초기 아산군 양전에서 주도적인 역할을 하였던 양전관리인 李沂에 의해 만들어진 것이었다. 특히 시주는 광무양전과정에서 양전관리에 의해, 곧 국가에 의해 일률적으로 표기되었다는 점에서 각별한 의미가 있을 것으로 추측되었다. 실제로 충청남도 아산·온양·연기군 일부, 경기도 광주군 일부 및 수원과 용인군 전체의 중초책 양안에서 토지소유자를 전주와 답주로 표기하기도 했으나 이후 정서책 양안에서는 모두 일률적으로 '시주'로 바뀌었다는 점에서도 확인할 수 있다.

이러한 특성을 강조하여 양안상의 시주규정 자체를 토지소유자의 사적 토지소유권을 인정하는 것이 아니라는 반대론도 제기되었다. 조선은 당초 國田制 이념을 大韓國國制의 기본으로 두고 있었기 때문에 시주는 단지 '인민의 임시적 내지 한시적 존재'임을 규정한 것에 불과하다는 것이다.38) 이는 인민의 토지소유보다 상위에 위치한 국가적 토지지배의 우위성을 전제하고 있는 논의였다.

이러한 時主의 기재방식과 관련해서 양안상에 기록된 토지소유자의 성격

---

37) 최윤오·이세영, 〈光武量案과 時主의 실상―충청남도 온양군 양안을 중심으로〉(앞의 책), 340~355쪽.

38) 李榮薰, 〈量案上의 主 規程과 主名 記載方式의 推移〉(《조선토지조사사업의 연구》, 민음사, 1997), 196~197쪽.

을 재검토할 필요가 있다. 광무양안에는 전답주가 實名을 사용하든 代錄名을 사용하든 자신의 토지에 대한 토지소유권을 행사하는 데 전혀 문제를 느끼지 않았다는 점이었다. 또한 향촌에서는 해당 토지의 소유자명이 비실명이라 해도 그 토지의 실질적인 소유주가 누구인지를 알고 있었기 때문에 굳이 대록이 문제시되지 않았다.[39] 이는 당시 철도용지의 보상을 위해 지급된 명세서에서도 나타난 바와 같이, 토지소유자의 이름형태와 관계없이 보상이 이루어졌으며, 결국 국가에서 이들 戶名이나 假名으로 기재된 토지의 소유자와 그 소유권을 인정하고 있었다는 점에서 알 수 있다.[40]

또한 '시주'의 규정이 등장한 배경에는 당시 대한제국이 토지주권 강화정책의 일환으로 외국인 토지소유 금지정책을 추진하려는 목적도 작용하고 있었다고 보아야 할 것이다. 특히 시주의 자격에는 조약상으로 허용된 지역 이외에 불법적으로 토지를 취득한 외국인의 소유권을 용인하지 않았다. 이후 地契量案에서는 비록 민유지에만 시주라는 규정이 적용되고 국유지에는 적용되지 않았으나 田畓官契에서는 민유지와 국유지를 막론하고 모든 토지의 소유자를 시주로 규정하고 있다는 점도 고려하여야 한다.

한편 양안상의 '시작'규정은 단순히 조세납부자로서 조사된 것이 아니라 소작인의 경작권을 보호하고 일정하게 보장해주려는 의도도 포함하는 것으로 볼 수 있다.[41] 따라서 조선 후기 이래 사적 토지소유권의 성장이 이루어지고 있는 가운데 독특한 재산상속과 권리의식이 형성되고 발전하고 있었으며, 이에 대해 대한제국은 이러한 토지소유권과 더불어 농민의 경작권도 일정하게 보호하려는 정책방향을 취하고 있었다고 할 수 있다.

따라서 광무양안 자체를 '虛簿'로 규정하고 현실의 토지소유관계를 전혀 반영하지 못하는 것으로 간주하는 것은 당시의 토지소유관행을 고려하지 못했을 뿐만 아니라, 대한제국의 양전 · 지계사업의 시대적 전진성을 고려하지 않는 견해라고 하겠다. 양안상의 시주는 대한제국의 국가적 지배가 관철된다

39) 최윤오 · 이세영, 앞의 글, 355쪽.

40) 이영호, 앞의 글, 179~187쪽.

41) 최원규, 〈대한제국기 量田과 官契發給事業〉(위의 책), 211~212쪽.

는 의미라기보다는 이후 전개될 지계사업을 통해 관계 발급과정에서 재확인되고 수정될 존재였기 때문이었다. 결국 시주는 최종적으로 관계 발급과정을 통해서 '原始取得'의 소유권자로 사정될 것이었다.

3) 지계아문의 설립과 관계발급사업

대한제국은 양전사업을 통하여 전체 토지와 토지소유자를 조사하여 양안에 등재시키고는 있었지만, 토지의 소유권을 보장하는 제도는 아직 시행하지 못하고 있었다. 1900년 11월에 중추원의관 安鍾悳은 官給契券제도의 시행을 요구했다.[42] 이것은 종래의 田宅文劵을 官契로 교환함으로써 국가가 개별의 토지소유권을 확인하고 토지매매에 대해서도 일정하게 관리하는 방안이었다. 이 건의안은 그해 11월 중추원의장 金嘉鎭의 명의로 정식으로 제기되었는데, 지세제도개혁안, 인지세도입안과 더불어 당시 국가의 3대 경제개혁정책의 하나였다.[43]

이를 바로 시행하지 못하는 가운데 다음해 10월 중추원의관 金重煥은 당시 전국 토지 대부분이 사유로 되었음에도 불구하고 관계를 발급하지 않아서 위조나 盜賣로 인해 폐단이 발생한다는 점을 재차 강조했다. 이를 타개할 대책으로 '田土官契之法'을 제정할 것을 주장했다.[44] 그는 별도로 官契條規를 만들고 전담할 官衙를 임시로라도 세워 관계사업을 조속히 실시할 것을 촉구했다. 대한제국정부는 비로소 이를 수용하고 토지소유권의 법인제도로서 관계제도를 수립하기 위한 제반 준비작업에 착수했다.

1901년 10월 20일 칙령 21호 〈地契衙門職員及處務規程〉이 제정되었다.[45] 이로써 지계아문은 한성부와 13도 지역에 걸쳐 田土契劵을 정리·실시하는 기구로 정식 출범했다. 지계아문에서는 특히 田土의 踏査, 新契의 換給 및

42) 安鍾悳, 《石荷集》 권 9, 雜著, 中樞院建議.
《秘書院日記》, 1900년 9월 11일(양 11월 2일), 中樞院議長 金嘉鎭 言事疏 참조.
43) 왕현종, 앞의 글(1992), 115~121쪽.
44) 《秘書院日記》, 1901년 9월 1일(양력 10월 12일), 中樞院議官 金重煥疏 참조.
45) 《奏議》, 地契衙門職員及處務規程 참조.

舊契의 繳銷, 賣買證券의 발급 등을 전담하였다. 직원은 총재관 1인과 부총재관 2인, 위원 8인 및 기수 2인으로 구성되었다. 이후 11월 11일에 〈處務規程〉을 부분적으로 개정하였는데, 이때에 지계의 발급대상이 전토에 국한되지 않고 산림 · 토지 · 전답 · 가사 등으로 확대되었다. 또한 지계의 발행범위도 開港場 이외에는 외국인의 토지소유를 정식으로 금지한다는 조항을 명문화하여 삽입하였다.46) 이는 당시 한성부를 비롯하여 전라 · 경상도 지역의 개항장 주변에서 확대일로에 있었던 외국인 토지침탈을 방지하기 위한 特斷의 조처였다. 이렇게 지계아문의 관계발급사업에서는 모든 토지의 소유권 확정과 이전에 관한 근대국가적인 法認과 통제를 추진하는 것이었다.

〈표 3〉 전국 지계감독 · 감리 명단 및 임명일자

지역	지계감독	겸임관직	임명일자	지계감리	전임관직	임명일자	지계위원
경기	李根命	경기관찰	1902. 7. 5	洪泰潤	양주군수	1902.11.10	1902.12.26
강원	金禎根	강원관찰	1902. 3.11	許 逅	울진군수	1902.11.10	1902. 4.18
				玄德鍾	지계위원	1902.11.10	
충남	洪承憲	충남관찰	1902.11.22	李敏裕	전의관	1902.11.10	1902.11.12
충북	沈相薰	충북관찰	1903. 8.10	韓龍源	정3품	1902.11.10	1902.12.30
전남	李根澔	전남관찰	1903. 1.20	孫宗鉉	6품	1902.11.10	
전북	趙漢國	전북관찰	1902. 7. 5	李相憓	6품	1902.11.10	1902.12.30
경남	李載現	경남관찰	1902.12.18	李圭一	6품	1902.11.10	
경북	李鑣永	경북관찰	1902.11. 7	趙夏植	정3품	1902.10.11 ~ 12.29	
				吳翰善	6품	1902.12.29 ~1903. 9.29	1902.11. 1
황해	李容稙	황해관찰	1902. 7. 5				
평남	閔泳喆	평남관찰	1903. 1.20				
평북	閔衡植	평북관찰	1903. 1.20				
함남	徐正淳	함남관찰	1902. 7. 5				
함북	李允在	함북관찰	1903. 9.30	韓鎭稷	정3품	1902.11.10	1902.12. 8
제주	洪鍾宇	제주목사	1903. 2. 9	趙夏植	경북지계감리	1902.12.29	

* 출전 : 《地契衙門來文》 · 《官報》 · 《日省錄》 해당일자 관직임명기사.

46) 改正 地契衙門職員及處務規程 제10조 참조.

당시 토지측량과 지계발급은 서로 분리될 수 없는 사업이었으므로 1902년 1월부터 지계아문은 종전 양지아문의 사업을 인수하여 3월 17일에는 양지아문과 정식으로 통합했다.[47] 이렇게 하여 1902년 3월부터는 〈표 3〉과 같이 전국적으로 각 지방의 양전과 관계발급을 담당할 地契監督과 地契監理가 임명되었으며, 실무관리로서 지계위원들이 각 지역에 파견되기 시작했다.

지계아문의 양전사업은 기본적으로 양지아문의 양전 성과를 그대로 수용하였다. 그래서 기존의 양전지역을 제외하고 미양전지역에만 새로이 양전을 시행하였다. 그러면서도 토지파악방식에서 일부의 차이점과 아울러 진전을 보이고 있었다.

우선 측량과정을 보다 간편하고 신속하게 끝마치기 위해서 舊量案 등의 자료를 활용해도 된다는 예외를 인정하였다. 요컨대 구양안상의 字號犯數와 四標에 따라 작성할 수도 있다는 편의적인 방식을 채택하였다.[48] 이는 당시 일본의 移民法 제정 등 국제환경에 비추어 관계발급사업을 재빨리 착수하기 위한 부득이한 조치였다.[49]

다음으로 지계아문의 양안작성에서는 면적을 표기할 때 실적수와 결부만이 아니라 객관적인 토지면적의 단위를 새로 제정했다. 이는 답에서 斗落(1石落=15斗落=150升落), 전에는 日耕(1日耕=4時耕=32刻耕) 단위를 사용하였다. 답 1두락은 500평방척, 전 1刻耕은 125평방척을 기준으로 하였다.[50] 이는 토지면적의 계량단위로 민간에서 쓰이던 두락과 일경이라는 용어를 채용하되 양전 실적수에서 기계적으로 산출된 수치로서 간단하게 절대면적을 알 수 있는 단위였다. 특히 당시 量田尺 1尺은 周尺으로 5척이었는데, 1902년에 제정된 度量衡規則에 의해 1주척은 20㎝로 제정되었으므로 양전척 1척은 미터법으로 정확하게 1m였다. 이는 국제적인 측량단위와 대한제국의 양전척을

47) 《日省錄》 38책, 1901년 11월 25일 및 39책, 1902년 1월 27일·2월 8일 참조.
48) 《訓令(完北隨錄)》 上, 地契衙門 제2호 訓令, 地契監理應行事目 참조.
49) 崔元奎, 《韓末·日帝初期 土地調査와 土地法 硏究》(연세대 박사학위논문, 1994), 122~143쪽.
50) 宮嶋博史, 〈광무양안의 역사적 성격〉(《대한제국기의 토지제도》, 민음사, 1990), 63~67쪽.

일치시키는 결과를 가져왔다.[51] 이러한 토지면적 단위의 변경은 토지면적이 결부제와의 관련성에서 벗어나 명실공히 절대면적 단위제로 이행함을 의미했다. 이는 장차 시행될 관계제도에서 賣買價를 기준으로 재조정되는 土地等級制의 실시와 조응하여 근대적인 토지측량과 토지평가로 전환되는 계기를 이루고 있었다.

한편 지계아문은 토지소유자에게 지계를 발행하는 것을 통하여 토지소유권을 법인한다는 데 목표를 두었으므로 양전과정에서 토지의 소유자를 정확하게 파악하는 것에 초점을 맞추고 있었다. 특히 국유지에는 官屯·宮房의 토지를 명시해 놓고 있었으며, 민유지에서도 현재 경작되고 있는 토지의 소유자인 時主만이 아니라 陳田의 소유자인 陳主도 파악하고 있었던 것이다. 경기도 수원군 등 일부 지역에서는 시주의 거주지도 파악했으며, 강원도 杆城郡에서는 전답양안과는 별도로 '家舍案'을 작성하여 가옥의 소유권자를 표기하였다.[52]

이러한 조사를 바탕으로 하여 지계아문은 지주들에게 자기 소유토지가 소재한 지역에서 양전이 실시될 때 미리 신고하도록 하는 조치를 취하고 있었다. 즉 1902년 8월 26일부터 여러 차례 공시한 《관보》의 광고에 의하면, 1902년 8월 15일(음력)내로 강원도 각 지역의 토지소유자들은 구권을 가지고 가서 관계를 換去할 것을 촉구하고 있었다.[53]

그러면 당시 지계가 실제로 어떻게 발행되었는가. 당시 지계의 발급대상자는 田畓·山林·川澤·家舍를 소유한 자로서 종래 구권을 지계아문에 납부하고 새로이 관계를 발급 받도록 하였다. 특히 문제가 되었던 것은 구권과 관계가 서로 교환될 때, 어떻게 동일한 토지소유권자로서 확인될 수 있는가 하는 것이었다. 즉 소유자의 實名과 양안상의 時主名을 어떻게 대조 확인할 수 있는가 하는 것이었다.[54] 당시 〈官契發給事目〉에는 다음과 같이 규정되

---

51) 《官報》 호외, 1902년 10월 21일, 〈度量衡規則〉(1把 1㎡, 1束 10㎡, 1負 1a (a=100㎡), 1結 1ha임).

52) 이영호, 앞의 글, 173~175쪽.

53) 《官報》 2288호, 1902년(광무 6) 8월 26일자 광고(1902년 12월 29일까지 계속되었음).

어 있었다.

> 地契를 소관 지방에 前往 실시하되 田畓·山林·川澤·家舍를 일체 조사 打量하여 結卜 및 四標를 분명함과 間數 및 尺量에 的確함과 時主 및 舊券의 증거를 必認한 後 成給이되, 만일 해당 전답·산림·천택·가사를 인하여 訴訟에 사건이 有하거나 時主 및 舊券이 無據한 경우에는 그 領有한 者로 하여금 본군의 公牘을 得付한 후에 官契를 成給할 것.[55]

위의 규정에 의하면 원칙적으로는 時主와 舊券上의 名文을 근거로 하여 반드시 확인한 연후에 발급하게 되어 있다. 다만 소송사건이나 양자가 근거가 없는 경우에는 현재 領有者가 각군에서 확인을 받아 발급하도록 하였다.[56] 그렇지만 구체적으로 賣買文記 소유자와 양안상의 토지소유자인 시주와의 대조 확인과정에서 양쪽 중에 어느 것을 기준으로 할 것인지는 문맥상으로 파악하기 어렵다. 전자를 기준으로 한다면 양안을 일일이 재수정한 뒤 발급하는 절차를 밟을 것이지만, 후자를 기준으로 한다면 양안을 근거로 하되 일정하게 舊券과 연결된다면 일률적으로 발급하는 방식을 취할 것이다. 이는 光武量案이 관계발급의 기본장부로서 역할을 할 수 있느냐 하는 데 관건을 이루고 있었다.

이와 같은 구체적인 발급절차를 알 수 있는 자료가 발견되지 않았으나, 현재 남아 있는 자료 중에서는 유일하게 양안과 전답관계를 대조할 수 있는 사례가 있다. 그것은 1903년 강원도 平海郡 遠北面 量案 才字 제162번 田의 관계발급 사례인 〈자료 1〉·〈자료 2〉이다.[57]

〈자료 1〉의 양안은 1902년 5월에 작성된 지계아문의 양안이다. 〈자료 2〉

---

54) 官契樣式上 田畓官契와 家事官契가 별도의 양식으로 작성되어 미리 작성된 地契量案과 곧바로 연결되기 어려웠으며, 이를 위해서는 149매 단위로 시행된 官契發給綴이 매개 역할을 했을 것이지만, 그의 존재유무는 아직 확인되지 못했다(이영호, 앞의 글, 172~179쪽).

55) 地契監理應行事目 제8항 참조.

56) 田畓山林川澤家舍官契細則 1·2·3항 및 〈田畓官契〉 뒷면 발급 조항.

57) 〈자료 1〉 〈江原道 平海郡 遠北面 量案(才字 162 田 崔義成)〉(《江原道 平海郡 改量案》, 奎17691).

〈자료 2〉 〈江原道 平海郡 遠北面 所在 崔義成 田畓官契〉(국립민속박물관 소장).

의 관계는 1903년에 발급된 것이다. 이 田畓官契 양쪽 면이 절취되어 있는 것으로 보아 이 관계는 이 밭의 소유자인 崔義成 개인 명의의 보관본임을 알 수 있다. 양 자료의 기재내용을 살펴보면 面積·等級·結負가 완전 동일하며, 四標上의 人名도 역시 동일하다.[58] 따라서 양안에 등재되어 있는 내용 그대로 전답관계에 기재되어 있는 것으로 보아 양안상의 소유자인 최의성에게 기존의 문기소유자임을 확인해서 현실의 토지소유자로 확정하고 관계를 발급하였다는 것을 알 수 있다.

〈자료 1〉

第一百六十二北犯陸等 直田 一座
東長二十二尺 廣十九尺
壹負貳束
四刻耕
東韓守東畓 西山
南安利範田 北安明善田
時主崔義成

〈자료 2〉

一姑第百參拾五號

大韓帝國 田畓官契

江原道平海郡遠北面 所在才字第一百六十二直田 畓
一座 四刻耕 陸等 結壹負貳束 㗊 落
四標 東韓守同畓 南安利範田 西山 北安明善田
光武七年 月 日 時主 崔義成
價金 賣主 住 保證 住
地契衙門總裁 印 地契監理 印

一姑第百參拾五號

58) 사표상으로 동쪽 토지의 時主가 韓守東이 韓守同으로 되어 있어 한자표기상 오류로 보이지만, 이는 사실상 동일 인물로 추정된다.

이렇게 지계아문의 양전사업과 연계된 관계발급사업은 양전사업이 확대되어가고 각 도별로 완성됨에 따라 시행될 수 있었다. 이에 따라 1902년말부터 강원도 전지역에 관계발급사업이 시행될 수 있었고, 1903년 11월 21일부터는 충청남도 직산에서부터 시작하여 충청남도 전역에 확대 실시될 예정이었다.[59] 1902년과 1903년 2년간에 걸쳐 전국적으로 94개 군에서 양전이 마무리되었으며, 종래 양지아문에서 양전한 지역까지 합치면 218군으로서 전국적으로 2/3에 이를 정도였다.[60]

한편 1903년 10월 29일 한성부 지역에서는 양지아문에서 이미 실시를 완료한 5署內의 양전 이외의 지역을 대상으로 하여 지계아문이 본격적으로 전답·가사를 측량하는 사무를 실시하기 시작하였다. 이를 완성한 후 곧바로 관계발급사업을 추진할 예정이었다.[61]

그런데 이 시기 한성부 지역의 토지 가옥매매는 더욱 확대되고 있었다.[62] 특히 외국인들은 빈번하게 토지가옥을 거래하면서 地劵과 家契의 발급을 요구하고 있었다. 토지·가옥매매시 가계가 없으면 법적으로 명실상부한 소유권을 주장할 수 없었기 때문이었다. 이에 대해 한성부에서는 都城內 土地에 대해서는 賣買·讓與를 금지하는 원칙을 강조하면서 아직 토지조사가 완료되지도 관계가 시행되지도 않았으므로 새로운 가사관계발급을 유보하는 한편, 가계발급에 대해서도 궁궐 담장과의 거리제한을 둔다거나 기존의 가계를 엄밀히 심사한다든지 하여 신중하게 대처하였다. 또한 이후 발행될 가계도 永租가 아니라 暫租로 한다는 방침을 세우고 있었다.

이와 같은 상황에서 한성부에서 외국인의 토지소유를 금지한 관계발급사업이 실시된다면, 일본인들을 비롯한 외래자본의 불법적인 토지거래가 이제

59) 《官報》 2669호, 1903년 11월 13일자 광고 참고.
60) 《增補文獻備考》 中, 〈田賦考〉 2, 645쪽.
61) 《漢直日記》, 1903년 10월 29일, 〈地契衙門 訓令〉.
62) 이 시기 토지·가옥의 매매 상황은 크게 변화하고 있었다. 1900년의 가격을 기준으로 한다면 1902년에는 거의 5배가 폭등하였으며, 南署지역 등 주요 상가지역에서는 50% 이상 거주지의 이동이 발생하고 있을 정도로 부동산거래가 활성화되었다(왕현종, 〈대한제국기 한성부의 토지·가옥조사와 외국인 토지침탈대책〉, 《서울학연구》 10, 1998, 35~41쪽).

〈표 4〉 지역별 量田기관과 量案 분포 상황

양전	量地衙門		地契衙門
양안	量地衙門(A)	地契衙門(B)	地契衙門(C)
경기	果川*1900 廣州 1900 廣州*1900 水原 1900 安山*1900 安城 1901 陽城 1901 陽智 1901 驪州 1901 龍仁 1900 陰竹 1901 利川 1901 竹山 1901 高陽 長端	安城* 1902 陽城* 1902 陽智* 1902 振威* 1902	水原 1903 龍仁 1903 始興 南陽 楊州 楊根 砥平
충북	槐山 1900 文義 1900 延豊*1901 陰城 1900 鎭川*1901 淸安 1900 忠州 1900 淸州 沃川 淸風 報恩 丹陽 提川 永同 黃澗 靑山	永春* 1902 忠州* 1902 懷仁* 1901	
충남	鎭岑 1901 天安 1900 韓山 1901 石城 1901 木川 1900 扶餘 1901 牙山*1900 燕岐 1900 連山 1901 溫陽 1900 全義 1900 定山 1901 公州 林川 鴻山 恩津 魯城 藍浦 繁川 靑陽 泰仁 保寧	石城* 1902 連山* 1901 韓山* 1903	德山 新昌 禮山 大興 海美 沔川 唐津 瑞山 泰安 洪州 庇仁 瑞川 結城 稷山 平澤 懷德
전북	南原 古阜 金堤 錦山 金溝 咸悅 淳昌 任實 高山 井邑 雲峰 長水 求禮		全州 勵山 益山 臨陂 扶安 茂朱 鎭安 珍山 沃溝 萬頃 龍安 龍潭
전남	羅州 靈光 寶城 興陽 長興 康津 海南 茂長 綾州 樂安 南平 興德 和順 高敞 靈巖 務安		
경북	大邱 永川 安東 醴泉 淸道 靑松 寧海 張機 盈德 河陽 榮川 奉化 義城 淸河 眞寶 軍威 義興 新寧 延日 禮山 英陽 興海 慶山 慈仁 比安 玄風 慶州		尙州 星州 金山 善山 仁洞 順興 龍宮 開寧 聞慶 咸昌 知禮 高靈 漆谷 豊基
강원			江原道전부(杆城 1903 平海 1902) 江陵 襄陽 春川
경남	密陽 蔚山 宜寧 昌寧 居昌 彦陽 靈山 昆陽 南海 泗川		昌原 金海 咸安 咸陽 固城 梁山 機張 草溪 漆原 巨濟 鎭海 安義 丹城 熊川 三嘉 晉州 河東 東萊 1904 山淸 1904 鎭南 1904 陜川 1904
황해	海州 瓮津 康翎		

* 비고 : 연도표시 지역은 奎章閣에 量案을 소장한 지역, 그중 *표시 지역은 正書冊 소장지역임. 밑줄 친 지역은 전답관계의 발견지역임.
* 자료 : 《增補文獻備考》 中, 田賦考 2, 645쪽 ; 奎章閣, 《奎章閣韓國本圖書解題－史部》 2, 1982(최원규, 위의 글, 1995, 212~213쪽 일부 수정 재인용).

전면적으로 금지되고 장래 토지소유권 자체를 환수당할 위기에 빠졌던 것이다. 또한 지계사업은 수많은 가옥을 전당한 일본 금융자본의 활동을 사실상 중지시키는 역할을 하는 것이었다. 결국 1903년말에는 토지소유권의 국가적 공인과 관리체계를 둘러싸고 민족간, 사회계급간의 분쟁이 크게 확대되어 파국의 국면으로 나아가고 있었다.

이러한 갈등상황의 정점이었던 1904년 1월 光武皇帝인 高宗은 이제 막 시행하려고 했던 관계발급사업을 갑자기 정지시켰다. 그리고 지계아문을 축소하여 탁지부 量地局에 소속시켰다. 그리고 그해 4월에는 급기야 관계발급사업을 폐지하고 말았다.[63] 당시 러일전쟁의 와중에서 종래 양전을 그대로 실시하되 지계발행사업을 정지시켜 일본의 토지침탈을 용이하게 하려는 일본의 계획이 반영된 것으로 보인다. 결국 대한제국의 양전사업과 관계발급사업은 더 이상 실시되지 못하고 중단됨으로써 대한제국이 추구하는 근대적 토지소유제도의 독자적인 수립과 더불어 외국인 토지침탈 금지정책은 미완의 과제로 남았다.

4) 광무양전·지계사업의 성과와 의의

1898년부터 1904년까지 7여 년 동안 추진한 광무양전·지계사업은 근대적인 토지제도와 지세제도를 수립하고자 하는 목표 아래 전국가적인 차원에서 추진되었던 사업이었다. 이 사업은 양지아문이 주도한 양전사업과 지계아문의 양전·관계발급사업으로 전개되었다.

대한제국의 양전·지계사업은 무엇보다도 '토지소유권의 법인'이라는 측면에서 중요한 성과를 거두고 있었다.[64] 이전의 양전사업과 달리 토지소유자에

63) 1904년 1월 11일에 의정부에서는 '地契衙門革罷 屬于度支部'라 하여, 지계아문을 폐지하는 결정을 내렸다(《奏本》 3, 《照會》 2, 해당 일자 기사 참조). 그해 4월 19일 「度支部 量地局官制」를 제정하는 과정에서 종래 지계아문이 담당한 지계발행을 삭제하고 지세수취와 관련된 양전만 규정하였다(왕현종, 위의 글, 1995, 114~116쪽).

64) 왕현종, 〈광무양전사업의 다양한 성격과 좁은 시각〉(《역사와 현실》 5, 1991). 근대사분과 토지대장연구반, 〈'내재적 발전론'을 가장한 또 하나의 식민주의

게 관계를 발급하였다. 즉 대한제국기에는 양전사업을 통하여 개별토지와 토지소유자를 조사하고, 그 토지소유자가 매매문기 등을 제출하여 현실의 토지소유자임을 확인하는 査定과정을 거쳐 토지소유권자로 확정되었다. 이 관계사업은 주도면밀하게 양전과정과 결합되지는 못했으나 적어도 私的 土地所有에 대한 근대적 法認을 목표로 한 것이었고, 조선 후기 이래 지배적 소유관계인 지주적 토지소유를 그대로 온존시키면서 그것을 토대로 하여 근대적 제개혁을 추구한 것이다. 결국 이들 지주 부르주아 계층의 입장에서 근대적 토지소유권의 확립을 추구한 것이었다.[65]

이에 대한 반론에서는 국가적 토지소유의 지배적 규정성을 강조하는 입장에서는 양전이란 어디까지나 국가적 수취의 입장에서 그 수조지와 수조대상자를 확정하는 과정이었다고 보고 있다. 특히 토지소유권의 조사의 측면에서는 추진주체의 의도가 있었을 지 모르지만 근대법적인 소유권 확정과 관리체계를 결여하고 있었기 때문에 양전사업이 그 자체로 실패할 수밖에 없었다고 파악하였다.[66] 따라서 광무양전사업에서는 소유권 조사사업으로서의 성격은 하나의 擬制에 불과하였다고 하였다.[67] 그러한 사업은 도리어 일제의 토지조사사업에서 찾아볼 수 있다고 간주하였다.

그렇지만 대한제국의 양전·지계사업과 일본제국주의의 토지조사사업은 지주적 토지소유의 법인이라는 측면에서는 사업의 목표와 내용에 있어 크게 다른 것이 아니었다. 대한제국의 토지조사와 관계발급에서도 이전의 모든 매매문기를 강제적으로 거둬들이고 새로이 관계로 환급함으로써 국가가 토지

역사인식〉(《역사와 현실》 7, 1992).

이윤갑, 〈대한제국의 양전 지계발급사업을 둘러싼 제2단계 광무개혁 논쟁〉(《역사와 현실》 16, 1995).

65) 金容燮, 〈光武年間의 量田·地契事業〉(앞의 책, 1984).

——, 〈近代化過程에서의 農業改革의 두 方向〉(《한국자본주의 성격논쟁》, 대왕사, 1988).

66) 宮嶋博史, 《朝鮮土地調査事業史の硏究》(東京大學 東洋文化硏究所, 1991).

金鴻植 외, 《대한제국기의 토지제도》(민음사, 1990).

67) 李榮薰, 〈光武量田의 歷史的 性格－忠淸南道 燕岐郡 光武量田에 관한 事例分析〉(안병직 외, 《近代朝鮮의 經濟構造》, 비봉출판사, 1989) 참조.

소유권을 공인한다는 것이 핵심이었다. 이것은 국가가 모든 부동산의 소유권 등록과 이전 및 관련사항을 통제하도록 하는 강제규정이었다. 이렇게 구권과 관계의 교환과정을 통하여 그 시점 이후로는 관계가 소유권의 법적·실재적 權原簿로서 사적 토지소유권을 행사하는 문서가 됨을 의미했다. 양전사업에서 잠정적으로 조사되고 인정받았던 토지의 소유자인 時主가 관계발급과정을 통해 최종적으로 査定 이후에 확정된 토지소유권자가 되는 것에 다름이 아니었다. 따라서 관계발급으로 취득한 소유권은 어떤 이유로도 취소할 수 없는 국가로부터 추인받은 一地一主의 배타적 소유권으로서 '原始取得'한 소유권이었다.68)

양 사업의 중요한 차이점은 외국인에게 토지소유를 허용하지 않았다는 점이다. 대한제국의 사업에서는 당시 외국인들의 침탈이 빈번해짐에 따라 중대된 토지의 매매 혹은 양여의 경우뿐만 아니라 전당의 경우에도 관의 허가를 받도록 되어 있었다.69) 또한 대한제국에서는 일정하게 소작농의 제권리를 보호하려는 정책이 취해졌던 점이다. 토지조사사업을 계기로 농민적 토지소유나 소작권 등 농업에 대한 제권리는 배제되고 농민수탈을 통해 식민지농업체제를 갖추었던 것과는 매우 대조적인 사업이었다. 이런 측면에서 보더라도 일제의 토지조사사업에 의해서 근대적인 토지소유권이 정착되는 것이라기보다는 대한제국 고유의 양전·관계발급사업에 의해 형성될 것이었다.

그러므로 19세기말 대한제국의 토지개혁정책은 양지아문과 지계아문의 단계적 발전을 거치면서 본래 의도한 바대로 근대적인 토지소유제도의 확립과 외국인의 토지침탈 방지정책을 수행하고 있었다. 따라서 양전·지계사업은 한국의 토지제도 발전과정에서 볼 때 한국 중세사회의 최종적인 해체를 이룸과 동시에 근대국가의 형성에 경제적 토대를 제공할 수 있었다는 점에서 의의를 부여할 수 있을 것이다.

〈王賢鍾〉

68) 崔元奎, 〈대한제국기 量田과 官契發給事業〉(《대한제국의 토지조사사업》, 민음사, 1995), 308~309쪽.

69) 《田畓官契》 뒷면 발급조항 참조.

3. 산업진흥정책

1) 광무정권과 궁내부

光武政權 경제정책의 성격에 대해서는 그 '改革性' 여부를 둘러싼 논쟁이 있다. 초기에는 주로 상공업정책의 관점에서 논쟁이 이루어졌으나 근래에는 量田의 성격을 둘러싼 논의가 이루어지고 있다. 그러나 이 문제를 검토하기 위해서는 당시의 근대화정책에 관해 국내외적 정치환경을 포함하여 보다 전면적인 연구가 필요한 것으로 판단된다.

광무정권의 産業振興政策을 평가하기 위해서는 일본의 殖産興業政策과 비교하여 검토하는 것이 유익할 수 있다. 식산흥업은 명치기 일본이 미성숙한 부르주아적 발전을 기초로 근대산업기술의 도입에 의해 자본주의적 생산방법의 온실적 조장을 의도한 정책을 말한다. 明治政府는 근대기술의 도입과 교육을 실시하고, 광범한 분야에 관영공장을 창설·운영하였으며 각종의 試驗場·種畜場·育種場 등을 설립하여 농업기술이나 신종의 도입에 노력하기도 하였다. 이외에 政商을 육성하거나 금융기관과 재정제도를 정비하여 근대화에 필요한 자금을 조달하였다.

광무정권은 일본의 근대화정책과 유사한 다수의 산업진흥정책을 추진하거나 시도하였다. 그러나 그것을 식산흥업정책으로 파악할 수 있는가는 의문이다. 무엇보다도 한국은 명치유신과 같은 정치변혁에 성공하지 못하였고, 따라서 근본적인 정치·경제제도의 개혁에 기초한 본격적인 식산흥업을 추진하지는 못하였으며, 그 성과도 미흡하였기 때문이다.

고종은 閔妃시해사건 이후 러시아공사관으로 播遷을 하게 되고, 이를 계기로 친일 개화파정권이 무너지고 근 1년이 경과한 1897년 2월 慶運宮으로 환궁하였다. 고종은 같은 해 8월 光武라는 연호를 제정하고, 10월 대한제국을 선포하고 황제즉위식을 거행하였다. 稱帝建元은 대내외적으로 자주독립국임과 동시에 전제군주제임을 선언한 것이었다. 고종은 이후 1899년 8월에 〈大

韓國國制〉를 마련하여 전제군주제의 기본을 보다 구체화하였다.

고종은 갑오개혁에 대한 광무정권의 정책방향을 '舊本新參'으로 하여, 법과 제도에 있어서 舊法을 기본으로 하되 갑오 이후의 신법을 참작하여 향후 방향을 결정하도록 하였다. 광무정권은 개화파정권의 개혁사업을 그대로 계승할 수는 없었다. 그러나 개화파정권의 개혁사업은 본래 농민전쟁의 수습책으로 제시된 것으로서 국내의 지식층에서는 이의 필요성을 누구나가 절감하고 그것을 주장하는 터였으며, 국왕 자신도 개혁사업 그 자체의 필요성은 누구보다 잘 인식하고 있었으므로 개혁사업이 친일정권에 의해서 단행되고 있었다는 이유로 해서 부정될 수는 없는 일이었다.[1] 따라서 광무정권은 이런 新舊의 두 입장을 조정하여 새로운 정책방향을 제시하지 않으면 안되었다.

이후 광무정권이 기본으로 삼은 구법이란 전통적인 법과 질서를 의미하는 것이었다. 그런데 이 시점에서의 구법은 개항 이후 동도서기론의 입장에서 추구하여 온 정책방향과 그 귀결로서의 제도도 포괄하는 것이다. 그러므로 '구본신참'이란 동도서기론보다 서양의 근대문명을 보다 전향적으로 도입하겠다는 의미로 해석[2]될 수도 있다.

광무정권은 구법 즉 전통적 정치체제인 군주제를 기본으로 하고, 서양의 기술과 기기를 도입하여 부국강병을 달성하고자 하였다. 이를 위해 광무정권은 정부내에 농상공부를 그대로 유지하였지만, 사실상 궁내부를 확대하는 방법으로 황실이 중심이 되는 근대화를 추진하였다. 광무정권은 황실의 위상을 제고하고, 황실재정을 확충하는 것을 바탕으로 근대화사업을 추진하였다. 먼저 황제권력의 강화를 위한 법령을 정비하고, 고종의 직계 가계를 높이는 등 황실 위상의 제고작업을 추진하며, 치안기구를 증강하고, 열강간의 세력균형을 도모하는 등의 노력을 기울였다.[3]

고종이 무엇보다 궁내부 및 여타 직속기구를 강화·신설한 것은 전제군주제의 추구라는 요인 외에 의정부에 대한 장악력이 약하였던 것도 그 원인이

1) 金容燮, 《朝鮮近代農業史硏究》(一潮閣, 1975), 506쪽.
2) 이헌창, 〈갑오·을미개혁기의 산업정책〉(《한국사연구》 90), 67쪽.
3) 李潤相, 《1894~1910년 재정제도와 운용의 변화》(서울대 박사학위논문, 1996), 55~70쪽 참조.

었다. 당시 의정부에 소속된 각부 대신들은 대부분 외세와 연결되어 있거나 외세의 압력을 막아낼 만한 힘을 가지지 못하였기 때문에 고종이 자신의 의지대로 국정을 운영하기에 적합하지 않아[4] 황제 직속기구를 새로 설치하거나 기존의 직속기구인 궁내부를 크게 확대하고 여기에서 주요 정무와 사업을 담당하게 하였다.

이 무렵 신설된 황제의 직속기구는 元帥府·扈衛隊·表勳院·耆老所 등 황제와 국가의 위상을 높이기 위한 것과 通信院·量地衙門·地契衙門·典圜局 등 근대화사업과 관련된 것들이 있었다. 그리고 궁내부에 설치된 근대화사업을 위한 기구들로는 通信司·鐵道院·西北鐵道局·礦學局·博文院·綏民院·平式院 등이 있었다. 사실 광무년간에 근대화를 추진하는 정부기관으로 농상공부가 존재하였지만[5] 사실상의 주요 사업은 거의 모두가 황제 직속기관에서 이루어지고 있었다는 것을 유의해야 한다.

광무정권은 궁내부를 확대하면서 황실재정의 확충을 시도하였다. 이 과정에서 가장 중요한 역할을 수행한 인물은 李容翊이었다. 이용익은 1897년 4월에 典圜局長 그리고 12월에 各道各郡金銀銅鐵煤炭各礦監督이 되었고, 1898년 7월에는 鐵道司監督을 겸임하게 되고 곧 이어 宮內府所管各道各礦監督으로 임명되었다.[6] 그는 1899년 2월에는 內藏司長이 되었으며 이후 내장사가 內藏院으로 개편된 다음 內藏院卿이 되어 1904년까지 재임하고 일관되게 황실의 재정수입을 증대하고자 하였다.

광무정권은 우선 1898년 내장사의 업무에 '蔘政과 所屬各礦'을 첨입하여 광산과 삼포를 내장원에서 전관하도록 하였다. 내장원은 홍삼을 전매하고 또한 삼세를 징수하였다. 그리고 광산에서는 礦軍의 수에 따라 礦稅를 징수하

4) 위의 책, 71쪽.

5) 농상공부 예산은 1900년까지 급속한 증가추세를 보이다가 이후 크게 줄어들었다. 이는 농상공부 예산의 대부분을 차지하던 사업비(주로는 우체·전신사업비이고 기타 인쇄·제언수축·제염·철도·잠업사업비 등이 있다)중 우체·전신사업비가 황제직속으로 설치된 통신원으로 이관되었기 때문이다. 농상공부 예산의 감축은 근대화사업에 있어서 황실직속 기구의 역할 증대를 잘 보여주는 것이다(李潤相, 위의 책, 148~150쪽 참조).

6) 金載昊, 《甲午改革이후 近代的 財政制度의 形成過程에 관한 硏究》(서울대 박사학위논문, 1997), 132쪽.

였다. 또한 황실은 1899년에 屯·牧土를, 그리고 1900년에 驛土를 내장원에 이속하였다. 둔토는 궁내부 각 아문 소속의 屯田과 度支部 소속의 정부 各司의 둔전이 내장원의 관할로 들어온 것이다. 역토는 갑오개혁 이후 농상공부·군부를 거쳐 1898년 11월 이후 탁지부 소속으로 있던 것을 내장원으로 이관한 것이다. 또한 광무정권은 광무사검사업에 의해 역토·아문둔토의 강권적 확대를 도모하였다. 내장원은 이들 토지에서 도조를 징수하였다.

이밖에 내장원은 각종의 잡세를 징수하였는데 1899년에 沿江稅를 이속하는 등으로 다양한 통상세(旅閣主人稅·客主口文稅·浦口稅·沿江稅 등)를 징수하였다. 내장원은 1900년에 漁稅·鹽稅·船稅를 이속시켜 그 징수를 강화하였다. 또한 仁川紳商會社 등의 각종 특권회사의 독점권을 인정하고 그 대신 일정한 상납금을 징수하였다. 이외에도 내장원은 고리대 활동을 통한 殖利錢, 도축업자로부터의 包肆稅 등을 징수하였다. 내장원은 또한 외획을 통해 공전을 이용한 貿米활동에 종사하였으며, 그밖에도 각종의 잡세 징수권을 장악하고 그 징수를 강화하였다.

황실의 재정강화 과정에서 특히 이용익은 거의 언제나 전환국을 장악하여 주조이익을 얻고자 하였다. 전환국은 갑오 이후 수차례에 걸쳐서 관제가 바뀌면서 어느 때는 탁지부 소속의 一官衙로서 혹은 독립관아로서 주조사업에 종사하였다. 그리고 주조사업에서 기대되는 주조이익은 정부의 예산에 계상되었지만 사실상 그 주조이익의 주된 흡수자는 내장원이었다. 특히 전환국이 독립관아인 경우에 전환국은 직제상 황실에 직속되어 있었다.

다양한 방법에 의한 황실재정의 강화책은 확실히 갑오개혁이 추구했던 자유시장·자유상업의 정신에 어긋나는 것이었고, 소생산자 및 상인의 이해관계와 배치되는 것이었다. 따라서 누구보다도 독립협회는 이용익의 황실재정 강화책을 비판하였다. 독립협회는 이용익이 관장하는 금광개발과 삼정의 독점 및 주전사업 등이 모두 전국에 폐만 되는 것이며 이용익을 그대로 두면 백성이 치부를 못하고 백성이 치부를 못하면 나라가 진보를 못하는 법이니 이용익을 해임하고 치죄할 것을 주장하였다.[7] 갑오개화파의 한 사람인 김윤

7) 《독립신문》, 1898년 8월 2일.

식도 이용익이 光武査檢을 통해 도조징수를 강화함으로써 민정이 소요하게 되고, 이용익은 답주로부터 문권을 빼앗고 있다고 비판하였다.[8)]

광무정권은 이러한 비난에도 불구하고 적어도 외형적으로는 외세의 침략에 대응하면서 다양한 근대화사업을 추진하였다. 예를 들어 광무정권은 철도·운수·광산 등의 분야에서의 이권을 지키고 근대화를 추진하며 기업을 육성하는 이외에, 근대적 화폐금융제도를 수립하고자 하였으며 도시를 정비하고자 시도하였다. 그리고 1899년에 시전과 보부상단을 통합한 商務社를 설립하여 외국상인으로부터 상권을 보호하고자 시도하였다. 또한 1900년에는 상공학교의 관제를 발표하고 교육기관을 설치하였으며, 농상공부에 잠업과를 설치하고 잠업을 장려하는 등의 노력을 하였다. 나아가 다른 한편에는 光武量田을 실시하고 地契를 발행하여 私的土地所有를 강화하고자 하기도 하였다.

이러한 노력들은 나름대로 부분적으로 한국의 모습을 바꾸고, 새로운 문물의 도입을 가져온 것으로 보인다. 그러나 광무정권의 산업진흥정책이 일본의 식산흥업정책과 본질적으로 유사한 것인가에 관해서는 여러 가지 유보가 필요하다.

광무정권의 경제정책의 특징은 갑오개혁기의 경제정책과의 비교를 통하여 잘 드러날 수 있다고 생각된다.[9)] 무엇보다도 광무정권은 정치체제에 있어서 갑오정권의 입헌군주제와 달리 전제군주제를 추구함으로써 경제정책에서도 상이점을 초래하였다. 첫째로 갑오개혁이 농업부문에서 賦稅의 金納化를 통해 吏胥輩의 수탈체계를 해체하고 역둔토의 불하 등을 통해 서민지주의 발전을 꾀한 반면 광무정권은 국유지를 확충하고 도조징수를 강화하고자 하였다. 둘째로, 갑오개혁은 재정면에서 재정기관의 통일을 기한 반면 광무정권은 황실의 재정권을 강화하였다. 셋째로, 상업정책에서 갑오개혁이 봉건적 도고를 혁파하고 민영기업을 장려하며 상품유통의 자유를 추진한 반면, 광무정권은 개항장 객주회사에 대한 봉건적 수취체계를 재편하고 각 포구에서의

8) 金允植, 《續陰晴史》 권 10, 1901년 8월.
9) 갑오개혁기의 경제정책의 구조에 대해서는 吳斗煥, 〈甲午經濟改革의 構造와 性格〉(《社會科學論文集》 3, 인하대 사회과학연구소, 1985) 참조.

잡세징수를 강화하는 등의 상반된 정책을 취하였다.

광무정권은 왕권을 국권과 동일시하여 황실의 재정확충과 전제군주권의 강화에 노력하였으며 그러한 바탕 위에서 근대적 기술과 기기의 도입에 관심을 가졌던 것으로 생각된다. 이러한 정책은 근대화정책이 근본적으로 민권의 신장이 이루어지는 가운데 국부가 아닌 민부의 형성을 위한 방향의 것이어야 함에도 불구하고 그에 배치되는 것이었다는 점에서 한계가 있는 것이었다. 전체적으로 광무정권은 다양한 근대화정책에도 불구하고 전면적인 개혁을 추구했다기보다는 민족적 모순이 심화되는 가운데 위기의식하의 방어적 입장에서 왕권을 국권과 동일시하여 황실의 재정확충과 전제군주권의 강화에 노력하였으며 그러한 전제위에서 근대적 기술과 기기의 도입에 관심을 가졌던 것으로 생각된다.[10]

따라서 광무정책은 외형적인 근대화정책의 유사성에도 불구하고 근대화 추진의 새로운 정치주체가 형성되지 못하였고, 또한 국제환경이 청일전쟁 이후의 제국주의적인 것이어서 성공의 조건을 결여한 것이었던 점에서 명치정부의 식산흥업과는 구분되는 것이었다. 그러한 한계에도 불구하고 이 시기에는 새로운 문물이 도입되는 가운데 다양한 분야에서 산업발전이 이루어지고 있었던 것은 물론이다.

2) 광무년간의 근대화정책

(1) 교통 · 운수업

가. 철 도

광무정권은 철도 · 광산 · 기선 등에 대한 외국의 이권 추구에 시달리는 한편 이들 利源의 개발이 국부에 중요한 것을 인식하고 스스로의 힘으로 철도 · 광산 · 기선업을 육성하고자 하였다. 교통운수업은 무역의 확대과정에서 일차적으로 중요한 산업으로서 특히 철도업은 일찍부터 열강의 관심의 대상이었다.

---

10) 吳斗煥, 《韓國近代貨幣史》(한국연구원, 1991), 187쪽.

일본은 이미 1880년대에 한국에 철도를 부설하고자 구상하여, 1892년에는 경부철도에 대한 비밀측량을 실시한 바 있었다. 이후 일본공사 오도리 가이스케(大鳥圭介)는 1894년 6월의 노인정회의에서 서울과 주요 항구를 잇는 철도부설권을 요구한 바 있었고,[11] 일본은 갑오정권이 수립된 이후 체결된 〈暫定合同條款〉(1894. 8. 20)에서 경부·경인철도 부설권을 잠정적으로 획득하였다. 그러나 이것은 청일전쟁 이후 열강이 한국에서의 일본의 이권 독점에 항의함으로써 사실상 그 효력을 상실하게 되었다. 이후 열강의 철도부설권 탈취 경쟁이 치열한 가운데 1896년 미국인 모오스(J. R. Morse)가 경인철도, 그리고 프랑스인 그리이유(A. Grille)가 경의철도 부설권을 획득하였다. 한편 일본은 1898년 9월 〈경부철도합동조약〉에 의해 다시 경부철도 부설권을 획득하였다. 그리고 미국이 차지하였던 경인철도 부설권도 모오스의 자금사정으로 1897년 5월 일본의 경부철도발기위원회에 인수되었다.

한편 철도건설을 위한 한국정부의 노력은 갑오개혁 당시 工務衙門 내의 철도국의 설치로 나타나고 있었지만,[12] 구체적인 부설 계획은 없었다. 이후 1896년 7월에 국내철도규칙을 제정하고, 나아가 1896년 11월에 정부는 외국에 철도 및 광산이권의 양여를 금지한다는 방침을 의정부회의에서 결정하였다.[13] 이와 함께 정부는 1898년 6월에는 경성에서 목포까지의 노선에 대해 최초로 철도부설을 결정하고 고종의 재가를 얻기도 하였으나[14] 실현되지는 못하였다. 1898년 7월 6일에는 농상공부대신 휘하에 별도로 鐵道司를 설치하였으며 27일에는 철도국으로 개칭하였다.[15] 8월 21일에는 장차 국내철도부설을 위하여 철도감독인 브라운(J. M. Brown)을 파견하여 국내 주요노선에 관한 사정을 파악하기도 하였다.

---

11) 鄭在貞, 《日帝의 韓國鐵道侵略과 韓國人의 對應》(서울대 박사학위논문, 1992), 13쪽.
12) 《高宗實錄》, 31년(1894) 6월.
13) 李炳天, 〈舊韓末 湖南鐵道敷設運動에 대하여〉(《經濟史學》 5, 1981), 119쪽.
14) 《高宗實錄》, 광무 2년(1898) 6월 19일.
15) 《韓末近代法令資料集》 II, 勅令 第26號 鐵道司官制 및 勅令 第29號 鐵道司를 鐵道局으로 改稱하고 該官制를 改正하는 件. 철도국은 궁내부에 철도원과 서북철도국이 설치되면서 1901년 폐지되었다.

정부에서 철도건설의 움직임이 있는 다른 한편으로 민간에서도 철도건설의 움직임이 있었다. 경향각지에서 고조된 식산흥업과 이권수호 움직임은 일부의 개화파 관료와 민간자본가들로 하여금 자주적인 철도건설운동을 추진해갈 수 있는 터전을 마련해 주었다. 그리하여 1898년부터 1904년 사이에 전국에서는 15개 이상의 철도관련 회사가 설립되었다.[16]

정부에 의한 철도부설운동의 현실화는 1900년 이후 궁내부에 의해 주도되었다. 고종은 당시 경부철도주식회사 창립위원의 1인이었던 오미와 쵸베에(大三輪長兵衛)의 요청을 받아들여 1900년 4월 10일 궁내부내에 鐵道院을 설치하였다. 다시 1900년 9월에는 경의철도의 직영을 결정하면서 궁내부에 西北鐵道局을 두었으며[17] 여기서 직접 건설하기로 방침을 세웠다. 서북철도국은 처음에 조병식이 총재였으나 이어 이용익이 총재로 되었다. 정부는 1901년 京義路線中 서울~개성간의 노선을 측량하고,[18] 1902년에 그 공사를 착공하였으나[19] 자금사정으로 중단하였다. 이후 정부는 경의철도를 관업으로 건설하는 방침을 세우는 한편 大韓鐵道會社에게도 부설권을 인정하는 애매한 입장을 취하고 있었다. 그러나 1903년 8월에 〈大韓鐵道會社專擔協定〉에 의해 경의선 철도부설권은 실질적으로 대한철도회사로 넘어가게 되었다. 서북철도국의 철도부설운동의 중단은 정부차원의 철도부설 노력의 종식을 의미한다.

한편 민간인에 의한 최초의 철도부설 시도는 정부에서 경성·목포간 철도부설을 결정한 1898년보다 그 이전에 발생하였다. 부산 개항 이후 下端浦는 부산으로 유입되는 화물의 집합지로 되어 부산·하단포간은 철도부설의 요지의 하나였는데 朴琪宗·尹基永 등은 釜下鐵道會社를 조직하여 1897년 6월 이 노선에 대해 輕便鐵道의 부설을 계획, 농상공부에 허가를 신청하여 다음해 5월에 허가를 받았으나 제대로 진행되지는 못하였다.[20]

16) 鄭在貞, 〈京釜·京義鐵道의 부설과 韓·日 土建會社의 請負工事活動〉(《歷史敎育》 37·38, 1985), 240~242쪽.
17) 《韓國近代法令資料集》 Ⅲ, 140쪽.
18) 《日本外交文書》 34, No. 470, 1901년 10월 23일.
19) 《日本外交文書》 35, No. 251, 1902년 3월 20일.
20) 조기준, 《한국기업가사》(박영사, 1974), 89~94쪽.

이후 1899년 3월에 박기종 등이 발기한 大韓國內鐵道用達會社는 6월에 京城·元山·鏡興을 연결하는 경원철도 부설을 신청하여 허가를 받았다. 또한 7월에는 편의적으로 명의를 대한철도회사로 변경하고 프랑스가 확보하였었지만 기한 만료로 무효가 된 경의철도 부설권을 획득하였다.[21] 박기종은 이 중에서도 경원철도를 국내자본을 동원하여 부설하고자 하였으나 약간의 측량을 행한 데 그치고 말았다.

이와 같이 의욕에도 불구하고 실질적으로 한국정부나 민간에 의한 철도부설이 부진한 가운데 일제는 경부철도와 연계하여 경의철도 부설권을 획득하고자 하였다. 경영이 부실한 대한철도회사의 李載完·박기종 등은 일제에 부설권 매도교섭을 벌이다가, 1903년 8월에는 대한철도회사전담협정에 의해 서북철도국 관할의 경성·개성간의 부설권까지 실질적으로 확보한 후, 동년 9월 일본제일은행과의 차관계약에 의해 경의철도 전체노선에 대한 부설권을 일제에 넘겨주고 말았다. 또한 이 차관계약의 부수계약에는 이미 서북철도국에 의해 부설되었던 경성·개성간의 부설철도를 서북철도국과 협의하여 양도할 것과 경원철도부설에 필요한 사채는 제일은행과 협의한다는 조건까지 부가되어 있었다.[22] 이처럼 1903년 9월의 시점에서 경의·경원철도 부설권은 일본에 넘어가게 되었으며, 이러한 계약조차도 露日戰爭과 함께 군용철도부설계획에 의해 폐기되어 1904년 2월과 8월에 경의·경원철도에 대해 각각 軍用鐵道敷設監部에 의한 부설결정이 내려졌다.

결과적으로 관설철도기구와 마찬가지로 민간인 철도회사도 철도건설에 성공하지는 못하였지만, 당시의 각 철도회사의 발기인이나 간부들 중에는 박기종·서오순 등과 같은 개명인사들도 있었지만, 당대의 대관료 혹은 황실과 가까운 실권자들이 많았다. 그들은 국가로부터 철도부설권을 얻어내거나 특혜자본을 끌어오는 데 힘을 발휘하였지만, 기본적으로 봉건적 속성을 지니고 있었으며 기업가로 보기는 어렵다. 이와 함께 당시의 철도회사들은 민간자본을 광범하게 조달할 수 있는 능력을 갖추지 못하였고, 정부도 또한 관료자본

21) 李炳天, 〈舊韓末 湖南鐵道敷設運動에 대하여〉(《經濟史學》 5, 1981), 126쪽.
22) 위의 글, 130쪽.

이나 국가자본을 투자하여 이들을 지원·육성할 수 있는 경제적 여유를 갖고 있지 못하였다.[23]

전체적으로 1903년 9월 일제에게 경의·경원철도의 매도를 마지막으로 대한제국기 봉건정부 및 민간인에 의한 철도부설운동은 호남철도를 제외하고는 사실상 종식되었다. 그리고 모든 철도부설은 1904년 2월 러일전쟁의 발발을 전후하여 임시군용철도감부가 편성됨에 따라 일제의 군용철도부설계획 속으로 편입되게 되었다. 전체적으로 철도건설에 있어서 광무년간 한국정부나 민간인의 노력은 몇 번의 유효한 시도에도 불구하고 뚜렷한 결실을 거두지는 못하였다.

나. 해 운

무역의 확대 과정에서 철도와 함께 중시된 교통운수업은 해운업이었다. 정부는 개항 이전에도 稅穀 운반과 관련한 해운의 중요성을 익히 알고 있었지만, 개항과 함께 기선의 편의성을 인식하고 민영기선업을 육성하고자 하였다. 1882년 정부는 "각국인과의 통상시 火輪船과 風帆船을 구매하여 公私에 쓸 수 있도록 하라"고 舟橋司에 지시하여 민간인의 기선구입을 허용하였다.

민간에서 한강·낙동강 등의 강운이나 해운을 위해 기선회사를 설립하고자 하는 움직임은 일찍부터 시작되었다.[24] 그러나 현실화된 것은 1886년의 大興會社가 최초이다. 정부는 회사가 설립되자 장정을 제정하여 감독하였다. 대흥회사는 관허회사로서 지방관의 수탈로부터 보호를 받고 세미의 운송에도 참여하였지만 재정적 보조를 받지는 못하였고, 화물운송량이 부족하여 외국인 고용자의 월급도 체불할 정도였는데 게다가 차금이자도 늘고 하여 1년만에 영업을 포기하고 말았다.

이후 강운과 해운에서 많은 운수회사가 출현하였다. 1897년 인천의 廣通

---

23) 鄭在貞, 앞의 책, 48쪽.

24) 羅愛子, 〈開港後 淸·日의 海運業 浸透와 朝鮮의 對應〉(《梨花史學硏究》 17·18합집, 1988).

——, 〈開港期(1876~1904) 民族海運業〉(《國史館論叢》 53, 國史編纂委員會, 1994).

社, 1899년 부산의 協同汽船會社, 1894년 원산의 經理會社 등이 그것이다. 그러나 이후의 기선운수경영도 정부의 자금지원을 받지 않은 데다가 선박구입비가 부족하여 외채를 도입하는 경우가 있고, 대부분 항해술이 없어 일본인 항해사와 기관사를 고용하는 등 자본과 기술의 대외종속성을 면하지 못하였다. 또한 일본선박의 압박, 운송량 부족과 자금난, 침몰사고 등으로 단명한 것이 보통이었다.

민간의 기선회사 설립과 함께 정부에서도 해운회사를 설립하였다. 1893년 민영준·정병하 등이 중심이 되어 정부의 보호 아래 연해 항행의 목적으로 利運社라는 기선회사를 창설하였다. 기선은 利運·顯益·蒼龍·慶濟·漢陽의 5척이었다. 그러나 영업부진으로 이운·경제·한양의 3척은 외국인의 손으로 넘어가고 남은 2척으로 영업을 계속하였지만 수지가 맞지 않아 그 관리를 日本郵船會社에 맡기게 되었다.[25] 俄館播遷 이후 정부는 이운사의 기선을 일본우선회사에 위탁 운영한다는 계약을 파기하고 총세무사에게 기선 4척을 위임하였다.

이로서 관영해운회사는 실패한 셈이 되었고 민영기선회사도 다수가 설립되었으나 지속적인 영업을 하지 못한 경우가 많았다. 다만 지역적으로는 원산—북관지방간의 해운이 비교적 활발하게 이루어져 해외무역과 국내 격지간의 교역을 통해 함경도지방의 상품경제를 성장시키고 해운의 발달을 촉진하였다.

한편 광무정권은 1900년에는 通信院을 설치하고[26] 외국인의 연안해운활동을 규제하고자 하였다. 통신원은 민간인이 임차한 외국선박의 상당 부분이 명의만 빌려준 것이고 사실상 외국선박의 불개항장 침투와 밀무역이 성행하고 있다고 판단하여 종래 각 개항장 감리가 발급하였던 외국인 선박의 임차에 대한 免狀을 중앙의 통신원에서 발급하는 것으로 전환해 그 발급절차를

25) 德永勳美, 《韓國總覽》(博文館藏版, 1907), 1048쪽.

26) 勅令 제10호로 농상공부의 관할 아래 通信院을 두고, 勅令 제11호로 通信院官制를 발포하고(《官報》, 光武 4년 3월 26일), 管船課를 두어 船舶 海員 및 航路標識에 관한 사항, 港則에 관한 사항, 정부에서 보호할 水運會社 및 기타 水陸運載事業 감독에 관한 사항을 취급하도록 하였다.

까다롭게 함으로써 통제를 강화하였다.[27)]

광무정권은 외국선박에 대한 통제 강화와 함께 총세무사에게 위임하였던 종전 이운사 소유의 기선관리권을 회수하여 신설된 大韓協同郵船會社에 기선을 임대하여 민영해운업의 육성을 꾀하였다. 대한협동우선회사는 다수의 고관들이 이 회사의 주주로 되어 자본금이 20萬圓에 달하였다. 부산의 객주 丁致國이 총무를 맡았고, 정부에서 일본에 유학을 보내 양성한 항해사가 선장을 맡았다. 정부에서도 사실상의 官辦會社로 간주하여 지점과 창고의 설립을 지원하였고 관료들이 적극 나서서 승객의 탑승과 적하를 권유하였다.

대한협동우선회사는 기선 5척을 가지고 주로 화물운수를 경영하지만 社運은 발전되지 못하였다. 소유하는 기선 중 순신·일신의 두 소기선은 객실의 설비도 있고 인천을 근거로 그 부근을 항행하여 상당한 이익이 있었다. 그러나 한성·현익·창용의 3척은 모두 화물선으로 인천에서 부산을 거쳐 北關地方을 항행하는데 화물을 만재할 때까지는 며칠이 되어도 동일항에 정박하여 흡사 범선과 다르지 않고 한 항로에 수십일을 소비하는 경우도 있었다고 한다. 협동우선회사는 이익이 많을 때는 이익금을 배당으로 지불하여, 나중에 석탄대 지불연체로 그 소유선이 일본 門司의 모상인에게서 차압을 받기에 이르렀다. 그리고 타선과 충돌하는 사고로 다액의 배상금을 지출하고, 1903년 봄에는 인천의 堀久回漕店의 기선과 인천·평양간에 격렬한 경쟁을 시도하여 다액의 손실을 입고 크게 역경에 빠짐으로써 露日戰爭의 과정에서 일본인에게 넘어가고 말았다.

다. 전차·전기사업

고종은 서구의 근대문물의 도입 특히 전차·전기사업에 관심에 많았으며, 1887년에 이미 경복궁 안의 乾淸宮에 전등을 가설한 바 있었다.[28)] 고종은 나아가 전차건설에 관심을 가지고 1898년 漢城電氣會社에 漢城 5署내의 전차·전등·전화설비 시설 및 운영권을 주었다.

---

27) 羅愛子, 앞의 글(1994), 92쪽.

28) Fred Harvey Harrington, *God Mammon and Japanese*(1944 ; 李光麟 譯, 《開化期의 韓美關係》, 一潮閣, 1973).

한성전기회사는 고종의 뜻에 따라 가장 먼저 전차사업을 시작하여 1898년 2월 미국인 콜브란(H. Collbran)과 보스트위크(H. B. Bostwick)와 전차선로 부설공사 청부계약을 체결하고 공사비용으로 20萬円을 지불하기로 하였다. 전기철도는 1898년 9월에 기공하여 1899년 8월 서대문에서 청량리까지 5리의 선로가 준공되었다. 이어서 1899년 12월에는 종로-남대문-용산 사이의 연장선로도 준공되고, 1900년 7월에는 남대문에서 서대문에 이르는 노선도 개통되었다.[29] 서울에서의 전차의 등장은 1899년의 경인철도의 개통과 함께 획기적인 새로운 운송수단의 등장이었다.

전기·전차의 도입으로 서울은 면모를 달리하게 되었지만 한성전기회사는 영업부진으로 손실을 입었으며, 이것을 메우는 방법으로 1901년 6월 경운궁 점등을 시작으로 민간인에 대한 전기사업도 시작하였다. 그러나 역시 사용료가 비싸 수요가 제한되어 영업이 부진하였다.

콜브란은 적자로 인하여 한국에서의 사업을 정리하기로 하고 1902년 미국공사 알렌을 통하여 한국정부에 그 동안의 경비로 150萬円의 지불을 요구하였으나 한국정부는 그것이 과도하다는 이유로 인정하지 않았다. 그러나 露日戰爭이 발발하자 고종은 미국의 환심을 살 생각으로 한성전기회사의 주식 절반을 사는 형식으로 75만원을 지불하였다. 한성전기회사는 1904년 2월 고종의 75만원의 출자를 조건으로 하여 韓美電氣會社로 개칭, 한미합동으로 되었다가 1909년 6월에는 일본의 韓日瓦斯株式會社로 모든 권리를 매각하였다. 따라서 고종의 전기에 대한 관심은 전기사용이 도입되는 계기가 되었으나 이를 통해 민족기업발전이 이루어질 수는 없었다.

(2) 화폐·금융

금융업 분야는 한국정부가 관심을 가진 대표적 분야의 하나였다. 개항에 따라 외국계 은행들이 무역에 따른 금융의 편의와 한국에 진출한 外商의 자금조달을 위해, 나아가서는 한국의 재정자금을 이용하는 이권과 화폐발행권을 장악하기 위해 진출하였다. 일본의 第一銀行·第十八銀行·第五十八銀行을

---

29) 노인화, 〈대한제국시기의 한성전기회사에 관한 연구〉(《이대사원》 17, 1980) 참조.

비롯하여 香港上海銀行·露韓銀行 등의 외국계 은행이 한국에 진출하였다.

한국정부는 비교적 일찍부터 금융의 편의를 이해하고, 나아가서 화폐발행에 따른 주조이익을 얻고자 은행을 설립하고 본위화제도를 마련하여 이를 기초로 지폐를 발행하고자 하였다. 한국정부의 노력은 이미 80년대 중반 무렵에는 시작되었지만 이후 갑오년간에 이르기까지 한국계 은행의 설립을 위한 노력은 실현되지 못하였다.

그러나 1894년 갑오개혁으로 賦稅의 金納化가 실시되면서 稅穀換金과 貿穀의 편의를 위한 금융기관을 설립할 필요성이 더욱 절실하였다. 이에 따라 갑오년에 米商會社·共同會社 등이 설립된 바 있었지만 은행은 1896년 이래 정부관료와 황실의 적극적인 참여와 출자에 힘입어 비로소 출현하였다. 당시에 설립된 은행으로서 지금도 어떠한 연계로든 명맥을 이어오고 있는 것으로는 漢城銀行·大韓天一銀行 등이 있다.

이 중에서 한성은행은 1897년 설립되었으나 1900년에 파산하였으며 이후 公立漢城銀行으로 재출발하였으나 경영권이 일본인에 장악되어 민족계 은행으로서의 명맥을 충분히 이어받지 못하였다.30) 그러나 대한천일은행은 1899년 光武政府의 적극적인 지원에 힘입어 설립되었으며, 국고금대여 등의 도움을 받아 화폐정리사업시까지 순조롭게 영업을 지속하였다. 다만 대한천일은행도 한국 독자의 중앙은행제도나 화폐제도가 설립되지 못한 가운데 지점망도 인천지점이 있는데 그쳤다.

한국정부는 금융제도의 수립 노력과 함께 화폐제도의 근대화와 이를 토대로 한 지폐의 발행에 큰 관심을 가지고 있었다. 광무정권의 근대화 노력과 그 한계는 화폐제도의 개혁 노력에서 잘 나타난다. 한국정부가 화폐제도 및 금융의 근대화를 추구한 것은 개항 직후부터였다. 1880년대에 이미 금융제도 정비를 위한 노력이 시작되었고, 1891년에는 은본위제도의 수립을 위한 조치가 있었지만 실효는 없었다. 그리고 1894년 甲午改革時 賦稅의 「金納化」와 함께 근대적 은본위화제도의 마련을 위한 〈新式貨幣發行章程〉을 공포하였지만, 이것마저도 제대로 실시되지 못하고 地金의 준비가 부족한 가운데 주조

30) 高嶋雅明, 《朝鮮における植民地金融政策史の研究》(大原新生社, 1978), 118쪽.

이익을 얻기 위해 보조화인 백동화를 남발하게 되었다. 특히 광무정권은 황실재정강화책의 일환으로 백동화를 남발함으로써 화폐유통권의 분할과 인플레라는 폐제문란을 초래하였다.

이와 같이 한국 독자의 근대적 본위화제도나 금융기관이 정비되지 못한 가운데 외국계 금융기관의 침투는 계속되었다. 개항 직후 한국에 제일 먼저 진출한 일본의 제일은행은 특히 금융침략의 첨병으로 활동하였다. 제일은행은 일찍부터 일본정부의 국고금 취급, 조선정부에 대한 차관의 제공, 朝鮮産金의 흡수 등 특수업무를 수행하면서 총세무사 묄렌도르프(P. G. Möllendorff, 穆麟德)의 환심을 얻어 한국의 관세금 취급은행이 되어 한국 재정자금의 큰 부분을 예금으로 흡수하기도 하였다. 나아가 제일은행은 청일전쟁 후 시부자와(澁澤英一)가 중심이 되어 한국의 중앙은행이 되고자 시도하였다. 그리고 1902년에는 한국이 幣制紊亂한 상태임을 기화로 일본정부의 허가를 얻어 화폐적 성질을 가진 一覽拂於音인 제일은행권을 발행하여 실질적으로 한국의 중앙은행화를 시도하였다. 그러나 이때까지만 해도 한국정부가 존속하고 한국 상민들의 반대운동이 활발하였으므로 크게 성공하지는 못하였다.

외국계 금융기관의 침략이 지속되는 가운데 한국정부는 독자적으로 중앙은행을 설립하고 은행권을 발행하고자 하였다. 광무정권은 백동화 남발로 인한 폐제문란을 해결하면서 또 다른 화폐발행 이익을 얻기 위해 1901년 금본위제도의 〈貨幣條例〉를 공포하였다. 〈화폐조례〉에는 화폐의 단위를 圜으로 하고, 본위금화·보조은화·보조백동화·보조적동화 등의 화폐를 발행하도록 되어 있었다. 그러나 이에 필요한 地金準備를 위한 프랑스 등으로부터의 차관 도입계획이 실패하고 본위화는 주조되지 못하였다.

그리고 1903년에는 〈中央銀行條例〉와 〈兌換金券條例〉를 제정하여 중앙은행제도를 마련하고 금본위지폐를 발행하고자 하였다. 이에 따르면 300만환의 자본금으로 설립되는 중앙은행은 해관세를 포함한 모든 세금과 국고금의 수납을 담당하며 兌換金券의 발행을 전담하도록 하였으며, 태환금권은 금화와 금괴를 지불준비금으로 하되 경우에 따라서는 정부에서 발행한 증권과 상업어음도 지불준비금으로 하여 발행할 수 있도록 하였다. 이것은 중앙은행의 설립, 본위화제도의 수립, 금융기관의 정비라는 비교적 일관된 구상을 가지고 한국정부로서는 독자적으로 추진한 마지막의 금융근대화정책이었다고 할 수 있다. 이용익은 이를 실현하기 위해 러시아 및 벨기에와의 차관교섭을 재개하고 일본 大阪製銅會社의 마스다(增田信之)에게도 차관을 요청하는 등의 노력을 하였으나 성공하지는 못하였다.

이러한 광무정권의 금융근대화정책은 당시 한국내에서 많이 유통하던 일본화폐의 통용을 금지하고 화폐발행권을 정부에 통일시킬 뿐만 아니라 독자적인 금본위제를 수립하고자 한 것이었고, 이것이 성공한다면 민족자본의 젖줄이 될 수도 있는 것이었다. 그러나 이러한 한국정부의 노력은 금준비를 위한 차관도입의 실패와 일본의 방해로 실패하였다.[31]

그러나 본위화제도의 수립은 차관도입으로만 성공할 수 있는 것은 아니었다. 그리고 화폐발행 이익을 추구하기 위한 지폐발행을 포함한 화폐제도의 근대화는 위험한 것이다. 또한 무엇보다도 식산흥업과 그에 기초한 산업의 발달로 국제수지가 개선될 수 있어야 본위화제도는 실현될 수 있는 것이다. 그러나 '舊本'을 토대로 한 광무정권은 민권·민부의 성장을 위한 근본적 개혁을 추진할 수 없었으며 황권과 황실재정을 강화하는 방향에서의 근대화를 추구하였다. 이 점이 광무개혁의 특징이자 주된 한계였다.

(3) 상공업

개항 이후 개화파들은 근대화를 위한 상공업 발전의 필요성을 일찍부터 인식하고 있었다. 그러나 1890년대 이전에는 대체로 '상업의 발흥을 통하여 국가재정의 기틀을 튼튼히 하며 나아가서는 산업자금의 기반을 조성해야 한다고 주장함으로써 유럽의 중상주의 사상을 연상케 하리만큼 상업의 필요성과 그 중요성을 강조'[32]하였다. 이에 반해 90년대 이후의 개화파는 '상업보다는 근대공업의 진흥문제, 즉 적극적인 공업화이론을 전개하고 있었다는 점에

31) 자세한 내용에 대해서는 吳斗煥, 〈白銅貨 인플레이션과 幣制危機의 深化〉(앞의 책) 및 〈韓末 借款問題의 展開過程〉(《한국민족운동사연구》 8, 1993) 참조.
32) 崔泰鎬, 《近代韓國經濟史硏究序說》(국민대출판부, 1991), 312쪽.

서 그 특징'[33]을 찾아볼 수가 있다. 그들은 공산품을 국내에서 생산할 수 있게 된다면 국내에 퇴적된 유휴노동력을 흡수할 수가 있어 이른바 고용효과가 실현될 수 있을 것이고, 또 수입해서 소비하는 공산품을 국내생산품으로 대체하여, 즉 수입대체산업을 국내에서 육성하게 된다면 국제수지의 불균형을 시정할 수 있게 되어 국내의 재보가 해외로 유출되는 일이 없어지게 될 것이기 때문이라고 생각하였다. 개화파는 민간인의 근대적인 공장설립을 권장하는 한편 가장 유망한 민간공업부문으로서 직조업·양잠업·연초제조업 등을 제시하였다.

정부는 1880년대에 이미 典圜局·製紙局·火藥局·機器局 등을 설립하여 공업부문에 관심을 나타낸 바가 있었다. 그러나 "어느 것도 당초 관리의 口腹을 살찌우는 데 그치고 혹은 業이 비로소 이루어져도 그것을 계속하는 것이 없고 공연히 國資를 들여 정부에 繁累를 남김에 지나지 않는"[34] 상황이었다. 이후에도 정부에서는 근대산업기술의 도입과 민간인의 근대공업을 유발하기 위하여 각종의 관영모범공장을 설립하였으며 특히 갑오개혁 이후에는 계속적인 관제개편, 또는 신기구의 창설 등을 통하여 산업정책에 대한 정부의 의지를 표명하였다. 정부는 1899년에는 민간인의 농공업을 권장하기 위하여 농상공부에 勸業委員會라는 기구를 설치하고 매주 토요일 하오 1시에 동위원회를 개최하였고, 또 1900년에는 양잠진흥정책의 주무관청으로 농상공부에 잠업과를 신설하였다. 그리고 정부는 상공업 부문의 근대적인 지도자 양성을 위하여 각종의 교육기관을 설치·운영하고자 하였다.

또한 정부는 1899년에 농사개량과 製鹽法의 보급·지도 등을 목적으로 農事 및 水産試驗所를 설치하고, 1901년에는 일본에서 제지기술자를 초빙하여 전환국·洋紙製造工場의 설립을 계획·추진하였으나 도중에 중단되었다가 1905년에 이르러 다시 공장건설을 추진하였다. 1903년에는 도량형의 제조와 검사 등을 목적으로 平式院에 度量衡工場을 설립하였으며 1905년에는 각종의 銅版과 活版印刷 등을 목적으로 度支部 印刷局을 설치하였다.[35]

---

33) 위의 글.

34) 〈二十六年中仁川港商況年報〉(《通商彙纂》 8 부록, 1894. 8).

정부의 근대화 정책에 따라 민간에서도 근대적인 생산공장이 설립되었다. 근대공업을 지향하는 민간의 상공업은 이미 1870년대 말부터 나타나고 있었지만[36] 이들은 순탄한 발전과정을 걷지 못하고 대부분이 곧 소멸되고 말았다. 그러나 청일전쟁 이후에는 賦稅의 金納化로 상품화폐경제의 발전이 일층 심화된 가운데 민간에서도 상공업이 새롭게 싹트고 있었다. 시장의 확대 과정에서 민간기업들이 발전하는 것은 자연스러운 것이다.

이 결과 광무년간에 근대적 상회사가 설립되고 이를 바탕으로 근대적 산업들이 발전하고 있었다. 광무정권은 갑오개혁기의 자유주의적 상업정책과 달리 특히 상업회사에 관해서는 특정 도고에게 회사의 설립을 허가하여 영업의 특권과 독점권을 부여하고 그 대가로 영업세를 징수하여 궁내부에 바치도록 한 경우가 많았다. 예를 들어 인천의 紳商會社, 평안도 麴子會社, 무안의 士商會社 등이 그것이다. 이와 같이 상회사가 일종의 收稅都賈로서 설립된 것이 많고 정부의 보호와 함께 침탈의 방지가 존립의 중요 조건이었으므로 이에는 관료들의 참여가 많았다.

그러나 다수의 근대적 상회사들이 싹트고 있었다고는 하지만 전체적으로 보면 공업발전은 미약하고 민족공업은 쇠퇴하고 있었다. 당시의 관찬사료는 한국에 수공업적 가내공업 이외의 공장제 생산이 존재하지 않고, 생산기술이나 생산량의 수준이 낮은 것을 지적하고 있다. 한국의 공업이 부진한 이유로는 여러 가지 요인이 있었으나 '최근 2세기는 외국과의 교통이 없는 것, 행정이 가혹하여 국민의 재산을 침해하고 분기심을 소멸시킨 것, 가혹한 세금 징수가 빈번하여 국민생활의 질서를 파괴한 것, 교통이 불편하여 수출의 길이 두절된 것 등'[37]이 지적되었다.

그러나 비록 자급적 성격이 강하였지만 직물을 비롯한 다양한 품목의 공산품이 생산되었으며 한국의 공업은 미숙한 채로 질박하고 견고한 제품을

---

35) 崔泰鎬, 앞의 책, 316쪽.

36) 1877년의 김동원의 제지공장, 1881년의 장상국의 製陶工場, 1882년의 해룡상회(피혁공장), 1883년의 김문삼 제지공장 및 洪城製釜工場 등이 있었다(조선대역사연구실편, 《朝鮮史》, 253쪽).

37) 러시아大藏省, 《韓國誌》(1907), 63쪽.

생산하면서 전통적 농업과 결합되어 있었다. 당시의 공업 중에서 중요한 것은 직물업·제지업·철공업 및 도자기 등이었고 이 중에서도 직물업 특히 면직물업이 중요하였다.

개항기 면직물업의 변천과 관련한 연구 가운데에는 특히 청일전쟁 이후 토포생산이 크게 위축되었다는 지적이 있다.[38] 면직물 이외의 麻布·絹布 등의 직물업도 수입이 증가하는 가운데 그 생산이 증가할 수는 없었다. 다만 토포의 전반적인 생산위축에도 불구하고 방적사의 수입이 증가하고 이를 이용한 방적토포의 생산이 증대되고 있었던 만큼 이를 통한 근대 직물업의 발전을 추적하여 보는 것은 흥미롭다.

우선 도시에서는 전업적인 생산이 증대되고 있었다. 이와 함께 청일전쟁 이후 서울에서는 직물업 분야에 자본주의적 경영이 소수나마 성립되어 있었다.[39] 그리하여 당시의 직물업소로는 漢城 南署 藝洞 織造緞布株式會社, 鐘路織造社, 南竹洞組織所, 東嶺洞 漢城製織會社, 中谷染織工所, 淳昌號, 美洞織造會社, 朴承稷染織會社, 京城織紐合名會社 등이 있었다는 것을 확인할 수 있다. 그러나 이들 직물업도 정부의 보호가 미흡한 가운데에서 경영이 성공적이지 못하였다. 따라서 전체적으로 수공업 직물생산이 위축되어 있는 속에서 부분적으로 근대적 商·工會社들이 설립되고 있었으나 성공적이지는 못한 상황이었다.

토포생산의 위축으로 대표되는 바와 같이 개항기 한국의 공업은 쇠퇴하고 있었다. 정부에서도 산업발전을 위한 관심이 없었던 것은 아니었으나 근대화를 위한 정치변혁을 토대로 전면적인 체제개혁과 시장보호를 통해 식산흥업을 추진할 수 없었던 만큼 성공적이지 못하였다. 이 결과 식산흥업을 위한 노력이 별로 효과를 보지 못한 가운데 직물 이외 분야의 공산품들도 수입상품이나 거류지공업의 경쟁 속에 쇠퇴하였다. 종이·도자기·금속제품 등 직물에 다음가는 주요한 공업들도 수입상품의 증대과정에서 겨우 명맥을 유지

38) 梶村秀樹, 〈李朝末期の綿業の流通および生産構造〉(《朝鮮における資本主義の形成と展開》, 龍溪書舍, 1977).
39) 權泰檍, 〈朝鮮後期 織物業의 變動〉; 〈日帝時期 韓國의 織物業〉(《韓國近代綿業史研究》, 一潮閣, 1989).

하고 있었을 뿐이었다.[40]

개항으로 세계자본주의에 편입된 한국이 성공적인 공업발전을 이루기 위해서는 수입대체나 수출지향의 어느 쪽에선가의 성공적인 공업발전이 이루어져야 했다. 이를 위해서는 정부의 자주적이며 일관성 있는 보호·육성책이 절실하였다. 그러나 무방비로 개방된 시장에서 한국의 면직물업이 면포 주도의 면직물 수입구조 속에서 기계제 공산품과 경쟁하기가 어려웠다. 그리고 다른 한편 수출상품의 개발과 공업화 그리고 그 분야로의 노동의 이동 등은 일어나지 못하고 과잉노동력의 농촌퇴적과 지주제의 확대가 이루어지고 있었던 것으로 생각된다.

그러나 한국경제의 화폐화의 진전에 따라 자본주의적 발전의 필요조건인 시장의 확대는 이루어지고 있었던 만큼 광무년간에는 한국의 민간기업들이 다수 싹트고 있었다. 광무년간에 설립된 근대적 상회사들은 직조업 이외에도 은행·해운회사·방직회사·철도회사·전기회사·보험회사·광산회사 등 다양한 것이었다. 그러나 이들 회사의 설립은 전반적인 상공업발전의 과정에서 나타난 것이라기보다는 토착공업의 쇠퇴 위에 형성된 근대적 상공업이라는 한계가 있는 것이었다. 그리고 토착공업의 쇠퇴의 다른 한편에서 일본인 거류지공업을 중심으로 새로운 제국주의적 이식공업이 발전하고 있었고 이것은 점차 근대적 공장제 형태로 발전하면서 식민지적 공업발전을 예비하고 있었던 것이다.

따라서 개항기 근대적 상회사들의 발전은 그 자체로서 중요한 의미를 갖는 것이지만 다른 한편 그것이 바로 민족자본의 발전을 담보할 수 있는 것은 아니었다. 그리고 이들 근대적 상회사의 설립을 위한 근대화 정책은 전면적인 자본주의 발전을 추구하지 못하였다는 점에서 한계가 있는 것이다.

(4) 광 산

광산개발의 중요성에 대해서는 개항 후 비교적 일찍부터 인식되고 있었다.

---

40) 개항기 공업의 변천에 관해서는 吳斗煥, 〈개항기 토착공업과 이식공업〉(《工業化의 諸類型 Ⅱ-韓國의 歷史的 經驗》, 經文社, 1996) 참조.

1880년대 개화사상가들에 의해 부국강병을 위한 開鑛에 대한 논의가 고조되면서 정부에서도 적극적인 광업개발정책을 추진하게 되었다. 개항 이후 개광지가 증가하면서 1887년에 內務衙門 주관 아래 礦務局을 설치하여 각 감영에서 관장하고 있던 지방의 광산사무를 총괄하도록 하였다.41) 이어 1888년에는 최초로 외국인 기술자를 고용하였다.42) 1894년 군국기무처에서는 工務衙門에 礦山局을 두었으며, 農商衙門에 地質局을 두었다. 이후 1895년 농상아문과 공무아문이 통합되어 농상공부가 설립될 때 농상공부 산하의 광산국이 되었다.43)

농상공부는 1895년 5월 砂金開採條例를 발포하여 체계적인 광세 수취기구를 마련하였다.44) 사금개채조례는 광산개채과정을 명문화하였지만 사인에게 채굴권리를 부여한 것이 아니라 관리를 임명하여 광산의 개채와 관리를 담당하도록 한 점에서 조선 후기 이래의 設店收稅制의 전통을 이은 것이었다. 한편 정부는 일본인 광산기사 니시와다(西和田久學)를 고빙하여 광산기술을 도입하고자 하였다.

이 시기까지 기본적으로 광산은 농상공부의 관할에 속하였다. 농상공부는 개채할 곳을 정하고, 另派員을 파견하여 개채사무를 담당하게 하는 한편 영파원이 보증한 稅監에게 收稅業務를 맡기고 있었다.45) 그러나 영파원을 주축으로 하는 농상공부의 광산관리는 본궤도에 오르기 전에 중단되었는데, 이는 이용익과 밀접한 관련이 있다. 이용익은 1896년 궁내부 各鑛監理에 임명되어 종래 궁내부에 소속되어 있던 2~3개소 광산의 운영을 관장하면서 농상공부의 소관까지 포함하여 전국 각지의 광산에서 세금미납을 엄중히 징수하여 황실재정에 충당하였다.46) 이후 그는 1897년 4월 西北諸府金鑛監理에서 해임되었다가 12월 전국 각광을 총괄하는 各礦監督으로 임명되었다.

41) 《高宗實錄》, 고종 24년 4월 5일.
42) 文一平, 《韓米五十年史》(조광사, 1945), 170쪽.
43) 《高宗實錄》, 고종 32년 3월 24일.
44) 〈사금개체조례〉에 의하면 광세 수취기구는 농상공부 → 영파원 → 세감 → 덕대 → 광부(연군, 점군)의 계열을 이루고 있다.
45) 박기주, 〈개항기 조선인 금광업의 실태〉(《경제사학》 20, 1996).
46) 高承濟, 《近世韓國産業史硏究》(大東文化社, 1959), 329~330쪽.

이 무렵부터 이용익은 정부의 광산관리에 깊이 연관되어 있었다. 정부는 대한제국을 선포하면서 1898년 1월 국내 철도·광산의 외국인 합동을 허가하지 않는다는 방침을 공포하였으며[47] 이어서 6월 28일에는 유망성이 있는 주요 광산 43개소를 농상공부 관할에서 궁내부로 이속시켰다.[48] 한편 같은 시기에 궁내부 관제가 개정되어 內藏司가 소속 광산을 관리하게 되었고, 이용익은 1898년 7월 18일 농상공부 소속의 監督各道各郡金銀銅鐵煤炭各礦事務의 직책을 사직하고 7월 20일 宮內府所管各道各礦監督事務를 맡아 이제 궁내부 소속 광산을 위해 일하게 되었다.[49] 그리고 1899년 2월에는 서북 3도 즉 평안도·함경도·황해도의 농상공부 소관 광산들이 또 다시 궁내부로 이속되었다.[50] 그리고 1899년 8월 궁내부 재정담당 부서인 내장사를 내장원으로 개칭하고 업무를 확대하여 광무관리를 철저히 하였다. 이어서 1901년 6월에도 종래 농상공부에 소속되었던 8개소의 광산을 궁내부 소속으로 이관하였다. 그리고 1904년 9월에는 충북 음성과 경남 합천의 금광을 이속하였다.

광산의 이속과 함께 관제의 개편도 이루어졌다. 우선 1900년 광산국내에 鑛務學校를 설립하는 관제가 발포되었다. 1902년 2월 농상공부의 광산국이 폐지되고 宮內府에 鑛務局이 설치되면서 광무학교도 궁내부에 소속되었으며 곧 광무국은 鑛學局으로 명칭이 변경되어 1904년 1월 다시 농상공부로 부속되었다. 1905년에는 농상공부 관제를 개편하여 농광국에 鑛務課를 설치하였다가 1906년 2월 12일 농상공부 분과규정에서 다시 광무과로 개설되었다.[51]

광산 官署가 소속이 바뀌는 과정에서도 정부의 광산개발 노력은 지속되었다. 원칙적으로 한국정부는 독자적인 개발 방침을 가지고 있었지만 현실적으로 자본과 기술부족 및 외압으로 인하여 여전히 중요 광산들이 외국에 양여

47) 《韓末近代法令資料集》 Ⅱ, 광무 2년 1월 12일.
48) 《韓末近代法令資料集》 Ⅱ, 광무 2년 6월 28일.
49) 楊尙弦, 《大韓帝國期 內藏院 財政管理 硏究－人蔘·礦山·庖肆·海稅를 중심으로》(서울대 박사학위논문, 1997), 92쪽.
50) 《독립신문》, 1899년 2월 24일.
51) 李培鎔, 《舊韓末 鑛山利權과 列强》(한국연구원, 1984), 37~38쪽.

되고 있었다. 특히 1895년 이후 외국의 광산이권 획득 요구가 강렬하여 1895년 7월에 운산금광이 미국에 개채 허락되었으며, 1898년에는 강원도 金城郡 堂峴金鑛採掘權을 독일의 世昌洋行에 허용하였다. 그리고 1900년 3월에는 평안도 殷山金鑛을 그리고 1905년에는 遂安金鑛의 특허권을 영국에 허용하였다. 한편 일본에게도 1900년 稷山金鑛 채굴권을 허용하였다.

이권을 탈취 당하는 다른 한편에서 국내적으로 궁내부는 각도에 감리를 임명하여 도내의 광업을 관리케 하였으며 각 광산에는 별장을 파견하여 광세의 징수를 담당하게 하였다. 이 과정에서 종래의 국고에 수입되었던 광세의 대부분이 궁내부로 귀속되었다.[52] 한편 일제는 1906년 6월 자기들 주도의 광업법을 공포하면서 帝室鑛山規程을 폐지하여 궁내부 광산도 자유롭게 외국인의 이권획득의 목표물이 될 수 있는 기초를 만들었다.

그런데 광무년대의 내장원의 광산관리는 광산이권의 보호나 수세권의 장악에 그치지 않고 광산개발에 대한 지원을 하거나 혹은 직영을 하는 경우도 있었다. 내장원은 공전을 대여하거나 광산기계를 구입하여 광산경영을 지원하기도 하였고 광산에 필요한 식량조달에 개입하기도 하였다. 그리고 내장원은 1903년 9월부터 1904년 12월까지 황해도 수안금광을 직영하였으며, 1903년 10월에서 12월까지 順安금광을 직영하기도 하였다. 또한 1901년 5월부터 1907년 8월까지는 平壤煤礦을 직영하였으며, 1901년 3월부터 1903년 6월까지 鏡城煤礦을 직영하였다. 내장원은 수안금광과 평양매광에 근대적인 광산기계를 동원하는 등 광산경영의 근대화에 노력하였다.[53]

그러나 내장원의 광산개발에 대한 각별한 관심에도 불구하고 민간인에 의해서 사금이 아닌 금광 등의 광산개발이 이루어진 것은 거의 없는 것 같다. 1904년 러일전쟁으로 정국이 어지러운 상황에서 일본의 황무지 개척권 요구에 대한 국민의 반대여론이 고조되면서, 동년 7월 한국인 민간실업가에 의해 개간사업과 광업전반을 담당할 農鑛會社가 설립되었다. 이 농광회사는 우선 외국인에 양여한 이권관계를 일일이 조사하여 내외상민의 각기 소유한 권리

52) 李培鎔, 위의 책, 30쪽.
53) 楊尙弦, 앞의 책, 116・126~127쪽.

를 밝혀내고 단계적으로 국내인의 상업에 흡수하여 민족자본의 확립을 도모하겠다고 기약하였다. 그러나 취약한 정부 아래서 이것이 실효를 거두지는 못하였다. 따라서 광무정권의 광산개발에 대한 관심은 민족자본에 의한 실질적 광업의 발전으로 이어지지는 못하고 다만 收稅의 증대와 황실로의 집중을 가져온 것에 불과한 것으로 보인다.

광무정권의 경제정책이 개혁인가 아닌가에 대해서는 논쟁이 지속되고 있다. 지금까지 살펴본 바와 같이 광무년간에 황실이 중심이 되어 교통운수, 화폐금융, 상공업 그리고 광산 등의 근대화를 위한 노력이 기울여지고 약간의 발전이 있었던 것은 부인할 수 없다. 이외에도 교육제도의 마련이나 서울의 도시정비 등에서도 새로운 면모가 나타나고 있었다. 그러나 이러한 변화는 기본적으로 새로운 문물의 도입에 그쳤던 것이고 강력한 주체의 형성 위에 한국의 자주적 발전을 가능하게 할 정도의 질적인 전환을 보여주고 있었던 것은 아니었다고 생각된다.

광무정권의 근대화 정책의 특징은 정책 자체의 내용에 있다기보다는 그것들을 황실 중심으로 추진한 데에 있었다. 물론 정책 내용이나 현실에의 집행과정에서 광무정책은 이전에 비해 새로운 것도 있었지만, 때로는 갑오개혁기에 비해 후퇴한 것으로 평가되는 내용도 있었다. 광무정권은 大韓이 전제군주제임을 내외에 선언하고, 내장원을 중심으로 황실재정을 강화하면서 황실을 중심으로 경제에 대한 통제력의 강화와 함께 제 부문의 근대화정책을 추진하였다. 내각을 중심으로 한 재정기관의 통일과 이를 주체로 하는 근대화와 달리 황실 중심의 방식은 과연 역사발전의 필연성을 구현하고 있는 개혁적인 성격의 것이었는가.

개항으로 세계자본주의에 편입된 한국이 성공적인 공업발전 그리고 근대화를 이루기 위해서는 수입대체나 수출지향의 어느 쪽에선가의 성공적인 공업발전이 이루어져야 했다. 이를 위해서는 정부의 자주적이며 일관성 있는 상공업 보호·육성책이 절실하였다. 정부는 전면적인 국정 및 재정의 개혁을 통해 재정의 수입을 증가하고 지출을 절약하여야 했으며, 동시에 외상에 대한 통제를 통해 민족자본을 육성하여야 했다.

그러나 갑오개혁이 그 근대성에도 불구하고 정권수립 과정이 외세의존적인 한계를 가지고 있었다면 광무정권도 높은 자주의식에도 불구하고 자주적 근대화를 추진할 내외적 조건이 결여되어 있었다. 광무정권은 외적으로 제국주의 열강에 포위되어 있었음은 말할 것도 없고, 내적으로도 국내의 모든 정치세력을 통괄하고 새로운 비전을 제시하여 민중적 에너지를 결집시킬 수 있는 강력한 정부가 되지 못하였다. 상대적으로 한반도를 둘러싼 국제적인 힘의 균형이 유지되어 황실의 활동반경이 넓어진 것은 사실이지만 광무정권이 절대왕정에 걸맞는 강력한 통치력을 가지고 있었다고 보기는 어려우며 포괄적 근대화의 비전을 제시하지도 못하였다.

따라서 전체적으로 광무정권은 적극적으로 포괄적 개혁을 추구했다기보다는 민족적 모순이 심화되는 가운데 위기의식하의 방어적 입장에서 왕권을 국권과 동일시하여 황실의 재정확충과 전제군주권의 강화에 노력하였으며 그런 전제 위에서 근대적 기술과 기기의 도입에 관심을 가졌던 것으로 생각된다. 사실 청일전쟁 이후에는 제국주의로 말미암아 한국의 자주적 근대화의 길이 막혀 있었는지는 몰라도, 이러한 소극적 전제주의의 강화만으로 식민지화로의 길을 되돌리기는 어려웠던 것으로 생각된다.

〈吳斗煥〉

4. 대한제국기의 자강·구국교육정책

1) 경본예참의 국가주의 자강교육

대한제국정부 초기의 교육정책은 급진적 개화세력을 계승한 독립협회 등 민권파가 국민자강을 통한 자주독립을 달성하고자 한데 반하여 황제권의 강화를 중시하는 국가자강주의를 지향하였다. 그리하여 대한제국정부는 재래의 교육전통을 존중하고 현실적으로 필요한 서양의 새 학문을 가르치는 교육 즉 經本禮參教育을 정책기조로 하였다.[1)]

이러한 시책은 교육에 있어서 첫째, 예절과 도덕 즉 충효사상을 강조하였다. 따라서 대한제국 학부대신 申箕善은 각처 공립소학교에 훈령하여, 교원은 한갓 文字·藝術敎育으로 能事를 삼지 말고 학동들에게 먼저 예절과 도덕교육을 실시하고 과정에 이르도록 하라고 지시하였다.[2] 그리고 이러한 교육정책은 중학교관제에도 반영되었다. 중학교관제 제1조에 '중학교는 실업에 就코져 하는 인민에게 正德·利用·厚生하는 중학교육을 보통으로 교수하는 처로 정함'이라고 명시함으로써 正德을 교육의 선행지표로 제시하고 있다.[3] 이는 갑오·을미년간의 친일내각 당시에 이용후생을 교육의 선행지표로 삼았던 각종 교육관계 법령과는 좋은 대조를 이루고 있다.

대한제국정부가 경본예참 교육정책을 채택한 것은 갑오·을미년간의 개혁에서 재래교육을 '虛文의 學'으로 규정함으로써 야기된 재래 지식인인 유생세력의 반발을 무마하고자 취해진 조치의 일환이었으므로 이는 성균관관제에 우선 반영되었다.

을미사변 후 계속되는 의병봉기에 광무황제는 '교육을 잘못하여 자초한 화란'이라고 규정하고,[4] 義兵宣諭詔勅을 발표하는 한편 유학교육과 성균관교육을 중시하는 南路宣諭使 신기선을 학부대신에 임명하였다.[5] 이어 성균관 경학과 규칙을 개정·발표하였다.[6] 이 〈성균관경학과규칙〉은 그 제21조에서 성균관 경학과 졸업생 임용을 정부 각 부처에 요구할 수 있도록 규정하였다. 그리고 제22조에서는 年終試及第로 생기는 성균관 학도의 결원을 고등학교 생도 가운데 우등생과 사범학교 고급학도 중에서 선발 충원할 수 있도록 함으로써 성균관을 최상위 학교로 자리매김하고 있음을 볼 수 있다. 이와 같이 성균관교육을 강화하려는 움직임은 대한제국정부로 이어지고 있다. 자주독립을 표방하고 황제의 권력강화를 추구한 대한제국정부는 광무 2년(1898) 5월

1) 邊勝雄, 〈大韓帝國政府의 經本禮參政策과 儒生層의 新敎育參與〉(《建大史學》 7, 1989), 89~119쪽 참조.
2) 《皇城新聞》, 光武 3년 3월 13일, 雜報 〈訓令各校〉.
3) 《官報》, 光武 3년 4월 6일, 勅令 제11호 中學校官制.
4) 《高宗實錄》, 建陽 元年 4월 1일.
5) 《高宗實錄》, 建陽 元年 4월 16일.
6) 《高宗實錄》, 建陽 元年 6월 11일.
《官報》, 建陽 元年 7월 16일.

과 3년 3월의 성균관관제의 일부 개정에 이어 유교를 숭상하고 성균관관제를 개정·강화하겠다는 조칙을 발표하였다.[7] 이는 1895년 친일내각 주도하에 발표하였던 〈敎育立國詔書〉에 대한 반성으로 나타난 제2의 교육입국조서라 할 수 있다. 사회혼란기에 학교교육은 흔히 보수적 기능을 강화하려는 태도를 갖는다고 한다.[8] 이러한 관점에서 볼 때 대한제국정부가 유학교육과 성균관교육을 강화하려고 했던 것은 당연한 귀결이었다고 할 것이다.

그러나 대한제국 사회는 이미 재래의 유학·경학교육으로는 그 시대적 요구에 부응할 수 없을 만큼 달라지고 있었다. 따라서 대한제국정부는 외세와 사회변화에 대처할 수 있는 실무관료의 양성을 지향하는 방향 즉 禮參의 교육정책을 전개하지 않으면 안되었다.

당시의 사회사정은 대외통상의 확대와 외국인의 왕래로 많은 분쟁이 야기되고 있었고, 실무에 어두운 관료들이 제대로 분쟁에 대처하지 못함으로써 외국인의 침탈행위가 더욱 심화되어 갔고 민원이 끊임없이 야기되었다.[9] 이에 대한 대책으로 정부가 외국과 체결한 通商約章을 인쇄하여 각 관찰부에 반포하기도 하고[10] 지방 수령 중에는 지방에 법률해득자가 없기 때문에 부하 직원을 차출하여 중앙에서 새로 반포된 법률을 배워오게도 하였다.[11] 그리고 지방 수령들은 중앙정부에 법률학식자의 파견을 요청하기도 하는 한편으로 학부 신간책자와 법규류편 등을 구매하여 郡吏로 하여금 익히게 하는가 하면[12] 지방민들에게 교육하기도 하였다.[13] 그러나 많은 지방 수령들이 신식 장정과 시무에 어두워 사직하기도 하는 등 주어진 임무를 감당하지 못하는 사례들이 많이 발생하였다.[14]

정부관료들의 새로운 국제관계와 통상문제에 대한 이와 같은 지식의 결여

---

7) 《高宗實錄》, 光武 2년 5월 26일, 3년 3월 24일, 3년 4월 27일.
8) 陳元重·李圭煥, 《韓國敎育의 社會的 基礎》(培英社, 1971), 126~128쪽.
9) 《皇城新聞》, 光武 2년 9월 17일, 雜報 〈豈能盡善〉 및 光武 4년 1월 19일, 雜報 〈通漁章程 津浦船價〉 등 관련기사를 많이 찾아볼 수 있다.
10) 《皇城新聞》, 光武 3년 1월 12일, 雜報 〈外約頒布〉.
11) 《皇城新聞》, 光武 4년 5월 18일, 雜報 〈忠察과 法律主事〉.
12) 《皇城新聞》, 光武 3년 1월 31일, 雜報 〈事事良吏〉.
13) 《皇城新聞》, 光武 3년 2월 16일, 雜報 〈可鎭海隅〉.
14) 《皇城新聞》, 光武 3년 2월 21일, 雜報 〈試講何關〉 ; 6월 15일, 雜報 〈或有技術〉.

는 강화도조약 체결과정에서부터 시작하여 구미열강과의 통상이 확대될수록 외국상인의 침투와 열강 정부의 이권침탈의 극대화를 초래하고 있었다. 이로 말미암아 국민경제가 도탄에 빠지고 민중의 저항이 거세지면서 국가의 존립이 위태로운 지경에 이르게 되었다. 따라서 대한제국정부가 살아남기 위한 자강을 달성하기 위해서는 새로운 국제관계와 사회변화에 대처할 수 있는 유능한 관료들을 양성하는 것이 급선무였다고 생각된다. 이에 대한제국정부는 실무·기술관료를 양성하기 위한 장·단기, 중등·전문교육의 활성화를 도모하였다.

이미 앞에서 보았듯이 갑오·을미개혁의 실패를 거울삼아 학부는 성균관 경학과 교육에서 경본예참의 기조아래 일일 과정의 사분의 일을 실무에 필요한 신학문을 공부하도록 하고, '年終試에 급제한 자의 성명을 본부에 留案하고 궁내부와 내각 각부에 通照하야 相當職으로 次第 調用함을 요구함이 가함'이라 하여 성균관 유생들이 새로운 수용에 부응할 수 있도록 조치한 바 있었다.[15] 이어 대한제국정부는 '실업에 就코져 하는 인민에게 正德利用厚生하는 중학교육을 보통으로 교수하는 處'로 중학교관제를 마련하고, 중학교규칙 제4조에서 '중학교 고등학과 졸업생은 判任官과 전문학에 入할 자격이 具有함'[16]이라 하여 고등학과 졸업생에게 관료가 될 수 있는 자격을 부여하고 있다. 그리하여 중학교는 만17세 이상 25세 이하를 선발하여(제4관 제2조) 심상과에서는 윤리·독서·작문·역사·지지·산술·경제·박물·물리·화학·도화·외국어·체조를(제2관 제1조), 고등과는 독서·산술·경제·박물·물리·화학·법률·정치·공업·농업·상업·의학·측량·체조(제2관 제2조) 등을 교수토록 하였다. 당시 정부가 도모하고 있던 식산흥업정책에 부응할 수 있는 교과를 교육하고자 한 조치였던 것으로 생각된다.

대한제국정부는 이외에 단기 실무관료의 양성교육기관으로 전무학당과 우무학당을 설립하였다. 이는 국제교류와 통상이 확대됨에 따라 시설된 새로운 통신수단인 전보업무와 우체업무를 담당할 기술관료를 양성하기 위함이었다. 그리하여 대한제국정부는 1900년 7월 칙령 제27호로 〈전보사관제〉, 칙령 제

15) 《官報》, 建陽 元年 7월 16일, 學部令 제4호 成均館經學科規則改正.
16) 《官報》, 光武 4년 9월 7일, 學部令 제12호 中學校規則 제1관 제3조.

28호로 〈우체사관제〉를 제정한 데 이어 1900년 11월 통신원령 제6호로 〈우무학도규칙〉, 제7호로 〈전무학도규칙〉을 제정·발포하고 해당업무를 담당할 수 있는 기술자를 양성하기 위한 단기 속성교육을 실시하였고, 이곳에서 양성된 학도들은 郵遞總司와 電報總司에 임용토록 하였다.[17]

대한제국정부는 또한 경본예참 교육정책을 기조로 식산흥업을 위한 실업교육 강화를 도모하였다. 외세의 침탈에서 벗어나 국가를 지키는 길은 식산흥업을 통한 자강이 최선의 길이었다. 식산흥업을 이루려면 이용후생의 실업교육을 진작시켜야 할 것은 당연하다고 하겠다. 그리하여 대한제국정부는 각종의 실업교육기관을 설립하였다.[18]

일차적으로 광무황제는 광무 3년 4월 27일 '국가에서 학교를 개설하고 인재를 양성하는 것은 장차 知見을 넓히고 이익에 나아가기를 구하여 開物成務하고 利用厚生하는 기본이 되게 함이라' 하고 특별히 상공학교 개설을 시급히 이루도록 하라고 지시하였고, 이에 정부는 수업년한 4년의 〈상공학교관제〉를 마련하고[19] 상공학교 시설예산을 편성했다.[20] 이렇게 설립된 상공학교의 운영과 교육효과는 기대에 크게 미치지 못했던 것으로 파악되고 있다. 이후 1904년에 이르러 정부는 농업과를 추가하여 농상공학교로 개편했다.[21]

다음으로 대한제국정부는 수업년한 3년의 鑛務學校를 설립하였다.[22] 광업은 자본주의 발달과정에서 산업발전의 원천을 이루는 중요한 지하자원 내지 화폐결재의 수단으로서 반드시 필요한 산업이었기 때문에 열강의 가장 중요한 이권침탈의 대상이 되고 있었다. 따라서 대한제국정부에서는 열강의 이권침탈에 대항해 자주적인 광산개발에 착수하기 위해서는 무엇보다도 광산기술자를 양성하는 것이 시급하였고 이를 위해 광무학교를 설립하였다고 생각된다. 그러나 광무학교 교육은 기술교육을 담당했던 외국인 감독과 교관들이

17) 《官報》, 光武 4년 7월 27일·28일, 11월 5일, 勅令 제27호 電報司官制, 勅令 제28호 郵遞司官制, 通信院令 제6호 郵務學徒規則, 通信院令 제7호 電務學徒規則.
18) 魯仁華, 〈實業敎育機關〉(《大韓帝國時期 官立學校의 性格硏究》. 梨花女大 博士學位論文, 1989), 180~203쪽.
19) 《官報》, 光武 3년 6월 28일, 勅令 제28호 商工學校官制.
20) 《皇城新聞》, 光武 3년 5월 12일·12월 1일, 雜報 〈商工設校〉.
21) 《官報》, 光武 8년 6월 11일, 勅令 제16호 農商工學校官制.
22) 《官報》, 光武 4년 9월 6일, 勅令 제31호 鑛務學校官制.

자기 나라의 이권침탈에 앞장서고 대한제국정부 또한 광산개발을 황실재정의 충당수단으로만 여김으로써 산업진흥의 수단으로서 기여하는 데 한계를 보여 주었다.[23]

이에 비해 외국에서 근대 양잠기술을 배우고 돌아온 인물들을 관리로 임명하여 1901년부터 설치 운영했던 잠업시험장의 양잠교육은 그런대로 어느 정도 성과를 거두었던 것으로 파악되고 있다.[24]

그런데 정부가 이와 같이 새로운 학교를 세우고 신교육을 추진해 나가기 위해서는 막대한 재정을 필요로 하였다. 그러나 당시 정부의 재정난은 학교의 설립과 신교육의 실시를 어렵게 하였다. 대한제국정부의 재정난은 심각하여 매달 봉급일을 당하면 月俸을 마련하지 못하여 탁지부대신이 사면을 청하고,[25] 國庫貯置額이 부족하여 軍警의 월급만 우선 지급하고 각부의 월급은 보류한 채 각처에서 이를 마련하기 위해 안간힘을 쏟는 그러한 형편에 이르고 있었다.[26] 따라서 학교예산을 예산편성에서 정지하기도 하였다.[27]

정부의 교육시책이 이렇듯 난관에 봉착하고 있었음에도 불구하고 새로운 장정과 법제 등에 대하여 밝은 지식을 가진 인재의 양성은 시대적 요청이었다. 이에 황실의 측근을 비롯한 전·현직 관료들은 사립학교를 설립하여 자제들에게 신교육을 실시하였다. 군수를 역임한 경력이 있는 金信榮이 왕실의 외척인 閔泳煥을 추대하여 설립한 것으로 생각되는 興化學校가 그 대표적인 예라 할 수 있다. 홍화학교는 영어·산술·지지·역사·작문·토론·체조 등을 교육하는 심상과 외에 특별과와 量地速成科를 설치하였다. 특히 양지속성과는 量地衙門과 계약을 체결하고 정부가 광무 2년부터 시작한 토지측량사업인 量田地契事業에 참여할 인재를 양성하였다. 이외에도 법률전문과를 설치하였던 光興學校를 비롯하여 樂英學校·中橋義塾·사립법률학교·光成商業學校·牛山學校·사립철도학교 등 많은 학교들이 전·현직 고급관료 들에

23) 魯仁華, 앞의 글.

24) 金英姬, 〈大韓帝國時期의 蠶業振興政策과 民營蠶業〉(《大韓帝國硏究》, 이화여대, 1986), 7~28쪽.

25) 《皇城新聞》, 光武 3년 9월 1일, 雜報 〈國庫現況〉.

26) 《皇城新聞》, 光武 3년 11월 30일, 雜報 〈後先給俸〉.

27) 《皇城新聞》, 光武 4년 1월 19일, 雜報 〈校費停止〉.

의해 설립되고 있었음을 볼 수 있다.[28)]

이들 학교의 설립자와 교사들은 학문과 교육의 목적이 문명개화의 실학을 연마하고 군주를 받들고 국가경영을 돕는데 있다고 생각하였다. 따라서 이들 학교는 정부의 새로운 시책이나 사업계획에 따라 정부와 약정을 체결하고 특수학과를 설립하여 실무관료의 양성에 협력하는 한편 정부로부터 사립학교출신의 서용을 위한 특별조치를 얻어내기도 하여 그 학교 출신의 관리직 진출을 도모하고 있다. 그리하여 이 무렵에 설립된 각종 사립학교 출신들 중 많은 수가 대한제국 관원으로 활약하고 있음을 볼 수 있다. 이와 같이 정부와 황실·외척 및 중앙의 전·현직 고급관료군에 의한 학교의 설립과 신교육의 실시는 정치·사회의 변화에 대처하고 식산흥업을 담당할 신식관료군을 양성하여 황제권력을 중심으로 국가자강을 이루려는 방향에서 추진되었다. 즉 尊皇的 국가주의 교육을 지향하였다.[29)]

2) 국민주의 자강교육

국가주의 자강교육을 위한 시책과 운동이 전개되고 있는 한편에서 독립협회를 중심으로 한 민권파와 중앙과 지방의 인사들은 국민주의적 자강교육운동을 전개하였다.[30)] 일찍이 급진개화파 인사들은 국민보통교육의 실시를 주장하였다. 갑신정변 후 일본에 망명한 朴泳孝는 국가가 소학교·중학교를 설립하여 6세 이상의 모든 남녀아동을 취학시켜야 한다고 주장하였고,[31)] 李沂

---

28) 邊勝雄, 〈韓末 私立學校 設立動向과 愛國啓蒙運動〉(《國史館論叢》 18, 國史編纂委員會, 1990), 9~55쪽.

29) 邊勝雄, 《近代私立學校硏究》(建國大 博士學位論文, 1992).

30) 국가주의가 국가=군주를 으뜸으로 생각하며 그 권위와 의사에 절대적 우위를 인정하는 입장에서 국가의 부강을 도모하려는 사상과 운동이라 할 수 있다면, 국민주의는 국민의 권익을 옹호하고 확립하고자 하는 입장에서 근대국가의 형성을 지향하는 사상과 운동을 말한다. 그리고 민족주의는 민족을 으뜸으로 생각하며 그 독립과 통일 발전을 꾀하려는 사상과 운동을 가리킨다고 볼 수 있다. 근대 내셔널리즘은 국가주의·국민주의·민족주의 운동단계를 거치며 발전해왔다고 할 것이다(차기벽, 《民族主義原論》, 한길사, 1990, 15쪽 참조).

31) 朴泳孝, 〈敎民才德文藝以治本〉(《韓國近代名論說集》, 《新東亞》 1966년 1월호 부록), 19쪽.

는 소수의 사람만을 위한 교육이 아닌 전국민을 교육해야 한다고 주장하였다. 그리고 兪吉濬은 국민보통·평등교육의 확대실시로 국가의 기초를 굳건히 해야 한다고 역설하였다. 여기서 말하는 국민교육이란 인간의 권리와 의무를 수행할 수 있는 자주적 국민을 육성하는 것을 의미하였다.[32]

개화파 인사들이 국민보통교육 실시를 주장하는 가운데 일반인들은 사회변화를 체험하면서 신교육 수용에 적극적이었다. 이미 조선 후기 이래 사회·경제적으로 성장하고 있었던 饒戶·富民·상인·시민층은 서당을 설립하거나 또는 한미한 士族·儒生들이 설립한 서당을 이용하여 자제들을 교육하고 있었다. 그러나 이제 서당에서 이루어지는 재래교육 즉 詩나 賦 중심의 교육은 의미를 상실하고 있었다. 이들은 신식 법규를 공부하여 수령들의 법외수탈에 항거하고 통상장정을 익혀 외국상인들의 부당한 상행위로부터 자신들의 이익을 지켜내고자 하였다.[33] 그리하여 이들은 새로운 학교를 세우고 자제들을 입학시켜 새로운 학문을 교육하는 데 앞장서기 시작하였다.[34]

이는 독립협회의 계몽활동과 만민공동회운동 등에 의해 더욱 고양되고 있었다. 독립협회는 인민이 근대적인 자주독립국가를 건설하는데 기본적인 요인이며, 인민을 자각된 역사주체로 형성시키는 교육은 가장 중요하고 긴급한 사업이라고 인식하였다. 그러므로 독립협회가 목표로 하였던 국민이란 자주독립과 부국강병이라는 역사적 과제를 담당할 수 있도록 계몽됨으로써 스스로가 인간적 개화를 이룩해야 할 주체적 존재였다. 독립협회가 묘사했던 국민은 민족과 국가에 없어서는 안될 성원으로서 자유롭고 평등하며, 학문과 지식을 익힘으로써 국가에 공헌할 수 있는 애국자를 의미하였다. 열강에 의하여 내정간섭과 이권요구가 가중되고 있는 가운데 독립협회는 근대교육을 전개하여 이러한 국민을 양성하고, 이를 기초로 대대적인 식산흥업을 실현함으로써 근대적 부국강병을 이룩하려 하였다.[35]

---

32) 노영택, 〈사립학교의 구국운동〉(《한민족독립운동사》 2, 국사편찬위원회, 1987), 61~310쪽.

33) 《皇城新聞》, 光武 3년 3월 7일, 雜報 〈法規類編〉 및 4월 7일, 雜報 〈去舊從新〉.

34) 邊勝雄, 앞의 글.

35) 尹健次, 〈독립협회와 교육계몽운동〉(《한국근대교육의 사상과 운동》, 靑史, 1987), 118~147쪽.

독립협회는 인민이 무지하여 양반의 횡포를 막지 못하고 국가의 쇠퇴를 초래한다고 보았으므로[36] 인민에 대한 교육을 제일의 급선무로 보았다.[37] 즉 독립협회는 '인민은 국가성립의 기초이며, 교육은 국민양성의 처방'[38]이라고 주장하는 한편 제1회 토론회를 '조선에 급선무는 인민의 교육임'이라는 주제로 국민보통교육에 대한 토론을 전개하였다.[39] 그리하여 독립협회는 전국 각처에 소학교를 세워 교육의 기초를 확립하는 것이 중요하다고 역설하였다.[40] 현실적으로 소학교가 보급되지 않은 상황에서 '고등학교나 대학교에는 일전이라도 돈을 쓰지 말고 우선 소학교를 많이 설립하여야 한다'고 강조하여 국민보통교육을 위한 초등교육의 전국적 보급에 진력할 것을 촉구하였다.[41]

다시 말해서 대한제국정부와 황실, 외척과 전·현직관료 등 지배계층이 중등·전문교육의 보급을 통해 時務官僚를 양성함으로써 국가적 대처능력을 강화하고자 하는 국가주의적 자강교육을 추구하였던 데 반해서, 일반인들 즉 요호·부민·상인·시민과 진보적 개화세력으로 구성된 독립협회 등은 실력 있는 국민을 양성함으로써 민권을 확보하고 그를 바탕으로 자강을 이루어 근대적 자주독립의 국민국가를 건설하려고 하는 방향에서 국민주의적 자강교육운동을 전개하였다.

3) 구국교육정책과 의무교육운동

자강교육정책과 운동은 러일전쟁과 이에 승리한 일제의 한국식민지화 정책 추진으로 새로운 상황에 직면하게 되었다. 황제를 중심으로 한 정부와 지배층의 국가자강주의 교육정책과 운동은 러일전쟁으로 국가적 위기감이 팽배하고 있는 상황에서 救國敎育 차원으로 전환되었다. 한국에 대한 지배권을 둘러싸고 러일전쟁이 전개되자 국가적 위기감을 느낀 인사들은 '국가의 흥망

36) 《독립신문》, 건양 원년 12월 22일, 논설.
37) 愼鏞廈, 《獨立協會硏究》(一潮閣, 1976), 223~229쪽.
38) 《대조선독립협회회보》 제7호, 1897년 2월 28일.
39) 《독립신문》, 광무 원년 8월 31일, 잡보.
40) 《독립신문》, 광무 2년 9월 13일, 논설.
41) 《독립신문》, 광무 2년 7월 6일, 논설.

이 天命의 거취에 달렸다고 하지만 천명의 거취는 민심의 향배에 달려 있는 것이므로 옛적 聖王의 정치는 민심을 얻는 것으로 근본을 삼았다'고 주장하고 '러일간의 교섭전말이 만국에 포고된 것을 보면 한국의 개혁이 일본의 장악에 속한다고 하는데, 이는 진실로 我韓 臣民이 차마 듣고 차마 말할 수 없는 것으로 아한의 개혁을 아한이 능히 자유로이 하지 못하고 일본에 넘긴다면 어찌 독립의 권리가 있다고 하며 천하만국에 부끄러움을 당하는 것이 아니겠는가'라고 하면서 중추원에 정치개혁을 건의하였다.[42] 이에 이어 황제권력의 강화를 위한 정치개혁과 신교육의 강제적 보급, 신지식인의 등용 등을 주장하는 55개조 獻議가 중추원에 제기되었다.[43]

이러한 상황에서 러일전쟁 전반기의 학부대신이었던 민영환은 신교육의 보급을 통한 인재양성이 구국하는 길이라고 생각하고 있었으므로 各學校卒業人需用規則[44] 등을 제정하여 학생들의 학업의욕을 고취하는 한편 관·공립학교 교관·교원들의 사기앙양을 위하여 만찬을 베풀기도 하고,[45] 학부관리를 파견하여 러일전쟁의 영향으로 인해 해이된 교관과 교원들의 근무기강을 바로잡도록 노력하였다.[46] 민영환은 또 급박하게 요구되고 있었던 외국어학교의 발전과 상공학교 시설을 위해 노력을 기울이는 한편 교육시설 확충을 위한 예산확보에 심혈을 기울였다.[47] 그러나 당시의 국가형편이 관·공립학교의 설립과 교육만으로 신교육의 보급과 발전을 기대할 수 없는 형편이었으므로 사립학교의 설립과 교육을 적극적으로 지원하였다.[48]

러일전쟁으로 국가의 운명이 풍전등화와 같아 교육을 학부대신에게만 맡길 수 없는 상황이었으므로 광무황제는 "지금 정부에 명하여 학교를 증설하고 인재를 양성하야 쇠퇴한 운을 만회하고 中興의 業을 建立하고자 하노니 너희 신민들은 짐의 이러한 뜻을 깊이 체득하여 소홀히 하지 말라. 오늘날

---

42) 《皇城新聞》, 光武 8년 2월 23일, 雜報 〈前都事 등 百餘人이 中樞院에 獻議〉.
43) 《皇城新聞》, 光武 8년 3월 19일, 雜報 〈樞院獻議〉.
44) 《官報》, 光武 8년 4월 5일, 勅令 제10호 各學校卒業人需用規則.
45) 《皇城新聞》, 光武 8년 4월 5일, 雜報 〈學相設會〉.
46) 《皇城新聞》, 光武 8년 4월 9일, 雜報 〈敎官譴免〉.
47) 《皇城新聞》, 光武 8년 4월 25일, 雜報 〈飭勤漢課〉 ; 4월 29일, 雜報 〈商工學校實施〉 및 5월 7일, 雜報 〈學費添表〉.
48) 《皇城新聞》, 光武 8년 5월 7일, 雜報 〈特褒興學〉.

지구상의 각국은 인민의 지식이 개명에 일진하야 극부극강하고 독립웅시하거늘 짐은 君師의 자리에 있어 교육의 성취를 보지 못하니 마음에 숙연하야 하늘 가운데 방황함이라. 너희 신민들은 지금으로부터 더욱 힘써 자제로 하여금 학업을 전심하여 분식과 허위를 버리고 분발을 그치지 말고 國威와 國光을 선양케 하라"고 조칙을 발표하고 국가중흥을 위한 교육을 독려했다.[49]

정부의 이러한 노력에도 불구하고 재정의 어려움으로 학교의 설립이 난맥상을 보이고 있는 상황이었으므로[50] 각처의 뜻있는 인사들은 자금을 모으고 학교를 설립하는 데 진력하였다. 서울의 경우 1905년초 私立漢城法學校가 설립되었다.[51] 사립한성법학교는 국민교육을 위한 보통교육기관으로서가 아니라 국가경영에 필요한 인재를 속성으로 교육하기 위해 설립된 교육기관이었다. 이곳에는 忠君愛國을 제1로 하는 국가주의자들이 교사로 모여들어[52] 111인의 학생들을 선발하고 광무황제의 勅語를 奉讀하는 것을 필두로 입학식을 거행하고 교육을 실시하였다. 이 학교는 상당한 호응을 얻어 개학 1개월 후에는 제2차 모집으로 학생수가 2백 여명에 이르게 되었다.[53]

같은 무렵 李容翊에 의해 普成專門學校가 설립되었다. 광무황제의 가장 측근이며, 배일 친러파였던 이용익은 러일전쟁에서 일본의 승리가 확실시되는 가운데 납치되어 갔던 일본으로부터 귀국하자[54] 학교설립을 추진하였다. 그는 明治維新 이후의 일본의 개화문물을 견문하고 교육으로 인재를 양성하는 외에 구국의 길이 남아 있지 않음을 통감하였다.[55] 그는 일본교육제도를 시찰하고 귀국하면서 3천원 가치의 각종 서적을 사 가지고 돌아와 한성 내외에 보성학교 7개소를 세울 계획을 마련하였던 것으로 알려지고 있다.[56] 그

49) 《官報》, 光武 8년 5월 25일, 詔勅.
50) 《皇城新聞》, 光武 8년 6월 8일, 雜報 〈政議三件〉.
51) 《皇城新聞》, 光武 9년 1월 16일, 논설 〈論法學校設立〉.
52) 申一澈, 〈申海永의 忠君愛國型 國家主義〉(《近代西歐學問의 收容과 普專》, 고려대, 1986), 38~63쪽 참조.
53) 《皇城新聞》, 光武 9년 1월 26일, 雜報 〈法校開學〉; 1월 27일, 雜報 〈法校開學詳報〉; 2월 27일, 雜報 〈法學校盛況〉.
54) 《皇城新聞》, 光武 8년 12월 27일, 雜報 〈李氏回國〉.
55) 申一澈, 〈李容翊의 歸國과 普專開校〉(《近代西歐學問의 收容과 普專》), 4~9쪽.
56) 《皇城新聞》, 光武 9년 1월 23일, 雜報 〈學校廣設〉.

는 우선 幼·少年 교육기관으로 보성학교를 설립한 데[57] 이어 광무황제의 내탕전을 받아 보성전문학교를 설립하였다. 이 학교는 王立學校의 성격을 지닌 학교였다. 즉 이용익의 건의에 따라 광무황제는 국가경영에 필요한 인재를 速成·速需하고자 내탕전을 하사하여 도서관을 제대로 구비하고, 일본에 유학하여 서구의 신교육을 이수한 인재들을 특별대우하여 강사로 채용해서 학생들을 교육할 주간전문대학을 창립하였던 것이다.[58] 이용익은 열강의 이해가 각축하는 소용돌이 속에서 근대국가를 경영할 정치·경제·법률 등에 밝은 전문적 인재가 없어 국가가 위기에 놓인 상황을 절감하고, 일본에서 귀국한 뒤 광무황제에게 그의 학교설립계획을 보고하였다. 이에 광무황제는 '普成'이라는 교명을 하사하고 학교를 설립하게 하였던 것이다. 그리고 이 학교의 강사들은 대체적으로 일본유학을 통해 서구의 신학문을 이수한 제1대 신진 엘리트들로서 존왕의식과 국가주의의식이 강한 인물들이었다.[59] 이들은 앞에서 본 한성법학교 강사로 활약하고 있었으며, 또한 같은 무렵 황실의 적극적 지원으로 설립된 양정의숙 강사로도 초빙되고 있음을 볼 수 있다.[60]

보성전문학교가 설립될 무렵인 1904년 일본을 시찰하고 돌아온 군부협판 嚴柱益이 嚴貴妃로부터 구 황실재산과 내탕금의 지원을 받아 養正義塾을 설립했다. 양정의숙은 보통과 졸업장이 있는 17세 이상의 학생들을 선발해 3년 과정으로 국가학·법학통론·경제원론·민법총론·형법총론·만국역사·산술·일어(1학년), 형법각론·민법(물권·채권)·행정법(총론·각론)·상법(총론·각론)·재정학·일어(2학년), 국제공법·국제사법·화폐론·은행론·近時外交史·일어(3학년) 등을 교육하였다.[61] 즉 교과목으로 볼 때 양정의숙의 교육목표는 국가경영에 참여할 인재를 기르는 데 있었다고 생각된다.

국가적 위기의식이 고조되고 신교육 보급을 통한 국가자강이 요구되고 있

57) 《皇城新聞》, 光武 9년 1월 28일, 〈學員募集廣告〉.
58) 《皇城新聞》, 光武 9년 4월 1일, 雜報 〈創設專門〉.
59) 申一澈, 앞의 글.
60) 申一澈, 위의 글,
《皇城新聞》, 光武 9년 1월 27일, 雜報 〈法學校詳報〉; 光武 9년 4월 1일, 養正義塾 學員募集廣告.
61) 《皇城新聞》, 光武 9년 4월 1일, 養正義塾學員募集廣告.

는 가운데 존왕적 국가주의 입장에서 국가자강을 위해 인재를 양성할 목적으로 설립한 보성학교와 같은 교육기관들은 사회의 적극적 호응으로 상당한 성과를 거두고 있음을 볼 수 있다.[62] 이는 한국사회 전래의 관료지향적 성향과도 관련되어 보다 빨리 신진관료가 될 수 있는 지름길인 신학문 특히 법률 경제 등과 관련된 교육기관들이 사회와 학생들의 호응 속에 활기를 띠고 있었다고 할 것이다. 이와는 달리 근대적 국민국가를 발전시켜 나감에 있어서 우선 되어야 할 국민보통교육은 오히려 부진한 양상을 보여주고 있다.[63]

이는 일차적으로 황제가 조칙을 내려 교육이 국가 중흥의 요체임을 밝히기까지 하고 있으나, 실질적으로 保皇主義에 그치고 있어서 열심히 확보한 황실재정으로 황실 측근들이 세운 학교에 대한 재정지원이 이루어지고 있는 것과는 대조적으로 국민교육·보통교육기관인 공립학교의 재원에 대한 收稅는 오히려 황실재정을 담당하고 있는 내장원이 장악함으로써 공립학교 운영을 어렵게 하고 있었기 때문이기도 하였다.[64]

즉 국가가 위기에 놓인 1905년경에 이르기까지 국민보통교육은 기대할 만한 성과를 거두지 못하고 있었다. 그것은 교육은 入仕를 위한 수단이라는 재래의 사상이 아직 불식되지 않은 채 보통교육기관인 소학교에는 지배층의 자제들이 입학을 꺼리는 가운데 빈천가 자제들로 채워지고 있었으며, 재래의 서당교육이 왕성하여 신교육의 보급을 방해할 뿐 아니라 정부가 소학교 교육에 재정투자를 제대로 하지 않음으로써 국민보통교육인 소학교 교육은 부진을 면치 못하고 있었다. 그리하여 幼學 李京壽는 국민보통교육의 활성화를 위해 21개조에 이르는 사립소학교 확장방침을 제안하고 있다.[65]

이 무렵 국민보통교육을 발전시키려는 조직적 운동은 독립협회 계열의 민권자강파에 의해 다시 전개되었다. 열강의 침략으로부터 나라의 자주독립을

62) 《皇城新聞》, 光武 9년 3월 24일, 논설 〈賀學校之蔚興〉 ; 5월 31일, 雜報 〈普校漸旺〉.
63) 《皇城新聞》, 光武 9년 5월 31일, 6월 1일·3일·8일, 雜報 〈設學請願〉 ; 6월 16일, 雜報 〈請撥增學費〉.
64) 《各司謄錄》 41, 平安道 篇 13, 〈訓練謄錄〉 1책, 光武 10년 5월 31일, 訓令 제97호 및 〈訓令謄錄〉 4책, 光武 11년 4월 25일, 道訓令 제69호(國史編纂委員會, 1990), 27·116쪽.
65) 《皇城新聞》, 光武 9년 5월 31일, 6월 1일·3일, 雜報 〈設學請願〉.

지키고 국민의 권리를 신장시키려고 활동하던 독립협회와 만민공동회는 광무황제의 조칙으로 광무 2년(1898) 12월 25일 해산되었다. 독립협회와 만민공동회가 군주주권을 부정하고 국민주권에 입각한 공화정치를 획책하고 있다는 주장에 동의하여 이를 탄압하고 해산을 명하였던 것이다.[66] 이로써 조직적인 민권자강운동 즉 국민주의적 국민국가를 건설하려는 정치운동과 민권자강을 이룩하려는 조직적인 국민교육운동도 일단 자취를 감추게 되었다.

독립협회가 해산된 뒤 잠시 정돈상태에 빠졌던 조직적인 정치활동은 러일전쟁 이후 다시 재개되었다. 광무 8년(1904) 6월 일제의 황무지개척권 요구에 반대하여 동 7월 보안회가 조직된 것을 계기로 애국계몽운동세력은 協同會·共進會·進明會 등의 단체를 거쳐 憲政硏究會를 조직하였다.[67] 광무 9년 5월 조직된 헌정연구회는 그 설치 강령에서 왕실이나 정부라도 헌법과 법률을 준수해야 되고 국민은 법률에 규정된 권리를 자유로이 누려야 한다고 주장하였다. 그리고 그 사업계획 중에 '의회준비에 당한 제반 방계를 연구할 사'라고 한 것으로 보아 의회를 중심으로 하는 입헌정치를 추구했던 것으로 생각된다.[68]

러일전쟁을 계기로 조직적인 정치운동이 전개되고 있는 한편에서 조직적인 국민교육운동이 다시 전개되고 있음을 볼 수 있다. 국민교육회의 조직과 활동이 바로 그것이라 할 수 있다.[69] 1904년 8월 조직된 국민교육회는 독립협회와 만민공동회를 통해 민권자강운동을 전개했던 인사들이 조직에 참여하였다. 국민교육회는 게일(Gale)목사의 후원 속에 東署 蓮洞의 그리스도신문사를 임시사무소로 하여 발기하고 7장 29조로 된 〈국민교육회규칙〉을 마련하였다. 국민교육회는 그 규칙에서 정치문제에 대해서는 일체 논의하지 않고 ① 학교를 광설하는 일, ② 서적을 편찬하거나 번역 간행하는 일, ③ 국민의 애국심과 원기를 배양하기 위하여 우리 나라의 역사와 지지 그리고 훌륭한 인물에 대한 기록들을 수집하여 널리 알리는 일에만 전념하기로 하였다. 국

---

66) 鄭喬,《大韓季年史》上, 402~403쪽.
67) 李光麟,《韓國史講座》V(一潮閣, 1982), 478~482쪽.
68)《皇城新聞》, 光武 9년 5월 6일, 雜報 〈憲政硏究會〉.
69) 邊勝雄, 앞의 책, 110~123쪽.

민교육회는 토요일마다 통상회를 개최하고 회보를 발행하여 국민교육의 활성화를 위하여 진력하였다.[70] 그리고 국민교육회는 국민교육을 위한 교과서 개발에도 착수하였다.[71] 또한 지방에 지회를 설치하여 국민교육운동의 확산을 꾀하였던 것으로 생각된다.[72]

국민교육회가 조직되어 활동을 시작할 무렵 국민교육을 위한 또 하나의 움직임은 상동교회를 중심으로 전개되었다. 재미교포 姜天明이 5원을 교육에 써달라고 보내온 것을 계기로 1904년 10월경 한인목사 全德基는 유지들의 지원을 받아 7백여원의 기금을 확보하고 尙洞青年學院을 설립하였다.[73] 상동청년학원의 교육목적은 외세의 침탈로 도탄에 빠지고 있었던 일반국민의 개명에 있었다.[74] 상동청년학원의 교육목표는 국민교육회와 상통하고 있었으며, 보황주의·국가주의 교육을 추구했던 다른 중등교육기관과는 교육과정에 차이가 있음을 볼 수 있다. 그리고 이러한 국민교육운동은 이동휘와 같이 일찍이 독립협회운동과 국민교육회 및 상동청년회 등에 관여했던 인물들에 의해 보다 활발히 전개되었다. 그리고 이러한 국민교육운동은 조선시대에 삼남지방에 비해 정치·사회적으로 소외되었던 서북지방과 관북지방을 중심으로 기독교 보급과 비례하여 활발히 전개되었다.[75]

대한제국정부는 1906년 3월에 이르러 본격적인 국민교육을 도모하기 시작하였다. 갑오개혁기에 정부가 이미 국민교육제도를 법제화시켰음에도 불구하고 국민보통교육을 위한 관·공립소학교의 설치는 부진을 면치 못하고 있었다. 즉 정부는 1895년에 4곳, 1896년에 2곳의 관립소학교를 서울에 설치토록 하였고, 1896년에 지방공립소학교를 설립할 곳으로 서울을 비롯하여 각도의

70) 《대한매일신보》, 1904년 9월 9일·10일·12일, 잡보 〈국민교육회규측의 대요〉.
71) 《皇城新聞》, 光武 9년 6월 15일, 雜報·廣告 〈刊書請聽〉·〈國民教育會〉.
72) 《皇城新聞》, 光武 9년 5월 15일, 雜報 〈全州教育支會〉.
73) 韓圭茂, 《舊韓末 尙洞青年會의 설립과 활동》(서강대 석사학위논문, 1988).
《신학월보》 1904년 11월호, 〈샹동청년회의 학교를 셜시함〉.
《상동교회일백년사》(1988), 102쪽.
《皇城新聞》, 光武 9년 2월 13일, 〈尙洞青年學院 捐助金廣告〉.
74) 《皇城新聞》, 光武 9년 2월 13일, 雜報 〈學院趣旨〉.
75) 邊勝雄, 앞의 책.
李松姬, 《大韓帝國末期 愛國啓蒙學會研究》(이화여대 박사학위논문, 1985) 참조.

관찰부 소재지와 개항장 등 38곳을 지정한 정도였다.[76] 이런 정도로는 일찍이 朴泳孝가 주장한 6세 이상의 아동들을 전부 교육하는 국민교육을 실현하려면 요원한 것이었다. 그러나 을미사변 후 정부가 補助公立小學校規則을 제정하여 유생의 교육권을 인정함으로써 유생들이 공립소학교 부교원으로 교육에 참여하고 요호·부민·상인·시민 등이 사립소학교를 설립함으로써 점진적 발전의 기미를 보이고 있는 가운데 독립협회 등의 활동으로 국민보통교육은 그 이념적 기반을 확충하였다. 그리고 전술한 바와 같이 국민교육회를 비롯하여 뜻있는 인사들이 국민교육의 실현을 계속 주장하고 있었으므로 광무황제는 1906년 3월 26일 국민교육실현을 위한 조칙을 발표하였다.

광무황제는 신교육 수용에 의한 인재양성을 열망하며 기회있을 때마다 교육에 관한 조칙을 발표하고 있다. 그러나 이 조칙은 과거의 조칙과는 다른 면을 보여주고 있다. 이 조칙은 '국가에서 敎人하는 법을 크게 갖추면 閭巷小民들이 배우지 않음이 없어 三代보다 문명이 彬彬할 것이다'라 하고 '人家에 子弟가 있으되 능히 교육하지 않는 자는 그 父兄을 論罪할 것이며, 혹은 그 자제를 率敎치 않고 유희하여 業이 없는 자는 또한 論罪할 것이다'라고 밝히고 있다.[77] 즉 여항소민의 교육 즉 모든 국민의 교육과 교육강제 즉 의무교육을 지시하고 있음을 볼 수 있다. 이 조칙은 봉상시 부제조 李苾和의 상소에 이어 공포된 것으로 파악되고 있다. 이필화는 상소문에서 '오늘날 國勢民命이 이와 같이 극한 지경에 이른 것은 교육이 없기 때문입니다'라 밝히고 '급히 교육을 실시하여 우리 나라를 저 列邦들과 동등한 국가가 되도록 해야 하며, 敎育一事가 이후 來復의 기틀이 될 것입니다'라고 주장하였다. 그리고 구체적인 학교설립과 교육진흥 방안을 건의하였다. 즉 일제에 의해 국권이 침탈되고 있는 상황에서 장래 국권회복을 위한 방안으로 시급히 국민교육의 실현을 주장하고 있는 것이다. 광무황제는 위와 같은 이필화의 상소에 접하자, 관할 부서에 즉각 시행토록 지시하였고, 그의 상소문은 《대한매일신보》에 그 전문이 게재되어 계몽운동계에도 널리 반영되었을 것으로 파

76) 《官報》, 開國 504년(1895) 9월 30일, 〈學部告示〉; 建陽 원년(1896) 8월 5일, 〈學部廣告〉·9월 21일, 〈學部令〉.

77) 《高宗實錄》, 光武 3년 3월 26일.

악되고 있다.[78]

광무황제의 조칙은 국권회복을 위한 구국교육정책의 추진으로 받아들여져서 곧 《대한매일신보》와 《황성신문》 등 언론에 대서특필되었다. 《대한매일신보》는 그 논설에서 '오직 대한인사는 모름지기 백배분발하여…국운을 만회하고 인권을 신장하라'고 역설하였고,[79] 《황성신문》은 '이천만 민중이 모두 취학하여 지식을 발달 개명하고 애국정신을 관철시키면 우리 한국의 국권회복이 여기에 있다'고 강조하여 국민교육의 실행으로 구국할 것을 촉구하고 있다.[80] 이러한 언론의 적극적 호응에 이어 각 지방 수령들은 홍학을 위한 노력을 전개하였고, 각계 인사들도 기금을 모으고 향교와 같은 재래 교육시설 등을 이용하여 학교를 설립하고 구국교육운동에 적극 참여하였다. 특히 신교육에 소극적이었던 영남지방을 비롯한 삼남지방에서도 구국을 위한 신교육운동이 활발하게 전개되었다.[81]

이 시기에 광무황제와 대한제국정부의 구국교육정책은 사립학교의 설립과 그 교육에 대한 정책적 지원과 재정지원 방식으로 추진되었다.[82] 이는 일제에 의한 한국교육의 식민지화 작업이 관·공립학교를 통해 이루어지기 시작했기 때문이었다고 할 것이다. 러일전쟁으로 한국에 진주한 일본군은 俄語(러시아어)學校를 폐쇄하고, 漢語(중국어)學校의 폐쇄를 시도하는 한편, 1901년 이래 중학교 교사로 고빙되어 있던 일본인 시데하라(幣原坦)를 학부참여관으로 승격시켜 학부업무를 관장하게 하였다. 시데하라는 일어교육의 강화 등을 비롯한 각종의 교육식민지화 작업을 전개하였고, 한국재정고문이 된 메가타(目賀田種太郞)는 교사에 대한 월급 지급을 거부함으로써 小學校停廢문제를 야기하는 등 한국교육을 장악하기 위한 음모를 전개하였다.[83]

시데하라가 1905년부터 학부참여관으로 한국교육에 참여하면서 시작된 일

78) 柳漢喆, 〈1906년 光武皇帝의 私學設立 詔勅과 文明學校 設立 事例〉(《韓國民族運動史硏究》, 于松趙東杰先生停年紀念論叢 II, 나남출판, 1997), 136~138쪽.
79) 《대한매일신보》, 1906년 3월 30일, 논설 〈恭讀大詔〉.
80) 《皇城新聞》, 光武 10년 3월 28일, 〈興學大詔煥發〉; 3월 29일, 논설 〈興學勅詔亟宜實行〉.
81) 柳漢喆, 앞의 글, 138~160쪽.
82) 柳漢喆은 위의 글에서 여러 사례들을 구체적으로 밝히고 있다.
83) 邊勝雄, 앞의 책, 129~139쪽.

제의 한국교육에 대한 식민지화 작업은 같은 해 11월 이른바 을사조약을 강요한 데 이어 1906년 2월 통감부의 설치로 본격화되기 시작하였다. 1906년 2월 초대통감으로 부임한 이토 히로부미(伊藤博文)는 시데하라를 三土忠造로 교체한 뒤 그로 하여금 교과서 편찬업무를 담당케 하고, 다시 통감부 서기관 타와라(俵孫一)를 학부에 파견하여 학제의 개혁업무를 장악케 하였다. 1907년 7월의 한일신협약으로 타와라는 학부차관이 되어 한국교육을 완전히 장악하였다. 이후 학부는 일본인 사무관과 주사들이 장악하여, 각종의 학교관계법령을 개정하고 식민교육정책을 전개하였다. 이러한 법개정으로 자연히 식민교육은 우선적으로 관·공립학교 교육을 통해 이루어지게 되었다.[84)]

이런 상황이었으므로 광무황제는 앞에서 보았듯이 신민된 자는 자제를 교육시키지 않으면 논죄할 것이라는 조칙을 발표하여 의무교육을 강제하고, 사립학교의 설립과 교육을 적극 지원하였다. 전국민을 하루 속히 교육시키려면 의무교육이 아니고서는 불가능하였으므로 광무황제의 이러한 조칙에 부응하여 1906년 4월부터 1907년 8월 21일 통감부에 의해 해산될 때까지 애국계몽운동을 주도했던 대한자강회는 의무교육운동을 전개하였다.[85)]

대한자강회가 정부에 건의한 의무교육안은 정부가 재정적으로 어려운 처지에 있어 국민교육의 보급이 어려우므로 국가차원에서 의무교육령을 반포하고 국민이 경비를 분담하여 의무교육을 실시하자는 것이었다. 즉 이 의무교육안은 ① 적당한 행정구역을 단위로 학구를 정하여 구립소학교를 설치하고, ② 구립소학교의 설비와 유지비용은 구내 주민이 부담하며, ③ 구내 주민은 학무위원을 선출하여 교과서의 선정 등 학무 일체를 담당시키며, ④ 의무교육의 연한은 5년간으로 한다[86)]는 것이었다. 그리하여 대한자강회는《萬歲報》·《皇城新聞》등 언론의 지지 속에 總代를 선출하여 의무교육안을 정부에 건의했고, 중추원회의는 1907년 1월 9일 이 의안을 통과시키고 의무교육의 실시를 정부에 촉구하였다. 같은 무렵 표훈원 총재 閔泳徽도 의무교육

84) 邊勝雄 위의 책, 140~144쪽.

85) 邊勝雄, 위의 책, 152~167쪽.

86)《大韓自强會月報》제8호, 義務敎育條例大要, 41~42쪽. 의무교육에 대한 구체적인 안은 이미 러일전쟁기에 전 교원 李康浩가 개인적으로 제시한 바 있다(《皇城新聞》, 光武 8년 5월 7일, 雜報〈私學設議〉; 5월 11일, 雜報〈設學條規〉).

의 실시와 우등졸업생의 수용을 광무황제에게 상소하였다. 또한 한성 각 구의 대표들도 정부가 우선 의무교육령을 반포하고 실시 가능지역부터 시작하자고 건의했다. 이에 광무황제는 학부로 하여금 의무교육원안을 검토케 하고 문구를 가다듬어 都下 및 各 府部郡의 坊曲에 布諭토록 지시하였다.[87]

그런데 이 의무교육안은 일제의 식민지화 교육정책에 대항하여 교육권을 한국의 민간인이 장악하려는 것이었다. 즉 정부가 교육재정을 마련하기 어렵다는 구실 아래 지역 주민이 교육비를 부담하여 학무위원을 선출하고, 학무위원이 교과서의 선정 등 학무 일체를 장악하도록 되어 있는 것으로 보아 이미 일제의 수중에 장악된 학부의 간섭을 피하고 한국인이 자주적으로 교육을 추진할 수 있는 방안이었다고 할 것이다. 그리하여 이미 일제의 꼭두각시가 되어버린 학부대신은 '아직은 실시할 수 없다'는 답변으로 의무교육안의 법제화를 거부하였다.[88] 이와 같이 광무황제의 명에도 불구하고 의무교육의 법제화가 이루어지지 않자, 西友學會를 비롯한 여러 계몽단체와 각지의 유지·신사들은 법에 관계없이 자금을 모아 사립학교를 설립하고 학생들을 모아 의무교육운동을 통한 구국교육운동을 줄기차게 전개하였다.[89] 이러한 운동에 대하여 광무황제는 재정지원을 전개하였고, 이에 일제 통감부는 황실재정을 감축하고, 재래 교육시설이나 재원이 사립학교 재원으로 이용되는 것을 막기 위한 법제적 조치를 취하는 한편 私立學校令을 제정 발표하여 구국국민교육운동을 탄압하였다.[90]

〈邊勝雄〉

87) 《高宗實錄》, 光武 11년 1월 15일.
88) 柳永烈, 〈大韓自强會의 愛國啓蒙運動〉(《韓國近代民族主義運動史硏究》, 一潮閣, 1987), 9~91쪽 참조.
89) 李松姬, 《大韓帝國末期 愛國啓蒙學會硏究》(이화여대 박사학위논문, 1985).
90) 柳漢喆, 〈韓末 私立學校令 以後 日帝의 私學彈壓과 그 特徵〉(《한국독립운동사연구》 2, 1988), 65~103쪽.

5. 대한제국기의 재정정책

1) 재정정책 기조의 변화

아관파천으로 개화파 정권의 붕괴 이후 의정부의 부활과 새로운 〈議政府官制〉의 반포, 고종의 황제즉위와 대한제국 선포, 〈議政府次對規則〉의 제정, 〈大韓國國制〉의 반포 등으로 황제의 권력을 강화하고 국정 주도권을 보장하는 제도적 장치들이 만들어짐으로써 대한제국체제가 확립되었다. 특히 한국 최초의 근대적 헌법이라 할 수 있는 〈대한국국제〉는 황제의 무한한 권력을 '만국공법'에 의거해 구체적으로 규정하고 있었다.[1] 이와 더불어 원수부를 비롯한 황제직속 기구를 신설하고 황실업무 담당기구였던 궁내부와 내장원을 대폭 확대하는 한편 근위병을 중심으로 한 군사력의 증강과 사법·치안기구의 장악, 전통적인 방식의 황실 위상 제고사업 등의 추진을 통해 '상대적인 우위'이기는 하지만 고종은 전제군주로서의 지위를 확보할 수 있었다.

이처럼 정치체제는 크게 개편되었으나 갑오개혁기에 만들어진 재정과 관련된 제도들은 거의 그대로 계승되었다. 무엇보다도 조세제도의 기본틀인 地稅의 結價制는 조선 후기 이래의 조세 結斂化 및 金納化의 경향을 전국적으로 제도화한 것이었기 때문에 변경할 수 없는 것이었다. 이밖에 예산·회계제도, 화폐제도, 조세제도, 재정기관의 단일화, 정부재정과 황실재정의 분리 등 대부분의 제도도 형식적으로는 거의 변화가 없었다.

하지만 국내외 정세와 권력체계의 변화는 실제 재정운영에서 커다란 변화를 가져올 수밖에 없었다. 재정운영의 변화를 가져온 가장 중요한 원인은 국정과 재정을 운영하는 주체가 개화파정권에서 황제로 바뀌었다는 데 있었다. 고종은 강화된 권력을 배경으로 직접 국정을 주도하면서 정부기관과 대신들에게는 일상적인 업무만 처리하게 하고 중요한 조치나 사업은 모두 자신의 측근 인물이나 황제 직속기구에서 담당하게 하였다. 따라서 1896년부터 1904

1) 《한말근대법령자료집》 Ⅱ, 1899년 8월 17일, 奏本 大韓國國制, 541~543쪽.

년까지 沈相薰·朴定陽·閔種默·閔泳綺·閔泳煥 등 여러 인물이 탁지부 대신을 역임하였지만 실제로 재정운영을 주도한 것은 황제인 고종과 황실재정을 전담하였던 李容翊이었다.

이용익은 1897년 11월 典圜局長에 임명되고 1899년 2월부터 內藏司長(8월 이후 기구개편에 따라 內藏院卿)을 겸임하면서 고종의 절대적인 신임을 배경으로 황실재정은 물론 사실상 정부재정까지 장악할 수 있었다. 그는 수많은 관직을 거쳤지만 이중에서 화폐주조를 담당하는 전환국장(1897년부터, 1900년 승격 이후에는 전환국 管理), 황실재정을 관장하는 내장원경(1899년부터), 홍삼전매와 모든 광산을 관리하는 蔘政監督(1899년부터)·礦務監督(1897년부터)의 직책은 일본의 침략이 본격화되는 1904년까지 줄곧 가지고 있었다. 뿐만 아니라 그는 수시로 탁지부협판 혹은 대신을 겸직하면서 정부재정에도 깊숙이 간여하였고 근대화사업을 추진하기 위해 황제직속으로 설치된 서북철도국·양지아문·지계아문·중앙은행 등에 총재 혹은 부총재로서 주도적으로 참여하였다.

대한제국기 재정운영 변화의 두 번째 원인은 정부에 속해있던 각종 재원이 황제의 독자적인 재원이 되거나 황실로 이속된 데에 있었다. 1900년 전환국이 황제의 직속기구로 승격되면서 그곳에서 주조하는 화폐가 탁지부의 관리를 벗어나 황제의 독자적인 재원이 되었고,[2] 역둔토·홍삼·광산·잡세 등 많은 재원이 황실로 이속되어 宮內府나 내장원의 관리를 받게 되었다. 그러나 이처럼 많은 재원들이 황제의 직접 관리하로 들어갔기 때문에 탁지부가 관장하는 재원은 地稅와 戶稅, 그리고 약간의 관영사업 수입 정도만 남게 되었다. 따라서 탁지부는 정부관리들의 봉급과 정부기구를 운영하는 데 필요한 경상비를 마련하기도 힘겨워서 전환국이나 내장원에서 수시로 자금을 빌려오지 않으면 안되었다. 반면에 내장원이 관리하는 황실재정에는 상당한 정도의 여유자금이 축적되어 고종과 이용익의 의도에 따라 사용되곤 하였다.

국내외 정세의 변동도 대한제국기 재정운영에 변화를 가져온 주요한 요인이었다. 대한제국 수립의 배경이 된 제국주의 열강간의 세력균형을 계속 유

2) 《勅令》 제8책, 1900년 1월 17일, 勅令 제4호 典圜局官制 개정(서울대 도서관, 1991), 481~482쪽.

지함으로써 자주독립을 지키려는 고종의 세력균형정책, 청의 의화단 봉기로 말미암은 1900년 열강의 공동파병과 그 결과로 나타난 열강의 중국분할 움직임, 국내 정치세력간의 계속되는 정변 기도, 東學黨·英學黨 등 농민전쟁 잔여세력들과 活貧黨 등 화적 무리의 조직화와 활동범위의 확산 등은 고종으로 하여금 대외적으로 황제와 국가의 위상을 높이고 대한제국의 근대국가로서의 면모를 과시하는 한편 대내적으로는 황제 근위부대를 증강하고 치안을 강화하는 데 주력하지 않을 수 없게 하였다. 이에 따라 황실과 군사비 부문에 재정지출이 집중될 수밖에 없었고, 이것은 상대적으로 지방행정비 교육비, 사업비 등 다른 부문의 어려움을 가중시키는 결과를 낳았다.

〈표 1〉 세 입 예 산

	1895		1896		1897		1898		1899	
租稅	1,557,587	34.9	2,428,033	50.5	2,820,000	67.3	3,779,316	83.5	5,108,222	78.9
(地稅)	1,009,908	22.6	1,477,681	30.7	1,715,000	40.9	2,227,758	49.2	2,773,642	42.8
(戶稅)			221,338	4.6	196,000	4.7	229,558	5.1	465,640	7.2
(人蔘稅)	150,000	3.4	150,000	3.1	150,000	3.6	150,000	3.3	150,000	2.3
(砂金稅)			10,000	0.2	40,000	1.0	40,000	0.9	5,000	0.1
(驛賭稅)										
(港稅)	330,678	7.4	429,882	8.9	495,000	11.8	750,000	16.6	800,000	12.4
(雜稅)	67,001	1.5	9,132	0.2	24,000	0.6	24,000	0.5	300,000	4.6
(旣往年度所屬收入)			130,000	2.7	200,000	4.8	358,000	7.9	613,940	9.5
官業收入										
雜收入			5,000	0.1	24,000	0.6	40,000	0.9	50,000	0.8
鑄造貨			1,282,450	26.7	200,000	4.8	200,000	4.4	300,000	4.6
前年度歲計剩餘			1,093,927	22.7	1,147,192	27.4	508,160	11.2	1,015,000	15.7
借入金	3,000,000	67.1								
합 계	4,468,587	100	4,809,410	100	4,191,192	100	4,527,476	100	6,473,222	100

* 출전 : 《議奏》(奎17705), 《官報》, 《奏本》(奎17703), 《歲入歲出總豫算表》(奎15295).

2) 정부세입의 축소와 황실수입의 확대

(1) 정부세입의 만성적 부족

대한제국기 정부의 세입예산은 1899년부터 큰 폭으로 증가하고 있었다. 1895~1898년에 400만원대에 머물렀던 세입예산이 1899년 647만원, 1901년 907만원을 거쳐 1904년에는 무려 1,421원에 달하였다(〈표 1〉 참조). 즉 1904년의 세입예산이 1895년의 세배를 넘고 있었던 것이다. 그러나 백동화의 가치하락 등으로 물가가 엄청나게 올랐으므로 실질적으로는 세입예산이 오히

(1896~1905년)

(단위 : 元, %)

1900		1901		1902		1903		1904		1905	
5,409,796	87.8	8,296,473	91.4	6,808,530	89.7	10,266,115	95.4	14,014,573	98.6	14,701,824	98.3
2,981,318	48.4	5,082,136	56.0	4,488,235	59.2	7,603,020	70.6	9,703,591	68.3	9,743,534	65.1
278,478	4.5	487,337	5.4	460,295	6.1	460,295	4.3	460,295	3.2	463,260	3.1
150,000	2.4										
10,000	0.2										
										210,000	1.4
800,000	13.0	850,000	9.4	850,000	11.2	850,000	7.9	850,000	6.0	1,700,000	11.4
200,000	3.2	210,000	2.3	210,000	2.8	210,000	2.0	210,000	1.5	85,030	0.6
990,000	16.1	1,667,000	18.4	800,000	10.5	1,142,800	10.6	2,790,687	19.6	2,500,000	16.7
										257,500	1.7
70,000	1.1	90,000	1.0	110,000	1.4	150,000	1.4	200,000	1.4	1,250	0.0
350,000	5.7	350,000	3.9	350,000	4.6	350,000	3.3				
333,000	5.4	342,983	3.8	318,000	4.2						
6,162,796	100	9,079,456	100	7,586,530	100	10,766,115	100	14,214,573	100	14,960,574	100

려 감소한 것이 아닌가 생각된다.[3]

전체적으로 보면 대한제국기의 세입예산항목은 점차 단순해지는 경향을 보이고 있었다. 특히 1900년을 전후해서 많은 재원이 황실로 이속되면서 정부의 세입은 地稅와 戶稅에 의존할 수밖에 없었다. 예산항목에는 이외에도 雜稅·鑄造貨 등이 있었으나 이것들은 탁지부의 관할 밖에 있었기 때문에 확실한 수입이 될 수 없었고, 상당한 액수를 기록하고 있는 旣往年度 所屬收入도 대부분 미납된 지세와 호세였다.

지세는 1896년에 전체 세입예산의 30%를 차지하였지만 점차 그 비중을 높여가서 1903년에는 70%에 이르고 있었다. 이처럼 전체 세입예산에서 지세가 차지하는 비중이 높아진다는 것은 정부의 세입이 지세로 단순화해간다는 것을 의미하였다. 지세 액수도 1895년에 100만원에 불과하던 것이 1901년에는 508만원, 1903년에는 760만원으로 증가하였다. 1901년과 1903년의 급증은 지세율이 1900년에 1결당 최고 30냥에서 50냥으로, 1902년에는 다시 50냥에서 80냥으로 인상된 것을 반영한 것이다.

호세의 경우에는 세율의 인상이 없었기 때문에 豫算化率(賦課額에 대한 豫算額의 비율)에 의해서 세입예산이 결정되었다. 따라서 예산화율이 높게 책정되었을 때는 46만원 정도, 낮게 책정되었을 때는 22만원 정도의 세입이 예상되고 있었다. 항세(海關稅)는 세입 중 가장 확실한 것으로 평가되고 있었으나, 실제 국고 수입액은 예산액에 훨씬 미치지 못하고 있었다.[4]

항세의 부과와 징수는 탁지부 관세과에서 담당하도록 규정되어 있었으나 실제로는 항세수입을 총세무사인 브라운이 관리하면서 대부분 항만시설 공사나 등대건설 등에 사용하였고, 탁지부로 들어오는 것은 소액에 지나지 않

3) 1896년경에는 액면가격이 같은 백동화와 일본 화폐가 거의 같은 가치로 교환되었으나, 1898년 이후 백동화가 남발되면서 1901년경에는 1.5배의 백동화를 주어야 같은 액면가격의 일본 화폐와 교환할 수 있었고, 1904년경에는 2.2배를 주어야 했다. 한편 서울지역의 쌀값은 1895년에 上米 1되에 6錢이던 것이 1901년에는 1兩 7錢, 1904년에는 2냥 8전까지 급등하였다. 결국 1895년경과 1904년을 비교하면 화폐가치는 약 2.2배 하락하고, 쌀값은 약 4.5배 상승한 셈이 되었던 것이다(도면회, 〈갑오개혁 이후 화폐제도 문란과 그 영향〉(《한국사론》 21, 서울대, 1989), 410~412쪽 및 438쪽 참조).

4) 《歲入歲出豫算表》 제2책, 광무 3년 및 제3책, 광무 4년, 예산설명서.

왔기 때문이다.

따라서 대한제국기 재정수입은 지세와 호세의 징수실적에 좌우될 수밖에 없었다. 하지만 지세의 경우 실제 징수되는 액수(實收額)는 과세액의 40~50%선에 머물고 있으며 예산액과 비교하면 70~80%의 수준이었다.[5] 호세의 징수실적은 지세에 비해서도 매우 낮은 편이었다. 세율이 인상되지 않았는데도 불구하고 實收額은 대체로 과세액의 20%선을 넘어서지 못하고 있었다.[6] 이처럼 징수실적이 부진하였기 때문에 당해년도에 징수되지 않고 다음해로 미루어지는 미납액이 엄청났다. 당시 정부에서 추산한 것이긴 하지만 미납총액은 해마다 2백만원 이상을 기록하였고 특히 1898년에서 1900년 사이에는 3백만원 이상, 1904년에는 465만원에 달하였다.[7] 미납세액의 규모는 바로 정부의 재정 관리능력과 상관관계에 있다고 볼 수 있는데, 이처럼 미납세액이 많았던 것은 당시 정부의 재정 관리능력이 떨어졌다는 것을 의미하였다. 그 주요한 원인은 稅源에 대한 파악의 부실, 地方官·吏胥·鄕任·戶首 등 징세 담당자들의 중간 수탈과 횡령, 外劃制度의 모순과 세금으로 거둔 화폐(葉錢·白銅貨) 운반의 어려움으로 인한 조세금 상납의 지체 등이었다.

대한제국기에는 호구조사와 양전·지계사업의 실시, 중간 횡령 또는 연체의 방지, 인지세의 부과 등 이러한 문제점을 해결하기 위한 노력이 계속되었다. 세원 파악과 함께 농촌사회의 통제라는 목적을 가지고 1896년에 실시되었던 호구조사는 과거의 신분제에서 탈피하였을 뿐만 아니라 정확한 인구를 파악하기 위해서 여러 가지 규정을 두는 등 철저한 호구조사를 위한 장치를 갖추고 있었다.[8] 하지만 호구조사에도 불구하고 호세의 부과와 징수는 여전히 조선 후기 이래의 관행에 따라 이루어졌기 때문에 호구조사의 성과가 반영되기는 어려운 실정이었다. 그리고 1899년부터 본격화된 양전·지계사업도

---

5) 이윤상, 〈일제에 의한 식민지재정의 형성과정〉(《한국사론》 14, 1986), 301쪽.
6) 이윤상, 위의 글, 304쪽.
7) 이윤상, 위의 글, 305쪽.
8) 이 시기의 호구조사에 대해서는 다음의 글이 참조된다.
조석곤, 〈광무년간의 호정운영체계에 관한 소고〉(《대한제국기의 토지제도》, 민음사, 1990).
이세영, 〈대한제국기의 호구변동과 계급구조〉(《역사와 현실》 7, 1992).

1904년에 중단되었을 뿐 아니라 그 동안의 성과를 구체적인 지세의 부과와 징수에 연결시킬 수 있는 제도와 여건을 갖추지 못하였기 때문에 당초에 목적한 지세수입의 증가를 이룰 수 없었다.[9]

중간 횡령과 연체를 방지하기 위한 조치는 계속된 조세납부 독촉과 지방관에 대한 감독의 강화로 나타났다. 우선 기한을 넘겨 조세를 愆滯한 지방관을 징계할 수 있도록 수취규정을 개정하거나 지방관에 대한 解由規則을 제정하여 각 도마다 상납기한을 정하고 상납의 책임소재를 분명히 하는 조치를 취했다.[10] 이러한 조치에도 불구하고 結戶錢(地稅·戶稅)의 징수실적이 개선되지 않자 탁지부는 公錢상납이 적체된 군수를 法部로 넘겨 미납세액을 督刷하겠다는 방침을 천명하고, 충청·경상·전라 3도에 시찰어사를 파견하거나 의정부회의에서 미납이 심한 군수의 파면을 여러 차례 건의하는 등 적극적으로 조세납부를 독촉했다.[11] 그래도 결호전의 미납이 줄어들지 않자 1900년에 들어와서는 결호전을 상납하지 않은 관찰사·군수·서리·상인들을 경무청으로 하여금 체포하게 하거나 平理院으로 압송하는 방법을 동원했고, 1901년 12월에는 공전을 많이 건체한 지방관들을 법부에 넘겨 교수형에 처한다는 극단적인 강경책까지 상주하여 허락을 받기도 했다고 한다.[12]

탁지부의 이러한 조치들은 일시적으로는 효과를 볼 수 있었지만 미납세액을 획기적으로 줄이는 데는 성공할 수 없었다. 왜냐하면 지세·호세 징수실적의 부진에는 징수 자체의 어려움보다는 지방관이 지세·호세로 거둔 화폐를 중앙정부(탁지부)로 직접 상납하지 않고 상인 등을 통해 간접적으로 보내는 外劃의 보편화라는 구조적 원인이 있었기 때문이었다. 외획은 화폐·금융제도가 발달하지 못한 상황에서 상인들에게 자본축적의 기회가 되기도 하였지만 재정운영의 측면에서는 대단히 많은 문제점을 낳는 제도였다. 조세금 상납을 담당한 상인들이 이것을 상업자본으로 轉用하는 과정에서 연체, 혹은

---

9) 대한제국기의 양전·지계사업에 대해서는 한국역사연구회 근대사분과 토지대장연구반, 《대한제국의 토지조사사업》(민음사, 1995) 참조.
10) 《詔勅》 제3책, 1896년 8월 4일, 詔勅 租稅 督納에 관한 건, 74쪽
《法律》 제2책, 1899년 6월 28일, 法律 제4호 各府尹牧使郡守解由規則, 606~607쪽.
11) 《皇城新聞》, 1899년 10월 2일·24일, 雜報.
12) 《皇城新聞》, 1900년 3월 28일, 4월 3일, 1901년 12월 4일·18일, 雜報.

횡령이 발생할 가능성이 매우 높았던 것이다. 그러나 지방관·서리·상인은 물론 경우에 따라서는 정부 고관에 이르기까지 이러한 방식을 사용함으로써 이익을 얻는 사람들이 많았을 뿐만 아니라 징세기구와 금융기관이 갖추어지지 않았기 때문에 외획을 이용한 지세·호세 상납구조는 쉽사리 깨어질 수 없었다. 황실재정을 담당한 내장원에서조차 이러한 외획을 이용하여 상업활동을 벌이기도 하였다.[13] 따라서 징수실적 부진과 이에 따른 만성적인 세입의 부족은 독립된 징세기구의 설치, 재정수입과 지출을 담당할 國庫銀行의 설립, 本位貨의 鑄造 등 재정전반에 걸친 근본적인 개혁이 이루어지지 않는 한 해결될 수 없는 문제였던 것이다.

(2) 재원의 내장원 이관과 황실수입의 확대

대한제국기 정부의 지세·호세 징수실적이 대단히 부진하였고, 재정수입이 사실상 감소했던 것과는 달리 황실재정을 담당하는 내장원의 수입은 황제권력이 강화되고 대한제국체제가 본 궤도에 오르는 1899년을 획기로 하여 큰 폭으로 증가하고 있었다.[14] 대한제국기 황실재정의 확대는 황제권력의 강화에 발맞추어 과거 정부에 속했던 재원과 이권이 다시 황실로 移屬되거나 새로운 재원이 발굴되어 궁내부나 내장원의 관리를 받게된 결과였다. 갑오개혁기에 개화파 정권에 의한 권력의 약화와 왕실재정의 위축을 경험했던 고종은 자신의 뜻에 따라 마음대로 사용할 수 있는 재원의 필요성을 절실히 느끼고 있었다. 그러나 정부의 세출예산에서 지급되는 皇室費는 대부분 궁내부 소속 관리들의 봉급이나 궁내부 소속 기구들의 경비로 사용되었다. 따라

13) 내장원에서 빌려온 자금을 갚기 위해 탁지부에서 내장원에 외획한 結戶錢은 1902년도 소속이 535만냥, 1903년도 소속이 1천만냥이었다고 한다(이영호, 〈대한제국시기 내장원의 외획운영과 상업활동〉, 《역사와 현실》 15, 214쪽).

14) 대한제국기 황실의 수입은 크게 두 가지로 구성되었다. 하나는 정부재정에서의 皇室費 수입이고, 다른 하나는 司宮庄土 등 황실 재산으로부터의 수입이나 驛屯土·紅蔘·鑛山·雜稅 등 황실 소속 재원으로부터의 수입이었다. 즉 皇室費는 정부재정의 입장에서 보자면 세출에 해당되는 것이지만 황실재정의 입장에서 보면 수입이 되는 셈이었다. 그리고 宮內府에 소속된 회계 관련 기구는 會計院과 內藏院 두 곳이 있었는데, 회계원에서는 皇室費의 수령과 지출을 담당하였고 내장원에서는 황실 재산과 황실 소속 재원을 관리하였다. 여기서는 좁은 의미의 황실 수입, 즉 내장원에서 관장하는 수입만을 다루기로 하겠다.

서 고종은 황제로 즉위하고 권력을 강화하면서 황제의 독자적인 재원확보와 황실재정의 확충에도 많은 관심을 쏟지 않을 수 없었다. 또한 독자적인 재원의 확대는 황제권력의 강화와 그 유지를 위해서도 반드시 필요한 것이었다.

내장원으로 이속된 재원 가운데 가장 중요한 것이 驛屯土였다. 역둔토의 관리권은 농상공부·군부·탁지부 등으로 복잡하게 옮겨다니다가 1899년경에 최종적으로 내장원으로 귀속되었다.[15] 모든 역둔토를 관리하게 된 내장원은 1899년 12월부터 각지에 督刷官을 겸한 査檢委員을 파견하여 역둔토·牧場土·堤堰畓 등에 대한 조사와 賭租징수를 시작하는 한편 그 동안 각 기관마다 별도로 관리되던 각종 토지에 대해 통일적인 수세규정을 마련하여 적극적인 지주경영에 나섰다. 한편 종래 많은 폐단을 낳다가 농민전쟁으로 폐지되었던 전라북도 일대의 均田도 다시 부활되어 내장원으로 부속되었다.[16] 이러한 역둔토 관리권의 내장원 귀속은 탁지부가 국가의 모든 재정을 관장한다는 재정일원화의 원칙에 어긋나는 것이었으나 고종으로서는 황실재정 강화가 우선적인 고려사항이었던 것이다.

역둔토와 더불어 많은 잡세도 황실로 넘어오기 시작하였다. 漁·鹽·船·藿·庖肆·浦口 등에 대해 부과하는 잡세는 영업세 또는 유통세로서의 성격을 가지고 있었는데, 개항 이후 이들 잡세는 대부분 개화정책의 일환으로 설립된 統理交涉通商事務衙門으로 흡수되었다가 갑오개혁기에 일부는 정부재정으로 편입되어 농상공부·탁지부의 관할로 들어갔고, 일부는 폐지되었다. 하지만 대한제국기에 들어와 황제권력이 강화되면서 내장원은 세원의 발굴과 징수에 열중하여 대부분의 잡세를 관장하게 되었다. 1899년에 沿江稅, 1900년에는 어세·염세·선세, 1902년에는 인삼세가 각각 궁내부로 이속되는

15) 역둔토 관리기관의 변동과 각 기관의 역둔토 경영에 대해서는 다음의 글이 참고된다.
배영순, 〈한말 역둔토조사에 있어서의 소유권분쟁〉 (《한국사연구》 25, 1979).
박찬승, 〈한말 역토·둔토에서의 지주경영의 강화와 항조〉 (《한국사론》 9, 서울대, 1983).
김양식 《대한제국·일제하 역둔토 연구》(단국대 박사학위논문, 1983).
박진태, 《한말 역둔토조사의 역사적 성격 연구》(성균관대 박사학위논문, 1996).

16) 《訓令照會存案》 제35책, 1902년 9월 21일, 訓令 태인군수(兼任 全羅北道均田監理).

등 갑오개혁기에 탁지부 소관이었거나 폐지되었던 많은 잡세가 황실재정의 확충을 위해 궁내부로 이속되거나 부활되었던 것이다. 이밖에 柴·草·蘆·松·栗·竹 등에 대한 일종의 이용료, 포구·여각·포사·상회사 등에 대한 영업허가세 등 잡세의 범주에 들어가는 많은 재원도 황실로 이속되었다.

전환국에서 주조한 화폐도 황실의 중요한 재원이 되었다. 물론 제도적으로 이 화폐가 황실소유라는 규정은 없었지만 1900년 전환국이 황제 직속기구로 승격함에 따라 전환국 주조 화폐는 황실소유라는 인식이 확고해졌다. 고종은 1896년 3월부터 총세무사 겸 탁지부고문인 브라운에게 재정지출과 전환국의 관리를 맡겼지만 그는 고종의 지출 요구조차 거절하고 백동화 주조를 철저히 통제하는 등 고종의 의도에 따르지 않았으므로 1897년 11월 가장 신뢰할 수 있는 이용익을 전환국장에 임명하여 화폐주조를 장악하려고 했던 것이다. 이후 이용익은 철저히 고종의 뜻에 따라 전환국을 운영했다.[17]

홍삼전매사업과 대부분의 광산도 궁내부나 내장원으로 이속되었다. 갑오개혁기에 정부재정 부족의 해결책으로 탁지아문에 부속되었던 홍삼전매권이 농상공부를 거쳐 1897년 7월 궁내부로 이관되었다.[18] 1898년 6월 내장사의 업무에 蔘政과 광산업무가 추가되고, 1899년 12월 내장원 산하에 삼정과가 설치되면서 내장원의 홍삼전매사업은 본격화되었다.[19] 내장원은 관영회사로 蔘政社를 설치하여 직접 홍삼전매사업을 운영하였다. 한편 1898년 6월 외국인의 침탈을 방지한다는 명분으로 농상공부 관할이었던 전국 43개 군의 광산이 궁내부로 이속된 이래 계속해서 많은 광산이 궁내부와 내장원으로 이속되었다.[20] 1899년 2월 황해도·평안도·함경도의 광산이 궁내부로 이속되

17) 李容翊 아래에서 典圜局長으로 일하던 崔錫肇의 傳言에 따르면 전환국은 1902년에 하루평균 1만 3천원을 주조함으로써 주조총액이 약 280여만원에 이르렀고, 그 중 150만원은 특히 帝室用으로 따로 떼어 別庫에 보관하였다고 한다(《高宗時代史》, 1902년 2월 22일).

18) 《한말근대법령자료집》 II, 1897년 7월 15일, 農商工部令 제15호 紅蔘蒸造規例를 폐지하는 건 및 奏本 農商工部官制 중 蔘業을 刪去, 宮內府로 하여금 專管케 하는 건, 270쪽.

19) 《한말근대법령자료집》 II, 1898년 6월 24일, 布達 제41호 宮內府官制 개정, 377쪽 ; 1899년 12월 1일, 布達 제53호 宮內府官制 개정, 587쪽.

20) 《한말근대법령자료집》 II, 1898년 6월 23일, 奏本 43郡 各鑛을 宮內府에 移屬하는 건, 375쪽.

었고, 1901년 6월에 다시 황해도 백천, 평남 순안 등 8개 군의 광산이, 1904년 9월에는 다시 충북 음성, 경남 합천 등 2개 군의 광산이 내장원으로 이속되었던 것이다.[21]

일종의 영업·유통세라고 할 수 있는 會社·浦口·旅閣·漁·鹽·船·藿 등 상업이나 소상품 생산에 대한 세금징수는 대한제국기의 상공업정책의 일단을 보여준다는 점에서 주목할 만하다. 갑오개혁기에는 無名雜稅 혁파 방침에 따라 종래 各宮이나 各司에서 징수하던 여각이나 포구주인들에 대한 세금징수, 어·염·선·곽에 대한 세금징수가 폐지되었다.[22] 그러나 개화파 정권이 붕괴되면서 황실재정의 궁핍과 장기간의 수세 관행 등을 이유로 궁내부나 내장원, 각궁에서 이들에 대한 세금징수를 하나씩 복구하기 시작하였다. 예를 들면 明禮宮에서 징수하다가 잡세라 하여 폐지되었된 양산군 원동포의 염세 등이 1896년 4월부터 다시 징수되기 시작하였고, 역시 명례궁에 상납하던 나주 영선포·제포, 전주 완장포, 태인 주소포, 부안 줄포 등지의 都旅閣수세와 인천항의 柴炭主人수세 등도 1896년 6월부터 다시 징수되기 시작하였다.[23] 내장원은 폐지되었던 잡세를 부활시키는 것과 함께 아직까지 수세 대상으로 파악되지 않았던 각종 세원을 발굴하여 징수하는 데도 열심이었다.[24] 나아가 각 관청이나 吏胥·土豪輩가 징수하던 잡세도 발견되는 대로 내장원에 부속시키는 조치를 취했고, 모리배의 침탈을 막기 위해 지방민들이 스스로 내장원에 부속되는 것을 원하는 경우도 있었다.[25]

---

21) 《經理院雜書類》(奎22053) 제6책, 各礦區域案 참조.

22) 개화파 정권의 無名雜稅 혁파조치는 종래 지방재정의 중요한 재원이었던 무명잡세를 혁파함으로써 지방재정을 중앙정부에 종속시키려는, 재정일원화 정책의 일환이기도 했다(김태웅, 〈1894~1910년 지방세제의 시행과 일제의 조세수탈〉, 《한국사론》 26, 서울대, 1987 참조).

23) 《訓令》 제1책, 1896년 4월 7일, 訓令 양산군수 ; 1896년 6월 19일, 訓令 나주부관찰사 및 제3책, 1896년 6월 19일, 訓令 전주부관찰사 ; 1896년 6월 20일, 訓令 인천부관찰사서리.

24) 《訓令照會存案》 제5책, 1899년 12월 21일, 訓令 완도군수 ; 1899년 12월 30일, 訓令 서천군수 및 제6책, 1900년 1월 2일, 訓令 안변군수.
《章程》(奎18960), 광무 4년 2월, 咸鏡北道鹽稅章程.

25) 《訓令照會存案》 제11책, 1900년 9월 16일, 訓令 평안북도관찰사 ; 1900년 9월 16일, 訓令 강계군수·후창군수·자성군수.

각종 회사에 대한 상납금 징수는 영업허가와 보호에 대한 대가라는 성격을 가지고 있었다. 내장원에 세금을 상납하는 회사들은 대개 객주·도고회사들이었는데, 이러한 회사로는 평안도 麴子會社, 인천 紳商會社, 무안 士商會社, 덕원 蔓蔘會社 등이 있었다. 이들은 실제로 제조·영업을 하는 것이 아니라 배타적 영업특권을 획득함으로써 소상인·소생산자들로부터 영업·유통세를 징수할 목적으로 처음부터 내장원에 부속될 것을 청원하는 경우가 많았다. 당시 각종 회사에 대한 허가권은 대부분 농상공부가 가지고 있었지만, 농상공부는 이들 객주·도고회사에 대해서는 허가를 잘 내주지 않았기 때문에, 그리고 내장원에 소속되는 것이 황제권력을 배경으로 한 특권을 보장받을 수 있는 더욱 확실한 길이었기 때문에 내장원에 부속되기를 바랐던 것이다.[26] 따라서 이들 회사들은 대개 사장을 내장원경이, 부사장을 그 항구의 監理 또는 경무관이 각각 例兼하고 회원 또는 사원 중 유력한 사람이 회장 또는 총무로서 실무를 책임지는 형식을 취하고 있었다.

이처럼 많은 재원이 내장원으로 이속되었지만 내장원의 세금징수는 일정한 체계를 갖추지 못하고 있었다. 그 성립과정이 제각각이었기 때문에 이들에 대한 일원적인 관리가 불가능하였을 뿐 아니라 재원의 확대에 주된 목표를 두고 있었던 내장원으로서는 이들을 일원적으로 관리할 필요도 느끼지 않았던 것이다. 따라서 내장원의 세금징수 과정에서 많은 혼란이 발생할 수밖에 없었다. 내장원이 파견한 收稅 監官·派員·委員 등이 각 지역에서 남징과 중간횡령을 일삼았을 뿐 아니라, 영업독점권이나 수세특권을 획득한 회사·여각·주인들은 대개 직접 상품생산이나 유통을 담당하지 않고 유통과정에 기생하면서 소상인과 소상품생산자에 대한 수탈에 치중하였기 때문이다. 결국 전체적으로 보면 잡세징수 실적은 변동폭이 대단히 커서 내장원의 수입에 큰 도움을 주지 못한 채 많은 폐단을 불러일으키고 있었다.

내장원의 지나친 세원발굴과 수세관리들의 濫徵에 따른 폐단이 커지자 민

《完文及章程》(奎8954), 광무 7년 12월, 完文.

26) 대한제국기의 회사설립의 양상과 客主·都賈會社들의 특권적·기생적 성격에 대해서는 전우용, 〈개항기 한인자본가의 형성과 성격〉(《국사관논총》 41, 1987) 참조.

간에서는 물론 정부에서도 내장원이 징수하는 잡세의 혁파와 내장원 파원의 소환을 요구하는 목소리가 높아갔고,[27] 고종도 여러 차례에 걸쳐 잡세를 혁파하라는 조칙을 내리지 않을 수 없었다.[28] 하지만 이러한 조치에도 불구하고 대부분의 잡세는 그대로 징수되었고 잠시 폐지되었던 잡세도 여러 가지 명목으로 부활되는 경우가 많았다. 따라서 내장원이 징수하는 잡세의 폐단은 쉽게 해결되지 않았다.

지금까지 살펴본 것처럼 많은 재원의 황실 이속에 따라 황실재정은 급속히 확대되었다. 내장원의 《會計冊》을 보면 1896·7년에는 적자를 기록하는 달이 많았으나 1898년부터 겨우 수지를 맞출 수 있었고, 1900년 이후에는 막대한 흑자를 기록하고 있다. 1899년까지의 내장원 수입은 10만냥 정도에 불과하였고 수입 항목도 내장원 직할의 토지에서 징수한 賭租로 한정되어 있었으나, 1900년에는 액수도 30만냥으로 크게 증가하였을 뿐만 아니라 역둔토 도조 수입과 더불어 인삼세·어세·염세·선세·해세·庖肆稅·殖利錢 등 각종 명목의 잡세가 내장원 수입으로 들어오고 있다(〈표 2·3〉 참조).

특히 역둔토 도조가 내장원 수입으로 들어오기 시작했다는 것은 이후의 황실재정 운영과 관련해서 중대한 의미를 가진다. 1899년까지의 도조·賭錢은 司宮庄土 등 내장원 직할토지에서 징수한 것이었고 또 그것이 당시 내장원 수입의 거의 전부였던 반면에 1900년 이후의 것은 내장원 직할토지는 물론 모든 역둔토·목장토 등에서 징수한 것이었으므로 그 성격에서 현격한 차이가 있었기 때문이다. 따라서 1900년부터 1903년까지의 내장원 수입에서 역둔토 도조가 차지하는 비중은 양적으로나 질적으로나 절대적인 것이었다.

---

27) 당시 《皇城新聞》은 論說과 記事를 통해 여러 차례 雜稅와 내장원 派員의 폐단을 지적하고 있었다(《皇城新聞》, 1899년 12월 8일, 1901년 5월 11일자 論說 ; 1899년 3월 15일, 4월 11일, 1900년 1월 13일, 4월 25일, 8월 21일, 1901년 6월 7일, 雜報 등).

28) 대한제국기에 들어와서 1900년까지 잡세 혁파와 관련하여 내려진 詔勅은 다음과 같다. 1896년 8월 11일, 詔勅 各項雜稅 革罷에 관한 건(《詔勅》 제4책, 99쪽) ; 1897년 8월 11일, 詔勅 各郡結戶簿의 조사 및 無名雜稅의 禁斷에 관한 건(《詔勅》 제6책, 138쪽) ; 1898년 10월 25일, 詔勅 無名雜稅 革罷에 관한 건(《詔勅》 제9책, 216쪽) ; 1900년 3월 24일, 詔勅 船商에 대한 無名雜稅를 革罷하는 건(《詔勅》 제9책, 216쪽) ; 1900년 11월 3일, 詔勅 無名雜稅를 禁斷하는 건(《詔勅》 제10책, 250쪽).

〈표 2〉 내장원 수입 I (1896~1900년)

(단위 : 兩, %)

	1896년		1897년		1898년		1899년		1900년	
賭租·賭錢	51,001	77.8	116,886	99.9	136,720	100.0	96,009	94.6	198,377	65.5
각종 放賣	1,000	1.5					2,645	2.6	2,000	0.6
각종 代錢									2,045	0.6
紅蔘 專賣										
人蔘稅									62	0.0
鑛山稅, 經營										
각종 商會社										
旅閣,浦口主人稅										
漁稅									30,280	10.0
鹽稅									700	0.2
漁鹽船, 海稅									546	0.1
庖肆稅									22,091	7.2
柴,草,蘆,松,山稅									7,356	2.4
洑稅, 水稅										
紙稅										
新起稅										
殖利錢									6,387	2.1
기타 세금									32,866	10.8
第一銀行										
貸來										
移來	13,500	20.6								
別貿(紙幣,銀貨)										
기타			60	0.0			2,776	2.7	80	0.0
합 계(錢)	65,501	100	116,946	100	136,720		101,431	100	302,793	100
布(同-疋)										
木(同-疋)	31		2700							
紬(同-疋)	8									
金(兩重)										
銀(兩重)										
元寶(錠)										
去核(斤)										
獤皮(令)										
麝香(部)										

* 출전 : 《會計冊》(奎19113).

〈표 3〉 내장원 수입 II(1901~1904년)

(단위 : 兩, %)

	1901년		1902년		1903년		1904년	
賭租, 賭錢	1,033,087	65.3	1,896,826	76.7	5,173,163	87.6	3,180,505	10.5
각종 放賣	1,003		728		2,183	0.0	600	0.0
각종 代錢	15,128	0.9	4,536	0.1	13,504	0.2	36,149	0.1
紅蔘 專賣					65,735	1.1	3,335,000	11.1
人蔘稅	13,363	0.8	16,316	0.6	34,573	0.5	1,189	0.0
鑛山稅, 經營			1,500	0.0	2,999	0.0	12,666	0.0
각종 商會社	32,600	2.0	40,029	1.6	57,436	0.9	38,888	0.1
旅閣,浦口主人稅	7,465	0.4	214,870	8.6	5,610	0.0	15,862	0.4
漁稅	1,663	0.1	824	0.0	11,812	0.2	2,150	0.0
鹽稅	3,769	0.2	8,666	0.3	16,103	0.2	7,871	0.0
漁鹽船, 海稅	15,201	0.9	439	0.0	127,236	2.1	43,419	0.1
庖肆稅	305,338	19.3	115,164	4.6	130,678	2.2	94,614	0.3
柴,草,蘆,松,山稅	25,572	1.6	19,743	0.7	88,204	1.4	54,478	0.1
洑稅, 水稅	3,402	0.2	1,916	0.0	7,145	0.1	4,161	0.0
紙稅	600	.0			5,845	0.0	706	0.0
新起稅			6,340	0.2	8,860	0.1	1,266	0.0
殖利錢	110,191	6.9	84,719	3.4	75,301	1.2	36,088	0.1
기타 세금	9,360	0.5	14,938	0.6	42,374	0.7	367,949	0.5
第一銀行								
貸來								
移來							22,537,969	75.0
別貿(紙幣,銀貨)			33,125	1.3	30,635	0.5	230,772	0.7
기타	2,855	0.1	11,232	0.4	460	0.0	120,123	0.3
합 계(錢)	1,580,606	100	2,471,919	100	5,899,865	100	30,042,433	100
布(同-疋)	14		447-20		26-45		203-3	
木(同-疋)			647		149		607-12	
紬(同-疋)							6-20	
金(兩重)							947	
銀(兩重)								
元寶(錠)							257	
去核(斤)					500			
獺皮(令)								
麝香(部)								

* 출전 : 《會計冊》(奎19113).

1901년 이후에는 각종 상회사와 여각·포구주인들에 대한 영업·허가세 징수가 시작되고 洑稅·수세·紙稅 등 잡세의 종류도 늘어나면서 내장원의 수입항목이 더욱 많아졌다. 이에 따라 내장원의 전체 수입액도 1901년 158만냥, 1902년 247만냥, 1903년 589만냥, 1904년 3천만냥으로 급격히 증가했다. 더욱이 내장원 또는 고종에게는 《회계책》에 기록되지 않은 수입이 훨씬 많았다. 예를 들면 홍삼전매사업에서의 수익(매년 1백만원, 즉 500만냥 정도로 추정됨), 전환국에서의 화폐수입(1902년의 경우 150만원, 즉 725만냥이었음), 외획을 이용한 내장원의 상업활동에서 얻어지는 수입 등이 있었다.

내장원의 수입이 이렇게 급증한 데에는 개화파정권에 의해 권력의 약화와 황실재정의 축소를 경험했던 고종의 황제권력 강화와 황실재정 확충을 통한 국정주도권 회복 의지, 그리고 고종에 대한 강한 충성심과 뛰어난 理財 감각을 갖춘 이용익의 황실재정에 대한 인식과 황실재정 확충 노력이 중요한 배경으로 작용하였다. 이를테면 이용익은 '잡세'라는 것도 지방관·이서·토호배가 자의적으로 수취하는 것을 의미할 뿐, 내장원에서 징수하는 각종 세금은 '帑需'·'帑用'을 위한 것이므로 결코 잡세가 될 수 없다는 생각을 가졌던 것이다. 이용익은 이러한 인식과 고종의 강력한 지원을 바탕으로 전환국에서 주조한 화폐를 황제의 소유로 하고, 역둔토·홍삼·광산·잡세 등 많은 재원을 내장원으로 이속시키는 등 황실재정을 확충하는 데 앞장서고 있었다.

하지만 내장원의 수입 확대과정을 살펴보면 결국 내장원은 소상인·소상품생산자의 성장이나 상공업의 진흥, 국가의 전반적인 재정 운영이라는 측면에는 관심이 없었고 오직 세원을 발굴하고 수세를 확대하기 위해 각종 세원이나 객주·도고회사 등을 내장원에 부속시키고 보호하였던 것이라고 할 수밖에 없다. 당시의 상황에서 근대국가의 수립이라는 과제를 수행하기 위해 어느 정도의 세원 발굴과 세금징수는 필수적이었을 것이다. 따라서 문제는 지나친 세원 발굴과 세금징수에 있었다기보다 그것을 일원적으로 파악하고 거기서 징수된 세금을 효율적으로 사용할 수 있는 관리체계를 수립하는 데 있었다고 할 수 있는데, 내장원의 각종 재원관리는 일정한 원칙아래에서 이루어지지 못했기 때문에 수입은 기대에 미치지 못했던 반면에 징수과정에서 많은 문제점을 드러내었던 것이다.

3) 황실·군사부문의 지출 증대와 황실의 자금 축적

(1) 황실·군사비의 팽창과 행정·사업비의 축소

대한제국기의 재정지출을 보면 황실비·내부·탁지부·군부의 예산이 세출예산 총액의 90% 정도를 차지하고 있다(〈표 4·5〉 참조). 특히 군부의 예산은 1901년 이후 전체 세출 총액의 40%에 육박할 정도로 큰 비중을 차지하였고 이 군부예산의 팽창이 세출예산의 급격한 증가를 주도하였다.

황실비는 크게 御用費(황제 직접 경비), 祭享費, 궁내부 직원들에 대한 봉급, 궁내부 운영경비 등으로 구분되는데, 액수로는 1896년의 50만원에서 1904년에는 120만원으로 크게 증가하였지만 전체 세출예산에서 차지하는 비중은 10% 안팎으로 일정한 수준을 유지하고 있었다. 그러나 예산에 편성되지 않은 황실 관련 예비비 지출이 매우 많았기 때문에 실제 황실비의 비중은 이보다 훨씬 높았다고 할 수 있다. 한편 警衛院·鐵道院·西北鐵道局·礦學局 등 궁내부 소속 일부 기관의 예산은 황실비와 별도로 편성되어 있었는데, 1901년에는 6만원에 불과하던 것이 1901년 경위원의 신설, 1902년 광학국의 설치에 따라 1904년에는 32만원으로 늘어났다. 따라서 이들 기관들의 예산이 전체 세출예산에서 차지하는 비중도 1901년의 0.7%에서 이후에는 2~3%로 높아지고 있었다.

이 예산의 대부분은 궁궐의 경비, 황실범·국사범에 대한 감시, 그리고 개항장의 경찰업무를 맡았던 경위원을 위해 지출되었다. 궁내부와 궁내부에 소속된 모든 기관의 인건비·운영비가 황실비로 편성되어 있었음에도 불구하고 유독 이들 기관에 대해서만 별도의 예산을 책정했던 것은 이들 기관이 고종의 주도하에 추진되던 근대화사업을 담당하는 기구였기 때문이었다. 그러나 이들 기관에 책정된 예산은 사업비가 아니라 소속된 관리들에 대한 봉급과 기관운영에 필요한 최소한의 경비에 불과하였다. 따라서 경위원을 제외하면 각 기관에 배정된 예산은 각각 2만원 내외에 지나지 않을 정도로 적은 편이었다.

〈표 4〉 세출예산 Ⅰ(1895~1900년)

(단위 : 元, %)

		1895		1896		1897		1898		1899		1900	
경상비	황실비	384,615	10.1	500,000	7.9	560,000	13.4	560,000	12.4	650,000	10.0	655,000	10.6
	궁내부												
	기로소												
	원수부											44,893	0.7
	의정부(내각)	15,030	0.4	29,799	0.5	25,636	0.6	32,016	0.7	35,506	0.5	37,884	0.6
	내부	525,198	13.8	1,274,445	20.2	990,305	23.6	1,010,947	22.3	1,020,988	15.8	1,036,461	16.8
	외부	35,435	0.9	71,932	1.1	78,718	1.9	132,396	2.9	166,743	2.6	236,122	3.8
	탁지부	1,679,488	44.1	1,695,320	26.8	869,727	20.8	882,485	19.5	2,037,907	31.5	879,300	14.3
	군부	321,772	8.5	1,028,401	16.3	979,597	23.4	1,251,745	27.7	1,447,351	22.4	1,636,704	26.6
	법부	41,806	1.1	47,294	0.7	37,815	0.9	46,853	1.0	38,925	0.6	56,313	0.9
	경무청	120,240	3.2	172,185	2.7	190,163	4.5	214,708	4.7	241,904	3.7	301,340	4.9
	학부	70,349	1.8	126,752	2.0	76,778	1.8	89,340	2.0	141,627	2.2	163,005	2.6
	농상공부	50,977	1.3	183,416	2.9	150,440	3.6	189,230	4.2	259,004	4.0	377,136	6.1
	중추원			14,987	0.2	8,468	0.2	9,712	0.2	25,628	0.4	17,128	0.3
	호위대									50,986	0.8	51,610	0.8
	양지아문									11,660	0.2	43,916	0.7
	표훈원											22,160	0.4
	통신원												
	혜민원												
	지계아문												
	합 계	3,244,910	85.3	5,144,531	81.4	3,967,647	94.7	4,419,432	97.7	6,128,229	94.7	5,558,972	90.2
임시비	국장비			70,000	1.1	90,000	2.1	70,000	1.5				
	궁내부												
	의정부											1,903	0.0
	내부	60,000	1.6	19,100	0.3	130,000	3.1	34,400	0.8	36,200	0.6	53,300	0.9
	외부					480	0.0	480	0.0	480	0.0	480	0.0
	탁지부			282,500	4.5	2,300	0.1						
	군부			700	0.0								
	학부												
	농상공부							1,218	0.0	6,223	0.1	47,216	0.8
	합 계	60,000	1.6	372,300	5.9	222,780	5.3	106,098	2.3	42,903	0.7	102,899	1.7
	예비금	500,000	13.1	800,000	12.7					300,000	4.6	500,000	8.1
	세출총계	3,804,910	100	6,316,831	100	4,190,427	100	4,525,530	100	6,471,132	100	6,161,871	100

* 출전 : 〈표 1〉의 자료.

〈표 5〉 세출예산 Ⅱ(1901~1905년)

(단위 : 元, %)

		1901		1902		1903		1904		1905	
경상비	황실비	900,000	9.9	900,000	11.9	1,000,000	9.3	1,200,000	8.4	1,454,000	7.6
	궁내부소속	61,039	0.7	257,017	3.4	261,032	2.4	327,541	2.3	323,556	1.7
	기로소					24,026	0.2	27,552	0.2	25,927	0.1
	원수부	73,242	0.8	65,275	0.9	65,853	0.6	86,929	0.6		
	의정부	38,298	0.4	37,510	0.5	38,730	0.4	61,188	0.4	59,778	0.3
	내부	982,599	10.8	973,410	12.8	980,533	9.1	990,948	7.0	893,487	4.7
	외부	244,552	2.7	288,838	3.8	278,198	2.6	287,367	2.0	510,834	2.7
	탁지부	764,324	8.4	578,736	7.6	1,665,716	15.5	2,741,999	19.3	3,525,491	18.4
	군부	3,594,911	39.6	2,786,290	36.7	4,123,582	38.3	5,180,614	36.4	4,852,175	25.4
	법부	56,774	0.6	57,520	0.8	56,702	0.5	63,967	0.5	8,671	0.4
	경무청	426,039	4.7	276,154	3.6	361,331	3.4	406,925	2.9	386,749	2.0
	학부	184,983	2.0	167,730	2.2	164,743	1.5	205,673	1.4	218,756	1.1
	농상공부	70,117	0.8	40,892	0.5	46,300	0.4	51,070	0.4	57,108	0.3
	중추원	17,152	0.2	17,128	0.2	18,580	0.2	19,396	0.1	17,834	0.1
	호위대	56,032	0.6	55,792	0.7	58,099	0.5	81,978	0.6	80,718	0.4
	양지아문	129,664	1.4	7,824	0.1						
	표훈원	22,345	0.2	18,457	0.2	20,993	0.2				
	통신원	398,080	4.4	374,910	4.9	461,935	4.3	637,648	4.5	472,540	2.5
	혜민원			6,446	0.1						
	지계아문			22,108	0.3	71,018	0.7				
	합 계	8,020,151	88.3	6,932,037	91.4	9,697,371	90.1	12,370,795	87.0	12,947,624	67.7
임시비	국장비										
	궁내부							625,395	4.4	210,000	1.1
	의정부	1,903	0.0	720	0.0					3,300	0.0
	내부	54,300	0.6	50,800	0.7	50,800	0.5	53,288	0.4	37,288	0.2
	외부	480	0.0	480	0.0	480	0.0	480	0.0		
	탁지부									4,615,453	24.1
	군부										
	학부										
	농상공부	1,848	0.0	1,840	0.0	1,840	0.0	6,340	0.0		
	합 계	58,531	0.6	53,840	0.7	53,120	0.5	685,503	4.8	4,866,041	25.5
	예비금	1,000,000	11.0	600,000	7.9	1,015,000	9.4	1,158,000	8.1	1,300,000	6.8
	세출총계	9,078,682	100	7,585,877	100	10,765,491	100	14,214,298	100	19,113,665	100

* 출전 : 〈표 1〉의 자료.

군부예산의 경우 이 시기 군대증강 정책을 반영하여 액수나 전체 세출예산에서 차지하는 비중이 크게 증가하고 있었다. 군부예산은 1896·1897년의 1백만원 안팎에서 1900년에는 163만원으로, 1901년에는 그 두 배가 넘는 359만원으로 급증하였다가, 1904년에는 다시 518만원으로 증가했다. 따라서 전체 세출예산에서 군부예산이 차지한 비중도 1897년에서 1900년 사이의 평균 25% 수준에서 1901년 이후에는 40%에 육박하고 있었다.

1901년 이후 군부예산이 급증한 것은 1900년 청의 의화단 봉기가 국제적인 문제로 부상하면서 국내외 정세가 변화하였기 때문이다. 의화단 봉기를 청정부가 자체적으로 해결하지 못한 데다가 청정부가 오히려 의화단을 부추기면서 제국주의 세력에 저항하는 양상을 보이자 프랑스·영국·미국·러시아·일본 등 제국주의 열강은 공동으로 군대를 파견하여 北京을 점령하고 지방에까지 진출하여 의화단을 탄압하는 한편 중국을 분할하려는 움직임을 보였던 것이다.[29] 더욱이 이 무렵 러시아와 일본은 한국을 분할하자는 등의 협상도 벌이고 있었다.[30] 이같은 사태 전개는 대한제국, 특히 황제인 고종에게 커다란 충격을 주었다. 이미 1894년에 농민전쟁을 계기로 한 일본의 침략을 경험했던 고종으로서는 황제의 권력을 강화하기 위해서 뿐만 아니라 제국주의 열강이 개입할 빌미를 주지 않기 위해서도 치안의 강화가 절실했다. 따라서 고종은 적극적으로 군대증강에 나서 군부예산을 증가시킨 것은 물론 정부 세출예산의 예비비나 내장원의 자금까지 동원해 군사비를 지원했다.

대한제국기에는 세출예산에 편성되지 않은 豫算外支出(예비비 지출)이 많았는데, 그것은 대개 황실과 군사비 부문에 집중되고 있었다. 특히 황실과 관련된 지출이 막대하였다. 정부 세출예산의 10% 내외를 차지하는 황실비 이외에도 황제의 위상강화를 위한 慶運宮 중건 등 각종 공사와 國葬·進宴 등 각종 황실 관련 의식·행사에 많은 액수의 예산외지출이 이루어졌다. 《高宗實錄》에 나타난 황실 관련 예산외지출 상황을 정리해보면, 1897년부터 1904년까지 정부재정의 예비비에서 황실과 관련하여 지출된 것이 약 480만원이

---

29) 의화단 봉기에 대해서는 김배철, 〈'교안'과 의화단〉(《강좌 중국사》 VI, 지식산업사, 1989) 참조.
30) 森山茂德, 《近代日韓關係史硏究》(東京大出版會, 1987), 118~121쪽.

되는데, 이것은 예산에 책정된 연평균 87만원 정도의 황실비 이외에도 해마다 평균 60만원 가량의 비용이 황실 부문에 추가로 들어갔다는 것을 의미한다. 군사비에 대한 예산외지출도 상당한 편이었다. 《高宗實錄》에 나타난 것만 해도 1897년부터 1904년까지 모두 155만원에 달했다.

이처럼 황실과 군사비 부문의 예산외지출이 많았으므로 세출예산에 미리 책정된 예비비로는 이를 충당할 수 없었다. 따라서 1897년에 180만원, 1898년 30만원, 1899년 20만원, 1902년 270만원 등 예비비를 더 설정하는 경우가 적지 않았다. 1897년에는 고종의 황제즉위와 명성황후의 국장, 1902년에는 고종의 즉위 40주년과 耆老所 입소 때문에 이처럼 많은 예비비가 추가되었다고는 하지만 1897년의 180만원은 그 해 전체 세출예산의 약 28.5%, 1902년의 270만원은 그 해 세출예산의 약 35.6%에 달하는 막대한 액수였다.

당시 정부의 세입이 만성적인 부족에 시달리고 있는 상황에서 이러한 예비비의 추가는 바로 다른 부문의 세출 감소를 의미하는 것일 수밖에 없었다. 결국 황실과 군사비 부문에는 편성된 세출예산을 넘어서는 지출이 이루어지고 지방행정을 담당하는 내부, 교육을 담당하는 학부, 관영사업 부문을 담당하는 농상공부 등 다른 부문의 세출은 책정된 예산에도 미치지 못하는 재정운영의 편중현상이 심화되어갔던 것이다.

이 시기의 내부예산은 지방행정비, 특히 各郡의 경비가 대부분이었다. 내부의 세출예산은 액수에서는 1백만원 내외로 거의 변화가 없었지만 전체에서 차지하는 비중에서는 1896년부터 1898년 사이의 20% 수준에서 1899·1900년에는 15% 수준, 1901·1902년에는 10% 수준, 1903·1904년에는 그 이하로 점차 낮아지고 있었다. 반면에 내부에 소속된 警務廳(1900년 6월에서 1901년 12월 사이에는 警部)의 예산은 꾸준히 증가하였고 전체에서 차지하는 비중도 3~4%선을 유지하였다. 1902년부터 경무청 세출예산이 갑자기 축소된 것은 1901년 11월에 경위원이라고 하는 별도의 경찰조직이 궁내부에 설치되어 예산을 나누어 가졌기 때문이다. 내부예산이 별다른 변화없이 고정적인 양상을 보이고 있다는 것은, 당시의 급격한 화폐가치 하락과 물가상승을 감안하면, 실질적인 감소를 의미한다. 내부예산, 즉 지방행정비의 감소는 중앙정부의 지방통제력을 약화시키는 것으로, 그렇지 않아도 지방통제력이 약했던 당시의 정부로서는 커다란 문제가 아닐 수 없었다.

학부예산은 액수에서는 점차 증가하였지만 전체에서 차지하는 비중은 2% 내외로 커다란 변화가 없었다. 더욱이 지방의 소학교 경비를 충당하기 위해 院土 등 과거 향교 관련 토지들의 관할권이 소학교로 이속되었다가 내장원의 光武査檢을 계기로 대부분 내장원으로 귀속됨으로써 학교에 대한 지원은 크게 감소된 결과를 가져오기도 했다.[31]

사업부서라고 할 수 있는 농상공부·通信院·양지아문·지계아문 등의 예산을 살펴보면 농상공부의 경우, 1900년까지는 급속한 증가추세를 보이다가 1900년 이후 크게 줄어들고 있다. 이는 농상공부 예산의 대부분을 차지하던 우체·전신부문이 1900년에 황제 직속기구로 설치된 통신원으로 이관되었기 때문이다. 농상공부 예산은 직원들에 대한 봉급과 기관운영 경비를 의미하는 本廳費를 제외하면 모두 크고 작은 사업에 투입된 경비였는데, 당시 농상공부가 관장하던 사업은 우체·전신을 비롯하여 인쇄·제언수축·製鹽·철도·잠업 등 다방면에 걸쳐 있었다. 하지만 우체와 전신을 제외한 다른 부문의 사업비는 극히 미미한 편이었다. 따라서 1900년 7월에 우체·전신부문이 통신원으로 이관되자 농상공부의 전체 예산이 크게 축소될 수밖에 없었다. 반면에 우체·전신부문의 예산은 그 동안의 증가 추세가 통신원으로 이속된 뒤에도 계속 이어지고 있었다. 우체·전신사업이 정부의 사업 가운데 가장 규모가 크고 또 비교적 잘 운영되는 사업이었다는 것을 말해준다.

양전·지계사업을 담당하기 위해 1898년 7월과 1901년 10월에 각각 설립된 양지아문과 지계아문(1902년 3월 지계아문으로 통합)의 예산 역시 인건비·기관운영비를 의미하는 본청비와 양전사업비(改量費·量地費)로 구성되었다. 그러나 사업의 규모와 중요성에 비추어 양전사업비는 매우 적었다. 1900년 1만원, 1901년 10만원, 1903년 5만원 등 모두 16만원이 양전사업비의 전부였다. 양전사업비가 이렇게 적게 책정된 것은 양전을 실시하는 각 군의 결호전과 지계를 발급할 때 받는 '契金'으로 그 비용을 충당했기 때문인데, 양전·

31) 소학교를 유지하려는 지방민들과 학부의 항의가 계속되었지만 내장원의 입장에는 별다른 변화가 없었다(《皇城新聞》 1899년 10월 6일, 12월 26일, 1900년 1월 6일, 1월 8일, 1월 13일, 11월 1일, 1901년 3월 23일, 7월 2일, 雜報 등).

지계사업의 성격상 이러한 경비 충당방식은 많은 문제점을 가지고 있었다.[32]

지금까지 살펴본 것처럼 황실과 군사비 부문을 중심으로 하여 재정수요는 늘어갔지만 이를 충당해야 할 정부의 재원은 계속 축소되어갔다. 만성적인 세입부족에 시달리는 당시의 상황에서 황실과 군사비부문의 세출확대는 상대적으로 다른 부문의 세출감축을 가져올 수밖에 없었다. 특히 대부분 지방행정비로 구성된 내부예산이 가장 큰 타격을 받았고 농상공부가 주관하는 사업도 우체·전신을 제외하면 거의 예산의 지원을 기대하기 어려웠다. 이처럼 정부의 재정지출이 균형을 잃고 있었으므로 정부재정을 담당하는 탁지부는 정부관리들의 봉급과 정부기구를 운영하는 데 필요한 경상비를 마련하기도 힘겨웠다. 국고 부족으로 황실비나 군인·경찰관의 월급만 우선 지급하고 각부 직원들의 월급은 지불하지 못하는 사태가 속출하여, 정부직원들의 월급이나 각 기관의 경비를 3개월까지 지급하지 못하는 경우도 있었고, 외국어학교와 각부에 고용된 외국인들의 월급지불 독촉을 받기도 했다.[33]

정부는 이러한 재정난을 해결하기 위해 여러 가지 방법을 강구하였다. 우선 호구조사, 양전·지계사업, 지방관에 대한 결호전 상납 독촉 등 재정수입을 늘리기 위한 조치들이 실시되었다. 하지만 앞서 언급하였듯이 이들 사업이나 조치들은 뚜렷한 성과를 거두지 못하였다. 정부는 또한 재정지출을 줄이는 조치들도 취하였다. 그 중 하나가 고급 관리들의 봉급을 삭감하는 조치였다. 이것은 앞서 1895년 3월 문무관리들의 봉급에서 勅任官은 20%, 奏任官은 15%, 判任官 5등 이상은 10%씩 감액하기로 했던 조치를 이어서 실시하되, 판임관과 지방관은 제외하기로 한 것이었다.[34] 이러한 조치는 이후 해마다 반복해서 실시되었으므로 칙임관·주임관 등 상급 관리들의 봉급은 실질적으로는 삭감된 것과 같았다. 또한 1902년에는 관찰사·목사·부윤·군수 등 지방관의 부임 여비를 지급하지 않는 조치를 취하기도 했다.[35]

---

32) 조동걸, 〈지계사업에 대한 정산 농민항요〉(《사학연구》 33, 1981) 참조.

33) 《皇城新聞》, 1899년 9월 26일, 11월 30일 ; 1900년 3월 13일 ; 1901년 2월 2일, 4월 2일, 11월 8일, 11월 22일, 12월 4일 ; 1902년 2월 14일, 6월 2일, 11월 7일, 12월 24일, 12월 27일 ; 1903년 1월 6일, 雜報.
《度支部各項用下調査抄錄》(奎19369).

34) 《勅令》 제2책, 1895년 3월 30일, 勅令 제69호 文武官의 俸給 減給에 관한 건, 236쪽.

재정수입 증대와 지출감축을 위한 정부의 이러한 조치들이 뚜렷한 성과를 거두기는 힘들었으므로 이제 탁지부가 쓸 수 있는 방법은 화폐를 주조하는 전환국이나 상대적으로 여유가 있던 내장원 또는 해관에서 자금을 빌려 급한 불을 끄거나, 한국의 국고금을 취급하는 일본 제일은행 지점에서 단기차관을 들여오는 수밖에 없었다.[36] 탁지부의 차입금 중에는 특히 내장원으로부터 빌려온 것이 많았는데, 그 상환은 탁지부가 직접 한 것도 있었지만 대개는 각 지방의 결호전을 내장원에 양도하는 외획의 방식이 사용되었다.[37] 1903년의 경우 모두 1천만냥 이상의 자금을 갚아야 했던 탁지부는 내장원의 요구에 따라 전라도·경상도 각군의 결호전을 외획하기로 했고 내장원은 각 군에서 거둔 결호전으로 그 지역의 상품을 구입해 서울에 내다파는 상업활동을 전개하여 많은 이익을 볼 수 있었다. 이처럼 탁지부가 전환국·내장원·해관 등에서 들여온 자금은 정부의 입장에서 보면 모두 단기차입금으로서 곧 갚아야 할 것들이었다. 따라서 이와 같은 자금의 도입은 정부의 재정난을 결코 해결할 수 없는 미봉책에 불과하였다.

(2) 황실재정의 지출 양상과 여유자금의 축적

내장원이 관리하는 황실재정의 경우, 수입에서와 마찬가지로 지출에서도 1899년을 기점으로 커다란 변화가 나타나기 시작하였다(〈표 6·7〉 참조).

---

35) 《勅令》 제10책, 1901년 12월 12일, 勅令 제22호 各觀察使·牧使·府尹·郡守의 赴任旅費를 당분간 停止하는 건, 604쪽.

36) 1899년 9월, 1903년 1월 등 몇 차례에 걸쳐 전환국에서 빌려온 자금으로 황실비, 군대·경찰, 각부 직원의 봉급 등이 지불되었고(《皇城新聞》, 1899년 9월 26일, 1903년 1월 6일, 雜報), 1900년 11월에는 해관에서 지폐 10만원을 빌려와 관리들의 봉급을 지급할 수 있었다(《皇城新聞》, 1900년 11월 29일, 雜報). 내장원으로부터도 1901년 2월·11월, 1902년 6월·10월·12월, 1903년 4월 등 여러 차례에 걸쳐 자금을 빌려와 급한 지출을 해결했다(《皇城新聞》 1901년 2월 2일, 11월 22일, 1902년 6월 2일, 10월 31일, 12월 27일, 1903년 4월 11일, 雜報). 그리고 1903년에 도입한 군함 揚武號의 대금도 일단 내장원에서 빌려서 지급했다(《皇城新聞》, 1903년 7월 13일, 雜報).

37) 탁지부는 1901년 11월말 월초에 빌려온 내장원 자금을 직접 갚았지만(《皇城新聞》, 1901년 11월 30일, 雜報), 이후에는 앞서 언급한 양무호 구입대금을 1904년에 가서 상환한 것 이외에는 직접 갚았다는 기록이 거의 없다. 아마도 이후에는 대부분을 외획의 방식으로 갚았으리라 생각된다.

〈표 6〉 내장원 지출 Ⅰ(1896~1900년)

(단위 : 兩, %)

	1896년		1897년		1898년		1899년		1900년	
	금 액	비율	금 액	비율	금 액	비율	금 액	비율	금 액	비율
內入	1,000	1.1	29,386	29.7	45,240	32.5	25,847	31.8	42,000	30.4
進上	214	0.2			756	0.5	750	0.9		
各宮 進上·移送										
享需費	6,624	7.8	2,749	2.7	10,394	7.4	5,736	7.0	29,492	21.4
葬禮費			11,016	11.1	8,415	6.0				
儀式·宴會費										
接待費										
學校·遊學生 補助金										
政府기관										
宮內府 각 기관	25,029	29.5	941	0.9	213	0.1	100	0.1	80	0.0
王室·宮內府사업비										
건축·수리비	1,114	1.3	76	0.0	825	0.5			5,721	4.1
궁궐 경비							4,178	5.1	513	0.3
內藏院 各 部署	2,387	2.8	557	0.5	865	0.6	102	0.1	128	0.0
月給·賞與金	10,410	12.2	19,980	20.2	20,645	14.8	8,005	9.8	5,020	3.6
蔘政課 및 水蔘價										
역둔토 개간, 관리비					2,816	2.0			41,385	30.0
旅費·駄價·船價	4,477	5.2	6,037	6.1	8,044	5.7	6,940	8.5	9,195	6.6
전신·우체비							505	0.6	954	0.6
別貿價(紙幣·銀貨)										
貿米價	6,239	7.3	21,417	21.6	39,259	28.2	21,295	26.2		
각종 물건비	2,861	3.3	6,097	6.1	560	0.4	6,168	7.6	1,680	1.2
買入價(家舍·草坪)									600	0.4
第一銀行株式代金										
貸下										
貸付金 償還										
恤金										
下賜金	15,189	17.9								
還退			61	0.0	231	0.1	790	0.9		
기타	9,094	10.7	437	0.4	917	0.6	728	0.8	942	0.6
합 계	84,643	100	98,758	100	139,182	100	81,148	100	137,713	100

* 출전 : 《會計冊》(奎19113).

〈표 7〉 내장원 지출 II(1901~1904년)

(단위 : 兩, %)

	1901년		1902년		1903년		1904년	
	금 액	비율	금 액	비율	금 액	비율	금 액	비율
內入	722,846	80.9	675,462	42.9	169,592	16.2	10,309,631	46.7
進上					6,757	0.6	78,441	0.3
各宮 進上·移送	2,000	0.2	67,400	4.2	60,000	5.7	47,400	0.2
享需費	21,310	2.3	10,879	0.6	28,919	2.7	208,539	0.9
葬禮費			23,000	1.4			259,693	1.1
儀式·宴會費			1,031	0.0	3,403	0.3	725	0.0
接待費							162,482	0.7
學校·遊學生 補助金							19,875	0.0
政府 기관							13,000	0.0
宮內府 각 기관	10,406	1.1	28,122	1.7	12,660	1.2	573,712	2.5
王室·宮內府사업비							226,840	1.0
건축·수리비	66,105	7.3	34,358	2.1	40,320	3.8	709,259	3.2
궁궐 경비	1,306	0.1	47,061	2.9	5,719	0.5	88,341	0.4
內藏院 各 部署	2,888	0.3	954	0.0	1,546	0.1	43,437	0.1
月給·賞與金	4,980	0.5	16,280	1.0	27,860	2.6	61,037	0.2
蔘政課 및 水蔘價							4,634,978	21.0
역둔토개간·관리비					12,148	1.1	50,045	0.2
旅費·駄價·船價	25,726	2.8	78,309	4.9	181,742	17.3	201,457	0.9
전신·우체비	1,789	0.2	2,110	0.1	4,532	0.4	7,974	0.0
別貿價(紙幣·銀貨)			61,446	3.9	63,625	6.0	768,946	3.4
貿米價			81,867	5.2				
각종 물건비	8,167	0.9	288,998	18.3	95,602	9.1	624,850	2.8
買入價(家舍·草坪)	16,000	1.7			180,210	17.2	25,500	0.1
第一銀行 株式 代金								
貸下							2,271,980	10.2
貸付金 償還							150,000	0.6
恤金	3,208	0.3	121,476	7.7	123,652	11.8	70,660	0.3
下賜金					4,000	0.3		
還退	3,596	0.4					349,949	1.5
기타	3,076	0.3	33,738	2.1	23,019	2.2	107,511	0.4
합 계	893,407	100	1,572,497	100	1,045,311	100	22,066,271	100

* 출전 : 《會計册》(奎19113).

1899년까지는 지출항목에서 內入, 내장원 직원들의 월급과 기관운영비 등 경상비, 貿米價 등이 큰 비중을 차지하고 있었다. 무미가 지출은 내장원에 소속된 사궁장토 등에서 거두어들이는 도조만으로 궁궐의 수요를 충족할 수 없었기 때문에 쌀을 사들였다는 것을 의미하는데, 여기서도 드러나듯이 당시 내장원의 재정형편은 결코 넉넉한 편이 아니었다. 하지만 1900년에는 내입이 여전히 커다란 비중을 차지하는 가운데 이 무렵에 내장원으로 이속된 역둔토 조사와 관리를 위한 비용과 享需費가 상대적으로 많이 지출되었다. 1901년부터는 변화의 양상이 보다 뚜렷해졌다. 우선 各宮에 대한 進上과 移送, 紙幣·銀貨 등의 구입비(別貿價), 家舍·草坪 등의 구입비, 恤金 등이 새로운 지출항목으로 등장하였고, 궁내부 소속 각 기관에 대한 경비 지원, 건축·수리비, 여비·駄價·船價 등 역둔토 도조 징수비, 각종 물품 구입비 등이 증가하였던 것이다. 이제 재원의 확대로 수입이 증가하는 추세였으므로 내장원의 재정운영이 본 궤도에 들어선 것이다.

내장원의 지출 가운데 가장 큰 비중을 차지하는 內入金은 황제의 명령을 받아 궁궐로 들여간 자금이었다.[38] 1896년 내장원이 황실재정 담당기구로 설치된 이후 1907년 일제에 의해 폐지될 때까지 전기간의 지출을 종합하면 이처럼 용도가 밝혀지지 않은 내입금의 비율이 전체 지출의 37.8%에 달했다. 좀더 구체적으로 살펴보면 1896년에는 내입금이 고작 1천냥에 지나지 않았으나 1897년에는 약 3만냥이 되어 전체 지출에서 차지하는 비중도 약 30%나 되었다. 이후 1900년까지 해마다 평균 3만 5천냥이 내입금으로 지출되었고, 내입금이 전체 지출에서 차지하는 비중도 30% 수준에서 일정하게 유지되고 있었다. 하지만 1901년부터는 전체 지출규모의 급증과 함께 내입금도 큰 폭으로 증가하였다. 1901년에는 내입금이 72만냥이나 되었고, 1902년에 67만냥, 1903년에 약 17만냥으로 점차 감소하다가 1904년에는 무려 1천만냥

38) 內入金이라 한 것은 내장원 《會計冊》(奎19113)의 上下(지출)항목에 '內入'이라고 기록된 것 중에서 구체적인 용도가 밝혀져 있지 않은 것을 의미한다. 1896년에서 1907년에 걸친 내장원의 수입과 지출을 월별로 정리한 《회계책》에는 內入이라는 지출항목이 많이 나타나는데 그 경우에 '內入 貧戶 賑給條', '內入 繕工 役費條'처럼 사용처를 밝힌 것이 대부분이지만 '內入 於之屯 上納錢'처럼 수입처만 기록하거나 그냥 '內入'이라고만 기록한 것도 적지 않게 있다.

을 기록하였다. 이와 같은 내입금 액수의 증감에 따라 전체 지출에서 차지하는 비율도 1901년 80%, 1902년 43%, 1903년 16%로 감소하였지만 1904년에는 다시 47%로 상승하였다.

이 시기에 내입금이 주로 內下·內帑에 사용되었던 것 같다. 《皇城新聞》에는 황제의 내하 또는 내탕에 대한 기사가 많이 실려 있다. 예컨대 1900년 人工養蠶會社의 자본금 2천원 중에서 1천원, 1901년 天一銀行에 家契 典當의 자본금으로 4만원, 한성의 家契典執會社에 3만원, 惠民院에 賑恤費로 2만원을 내하하였고, 1902년에는 승동에서 유동으로 이사한 정선여학교에 교비로 당오전 1만냥을 내하하였으며, 1903년에는 흉년이 들어 쌀이 부족하자 내탕미 수만 석을 풀었다는 것 등이다.[39] 이밖에도 1900년에 명동 한성병원이 내탕금을 받은 데 대해 감사광고를 내고 있으며, 1902년 萬壽聖節(황제 탄신일)과 千秋慶節(황태자 탄신일)에, 1903년의 만수성절에 각각 관청 직원들의 연회비로 내탕금을 하사했다는 기사도 있다.[40] 이처럼 내입금은 각종 회사의 자본금이나 운영자금, 학교와 병원 등에 대한 보조금, 진휼이나 행사비 등 정부 재정에서 지출하기 어려운 부문에 쓰였던 것으로 추측된다.

내장원의 사업비 지출은 1903년까지 역둔토 등의 관리를 위한 개간과 屯·洑·堰 수축비밖에 없었다. 이외에 旅費·駄價·船價 등도 역둔토의 도조를 징수하거나 운송하는 데 쓰여진 경비이므로 넓은 의미의 사업비라고 할 수 있지만 이것을 포함시킨다 해도 1904년 이후와 비교하면 이 시기의 내장원 사업비 지출은 적은 편이었다고 할 수 있다. 그 이유는 내장원의 가장 큰 사업이라 할 수 있는 홍삼전매사업을 위해 사용된 경비가 1903년까지는 전혀 기록되지 않은 데 있었다. 홍삼전매 사업비가 1904년에는 463만냥이나 지출된 것으로 보아 1903년까지 사용된 경비도 상당하였을 것으로 생각되는데, 아마도 이때까지의 경비는 홍삼전매 수입금과 함께 삼정감독 이용익의 지휘·감독 아래 개성의 삼정과에서 별도로 운용되었던 것 같다.

---

39) 《皇城新聞》, 1900년 6월 8일, 1901년 11월 19일, 12월 6일, 1902년 4월 14,일 雜報 ; 1903년 7월 27일, 論說.

40) 《皇城新聞》, 1900년 12월 1일, 광고 ; 1902년 3월 18일, 8월 26일, 1903년 9월 17일, 잡보.

이 시기 내장원의 전체적인 수입과 지출을 비교해보면 1896년에는 수입 6만 5천냥, 지출 8만 4천냥으로 약 2만냥의 적자를 기록하였지만, 1897년부터 1899년까지는 수입과 지출이 대개 균형을 이루었고, 1900년 이후에는 수입이 큰 폭으로 증가하면서 흑자 폭이 점차 커지고 있었다. 이 시기 내장원의 누적 잔액을 계산해보면 1896년－19,142냥, 1897년－954냥, 1898년－3,416냥으로 이때까지는 적자상태였지만, 각종 재원의 내장원 이속이 시작되는 1899년 이후에는 1899년 16,867냥, 1900년 18만냥, 1901년 약 90만냥, 1902년 약 180만냥, 1903년 약 660만냥, 1904년 약 1,460만냥으로 누적 잔액이 급격히 늘어나고 있었다.[41] 1904년 이후에는 수입이 상당히 많음에도 불구하고 1906년부터 일본 제일은행 등에서 대출을 시작한 것과 비교하면, 이 시기에는 내장원이 관리하는 황실재정에 상당한 여유가 있었다는 것을 알 수 있다. 당시의 황실에는 전환국에서 주조한 화폐, 홍삼전매 수입금 등 내장원의 《會計冊》에 기록되어 있는 것보다도 훨씬 많은 별도의 수입이 있었기 때문에 내장원에서도 이렇게 큰 규모의 자금축적이 가능하였던 것이다. 결국 이 시기에는 전환국 주조 화폐, 홍삼전매 수입금, 내장원 잔액 등 풍부한 자금을 고종과 이용익이 운용할 수 있었고, 이러한 자금은 황제인 고종의 내탕금으로 사용된 것은 물론 고종이 전차·전기사업을 추진하기 위해 설립한 한성전기회사의 운영, 이용익이 의욕적으로 추진했던 서울－개성간 철도의 부설, 재정난에 시달리는 정부에 대한 대출, 그리고 군사비의 일부 등으로 사용되었으리라고 추측된다. 그러나 황실재정 전체에서 근대화사업을 위해 지출된 비용이 어느 정도의 비중을 차지했는가에 대해서는 앞으로 보다 면밀한 조사가 필요할 것이다.

마지막으로 지금까지 살펴본 재정운영과 관련하여 대한제국의 개혁사업을 평가해 보기로 하자. 대한제국은 제국주의 열강간의 세력균형, 개화파정권이 추진한 갑오개혁에 대한 반작용, 그리고 고종의 국정주도 의지 등을 배경으로 하여 탄생하였기 때문에 제국주의 열강의 세력균형을 유지하면서 황제권력의 강화를 추구하는 한편 황제를 중심으로 하여 자주적이고 점진적인 개

41) 《會計冊》(奎19113), 매 연말 時在 참조.

혁을 추진하는 데 정책기조를 두지 않을 수 없었다. 이러한 정책기조에서 황제권력을 강화하기 위한 제도적 장치의 마련과 황제에 도전하는 세력에 대한 억압, 황제와 황실 그리고 국가의 위상을 높이기 위한 여러가지 사업의 추진, 황제 직속기구의 확대와 많은 재원의 황실 이속 등이 이루어졌다. 한편 1900년을 전후하여 의화단 봉기를 계기로 한 제국주의 열강의 중국 침략과 분할, 東學黨·英學黨·活貧黨 등 민중운동세력의 조직화, 국내 정치세력간의 대립과 끊임없는 정변 기도 등 국내외 정세의 변화에 따라 재정운영도 열강의 침략을 방지하고 독립을 유지하기 위한 방편으로 황실과 군사비 부문에 편중되지 않을 수 없었다. 하지만 이것은 만성적인 세입의 부족과 관련하여 재정운영을 어렵게 하는 요인이 되었고 따라서 개혁을 위한 재원의 확보에도 심각한 영향을 미쳤다. 결국 재원 마련의 어려움이 개혁사업의 부진을 가져올 수밖에 없었고, 이들 개혁사업이 대개 재원의 확충에 목표를 둔 것이었기 때문에 개혁사업의 부진은 다시 재원 확보의 어려움으로 연결되는 악순환이 계속되었다. 반면에 황실재정은 황실로 이관된 많은 재원의 운용을 통해 상당한 여유자금을 확보하고 있었다.

결과적으로 대한제국의 개혁사업은 성공하지 못하였다. 개혁사업이 실패로 돌아간 가장 중요한 원인은 무엇보다도 외세의 간섭, 특히 일본의 침략이었다. 일본의 군사적 강점과 식민지화가 대한제국의 개혁사업을 최종적으로 실패하게 만든 것이다. 개혁사업을 추진해나갈 주도세력이 미약하였다는 점도 개혁을 제약한 요인이었다. 개혁사업이 실패한 또 하나의 원인은 역시 자금 부족에 있었다고 볼 수 있다. 마지막으로 한 가지 더 지적해야 할 것은 개혁사업이 일관성있게 추진되지 못했다는 점이다. 다시 말해서 개혁의 전체적인 지향은 우리 사회의 내재적인 발전방향에 맞추어야겠지만 개혁의 범위는 몇몇 부분에 한정되는 제한적 개혁이 아니라 사회 전체에 걸친 대대적인 개혁이 수행되어야만 그나마 대한제국이 제국주의 열강의 틈바구니에서 자주독립을 유지하면서 근대국가로 발전할 수 있는 길이 있었을 것이다. 하지만 전반적인 개혁을 추진하기에는 주도세력이 미약했고 국내외적 여건도 어려웠기 때문에 대한제국의 개혁은 실패로 끝나고 말았다.

〈李潤相〉

Ⅲ. 러일전쟁

1. 러일전쟁의 배경

2. 러일전쟁의 경과와 전후처리

Ⅲ. 러일전쟁

1. 러일전쟁의 배경

1) 러일전쟁과 한국

20세기초 동아시아 지역에서 전개된 일본과 러시아간의 경쟁과 갈등은 드디어 1904년 2월 러일전쟁으로 발전하게 되었다. 일본은 전쟁중 한국을 군사적으로 점령했으며, 전쟁에서 승리한 후 영국·미국·러시아 등 열강들과의 조약을 통해 한국에 대한 보호권을 승인받았다. 그리고 1910년 한국을 합방하였다. 러일전쟁은 이같이 국제정치적으로 한국의 운명을 결정하는 분수령이 되었다는 점에서 한국에게는 불행한 사건이었다. 물론 이 전쟁은 본질적으로 동아시아에서 일본과 러시아라는 두 팽창주의적 세력이 다툰 국제정치적인 사건으로 한국이 '가장 중요한 경쟁의 대상'이었는가 라는 점에서는 약간의 異論이 존재하지만, 한국이 '가장 큰 피해자'가 되었다는 점에서는 이견의 여지가 없을 것이다. 이런 의미에서 한국근대사를 다룬 개설서들은 대부분 이 문제를 중요하게 취급하고 있다.

국내 학계에서 이 전쟁을 다루는 입장은 어떤 의미에서 단순하다. 우선 이 전쟁을 한반도를 둘러싼 러시아·일본간 각축의 연장선상에서 취급하는 시각이다. 1895년의 乙未事變에서 시작하여 아관파천, 로젠(Rosen)-니시(西)협정, 로마노프(Romanov)-야마가타(山縣)협정, 마산포 조차, 용암포사건 등 한반도를 두고 일본과 러시아가 경쟁한 사건들을 이 전쟁의 전주곡으로 간주한다.[1] 그러나 이같이 한반도라는 국지적 관점으로는 러일전쟁의 실상을

1) 이것은 주로 한국사의 관점에서 러일전쟁을 취급하는 태도이며 《한국사》 41권의 1장에서 충분히 다루었다.

정확하게 파악할 수 없다. 두번째 시각은 러일전쟁을 일본과 러시아 양국의 팽창주의적 정책이 동아시아라는 지역 수준에서 충돌한 것으로 평가하였다. 이 전쟁은 주로 만주에서 전개되었으며 경쟁의 주요 대상은 만주였다. 이것은 주로 동아시아 국제정치사적인 입장을 반영하는 것이며, 한국근대사보다는 동양외교사에서 이 전쟁을 더 상세하게 다루는 데서 잘 나타나 있다. 이 관점에 의하면 러일전쟁은 한국과는 상관없으며, 관련이 있더라도 한국은 양국간에 주된 경쟁의 대상이 되지 않는다. 물론 이 시기를 전후해서 전개된 일본의 한반도 침탈은 언급되지만, 러일전쟁 자체에 관한 한, 그리고 전쟁의 과정에서, 한국정부나 국민들은 방관자적인 입장을 보이다가 종전과 함께 승전국의 전리품으로 취급되는 상황을 맞으면서 경악하는 것이었다.

그러나 러일전쟁이 한국의 존망과 직접적으로 관련된 것이라면 양국간의 갈등이 그 근원에서부터 전개과정, 그리고 그 처리에 있어 한국과 밀접하게 관련되어 전개되지 않을 수 없다. 한국정부나 국민들은 러일전쟁의 전조로서 전개된 중국의 의화단사건이나 영일동맹, 그리고 러·일간의 전쟁에 민감하게 때로는 엉뚱하게 반응하였으며, 이를 한국의 장래와 관련시켜 평가하고 있었다. 따라서 러일전쟁은 동아시아를 무대로 하여 전개된 지역적·범세계적 의미를 갖는 사건이면서도 한국과 밀접하게 관련된 것이라는 관점에서 살펴볼 필요가 있을 것이다.

2) 청일전쟁 후 동아시아 국제관계

19세기 중엽 서방세력들의 동아시아 진출 이후 동아시아 국제정치에 개입하는 열강들은 중국과 일본이란 두 지역세력, 최대의 식민지를 보유한 해상·상업세력인 영국, 태평양 세력인 미국, 대륙으로 동아시아와 연결된 러시아 그리고 유럽의 중심세력인 독일과 프랑스 등을 꼽을 수 있다. 이 중 중국은 청일전쟁에서 패배한 이후 열강들의 침탈 대상으로 전락해 버렸다. 그외 열강들은 동아시아에서 갖는 이해의 성격, 이 지역이 자국의 대외정책 전반에서 차지하는 비중, 그리고 이를 추구할 수 있는 능력에 따라 이 지역의 국제정치, 혹은 세력균형 게임에 적극적으로 참여하거나 단순히 세력분포 기능만 담당하게 되었던 것이다.

이 중 일본과 러시아는 이 지역에서 정치적·전략적 이해를 적극적으로 추구하던 국가에 속한다. 대륙세력이면서 지리적으로 동아시아와 접한 러시아는 19세기말 해상세력의 시대에 뒤이어 등장하는 철도의 발달로 아시아 내륙 깊숙이 수송망을 건설하면서 인도와 중국 등에서 남하정책을 감행하고 있었다. 일본 역시 명치유신 이후, 특히 청일전쟁 이후 주변 지역을 대상으로 팽창정책을 추진했다. 이것은 양국이 한반도와 그 인근 지역문제를 두고 충돌하였으며 한반도는 주요한 대상이라는 점을 말해주는 것이다. 일본에게는 한반도는 일본열도의 심장을 겨눈 비수이자 일본이 대륙으로 나아가는 관문으로서, 러시아에게는 극동 시베리아 개발을 위한 인적·물적 자원을 지원해 줄 수 있는 배후 기지였으며 부동항을 보유한 지역으로서 높은 가치를 갖고 있기 때문이었다. 양국은 이런 의미에서 이 지역의 기존 국제체제에 변화를 추구하던 세력으로 분류된다.

해양·상업세력인 영국은 아편전쟁 이후 동아시아에 설치한 개항장을 중심으로 소위 비공식 제국망(informal empire)을 구축, 무역을 주도하면서 양자강 유역 등에 광범위한 이권을 보유하고 있었다. 이 결과 인도제국의 보호와 중국에서 경제적 이권을 보호하기 위해 정치적·전략적 문제에 관심을 갖게 된다. 중국에서는 청일전쟁 이전까지는 중국과의 準동맹적인 관계에서, 즉 친중국적인 입장에서 동아시아 정책을 추진해왔다. 영국은 중국이 그들의 상업적 활동을 저지할 만큼 강력해지기를 원하지는 않았지만 정치적·사회적으로 안정을 유지하는 것이 영국의 이권과 해상·상업활동에 유리할 것으로 평가하였다. 반대로 중국의 정치적·사회적 혼란은 경제적 이익 추구에 장애가 될 뿐만 아니라 다른 열강들, 특히 범세계적 차원에서 영국과 경쟁하는 러시아가 정치·군사적으로 남진팽창정책을 추구할 기회를 줄 수 있는 것이었다. 한반도에서도 영국은 중국과의 협조를 통해 러시아의 한반도 진출을 봉쇄해 왔으며, 이런 의미에서 이 시기 중국과 협력하는 영국의 한국정책은 성공적이었다고 평가되고 있다.[2] 미국도 태평양 세력이라는 관점에서 이

2) Kiernan, E. V. G., *British Diplomacy in China 1880~1885*(Cambridge : Cambridge University Press, 1939), p. 85.

지역에 어느 정도 정치적·전략적 이해를 갖고 있었지만 정치적 야심보다는 경제적·상업적 이익의 극대화에 주력하고 있었다. 따라서 영국과 미국은 지역정세의 안정을 기본정책으로 삼는 현상유지 세력으로 분류할 수 있다.

동아시아 지역정치를 이해하는 데 또 하나의 중요한 점은 동아시아가 19세기말이 되면 유럽 중심적 국제정치에 종속되는 場으로서 기능하게 된다는 것이다. 유럽에서는 보불전쟁 이후 고립되었던 프랑스가 1890년 이후 러시아와의 동맹관계에 들어감으로써 유럽의 국제체제는 전환기를 맞는다. 또 이 시기에 절정기에 도달한 열강들의 식민지 분할도 동맹관계의 변화를 촉진시켰다. 미국도 스페인과의 전쟁에서 승리한 후 필리핀을 획득(1898. 12), 이 지역문제에 보다 적극적으로 참여할 수 있는 기반을 마련했다. 국제정치상의 이같은 변화는 청일전쟁 이전까지 주로 경제적 이해관계를 중심으로 진행된 열강들의 동아시아 정책에서 정치적·전략적 중요성이 강조됨으로써 동아시아는 유럽 열강들의 범세계적 국제정치 체계와 밀접하게 연결되어 전개되었던 것이다.[3] 당시 이 지역에서 최대의 이해를 보유한 영국에게조차 동아시아는 독자적인 정책을 추진하던 대상이 아니었다. 영국에게 중요했던 것은 유럽의 세력균형이었으며, 이것은 구체적으로 독일·러시아·프랑스와의 관계였다. 따라서 '영광된 고립'정책을 포기한 것으로 평가되는 영일동맹도 단기적으로 동아시아에서 러시아의 팽창을 저지함으로써 장기적으로 러시아와의 타협(삼국협상)을 가능케 한다는 전략적 의미를 강하게 갖는 것이었다. 즉 영일동맹의 기능은 유럽의 국제정치에 보조적이었다는 평가이다.[4]

마지막으로 유럽의 강대국인 독일과 프랑스의 정책도 간단히 언급할 필요가 있을 것이다. 기본적으로 독일과 프랑스는 유럽 우선이라는 기본정책을 바탕으로 다른 열강과의 관련 속에서 동아시아·한국문제에 일정한 가치를

3) Langer, William L., *The Diplomacy of Imperialism, 1890~1902*(New York : Alfred A. Knopf, 1951), pp. 167ff. 유럽 세력균형의 구조적 변화에 따른 국제체제의 변화에 대해서는 Morgenthau, Hans J., *Politics Among Nations*, fifth edition(New York : Alfred A. Knopf, 1973), pp. 348~350 참조. 러일전쟁도 이같은 관점에서 유럽의 중심국과 주변국과의 전쟁으로 평가된다.

4) Lowe, C. J., *The Reluctant Imperialists-British Foreign Policy 1878~1902* (London : Routledge & Kegan Paul, 1967), pp. 248~251. 따라서 영-러 양국은 동아시아 문제는 거론하지 않고 페르샤·티벳·아프가니스탄 문제만 다루었다.

부여했다. 유럽정치의 중심 세력으로 부상한 독일은 1890년대 이후 세계세력으로서의 지위 확보를 위해 해군력 확장의 필요성을 인식하고 이 전략의 일환으로 1898년 교주만을 租借 동아시아에 진출했다. 물론 1880년 이래 독일의 산업이 비약적으로 발전하면서 중국과의 교역량이 영국 다음으로 늘어나는 등 동아시아에 대해 관심도 증대되는 추세였다. 그러나 유럽에서 러시아와 프랑스간의 협력관계가 성립되면서 독일의 관점에서는 안보위협이 심각해짐에 따라 유럽 지역의 안보체제 구축에 주력하였으며 상대적으로 실질적 이해가 빈약한 동아시아 지역은 관심권에서 멀어지게 되었던 것이다. 더구나 동아시아로 통하는 해상로는 영국 함대에 완전히 노출되어 있었기 때문에 이 기간 동안 독일의 동아시아 정책은 여러 연구서의 평가대로 '공세적 방어'나 '엄정 중립'을 취하는 정도였다.[5)]

프랑스는 19세기 후반기 유럽에서 독일·영국에 비해 그 세력이 크게 약화되었으며, 더구나 유럽정세가 프랑스의 안보를 위협하는 방향으로 전개되자 주로 인도차이나에 제한된 이해를 갖고 있던 프랑스로서는 아시아 문제에 적극 개입하기를 원하지 않았다. 프랑스는 1890년 이후 독일을 견제하기 위한 러시아와의 동맹을 외교정책의 근간으로 삼았는데, 바로 이 기본정책의 유지가 동아시아 정책에서도 기준이 되는 것이었다. 1895년 청일전쟁 후 러시아를 지원하여 일본의 요동반도 획득에 반대한 3국간섭도 이 정책의 일환이었다. 그러나 러시아로 인해 동아시아 문제에 과도한 공약을 함으로써 유럽에서 프랑스의 위치가 위협받는 상황이 조성되는 것은 허용치 않았다. 1902년 러시아는 영일동맹에 반발하여 동아시아에서 러시아의 이해를 러불동맹의 정신에 따라 보장하라고 강력히 요구하였지만 프랑스는 이 동맹을 동아시아에 확대 적용하기를 거부했다. 프랑스는 또 강력한 해군력을 갖은

5) Schrecker, John E., *Imperialism and Chinese Nationalism-Germany in Shantung*(Cambridge, Mass. : Harvard University. Press, 1971), pp. 8~41.
Bee, Minge C., 'Origins of German Far Eastern Policy', *Chinese Social and Political Science Review,* 21-1(Apr., 1937).
White, John Albert, *The Diplomacy of the Russo-Japanese War*(Princeton : Princeton University. Press, 1964), pp. 92~94 · 170~178.

영국과 해외에서 대립하는 것을 원치 않았으며, 더구나 유럽에서 독일을 상대로 잠재적인 동맹국이 될 수 있는 영국을 자극하지 않는다는 입장이었다. 프랑스의 취약성은, 곧 언급하겠지만, 러일전쟁 직전 일본이 러·일 분쟁을 중재하려는 프랑스의 시도를 간단히 거부한 데서 잘 나타나 있다.[6] 이같은 이유에서 독일이나 프랑스의 존재는 1890년 이후 동아시아 정치에서 끊임없이 등장하였지만 항상 보조적인 역할만 담당했으며 결정적인 계기에는 사라졌던 것이다.

동아시아 지역에서 이상과 같은 열강들의 세력분포와 정책목표는 (한국과 관련하여) 중요한 의미를 갖는다. 우선 러일전쟁 前後 시기에 동아시아 국제정치에 실질적으로 관여할 수 있는 능력을 보유한 세력은 일본·러시아·영국 그리고 미국으로 제한된다는 점이다. 둘째 이 지역에 직접적인 정치적·전략적 이해를 가진 일본·러시아를 제외한 열강들은 경제적 이익 보호를 위해 군사력을 동원할 가능성이 거의 없었다. 한반도 문제의 경우는 더욱 그러했다. 한반도는 열강의 국제정치 게임에서 종속적 장으로 기능하는 동아시아 무대에서 그들의 이해가 집중된 중국에 대한 정책에 또 종속되어 있는 지역이기 때문이었다. 특히 영국과 미국 등 해양세력이 대륙의 강대국을 상대로 군사력을 동원한다는 것은 유럽의 경우 19세기 중엽부터 어려워진다. 따라서 이들은 유럽의 정세가 계속 심각해지는 상황에서 열강들간에 첨예한 대립을 보이는 동아시아 지역문제에 깊숙이 개입하기보다는 지역의 강대국과 제휴하거나 세력균형의 유지라는 소극적인 방법으로 기존의 이해를 보호하는 정책을 추진하게 되었던 것이다.

이와 관련하여 한가지 언급할 것은 동아시아에서 전개된 영국과 러시아간의 대결이다. 소위 영·러 대결은 크리미아전쟁에서부터 국제정치를 규정하는 하나의 틀이었다는 사실은 분명하다. 러시아의 남진정책은 세계 거의 모든 지역에서 영국의 식민지적 이해와 충돌했기 때문이다. 그러나 중요한 점

---

6) White, *Op. cit.*, pp. 124~127.
Nish, Ian H., *The Anglo-Japanese Alliance-the Diplomacy of Two Island Empires 1894~1907*(London : Athlone, 1966), p. 238.
李昌訓, 〈20세기 초 프랑스의 對韓정책〉(한국정치외교사학회 편, 《한불 외교사 1886~1986》, 평민사, 1987), 113~117쪽.

은 영국이 항상 일률적인 방식으로 이에 대응한 것이 아니라는 점이다. 영국은 그들의 이해가 중요한 지역에서는 당연히 러시아 남진을 다른 열강과의 동맹(1878 베를린회의)이나 군사적 수단(아프간전쟁, 1878~1885) 등 가능한 모든 수단을 통해 저지했다.[7] 그러나 영국의 이해가 희박한 지역에서는 외교적 홍정이라는 유연한 자세를 견지하였다. 동아시아 사태 중 일부 그리고 한반도 문제가 이에 속하였다고 할 수 있겠다. 영국은 러시아가 양자강 유역에 대한 영국의 영향권을 인정하는 대가로 만주에서의 러시아 영향권을 인정했다(1899). 한반도에서는 거문도 점령(1885) 이후 러시아와의 대결정책이 현명하지 못한 것으로 판단하였으며 청일전쟁 이후 러시아가 한반도에서 상업용 항구를 획득하는 데 반대하지 않는다는 태도를 표명하였다.[8] 이것은 영·러 대결이라는 국제정치의 중요한 요소가 동아시아나 한반도에 절대적으로 적용되었던 것은 아니라는 것을 의미하는 것이다.

러일전쟁도 이상과 같은 국제정치의 구조에서 전쟁의 원인이 싹텄던 것이다. 대부분의 학자들은 러일전쟁의 기원을 청일전쟁 이후 동아시아 정세의 변화에서 찾았다.[9] 즉 청일전쟁에서 중국이 패배함으로써 이 지역을 지배하던 중국 중심의 華夷體制가 완전히 소멸되면서 국제체제상 커다란 변화를 겪게 되었으며 이 과정에서 열강들이 동아시아 정책을 조정하면서 전쟁의

---

7) 영국의 아프간전쟁에 대해서는 Porter, Bernard, *The Lion's Share-a Short History of British Imperialism 1850~1983*, second edition(London : Longman, 1975), pp. 86~88 참조.

8) Salisbury to Satow, 1896. 2. 19(朴日權 편, 《근대한국관계 영·미외교자료집 1887~1898》, 부산대, 1983, 707쪽).
영국이나 미국 외교문서는 관례에 따라 발신인 to 수신인, 날짜, FO(Foreign Office, 영국 외무성, 미국의 경우는 없음), 분류번호, 문서철 번호, 문서번호 순으로 표기한다. 일반적으로 발신인은 해외주재 대사·공사·총영사이며 수신인은 외무장관·국무장관이다. 간행된 문서는 문서의 분류번호 대신 문서집 이름으로 대신하겠다. 예를 들어보면 *FRUS(Foreign Relations of the United States)*, *DBFP(Documents on British Foreign Policy)* 등 이다.

9) Malozemoff, Andrew, *Russian Far Eastern Policy 1881~1904-with Special Emphasis on the Causes of the Russo-Japanese War*(Berkeley : University of California Press, 1958).
Nish, Ian H., *The Origins of the Russo-Japanese War*(London : Longman, 1985).

원인이 잉태되었다는 것이다. 물론 화이체제는 아편전쟁 이후 붕괴과정을 겪어 왔지만 열강들은 여전히 중국과의 관계를 중심으로 그들의 동아시아 정책을 추진해왔었다. 그러나 일본의 승리와 이에 따른 戰後 처리는 열강들의 동맹관계와 맞물려 열강들의 이해 충돌로 발전하게 되었던 것이다.

이같은 변화에 주도적인 역할을 하던 세력이 러시아와 영국이다. 청일전쟁 이전까지 친중국적인 정책을 견지하고 또 중국의 패배를 예상하지 않았던 영국으로서는 종전 후 갑자기 동아시아 정책의 동반자를 잃은 상황을 맞게 되었다. 더구나 이 지역에 대한 열강들의 진출이 가속화됨에 따라 상대적으로 지위가 약화된 영국은 일본의 요동반도 획득을 저지한 3국간섭에서 제외됨으로써 그 취약성이 더욱 노출되었다. '영광된 고립'이란 일반적으로 나폴레옹 전쟁 후 영국의 대륙정책을 상징하는 것이지만 정확한 의미에서는 바로 이 시기 영국이 열강들로부터 고립되었다는 일종의 위기감을 나타낸 것이다.[10] 이에 영국은 일본이 이 지역의 신흥 세력으로 부상했다는 점을 인정하고 나아가서 영국과 일본의 이해가 '충돌하지 않는다'는 평가아래 한반도에 대한 일본의 침략성을 인지함에도 불구하고 동아시아 정책의 동반자로서 일본을 선택하게 되는 것이다.[11]

중국은 영국의 배반과 일본의 중국 침탈에 대항하여 러시아와 협조관계를 형성했다.[12] 러시아는 1860년 한국과 국경을 접하게 되지만 이 지역에서 인적·물적자원 등 대외정책을 지원할 수 있는 능력을 충분히 보유하지 못했기 때문에 일반적으로 알려진 것과는 반대로 극히 조심스러운 접근을 시도해왔다. 즉 러시아는 한반도는 중국과 일본에게는 절대적 이해가 걸린 지역이며 영국은 러시아의 남진을 저지하기 위해 전략적 가치를 부여하는 지역이므로 동아시아에서 전쟁 수행능력을 충분히 보유하지 못한 러시아가 이들

10) Howard, Christopher, *Splendid Isolation*(金相洙·金元洙 공역, 《대영제국의 '영광스러운 고립'》, 한양대 출판부, 1995, 1~2장).

11) Langer, *Op. cit.*, pp. 173~174·185~186. '동반자'란 국제정치의 협력과 갈등이란 양 극단적인 현상에서 협력의 최고 형태인 동맹관계를 의미하는 데 영·일 양국의 경우는 영일동맹으로 구체화된다.

12) 중국의 대외정책을 총괄하던 李鴻章은 영국의 정책변화를 두고 '이기적이고 단견'이며, 중국은 영국의 배반을 결코 용서하지 않을 것이라고 말했다(*Ibid.*)

3국을 상대로 모험주의적 정책을 추진하는 것은 현명하지 않다고 판단한 것이다. 그럼에도 불구하고 열강들은 한국의 개국에서부터 볼 수 있듯이 그들의 동아시아·한국 정책에서 '러시아'라는 요소를 항상 고려해왔다는 사실은 중요한 의미를 갖는다.[13)]

그러나 청일전쟁 이후 동아시아에서 러시아의 팽창이 크게 진척되면서 한반도에 대한 러시아의 관심도 높아진다. 그 계기를 마련해 준 사건이 3국간섭이었다. 러시아는 패전 후 안보위협을 느끼는 중국을 지원함으로써 이 지역에서 열강들의 견제를 일거에 떨쳐버리게 되는 것이다. 러시아는 일본의 요동반도 점령은 중국의 정치적 중심부인 북경 주변과 한국의 독립을 직접 위협하는 것이라 경고하고 프랑스와 독일을 끌어들여 일본이 이를 중국에 반환하도록 요구했다. 그러나 러시아가 실제로 우려한 것은 일본의 요동 진출이 러시아가 구상하고 있던 시베리아철도와 만주 경영에 장애가 될 것이라는 점이었다. 시베리아철도란 러시아가 중국·러시아 국경선을 따라 건설 중인 노선을 중국·몽고·러시아 3국의 국경선이 만나는 치타에서 만주를 가로질러 하얼빈을 거쳐 블라디보스토크까지 계획한 부분을 말한다. 결국 러시아는 일본이 요동반도를 중국에 반환하도록 주선한 대가로 후일 동만주철도로 알려진 이 철도 건설권과, 일본이 시모노세끼조약에서 중국으로부터 획득한 군항인 대련항을 조차하며, 그외 중국과 15년 기간의 방어동맹 조약을 체결하게 되는 것이다.

중·러관계의 밀착화는 동아시아 지역의 세력균형에 중대한 변화를 초래한 것이었다. 제국주의시대의 철도건설은 19세기말 아프간과 페르시아에서 진행된 영국과 러시아, 그리고 제1차 세계대전 이전 소아시아와 메소포타미아에서 진행된 영국과 독일간의 경쟁에서 볼 수 있듯이 정치적 팽창의 전단

---

13) Malozemoff, *Op. cit.*, 1~2장, 특히 pp. 15~17.
Langer, *Op. cit.*, pp. 169~171.
청일전쟁도 이런 의미에서 러시아의 시베리아철도 건설로 야기된 동아시아 세력균형의 변화를 우려한 일본의 예방전쟁이라는 측면이 강하다(구대열, 《한국 국제관계사 연구 1-일제시기 한반도의 국제관계》, 역사비평사, 1995, 27~28쪽). 한국의 개국에 있어 러시아의 간접적인 영향에 대해서는 구대열, 〈한국의 대서방 개국 문제의 재검토〉(《사회과학논집》 3, 이화여대, 1983) 참조.

계로 평가되는 것이다. 일본 역시 이같은 의미를 충분히 인식하고 한반도의 철도 건설에 착수하며, 열강들은 이후 일본이 철도건설을 통한 영향력 확대가 합방에 크게 기여하였다고 평가했다.[14] 러시아도 동만주철도의 경비를 구실로 경비병을 파견할 것이며 또 철도의 완성 후 필연적으로 뒤따를 경제적 침투를 고려하면 동만주철도 부설권의 확보는 중국영토의 추가분할 내지 만주합방을 의미하는 것이었다. 더구나 러시아는 이 철도의 황해 출구를 구실로 후일 남만주철도로 알려진 지선부설권과 여순항을 획득함으로써 러시아의 팽창은 북만주 지역에만 한정된 것이 아니라 중국의 정치적 중심지인 발해만까지 확장되며, 자연히 한반도도 그 영향권 아래 놓이게 되는 것이다.[15]

그러나 한국의 관점에서 더욱 중요한 것은 1896년 6월에 체결된 李鴻章－로바노프(Lobanov)조약으로 알려진 중·러 비밀군사동맹이다. 이 조약은 러시아가 동만주철도에 대한 대가로 동아시아에서 중국과 공동으로 일본의 침략에 대응한다는 것인데 그 대상 지역을 동아시아의 러시아 영토, 중국 및 한국으로 규정하고 있다. 여기에 한국이 포함된 것은 高宗의 아관파천(1896. 2)으로 한반도에서 러시아의 영향력이 크게 증대됨으로써 러시아의 동아시아 정책이 만주와 한국을 포괄적으로 취급하게 되었음을 의미한다. 즉 이때까지 한반도에 관한 한 온건했던 러시아의 정책이 적극적인 방향으로 전환되었다는 것이다. 이것은 후일 러일전쟁에서 양국의 전쟁목표가 만주인가 혹은 한반도인가라는 논의와도 관련되는 부분이다.

러시아의 팽창정책은 동아시아 지역수준에서는 영국과, 한반도라는 국지적

---

14) Jordan to Grey, 1914. 11. 16, FO/371/2018(83412/35445).
Jordan to Curzon, 1919. 9. 5, *DBFP*, First Series, Vol. 6, p. 731.

15) 이 시기 만주 철도건설에 대해서는 다음의 글이 참조된다.
Adu, Emmanuel O., 'British Diplomatic Attitudes towards Japanese Economic and Political Activities in Korea, South Manchuria, Kwantung and Shantung 1904~1922'(Ph.D thesis, University of London, 1976), 3·5장.
Lin, Tung-chi, 'Political Aspects of the Japanese Railway Enterprises in Manchuria', *The Chinese Social and Political Science Review*, 14(1930. 4).
Spinks, Charles Nelson, 'Origin of Japanese Interests in Manchuria', *The Far Eastern Quarterly*, 2~3(May, 1943).

수준에서는 일본과 경쟁관계를 재연시켰다. 영국은 러시아의 팽창이 만주에 한정되지 않고 영국의 영향권인 양자강까지 계속 남진하고 있다는 점에서 현상유지 혹은 세력균형을 파괴하는 것으로 평가하고 있었다. 한반도를 둘러싼 러·일간의 각축은 로바노프-야마가타협약(1896. 6), 로젠-니시협약(1898. 4) 등을 통해 한국의 독립을 명목상으로 인정하면서 실제로는 공동관리에 합의하는 방향으로 진행되었다. 이것은 한국의 독립이 이 시기 상당부분 손상되었음을 보여주는 것이다. 이 과정에서 38선 분할 획책, 러시아에 의한 1896년 압록강 유역 목재이권, 1900년 마산포사건, 1903년 5월의 용암포사건 등이 일어났던 것이다.

3) 의화단사건과 열강관계

청일전쟁 이후 열강간의 갈등은 1900년 중국의 義和團사건으로 더욱 깊어졌다. 이 사건은 서방제품의 수입으로 농촌경제의 파탄과 실업자의 양산, 외세의 침탈 앞에 무기력한 정부관료에 대한 민중들의 불만, 그리고 기독교도와 비기독교도들 간에 소위 敎案이라는 분쟁 등 사회·경제적 배경에서 山東省·直隷省에서 의화권 교도들이 반기독교를 내세운 仇敎운동을 전개함으로써 시작되었던 것이다. 그러나 이 운동은 청일전쟁의 패배와 전후 가속화되는 열강의 침탈에 의해 팽배된 반외세적 분위기 속에서 扶淸滅洋의 배외운동으로 성격이 바뀌어졌다. 더욱이 중국 정부내에도 보수·배외파인 端郡王(Prince Tuan)이 總理衙門 수석대신과 軍機大臣으로 권력을 장악하여 의화단을 義民化하고 정부의 정책을 攘夷라는 방향으로 전환함으로써 중국정부의 정책과 의화단운동을 동일시하는 방향으로 급회전했다. 이로써 이 사건은 중국과 서양열강(일본을 포함하여)간의 전쟁으로 확대되었던 것이다.[16]

---

16) 서태후의 칙서는 '서양 열강들이 중국영토를 호랑이 같이 탐욕스럽게 침탈하며 중국이 돈도 군대도 없어 그들을 상대로 전쟁을 하지 않을 것으로 생각한다. 침략자들을 무찌르기 위해 모든 인민과 지방관리들은 궐기할 것'을 촉구했다(Langer, *Op. cit.*, p. 693). 러일전쟁 전 한국 신문들도 서태후의 칙서를 인용하면서 반외세적 분위기를 조성했다(구대열, 《제국주의와 언론-배설. 대한매일신보 및 한·영·일 관계》, 이화여대출판부, 1986), 116쪽.

의화단은 19세기 후반 제국주의시대 유럽국가들의 침탈 대상 지역에서 일어난 반제국주의적 성격의 사건에 대해 제국주의 열강들이 단결하여 대응하였던 유일한 사건이다. 그러나 열강들은 의화단 민중들이 포위한 북경공사관의 구조라는 목적에서만 일치했을 뿐 그 이상의 공동목표는 없었다. 따라서 일차적인 목표를 달성하는 순간부터 곧 과거의 경쟁관계로 되돌아갔다. 의화단사건에 임하는 열강들의 입장은 이같은 의미에서 청일전쟁 이후 러시아·독일·프랑스가 일본의 요동반도 점령을 저지한 3국간섭과 같이 일회적인 것으로 영속성을 갖는 동맹관계가 아니었으며, 오히려 이 사건의 진행 및 처리과정에서 나타난 각국의 정책 차이는 러일전쟁으로 연결되었다고 하겠다.

의화단사건 후 동아시아 열강관계의 변화를 주도한 세력은 러시아였다. 러시아는 사건의 초기부터 西太后의 배후에서 영향력을 행사했다고 의심받을 정도로 의화단사건을 러시아의 권익을 극대화하는 데 이용했다. 의화단의 세력이 만주로 확대되는 상황에서도 중국을 단호히 응징하려는 열강과 보조를 맞추기보다는 만주의 철도보호라는 명목아래 만주에 군대를 집결시켰다. 러시아의 입장에서는 이같은 만주우선정책은 겨우 500여 명의 러시아인들이 거주하며 상업적 이해도 희박했던 북경지역에 비해 철도 등 그들의 이해가 집중되었던 만주가 중요했다는 점에서 정당한 것이었다.[17] 그러나 러시아의 정책은 만주에 대한 기존의 이해 보호로 끝나지 않고 중국정부의 환심을 사면서 만주점령을 영구화하고 나아가서 북경 지역까지 그 영향력을 확대하려는 의도로 해석되었다. 특히 시베리아철도의 건설로 러시아의 고질적인 문제인 인적·물적자원의 빈곤이 해결될 것으로 예상됨으로써 러시아의 위협은 과거 일시적이었던 것과는 다른 차원이라는 것이다. 따라서 러시아의 만주점령을 둘러싼 열강과의 갈등이 곧 러일전쟁의 원인이며, 이것은 한반도가 아니라 곧 만주가 러일전쟁의 주요 대상이었다는 견해의 기초가 되는 것이다.

일본의 관점에서는 의화단사건은 반외세이지만 일차적으로는 반서양적이며 반일적인 성격은 부차적인 것이었다. 이런 의미에서 일본은 일단 중도적인 입장을 취했다. 그러나 일본만이 지리적으로 북경공사관의 구출에 필요한

17) Nish, *Op. cit.*(1985), p. 83.

대규모 군대를 단시일 내에 파견할 수 있는 유일한 국가였다. 따라서 열강들은, 특히 1899년 이후 남아프리카전쟁에 매여 있던 영국은 일본의 적극적인 개입을 강력히 요망했다. 당시 유럽에서 영국과 해군력 경쟁을 벌이던 독일은 이를 두고 영국은 중국에서 다른 국가가 '화로에서 영국의 밤을 꺼내 주기를 원한다'고 평했다. 여기에서 말한 '밤'이란 중국에서 열강 중 최대 규모인 영국의 이권을 말한다.[18] 일본은 열강들로부터 일본군의 출병에 대한 동의를 확보한 후 1개 사단을 동원, 의화단을 진압했다. '북경의 55일'로 알려진 공사관 구출작전을 통해 일본은 유럽 열강들과 처음으로 공동작전을 전개하면서 군사적 능력을 과시하고 또 열강의 방침을 충실히 수행함으로써 비로소 열강들과 대등한 지위를 획득하게 되었던 것이다. 특히 이 작전을 통해 일본은 영국에게 잠재적 동맹국으로서 능력을 충분히 인식시켰다. 양국은 모두 러시아의 팽창을 우려했으며, 영국으로서는 이 지역에서 돌발적으로 발생하는 사태에 시의적절하게 지원해 줄 수 있는 세력으로 일본밖에 없다고 인식하게 되었다. 의화단사건은 이같이 영·일관계가 청일전쟁 후 단순한 이해의 불충돌이라는 상태에서 우호관계로, 이제는 협력관계로 발전할 수 있는 계기를 마련해 주었다. 이런 의미에서 영일동맹이 체결된 후 영국이 일본과의 외교관계를 공사급에서 대사급으로 승격시킨 후 초대 대사로 부임한 맥도날드(Claude MacDonald)경은 "북경 공사관 구출작전은 東西의 島嶼帝國간에 공식 동맹의 씨앗을 심었다"고 평하였다.[19] 반면 일본은 의화단사건을 계기로 청일전쟁 후 일본의 요동반도 점령을 방해한 러시아와 독일이 여전히 일본에 적대적이라는 사실을 확인했다. 당시 동경주재 러시아 무관은 인종적인 관점에서 일본군은 유럽에서 가장 약한 군대의 수준에 도달하는 데에도 수백년이 걸릴 것이라는 모욕적인 보고서를 본국에 보냈다. 독일 역시 케텔러(Klemens von Ketteler)공사의 피살을 구실로 발데르제(Alfred von Waldersee) 원수를 연합군 총사령관직에 임명하지만 그는 공사관 구출을 위한 군사작전이 끝난 후인 9월 27일 천진의 大沽에 도착했다. 일본은 이를 인종주의적 편견에서 나온 하나의 모욕으로 간주하게 된다.[20]

18) Nish, *Op. cit.*(1966), p. 81.
19) Nish, *Op. cit.*(1966), p. 91.

러시아의 만주정책에서 또 하나 중요한 점은 정책 담당자의 성향이다. 일반적으로 외교정책은 담당자의 성향에 관계없이 국가적 목표와 이를 집행할 수 있는 수단을 고려하여 추진되기 때문에 일관성을 갖는다. 그러나 이 시기 러시아의 동아시아 정책은 그 담당자에게 크게 영향을 받고 있었다. 당시 러시아의 동아시아 정책은 재무상 위테(Sergei I. Witte), 외상 람스돌프(Vladimir V. N. Lamsdorff) 등 온건파와 육군상 쿠로파트킨(Alexei N. Kuropatkin)장군, 국무담당 고문 베조브라조프(Alexander M. Bezobrazoff), 극동총독 겸 육해군 총사령관 알렉세에프(Evgenii Ivanovich Alekseiev) 등 강경파로 분열되어 있었다. 물론 이들간의 대립은 본질적인 것이라기보다는 방법론상의 차이에서 비롯된 것이다. 위테는 세계전략적 차원에서 영국이나 프랑스 등 서방국가들의 팽창에 대결하기 위해서는 러시아도 상업적 목적의 항구가 필요한데 이것은 아시아에서 가능하다고 보았다. 이같은 목표는 중국과의 우호를 바탕으로 점진적인 경제적 침투를 통해 실현될 수 있다는 것이었다. 그러나 온건파들도 아시아에서 러시아의 팽창, 특히 만주의 점령이라는 궁극적인 목표와, 의화단사건 이후 경제적 침투의 핵심인 철도의 보호라는 단기적 목표는 절대적으로 중요하다는 점에서 강경파와 일치하고 있다. 반면 온건파들은 청일전쟁 이후 동아시아 정세가 러시아에게 유리하게 전개되지만 여순항 점령 등 적극적인 팽창은 관련국들의 반발을 유발할 것이라는 점에서 반대했다. 특히 한국을 두고 일본과 전쟁을 벌이는 것은 러시아의 잠재적 적대국들을 단결시킴으로써 파멸적인 결과를 초래할 것이므로 러시아의 목표를 만주로 한정시킬 것을 주장했다. 만주의 군사적 점령은 이 지역 중국인들을 러시아로부터 등을 돌리게 할 것이며 열강도 동일한 조치를 취할 것이며, 특히 일본이 한국을 점령할 것이다. 이것은 러시아가 안보상 취약한 동아시아 지역에서 중국이라는 약한 이웃 대신 일본이라는 강력한 세력과 대치하게 될 것임을 의미하였으며, 이 결과 러시아는 거대한 군사비를 지출해야 하는 상황을 맞게 되었던 것이다.[21]

---

20) Langer, *Op. cit.*, p. 748.
Nish, *Op. cit.*(1966), p. 89.

21) 당시 러시아의 극동정책, 특히 위테의 만주경영에 대해서는 White, *Op. cit.*, 2~

반면 황제 니콜라이 2세의 총신인 쿠로파트킨 육군상은 소위 전진정책을 내세우면서 의화단사건은 만주점령은 물론 러시아의 영향력을 화북지방까지 확대할 수 있는 좋은 기회라고 평가했다. 또 현실적으로 의화단사건으로 러시아는 다른 열강의 반대가 없는 가운데 군대를 만주와 중국본토에 파견할 수 있게 되었다. 이런 의미에서 의화단사건은 강경파들이 득세할 수 있는 계기가 되었다. 특히 한반도에서의 성공은 강경파들이 위테의 점진적 접근법을 비판할 수 있는 근거가 되었다. 따라서 이들은 북경공사관의 포위나 해방을 위한 군사작전보다는 만주에 관심을 기울인다. 즉 강경파들은 의화단사건을 만주에 대한 영향력의 확대라는 수준을 넘어 군사적으로 이를 장악, 중국으로부터 분리할 수 있는 기회로 적극 활용한다는 방침이었다. 그리고 이를 위해 의화단의 북경공사관 포위공격이 절정을 이루던 1900년 7월 이후 10월까지 철도보호라는 명목으로 대병력을 파견, 만주 전역을 점령했다. 물론 러시아는 공식 성명을 통해 '군대파견에 어떠한 정치적 의도도 없으며', 상황이 정상으로 회복되면 만주를 중국에게 돌려주고 철병할 것이며, 또 만주에서 열강의 권익을 침해하지 않을 것이라고 천명했다. 그러나 실제로는 도시 이름을 러시아식으로 변경하고 철도와 관계없는 도시도 공격하는 등 만주의 영구점령 의도를 노골화하고 있었다.[22)]

러시아 정책 담당자들 간의 분열은 의화단사건의 처리에서 혼란을 초래하였으며 일본과의 전쟁으로 연결되었던 것이다. 러시아는 의화단사건의 처리를 위해 1900년 8월 25일 제1차 통첩문이 북경의 각국 공사관에 전달했다. 그 내용은 연합국들 간에 공동행동을 유지하고 중국의 政體를 보존함으로써 중국의 분할를 배제한다는 온건한 내용이었다. 또 러시아 군대의 철수도 언급하고 있다. 따라서 이 통첩문은 러시아 정부내에서 위테와 람스돌프외상 등 온건파의 견해가 반영된 것으로 평가될 수 있다. 그러나 만주 주둔 러시아군이 만주점령을 기정사실화 하는 정책을 강행함으로써 외교 역시 이같은

4장 참조.

22) 강경파는 이제 만주가 '제2의 부하라'(a second Bukhara, Turkistan 지역으로 러시아령)가 될 것이라는 공언을 서슴치 않았다(Langer, *Op. cit.*, p. 695 및 金景昌, 《동양 외교사》, 박문당, 1982, 500쪽).

방향으로 전환되지 않을 수 없게 된다. 이해 11월 극동군 총사령관 알렉세에프는 奉天 장군 增祺(Tseng Chi)에게 중국군의 무장해제, 러시아군의 봉천 주둔, 중국이 러시아군을 위한 식사 및 식량 공급, 러시아 판무관의 봉천 주재 허용 등, 러시아가 만주에서 군사, 행정적 실권을 갖는 내용인 '여순협정'을 제시했다. 이어 다음해 2월에는 중국에게 12개조 요구를 제시했다. 이것은 사실상 러시아가 만주를 보호령화 하려는 것으로, 1915년 제1차 세계대전 중 일본에 중국 원세개 정부에 제시한 21개조 요구와 같이 악명을 얻게 되었던 것이다. 물론 러시아는 12개조 요구에서 만주를 중국에 반환, 행정을 회복시킨다는 전제를 제시하지만, 러시아가 만주지역의 질서를 회복하고 중국이 군비 배상만이 아니라 철도·인명·재산 손실을 보상하고 동만주철도와 북경을 연결하는 철도부설권을 허용할 때까지 군대를 주둔한다는 것 등 중국의 주권과 영토에 대한 침략을 노골화하는 것이었다. 페트로그라드에서는 외상 람스돌프가 중국공사에게 이 문제가 3월 16일까지 타결되지 않으면 러시아는 이 제안을 철회하고 자유행동을 취하겠다는 최후통첩적인 성명을 발표하기에 이른다.[23)]

러시아의 정책은 이후 '극동위기'로 불리는 일련의 사태로 전개되었으며 결국 러일전쟁으로 이어졌다. 중국은 러시아의 요구가 강압적이고 지나친 것이며, 또 열강들이 러시아의 요구에 반대하고 있음을 인지하고, 여순협정은 지방관리가 중앙의 승인없이 조인한 것이라는 구실아래 비준을 거부했다. 영국·일본·미국·독일 등 열강들은 러시아의 만주점령을 의화단사건으로 야기된 것이라는 점에서 중국정부와 열강간에 의화단사건을 종결하는 '의화단의정서'에 포괄적으로 포함시켜야 할 것이며 개별 협정의 대상이 아니라는 점에서 러시아의 제안에 강력히 반대했다. 더구나 러시아의 요구는 서방국가들이 중국에서 가장 중요시하는 문호개방 원칙을 침해하는 것이었다. 열강들은 또 철군의 대가를 요구하지 않을 것이라는 러시아의 선언과도 위배된다는 점을 지적, 군대를 만주에서 철수시킬 것을 요구했다.

열강들의 반러시아 전선은 이같이 자연적으로 형성된 것이지만, 특히 영국

---

23) 이 시기 만주문제를 두고 러시아와 중국 및 열강들의 협상에 관해서는 金景昌, 위의 책, 505~519쪽 ; Nish, *Op. cit.*(1985), 5~7장 참조.

과 일본은 러시아의 요구가 자국의 이해를 직접 침해하는 것으로 간주하고 이를 주도했다. 일본이 1901년 1월 러시아의 만주철병을 요구하면서, 동시에 중국에게도 만주를 러시아에 할양하지 못하도록 압력을 가했다. 1901년 10월 이홍장이 러시아와의 협정안에 조속히 동의하려는 태도를 보이자 일본은 '조인전에 반드시 일본정부와 협의'한다는 약속을 받아내고, 또 러시아정부에 대해서는 러·중협정이 '타국의 조상상 권리나 이익을 훼손하는 어떤 것도 포함하지 않는다'는 점을 보증할 것을 요구했다. 다음해 2월에는 중국이 러시아에 양보하면 열강도 중국에게 영토 할양을 요구할 것이라는 점을 중국에 경고했다. 영국·미국·독일도 일본과 보조를 맞추어 중국에게 러시아와의 협정에 조인하지 못하도록 압력을 넣었다. 열강들의 이같은 반러시아 전선은 1902년 1월 30일 영·일 양국이 동맹조약을 체결함으로써 절정을 이루게 되는 것이다.

러시아는 만주문제가 중·러간의 쌍무적인 성격이며, 또 중국이 독립국이므로 타국과의 조약은 자유라는 점을 들어 국제적 압력에 대응했다. 그러나 국제정치의 구조적 관점에서 중국대륙에서 열강들 간의 세력균형이 아슬아슬하게 유지되는 상황이므로 러시아 세력의 신장은 곧바로 다른 열강들의 권익을 침해로 이어진다는 점이 중요한 것이다. 즉 열강들은 일차적으로 러시아가 새로운 권익을 획득하는 데 반대할 것이며, 중국이 러시아의 요구를 수용하면 동일한 권익을 중국에 요구할 것이다. 중국은 열강들의 지원을 확신하고 1901년 4월 5일 러시아와의 교섭을 중단하며, 러시아도 결국 요구를 철회, 1902년 4월 8일 양국은 만주환부에 관한 새로운 협정을 체결하게 된다. 그 내용은 만주에 대한 통치와 행정을 중국에 반환할 것과 러시아 군대의 철군 기한을 원래 3년에서 1년 반으로, 그리고 6개월 이내에 봉천성 서남부 요하에 이르는 지방에서 군대를 철수하고, 철도를 반환하며, 각 성의 군대는 그 다음 6개월마다 단계적으로 철수한다는 것이었다.[24]

러시아는 이 협정에 따라 1902년 10월 8일 1차철병은 이행했으나 6개월 후인 다음해 4월 8일로 예정된 2차철병은 이행하지 않고 러시아군을 오히려

24) 金景昌, 위의 책, 514쪽. 그동안 친러시아 정책을 취해온 이홍장이 1901년 11월 17일 사망한 것도 러시아의 입장을 약화시킨 한 요인이었다.

압록강 대안, 봉황성, 안동 지역으로 남하시켰다. 더구나 만주의 중심 도시인 奉天에서는 러시아군이 거짓 철수시켰다가 회군하고, 牛莊에서는 道臺(군수)를 억류해두고 행정 책임자가 없다는 구실로 철수를 거부하는 등 협정을 이행할 의도가 없음을 보였다. 이어 러시아는 만주에 대한 독점권과 몽고에 대한 간섭권을 의미하는 새로운 요구를 7개조(4월)·4개조·5개조(9월) 등의 형식으로 중국측에 제시했다. 문제는 표면적으로 나타난 러시아의 요구조건이 아니라 이 시기 소위 '신노선'으로 알려진 러시아의 동아시아 정책이 결정적으로 강경 방향으로 전환되었다는 점이다. 국무상 베조브라조프와 니콜라이 황제가 주도한 것으로 알려진 이 노선은 만주의 정치적·군사적 요충에서 러시아 기업을 지원하며 외국기업은 제거할 것, 이 지역의 방어능력을 재정부담에 관계없이 정치적·경제적 이해를 보호할 수 있는 수준으로 증대함으로써 다른 열강에게 만주를 영향권으로 만들겠다는 (따라서 열강들의 이해를 제거하겠다는) 러시아의 의지를 확실히 보여주겠다는 것이다. 한 연구에 의하면, 신로선의 대두는 러시아의 동아시아 정책에서 중요시되지 않는 압록강 유역의 이권과 관련하여 시작되었다는 것이다. 이것은 한국문제가 최소한 러일전쟁의 촉발에 중요한 역할을 하고 있음을 보여주는 부분이다.[25] 러시아 황제는 이같은 내용은 1903년 5월 15일 동아시아 문제를 총괄하는 알렉세에프장군에게 지시했다.

이어 7월에는 여순항에서 알렉세에프를 비롯하여 베조프라조프, 육군상 쿠로파트킨, 중국주재공사 레사르(Paval M. Lessar), 주한공사 파블로프(A. I. Pavlov) 등 현지관리들이 참석하여 러시아의 동아시아 정책을 논의했다. 놀랍게도 이 회의는 온건한 결론에 도달하였다. 즉 한국의 전부는 물론이고 북부지방의 점령도, 압록강 유역에서 전개하는 활발한 활동도 러시아가 한반도 북부를 탈취하려는 의구심을 일본에게 줄 것이며, 북만주 지역의 병탄도 난관이 많을 뿐만 아니라 행정비용도 막대하다는 점에서 기본정책으로서 바람직하지 않다는 것이다. 그러나 이 회의는 동아시아 정책을 담당하는 인사들이 모였지만 이들간의 견해 차이가 충분히 해소되지 않은 채 종결됨으로써

25) Malozemoff, *Op. cit.*, pp. 177ff.

앞으로 정책목표와 이를 추진하는 방식에서 불확실성과 혼란만 초래하는 결과를 낳았다.[26]

여순회의 후 러시아는 만주에서 3차철병을 이행하지 않았다. 러시아측의 설명은 철병문제는 외교부의 권한이 아니라 새로이 임명된 알렉세에프 극동총독의 권한이며, 극동총독은 황제에 직속되기 때문에 외교부가 관여할 수 없다는 것이었다. 그 다음 한국에서 龍岩浦사건을 유발했다. 러시아는 한국정부와 벌목 계약이란 명목으로 러시아군을 벌목공으로, 병기를 벌목장비로 가장하여 압록강을 건너 한반도로 진주시키고 한국정부에 용암포의 租借를 요구했다(러시아는 결국 한국정부를 강압하여 1903년 8월 23일 용암포 조차에 성공한다). 일본은 영국의 지원아래 한국정부에 대해 러시아가 용암포를 조차하면 일본의 권익을 옹호하기 위하여 정당한 조치를 취할 것이라고 경고하면서, 러시아를 견제하는데 적합한 의주의 개항을 요구했다. 극동위기는 이같이 만주와 한반도를 포괄하여 일본·러시아간의 갈등을 중심으로 심화되어 갔다.

4) 영일동맹과 러일협상

러시아의 팽창주의적 정책은 결국 동아시아에서 영국과 일본 양국이 동맹관계를 형성하게 만들었다. 동맹이란 국제정치상 갈등·협조로 이루어지는 연장선상에서 협조의 최고 형태이다. 동맹국들은 공통된 이익을 위협하는 가상적국을 상정하고 이에 공동으로 대항한다. 따라서 영일동맹은 당시 동아시아에서 여전히 최대의 해군국이며 또 상업세력인 영국과 이 지역에서 새로이 대두한 일본이란 지역세력이 러시아에 대항한다는 공통된 이익기반을 발견하고 협조관계를 공식화했음을 의미하는 것이다. 영일동맹은 이후 20년 동안 동아시아 정세의 변화에도 불구하고 이 지역의 국제관계를 지배하는 중요한 축으로 기능하게 된다. 본장과 관련하여 중요한 점은 영일동맹의 결성 자체와 양국간에 동맹이 논의하는 과정에서 제기되는 문제가 러일전쟁의 발발과 직결된다는 것이다.

---

26) 베조프라조프의 등장과 위테의 권력 약화, 그리고 '신노선'에 대해서는 *Ibid.*, pp. 177~227 ; Nish(1985), pp. 170~174 ; 金景昌, 앞의 책, 516~517쪽 참조.

영일동맹은 동아시아 국제정치뿐만이 아니라 세계사적으로도 중요한 의미를 갖는다. 영일동맹은 앞서 언급한 바와 같이 영국에게는 여전히 유럽의 열강관계에서 보조적인 기능을 하는 것이었다. 즉 영국은 일본과의 동맹을 맺음으로써 러시아가 동아시아 정책을 수행하는 데 필요한 것으로 간주하는 '해상세력에의 야망을 영원히 포기할 것'을 기대했다.[27] 영국의 의도는 1907년 8월 영·러협정과 연이은 영국·프랑스·러시아의 3국협상으로 구체화되었다. 그러나 영국이 일본과 동맹을 맺었다는 사실 자체가 유럽우선주의라는 본래의 의도와는 달리 영국이 동아시아 문제에 계속 개입하게 만들었다.

둘째, 영국이 일본을 동반자로 선택한 것은 청일전쟁 이후 이 지역에서 양국간의 협력의 필요성을 인정했기 때문이지만, 그 기초가 된 것은 일본의 군사력이었다는 점이 중요하다. 영국은 의화단사건 등을 통해 일본의 군사력을 높이 평가했다. 일본의 군비증강은 청일전쟁 이후 급속도로 진행되어 육군 병력은 평상시는 17만, 전시 60만으로, 군사예산은 1895년 11,000,000엔에서 1900년에는 60,000,000엔으로, 그리고 해군은 1896년~1904년까지 4배 증강하여 당시 최대인 15,000톤급 전함 4척 및 수 척의 순양함·구축함을 건조할 수 있게 되었다. 이것은 일본이 군사력 전반의 증강만이 아니라 독자적인 해군작전을 수행할 수 있는 능력을 보유하게 되었음을 의미한다. 영국은 일본의 해군능력을 동아시아에서 러시아만이 아니라 프랑스·독일 등 모든 잠재적 적대국들로부터 영제국의 안전를 보장하는 데 필수적인 요소라는 점에서 특히 중요시한다.[28]

그러나 양국간의 협력 가능성은 구체적 사안에서는 많은 문제점을 내포하고 있음을 알 수 있다. 동아시아에서 영국의 이익은 어느 정도 구체적으로 정립되어 있다. 20세기초 영국은 동아시아 무역에서 과거와 같은 절대적인 지위는 잃어가고 있었지만 여전히 다른 열강들을 압도할 만한 능력을 보유했으며, 청일전쟁 후 러시아와의 대결 과정에서 중국정부가 양자강 유역의

27) Nish, *Op. cit.*(1966), p. 245.

28) 특히 이 지역에서 영국의 이권을 보호하는 영국해군은 일본해군이 독자적인 작전을 수행할 수 있는 능력을 보유하게 됨에 따라 이 지역 해군정책을 지배할 것이라고 평가하게 되었다(*Ibid.*, pp. 174~177·213 ; Langer, *Op. cit.*, pp. 405·690).

불양도 선언을 하게 만들음으로써 중국의 경제적 중심부를 영국의 영향권으로 인정받았다. 그러나 일본의 경우는 다르다. 청일전쟁으로 요동반도·대만을 획득했지만 3국간섭으로 요동반도는 반환하고 대만만을 보유할 뿐이었다. 한반도에서는 일본의 영향력, 특히 경제적 영향력은 증대되고 있었으나 국제적으로 어떠한 지위도 승인받지 않은 상황이었다. 더구나 만주는 일본의 '영향권' 밖에 존재했다.

이것은 일본이 그들의 이익범위와 혹은 당시 제국주의 열강들의 기존 영향권을 인정할 때에만 동맹이 가능하다는 것을 의미하는 것이다. 만약 동아시아에서 잠재적인 팽창세력인 일본이 이 범위를 벗어나 팽창하려 할 경우에도 영국이 과연 양국의 협력기반이 존재한다고 평가할 것인지는 의문시되는 것이다. 물론 일본의 팽창이 영국의 영향권과 충돌하지 않는 방향으로 진행된다면, 영국이 이같은 공간으로 일본의 세력을 유도할 수 있다면, 또 이 지역에서 일본이 영국의 이익, 특히 상업상의 이익을 침해하지 않도록 영국이 일본을 관리할 수 있다면 별다른 문제는 없을 것이다. 그러나 동아시아라는 제한된 지역에서 이같은 공간은 별로 존재하지 않았다. 더구나 국제정치적으로 힘이란 비어 있거나 약한 곳으로 흘러가기 마련이다. 만약 영국의 영향권에서 영국의 장악력이 약화되고, 따라서 영국의 일본 관리능력이 쇠퇴한다면 아무리 동맹국이라 할지라도 일본의 팽창은 그 방향으로 전개될 것이다. 이것은 러일전쟁 후 현실적으로 나타났다. 그러나 1902년이란 시점에서 양국은 이같은 이론적인 문제는 접어두고 당시 전개되고 있던 범세계·동아시아의 국제정세에 비추어 군사동맹을 결성하였던 것이다.

영일동맹을 평가할 때 일본과 영국 중 어느 쪽이 더 적극적이었느냐 혹은 어느 쪽이 이득을 보게 되었느냐 하는 점을 고려해야 할 것이다. 물론 어느 국가든지 타국과 동맹관계에 들어갈 때는 자국에게 유리한 면에 있기 때문에 이를 수용한다. 당시 양국은 모두 안보상의 문제점을 안고 있었다. 독일은 1898년부터 1차해군계획(연안 경비용)과 2차계획(1899, 대양 작전용) 등을 통해 본격적으로 해군력 건설에 착수했다. 영국은 자국의 안보를 거의 전적으로 해군력에 의존한다는 점에서 독일의 계획은 위협적인 것이었다. 영국의 관점에서 더욱 불안했던 것은 독일이 단독으로 영국의 해군에 대항한다는 전략이 아니라 영국이 유럽 대륙국가들을 상대로 전통적으로 추구해 온 세력균형 전략을 독일이 해군력 경쟁에서 재현하고 있었다는 점이다. 즉 독일은 영국에 대항할 수 있는 핵심 해군력을 일단 건설하면 지난 수세기 동안 영국의 해양지배에 반대해 온 다른 대륙국가들이 협력하여 영국해군과 균형을 이룰 수 있는 대륙국가들의 해군동맹이 성립될 것으로 보았다. 독일의 적대국인 프랑스의 관점에서 보면 독일의 위협은 해군력이 아니라 육군이라는 점에서 독일의 전략은 공허한 이론이라 할 수 있다. 그러나 영국은 독일의 계획에 대항하여 세계 도처에 산재한 영국해군을 본국 주변해역으로 재배치하기 시작하였다. 영국은 영일동맹에 힘입어 동아시아 지역에서 동맹 직전인 1901년 전함과 순양함을 합쳐 38척이었던 것을 1910년에는 그 절반으로 축소하였으며[29] 1905년 이후에는 태평양에서 영국의 해군력을 완전히 철수하면서 이 해역을 미국에게 맡겨버렸다.[30]

반면 영국은 일본에 대해 동아시아 정책의 동반자라는 필요성과 함께 불신·불안감을 동시에 가지고 있었다. 일본은 명치유신 이래 국내적 성장과 대외적 팽창에 주력하고 있어 언제인가는 동아시아에서 영국의 지위에 도전할 것이라고 의심했던 것이다. 또 일본 국내에 반외감정이 여전히 존재하였으며, 이것이 부활될 우려도 있었다. 영국의 대일본정책은 기본적으로 불평등조약에 의해 획득한 권리를 보호하는 것인데, 청일전쟁 직전인 1894년 일본의 요구에 따라 불평등조약을 개정한 것도 반영감정의 무마를 위한 측면이 강했다. 그러나 현실적으로 1900년이 되면 동아시아에서는 이미 유럽에서 동맹관계에 들어간 러시아·프랑스의 해군력과 영국·일본의 해군력이 균형을 이루는 상황이었으므로 일본과의 동맹은 필연적인 귀결로 보았다. 이것은 영국에게 관한 한 동맹의 가장 중요한 목표는 영국의 해군력에 대한 부담을 경감시킨다는 점이며, 대러시아 관계는 부차적인 것이라는 의미를 갖는다. 그 외에도 일본의 근대화는 당시 영국사회를 지배하던 실용주의, 경제적 자

29) Lowe, Peter, Great Britain and Japan 1911~15, *A Study of British Far Eastern Policy*(London : Macmillan, 1969), pp. 17~18.

30) Nish, Ian H., *Alliance in Decline-a Study in Anglo-Japanese Relations 1908~23*(London : Athlone, 1972), pp. 22~27 · 45~47.

유방임주의 정신의 성공적인 적용이라는 일종의 도덕적인 측면에서 일본을 찬양하는 분위기도 일조를 했다고 하겠다.

영국에 비해 일본의 입장은 단순한 것이었다. 일본에게는 3국간섭으로 요동반도를 반환한 후 유럽 열강들과의 관계에서 '고립'의 탈피가 가장 중요한 과제였다. 일본외교의 지속적인 관심사인 이 문제는 백인국가들이 단결하여 일본에 대항할 때 일본의 안보 딜렘마를 어떻게 해결할 것이냐는 소극적인 문제에서부터 백인국가들과의 우호적 관계를 통해 일본의 이익을 극대화하는 적극적인 문제를 포함하는 것이었다. 당시에는 3국간섭과 같은 사례 이외에도 미국과 유럽 열강들이 대중국 무역에서도 단결하면 일본은 제외될 가능성이 존재했던 것이다. 따라서 일본은 유럽 열강 중 일국, 특히 동아시아 정치에 영향을 미칠 수 있는 능력을 보유한 국가와의 협력이 중요하다는 점을 깨달았다. 일본은 이 딜렘마를 궁극적으로 해상세력인 동시에 19세기 후반 동아시아 정치의 주요 세력인 영국과의 협력을 통해 해결하게 되었던 것이다. 그 외에도 일본은 영국이 산업혁명의 선도국으로 철도·해군함정의 설계 등에서 선진기술을 지원해 줄 수 있다는 점도 고려하고 있었다.[31)]

이같은 상황에서 양국은 1901년 4월 동맹체결에 대한 논의를 공식화하여 다음해 1월 30일 동맹조약을 체결하였다.[32)] 그 주역은 런던주재 일본공사 하야시 타다수(林董)와 영국외상 랜즈다운(Henry, fifth Marquess Lansdowne, 1900년~1905년간 외상 역임)이었다.[33)] 그러나 영일동맹은 양국만의 쌍무적인 문제

31) 영일동맹에 임하는 양국의 입장에 관해서는, Nish, *Op. cit.*(1966), pp. 8ff, 특히 p. 36. 일본 역시 영국의 동아시아 정책이 친중국적이며, 도서국가인 일본의 안보를 위협할 수 있는 세력은 북방의 러시아와 함께 해상세력인 영국이라는 점 등 의구심을 갖고 있었다.

32) 여기에서 '공식적'을 강조한 것은 청일전쟁을 전후하여 열강들간에는 동아시아 문제를 두고 각종 동맹의 가능성이 거론되었기 때문이었다. 예를 들어 영국과 중국의 동맹은 세계인구의 절반을 차지하는 국가들간의 동맹이 될 것이라는 주장에서부터 러시아에 대항하여 영국·중국·독일간의 동맹, 혹은 미국을 포함하는 안, 그리고 일본이 원했던 영국·독일·일본간의 동맹 등이 이에 해당한다. 이와 같은 논의들은 이를 제기한 각국에게는 일종의 정책건의(policy recommendation)에 해당하겠지만, 각국의 정책목표나 정책수행 능력, 그리고 동아시아 정책에서 나타나는 전통 등을 무시한 것으로서 실현 가능성은 희박한 것이었다. 영일동맹도 초기에는 이같은 탐색 과정을 거치고 있다.

로 한정될 수 없는 것이었으며, 따라서 동맹이 최종적으로 타결되기까지는 복잡한 과정을 거치게 되었다. 그 중 가장 중요한 것은 동아시아에서 양국의 이해 범위 및 러시아와의 관계였다. 일본의 관점에서는 동아시아 지역에서는 일본의 이해가 영국에 비해 중요하다는 점을 강조하였다. 즉 영국이 보유한 이해는 주로 상업적 성격인데 비해 일본의 이해는 절대적으로 중요한 정치적·전략적 성격이라는 것이다. 이 문제는 동맹이 실제로 논의되는 과정에서 한국 문제의 처리와 직결되는 것이었다. 러시아 문제도 간단한 것이 아니었다. 양국은 모두 러시아를 가상 적국으로 간주한다는 점에서는 일치했다. 영국과 러시아는 지중해(흑해 해협) 문제에서부터 중동, 인도 국경, 동아시아에 걸쳐 대립하는 상황이었다. 그러나 영일동맹은, 성사된다면, 동아시아 지역에 한정될 수밖에 없었다. 이것은 일본의 이해가 동아시아에 한정되어 있었으며 또 러·일간의 문제도 이 지역에 국한된 것이었기 때문이다.

영일동맹에 임하는 양국의 입장은 국제정치에서 루소(J. J. Rousseau)의 사슴 이야기로 설명될 수 있을 것이다. 굶주린 사람 몇 명이 서로 '협력'하여 사슴 한 마리를 잡아먹자는 데 '합의'한다. 그러나 한 사람이 사슴을 잡기 위해 협력하는 도중에 지나가는 토끼 한 마리를 잡아 굶주림을 메운다. 이 사람이 토끼를 잡는 사이 사슴은 포위망을 뚫고 도망해 버린다. 이 우화는 국제정치에서 국가들이 동일한 이해를 갖고 있지만 개별 국가의 이해관계가 다르기 때문에 협력이 어렵다는 점을 말해주는 것이다.[34] 영국과 일본은 러시아를 두고 '협력'할 태세가 되어 있었다. 그러나 양국은 러시아와의 분쟁지역이 일치하지 않았기 때문에 개별적으로 양해에 도달하면 협력의 필요성은 사라지는 것이다. 일본의 경우가 특히 이에 해당하였다. 즉 영국은 세계 도처에서 러시아와 대립하고 있지만 러·일간의 대립지역은 만주와 한국 등 동아시아에 한정되어 있었다. 따라서 일본은 러시아와 타협할 수 있다면 러시아의 불만을 야기시킬 영국과의 동맹을 체결할 필요가 없었을 것이다. 이

---

33) 하야시의 동맹교섭에 관해서는 Pooley, A. M.(ed.), *The Secret Memoirs of Count Tadasu Hayashi*(London : G. P. Putnam's Sons, 1915 ; 申福龍·羅洪柱 역주, 《林董 비밀회고록》, 건국대 출판부, 1989) 참조.

34) Lieber, Robert J., *Theory and World Politics*(구대열 역, 《현대 국제정치 이론》, 학문과 사상사, 1987, 153쪽).

것이 영·일 양국이 동맹을 추진하면서 동시에 마지막까지 러시아와의 타협을 모색하게 되었던 배경이라 할 수 있다. 양국간의 협상과정을 그 중요 쟁점을 중심으로 살펴보면 다음과 같다.

첫째는 협상과정에서 제기되는 일본의 원로, 특히 이토 히로부미(伊藤博文)와 야마가타 아리토모(山縣有朋) 등의 간여에 관한 것이다. 명치시대 일본정치의 특수한 형태인 원로들은 천황과 수상의 자문에 응하는 일종의 초헌법적인 기관으로 영일동맹과 같은 중대한 외교적 문제에 상당한 영향력을 행사해왔다. 이들은 1901년 동경정부가 런던주재대사 하야시에게 영국 외무성을 상대로 동맹교섭을 시작할 것을 승인하는 시기부터 이 문제에 간여했다. 이토는 런던과 동경간에 협의가 본궤도에 오른 이후에도 러시아와의 타협 가능성에 미련을 버리지 못하고 12월 페트로그라드를 방문하여 러시아 지도자들과 한국과 만주를 교환한다는 소위 韓滿교환으로 알려진 협상안을 제안했다. 그러나 러시아는 여전히 한국에서 일본의 권익을 제한하려는 입장을 견지함에 따라 러시아와의 타협은 실패하였고 영국과의 동맹이 결실을 맺게 되었던 것이다.[35] 이토의 개인적 외교행각은 성과가 없었다고 해서 아무런 의미가 없는 것이 아니다. 무엇보다도 그가 러시아에 제기한 문제들은 러일전쟁 직전 양국간에 진행된 한만교환, 포츠머스조약의 한국조항의 주요 쟁점 등이라는 점에서 러일전쟁의 핵심적인 쟁점들이 이미 표면화되었다는 것이다. 이토의 외교는 또 곧 서술하는 바와 같이, 한국문제에 있어 일본의 요구가 완강한 것이라는 점을 영국정부에 인식시킴으로써 영일동맹 협상과정에서 영국의 양보를 얻어내는 데 기여했다고 할 것이다.

그 다음, 영일동맹을 협상하는 과정에서 나타난 핵심적인 논쟁점에 관한 것이다. 이 문제는 동아시아 지역에서 영·일 양국의 기본 외교정책 목표를 반영하는 것으로 한국의 장래와도 직결되는 것이다. 양측은 1901년 11~12월간 동맹조약 초안을 상호 교환하였는데 이 과정에서 동맹의 범위, 한국에 대한 일본의 요구, 동아시아에서 해군력 수준 등의 문제를 두고 대립하게 되었다. 양측은 동맹의 성격을 방어적인 것으로 규정하는 데는 쉽게 합의했다.

---

35) 당시 이토의 개인적 외교행위에 대해서는 Nish, *Op. cit.*(196C), pp. 185~203 및 金景昌, 앞의 책, 525~528쪽 참조.

즉 동맹 일국이 전쟁에 돌입하면 다른 동맹국은 중립을 지키며, 제3국이 적국을 지원할 때는 다른 동맹국도 전쟁에 참여한다는 것이다. 그러나 영국은 동아시아에서 영국이 양자강 유역에서 보유한 이해에 비해 일본이 한국에서 보유한 이해는 훨씬 높은 수준이라는 점에서 동맹의 범위를 동남아 지역까지 확대할 것을 요구하였다. 즉 양자강 유역의 영국 이권은 공동적이고 또 다른 열강에게도 어느 정도 열려 있던 것이지만 한국에서 일본의 이해는 구체적인 것이었다. 영국은 공동의 이해를 두고 일본의 보장을 받는 대신 일본의 구체적 이해를 보장한다는 것은 손해가 되는 거래라는 것이다. 일본과의 동맹으로 영국이 전쟁에 휩쓸리게 된다면 영국의 적국은 러시아와 러시아의 동맹국인 프랑스가 될 것이다. 전쟁 지역은 주로 동아시아가 되겠지만 영국의 戰域은 영불해협・지중해, 그리고 인도국경 지역까지 확대될 수도 있었다. 이것은 일본에 비해 영국의 부담이 훨씬 크다는 의미이며 따라서 동맹의 범위를 동아시아 외부로 확대하는 것이 불합리한 주장이 아니라는 논리였다. 특히 육군성과 인도 담당성은 내각에서 영국측 초안을 논의하는 과정에서 페르샤와 아프간 국경에서 러시아의 압력이 존재한다는 점을 들어 동맹의 범위를 인도까지 확대할 것을 요구했다. 그러나 일본은 양자강 유역이 한국에 대한 대가로서 충분한 것이며, 이 지역이 당시로서는 안정되어 있지만 언제 난관이 제기될지 모른다는 점을 강조했다. 결국 영국이 일본의 양보를 강요하지 않음으로써 동맹의 범위는 '극동'으로 한정되었다.

두번째 문제점은 일본이 한반도에서 그들의 이해를 보호하기 위해 필요한 조치를 취한다는 데 영국이 동의하라는 일본의 요구에 관한 것이다. 영국은 앞서 언급한 이유에서 일본의 요구를 무시하고 영국측 초안에서 '한국의 독립'만을 언급했다. 그러나 일본은 수정안에서 '일본은 제3국이 한국의 영토 일부를 점령하는 것을 방지할 권리'가 있다는 조항을 삽입했다. 영국은 이 조항은 '한국에 대한 러시아의 침탈을 문제삼아 일본이 전쟁을 일으킬 수 있는 재량권을 주는 것'이며, 또 이로 인하여 일본의 자의대로 개시한, 특히 영국에게는 상대적으로 중요하지 않은, 지역분쟁에 휘말리게 되는 것이라고 우려한 것이다. 랜즈다운은 일본이 '매우 충분한 이유가 없으면 가벼이 전쟁을 일으키지 않을 것'이라는 하야시의 보장에 만족하지 않으면서, 영국은 일본의 앞잡이가 될 의도가 없음을 분명히 했다. 이것은 청일전쟁 때부터 한반도에서 일본의 팽창주의를 인지하기 시작한 영국으로서는 일본의 요구는 어떠한 명분을 붙이든 팽창주의일 뿐이며 영국이 이에 관여하지 않겠다는 의도를 명백히 밝힌 것이었다. 즉 한반도 문제를 두고 일본에게 백지수표나 다름없는 재량권을 주는 것은 일본이 침략자인 경우에도 영국이 일본을 지원하여 러시아와 프랑스와 싸워야 하는 의무를 지게 된다는 것이다. 따라서 영국은 한반도에서 전쟁이 일어날 경우 공동으로 논의할 것을 주장했다.

그러나 일본은 영국의 요구를 수용하지 않았다. '한국에서 혼란은 항상 갑자기 일어난다. 그리고 이를 진압하기 위해서는 신속한 조치를 취해야 한다. 따라서 대부분의 경우 영국과 상의하는 것이 매우 어려울 것이다. 영국은 한국에서 일본의 재량권을 승인한다고 해서 한반도에서 일본의 침략적 성향을 고무한다는 우려를 가질 필요가 없다'는 것이 일본의 요지였다. 영국은 물론 한국에 대한 일본의 요구는 일본이 영일동맹을 체결하는 데에서 가장 중요시하는 부분이라는 점을 인식하고 다음과 같은 타협안을 제시하였다. '일본은 한반도에서 침략적 의도가 없음을 천명한다. 영국은 일본이 한국에서 정치상·상공업상 특별한 이해를 보유하고 있음을 인정한다. 영국은 또 일본이 제3국의 침략적 행위로 인하여 한국에서 일본의 이해가 위협받을 경우 이를 보호하기 위해 조치를 취할 수 있음을 인정한다.' 이로써 영국은 한반도에서 분쟁으로 인하여 전쟁에 불필요하게 휘말리지 않는다는 보장을 확보하게 되었던 것이다.

마지막 논쟁점은 동아시아에서 해군력 수준이었다. 동아시아에서 영국의 군사력이란 주로 해군력을 의미하는 것이므로 이 문제는 영국의 관점에서는 동맹의 가장 핵심적인 부분이었다. 영국은 일본과의 동맹을 통해 1902년 러시아와 프랑스가 동아시아 지역에서 보유한 전함 9척에 비해 전함 12척을 유지하며, 그 외 순양함도 수적 우위를 유지하겠다는 계획이었다. 영해군성은 일본과의 동맹은 영국이 동아시아에서 해군력을 증강하지 않으면서 장기적으로는 영국함대를 철수시켜 유럽에서 독일의 도전에 대응할 수 있을 것으로 보았다. '평화시 양 해군간의 협조와 전시 해군시설의 상호이용'은 영국이 홍콩에 새로운 해군선착장이나 석탄저장소를 건설할 필요도 줄어드는 것이었다. 영국은 이같은 계산에서 동맹 양국이 유지해야 할 함정의 수에 관해서는 언급하지 않고 평화시 함정의 수리와 석탄보급 등 상호협조만을 규정하려 했다. 그러나 일본으로서는 함정의 수를 구체적으로 규정할 것을 원했다. 일본 해군성은 영국이 이 조약을 이용하여 해군력을 동아시아에서 철수시킬 경우 일본은 러시아만이 아니라 프랑스·독일의 해군력을 상대해야 하는 부담을 안게 될 것을 우려했던 것이다. 따라서 일본의 초안은 이 조항을 더욱 엄격하게 '각 동맹국은 극동에서 3국의 극동함대 중 가장 강력한 함대보다 더 강력한 함대를 유지'할 것을 규정했다. 즉 영국과 일본 모두 러시아의 극동함대보다 강력한 함대를 보유하자는 것이었다. 그러나 영국은 자신의 해군력을 어느 지역에 어느 수준으로 배치할 것을 강요하는 조항에는 결코 동의할 수 없으며, 또 남아프리카·유럽 등에 수많은 공약을 하고 있던 영국으로서는 중국해에 일정한 해군력을 유지할 수 없다는 점을 분명히 했다. 따라서 동맹 체결후 일본이 영국의 해군력 지원이 불만이라고 판단하면 5년이 지난후 언제든지 동맹을 종결시켜도 좋다고 통고했다. 이에 일본은 '동맹 양국이 가능한 한 제3국의 해군력에 비해 우월한 해군력을 유지하는 데 게을리 하지 않는다'는 선으로 양보한다. 영해군성은 '가능한 한'이라는 구절에 중요성을 부여하면서 '우월한 해군력'이란 중국해에 주둔한 모든 종류의 함정을 총합한 것이라고 해석한다. 일본은 영국의 입장에 동의하지 않지만 이 조항은 비밀로 남겨졌기 때문에 이후 공개적 논쟁을 일으키지는 않았다.[36)]

양국은 이상의 문제들에 대해 약 2개월간 힘든 협상을 끝내고 1902년 1월 30일 동맹조약에 서명했다. 영국으로서는 당시 가장 절실한 해군력 협조를 일본을 통해 확보하며, 일본은 영국의 완전한 동의는 아니라 할지라도 한반도에서 일본의 권익을 보장받을 수 있게 되었다. 동아시아 국제정치에서 더욱 중요한 점은 동맹조약에 힘입어 일본이 만주 및 한국문제를 두고 러시아와의 협상에서 강경한 입장을 견지할 수 있게 되었다는 것이다.

만주와 한국문제를 둘러싼 일본과 러시아간의 마지막 협상은 1903년 7월 이후 전개되었다. 일본으로서는 러시아가 강경책으로 이 지역에서 그들의 지

---

36) Nish, *Op. cit.*(1966), pp. 181~183·211~219.

위를 공고화함에 따라 이 문제를 더 이상 방치할 수 없다는 긴박감으로 느꼈던 것이다. 러시아 주재 일본공사 쿠로니(栗野愼一郎)는 8월 12일 람스돌프 외상에게 다음과 같은 6개항의 협상 기초안을 제시한다. 중국과 한국의 독립과 영토보전 그리고 상공업상의 기회균등(1조), 러시아는 한국에서 일본의 우월한 이익을 승인하고 일본은 만주에서 철도경영에 대한 러시아의 특수이익을 승인할 것(2조), 한국의 철도를 만주 남부로 연장하는 일본의 권리를 러시아가 방해하지 않을 것(3조), 양국은 자국의 이익을 보호하기 위해, 또 소요를 진압하기 위해 일본은 한국에, 러시아는 만주에 군대를 파견할 경우 필요 이상 초과하지 않으며 이 군대는 임무가 끝나는 대로 즉시 소환한다(2·4조), 한국의 개혁을 위해 일본은 군사원조를 포함한 지원과 조언을 줄 수 있는 전권을 보유하고 있음을 러시아가 승인한다(5조).

흔히들 '韓滿교환'으로 알려진 일본안은 그 내용상 일본은 한국을 거의 완전히 장악하지만 만주에서 러시아의 권익은 상업상의 것으로 한정하는 것이었다. 이런 의미에서 1903년의 한만교환은 영일동맹이 체결되기 직전인 1901년 12월 이토가 페트로그라드에서 러시아 지도자들에게 제시한 것과는 다른 것이다. 당시 이토는 한국에 대한 일본의 일방적인 권리를 러시아가 인정하면 만주에 대해서는 러시아의 권리를 인정할 것을 보장했다. 그는 위테에게 러시아가 한국에서 상업·정치·군사상의 권리를 일본에게 일임한다면 일본은 러시아가 우려하는 한국의 독립과 대한해협의 통행 등을 보장하고 한국을 러시아에 대한 전략에 사용하지 않을 것이라고 제의했다. 즉 1903년의 협상안은 그 동안 일본이 영일동맹과 한반도에서 영향력을 크게 증대시켰다는 자신감을 표현한 것이었다.

물론 러시아는 일본안을 그대로 수용하지 않았다. 러시아는 10월 3일에 로젠(Romanivich R. Rosen)공사를 통해 고무라(小村壽太郎)외상에게 러시아의 대안을 제시하였는데, 그 내용은 다음과 같다. 일본이 한국의 독립과 영토보전을 약속한다(1조)는 전제 아래, 러시아는 일본이 한반도에서 우월한 이익을 승인하고 한국의 民政을 개량하는 조언과 원조의 권리를 승인하며 일본의 상공업적 기업을 방해하지 않을 것을 승인한다(2·3조). 그러나 러시아는 일본이 한국에 군대를 파견할 때는 러시아측에 알릴 것이며 군대는 임무가 끝나는 대로 즉시 소환하며(4조), 한국 영토의 일부라도 군사상 목적에 사용하지 않을 것과 대한해협의 자유통행을 방해하는 시설을 한국해안에 설치하지 않을 것(5조), 북위 39도 이북의 한국영토는 중립지대로 설정하여 러·일 양국이 모두 군대를 넣지 않으며(6조), 만주 및 그 연안은 전혀 일본의 이익범위에 포함되지 않는다는 점을 일본이 승인한다(7조). 이것은 일본안과는 정반대 되는 입장에서 만주는 러시아의 독점적인 권익 범위내에 넣는 대신 한국에 대한 일본의 권익을 제한적인 것으로 규정한 것이다.

일본과 러시아는 이같이 한국과 만주를 양국의 이익범위로 인정하면서도 자국의 이익은 절대적인 것으로, 상대방의 이익은 제한적인 것으로 설정하려 했다. 양측은 1903년말까지 협상을 계속하지만 타협의 여지는 줄어들었다. 1904년 1월 6일 전달된 러시아의 최종안도 별다른 양보를 보이지 않았을 뿐 아니라, 중국과의 조약으로 러시아가 만주에서 획득한 권익을 일본이 방해하지 않을 것, 그리고 일본의 거류지 설치 금지를 요구하는 등 더욱 강화된 것이었다. 더구나 한반도에서 일본의 권익을 여전히 경제적인 것으로 한정하고 한국정부에 대한 일본의 행동권을 행정개혁을 위한 조언과 원조로 한정하며 군사적인 것은 철저히 배제함으로써 협상에 의한 타협의 여지를 사실상 소멸시켰다. 고무라외상도 1월 13일 로젠공사에게 일본의 최종 수정안을 제시하였다. 여기에서 일본은 만주와 그 연안이 일본의 이익범위 밖이며, 한국과 그 연안이 러시아의 이익범위 밖이라는 점을 상호 승인할 것을 요구했다. 그 다음 일본은 러시아가 만주의 영토보전을 존중하고 일본 및 열강들이 중국과 맺은 조약으로 만주에서 획득한 권익을 방해하지 않을 것을 요구하고, 러시아가 요구한 한국에서 군사적 시설의 설치금지, 39도 이북의 중립지대 설치, 만주 거류지 설치금지 등을 삭제해 버렸다. 일본은 2월 2일까지 러시아 정부의 회답을 요구했으나 러시아가 이에 응하지 않음에 따라 2월 6일 국교 단절과 독자행동을 통첩하기에 이른다.[37)]

37) 러일간의 협상과정에 관해서는 Kajima, Morinosuke, *The Diplomacy of Japan 1894~1922*(Tokyo : Kajima Institute of International Peace, 1976), Vol. Ⅱ, pp. 97~117 ; Nish, *Op. cit.*(1985), 12~14장 ; White, *Op. cit.*, 6장 ; 金景昌, 앞의 책, 531~533쪽 등 참조.

이 시기 러·일간의 협상과 함께 전쟁을 피하기 위한 관련 열강들의 외교적 노력도 간단히 언급할 필요가 있을 것이다. 양국과 동맹관계에 있던 프랑스와 영국은 러·일 양국에게 조정 가능성을 타진했지만 일본의 반대로 실현되지 못했다. 1903년 10월 람스돌프 러시아 외상이 파리를 방문한 후 프랑스의 델까세(Theophile Delcassé) 외상은 러·일간에 거중조정이나 중재를 담당하려는 의사가 있음을 영국과 일본에게 표명했다. 그러나 일본은 전쟁을 지연시키려는 어떠한 시도도 동아시아에서 러시아의 군사력을 증강하는 데 도움을 줄뿐이라는 관점에서 거부했다. 영국은 일본의 요구 중 일부는 합리적일 뿐 아니라 이와 관련된 모든 결정을 동맹국인 일본에게 일임하고 있었으므로 일본이 요구하지 않는 중재에 나서지 않겠다는 태도를 견지했다. 더구나 일본이 영국의 압력으로 요구조건을 수정하지 않을 것으로 보았다. 전쟁이 시작되기 약 1개월 전인 1904년 1월 13일에도 델까세는 프랑스가 러시아에 엄청난 규모의 차관을 제공했으므로 평화의 유지가 중요하다는 점을 들어 모토노 이치로(本野一郎) 일본대사를 설득했지만, 일본은 한반도를 일본의 전략적 목표에 이용하는 데 러시아가 억제력을 행사하는 조건을 내세우는 한 타협의 여지는 없다고 이를 거부했다.[38] 즉 이미 이 단계에서 일본은 프랑스의 설득이나 영국의 관리범위에서 벗어나 독자행동을 취하고 있었다.

그 다음 일본이 전쟁이라는 극단적인 수단을 택하게 된 이유를 간단히 검토해 볼 필요가 있겠다. 이것은 러일전쟁에서 일본이 추구한 목표를 이해하는 데도 도움이 될 것이다. 청일전쟁 이후 일본과 러시아간의 관계는 주로 한국을 중심으로 전개되었으며, 만주는 사실상 일본의 이해 영역밖에 있는 것으로 간주되었다. 그러나 의화단사건 이후 러시아의 만주점령을 계기로 일본은 러시아 군대의 철수를 요구하는 열강들의 연대에서 선봉을 담당했다. 이같은 상황에서 만약 1901년 이토가 추진했던 한만교환이 이루어졌다면 일본은 한반도를 장악하는 것만으로 만족했을까. 만약 그렇다면 1903년 후반기에 러시아에 제시한 협상 기초안 중 만주에서 러시아의 이익을 제한한 조항들은 양보에 대비한 협상용이라고 할 수 있다.

---

38) White, *Op. cit.*, pp. 124~126.
Nish, *Op. cit.*(1966), p. 281.

그러나 이 시기 일본은 만주에서 러시아의 권익, 특히 정치적 의미를 갖는 권익은 집요하게 제한하려 했다. 만주에서 중국의 주권을 승인하며 러시아의 권익을 철도 등 상업적인 것으로 한정한다는 것이었다. 이것은 의화단사건 이후 만주문제가 전략적인 관점에서 한국문제와 분리될 수 없는 사안이라는 점을 일본이 인식했기 때문이다. 즉 한국에서 일본의 이익을 승인 받는 대신 (이 점에 있어서도 러시아는 일본의 이익을 상업적인 것 이상으로 승인하지 않았다.) 만주에서 러시아의 재량권을 모든 분야에서 승인한다면 만주는 사실상 러시아의 영토가 될 것이며, 이 결과 수년 내에 러시아는 한반도를 대상으로 팽창을 시도하여 한국은 또다시 러·일간에 분쟁의 대상이 될 것이다. 즉 일본의 관점에서는 만주와 한국문제는 분리될 수 없는 것이며, 따라서 만주로부터 완전한 이익의 철회는 있을 수 없는 것이었다. 이것은 일본의 관점에서 볼 때 한만문제에 대한 일본의 요구를 러시아가 수용해야 한다는 논리로 연결된다. 이런 관점에서 러일전쟁에서 일본이 궁극적으로 추구한 것은 한반도만이 아니라 만주에 있어서도 일정한 이익의 확보와 러시아의 축출 혹은 행동제한이었다고 할 것이다.

마지막으로 일본이 전쟁을 촉발할 때 승리를 확신했느냐 하는 점이다. 1903년 후반기 러시아와의 전쟁이 불가피하게 상황이 조성되면서 일본 군부는 이 문제를 심도있게 연구하였다. 결론은 러시아와의 전쟁을 조기에 치르는 것이 일본에게 유리하다는 것이었다. 일본은 영국 및 미국과 연합하여 러시아를 만주에서 철수시켜야 하며, 이것이 실패할 경우는 일본 단독으로 러시아와 타협에 들어가야 하였다. 그러나 이 역시 소기의 성과를 거두지 못하면 무력에 의존해야 하는데 이것은 빠를수록 유리하다는 것이었다. 즉 러시아군에 비해 일본군이 우세하며, 시베리아 횡단철도가 완성되지 않았으며, 영일동맹이 존재하며, 또 러시아의 만주점령으로 중국에서 반러시아 정서가 확산되고 있었다. 따라서 이 시기를 놓치면 이같은 호기는 다시 오지 않는다는 것이었다.[39]

반대로 러시아는 국내적으로 혁명적 분위기가 고조되고 있음에도 불구하

39) Nish, *Op. cit.*(1972), pp. 157~161.

고 전쟁을 원했다. 이것은 유럽에서 1848년 혁명 이후 유럽의 절대왕정들이 국내적으로 산업화와 민족자결의 확산에 따른 정치적 불안과 대외적 행위, 특히 전쟁과의 관계를 어떻게 인식하는가를 보여주는 하나의 사례라 할 수 있겠다. 독일은 3차례의 전쟁을 통해 민족통일을 완성하면서 사회혁명을 피하고 이후 과격파들을 제국체제내에 흡수할 수 있었다. 따라서 전쟁에서 승리하면 혁명을 피할 수 있다는 신념을 갖게 되었다. 오스트리아는 전쟁에서 실패함으로써 국가체제를 오스트로-항가리 이중왕조로 변경시키지 않을 수 없었다. 즉 전쟁에서 패배하면 혁명이 일어난다고 믿게 된 것이다. 러시아 역시 20세기초 대외적 전쟁만이 국내혁명을 저지하는 수단이라고 믿고 손쉬운 상대라고 평가한 일본과의 전쟁을 결행하게 된 것이다.[40] 러시아의 여론은 물론 동아시아에 주둔한 러시아의 육군과 해군 지도자들은 러시아의 승리를 믿어 의심치 않았다. 나폴레옹도 이겨낸 러시아가 일본을 겁낼 이유가 없으며, 전쟁은 러시아군의 일본상륙으로 끝날 것이라고 호언했다. 오히려 일본의 외교적 압력에 굴복하는 것이 '제2의 세바스토폴'이 될 것이라고 일본과의 전쟁을 원했던 것이다.[41] 이것은 일본과 러시아의 국내외적 정책 및 상황과의 연계에서 러일전쟁을 설명한 것이다.

2. 러일전쟁의 경과와 전후처리

1) 러일전쟁의 경과

러일전쟁은 서양 제국주의 열강의 팽창 이후 비서양 국가가 서양 열강 중

40) 19세기말에서 20세기초 제1차 세계대전 이전까지 유럽국가들이 전쟁과 혁명과의 관계에 대한 인식에 관해서는 Taylor, A. J. P., *The Struggle for Mastery in Europe 1848~1918*(Oxford : Oxford University Press, 1986), xxxiii~xxxv 참조.

41) Kajima, *Op. cit.*, Vol. Ⅱ, pp. 114~115.
세바스토폴은 크리미아 전쟁중 영국 등 연합군에 함락된 흑해 크리미아반도에 있는 러시아 군항이다.

하나를 상대로 싸워 이긴 최초의 전쟁이다. 일본은 이 전쟁이 국가의 운명이 걸린 것이라는 각오 아래 나고야에 대본영을 설치하고 정치지도자들과 국민이 단결하여 총력전 태세로 이에 임했다. 러시아는 국내적으로 혁명의 분위기가 고조된 가운데 정치・경제의 중심부인 유럽으로부터 멀리 떨어진 '극동'지역에서 일어난 분쟁에 대해 제한적인 군사・경제적 자원을 동원하여 대응했다. 이런 의미에서 일본의 절대적 이해와 러시아의 부차적인 이해가 충돌한 전쟁이라 할 것이다. 따라서 양국의 임전태세는 '일본은 사활을 걸고 싸우며 러시아는 저녁식사를 위해 싸운다'고 비유되었다.[1] 그러나 대륙세력인 러시아는 그들의 능기라고 할 수 있는 육상전에서 패배했을 뿐만 아니라 해상에서도 발틱함대를 극동戰域에 동원하는 무리수를 시도하지만 실패했다. 이 전쟁에서 일본의 승리는 지난 수백년간 지속된 서양 열강들의 식민지 지배가 그 절정을 지나 쇠퇴하는 전주곡으로서 식민지 해방운동에서 하나의 이정표가 되는 것이다.

전쟁행위는 일본에 의해 개시되었다. 일본 연합함대는 1904년 2월 6일 사세보항을 출발, 러시아 함대가 머물고 있는 인천과, 황해에서 러시아 해군의 거점인 요동반도의 여순으로 향했다. 인천으로 향한 제4전대는 육군 운송선 3척을 호송, 이들을 한반도에 상륙시키는 임무를 띠고 있었다. 일본 함대는 2월 8일 인천에 정박 중인 러시아 순양함 2척을 공격, 침몰시키고 수송선은 상륙작전을 완료했다. 러일전쟁은 이같이 인천 앞바다에서 시작되었다. 여순으로 향한 연합함대는 2월 9일 심야에 러시아 함대를 기습하여 전함 2척, 순양함 1척을 좌초시켰다. 이어 2월 10일 일본이 먼저 러시아에 대해 전쟁을 선포하고 러시아도 같은 날 일본에 전쟁을 선언했다.

전쟁이 시작되자 일본이 예상외로 연전연승을 거두었다. 러시아의 전쟁준비는 충분치 못했으며 더구나 군수품 보급은 5,000마일 이상이나 떨어진 모스크바로부터 아직 완성되지 않은 철도에 주로 의존하고 있었다. 먼저 여순항에서 러시아 함대가 전멸함으로써 동아시아 해역에서 러시아는 해군으로 일본 본토를 위협하는 것이 불가능해졌다. 여순항은 발해만과 만주로 나아가

1) Okamoto, Shumpei, *The Japanese Oligarchy and the Russo-Japanese War*(New York : Columbia University Press, 1970), p. 105.

는 통로라는 전략적 요지일 뿐만 아니라, 러시아에게는 청일전쟁 후 3국간섭으로 일본으로부터 빼앗은 극동경영의 본거지로, 일본에게는 3국간섭의 치욕을 씻는 복수전이라는 강력한 상징성을 갖고 있었다. 육지에서의 첫 전투는 압록강을 사이에 두고 의주와 중국의 안동 지역에서 전개되었다. 일본군은 도강을 저지하려는 러시아군의 저항을 분쇄하고 4월 30일 압록강 북안에 도달하였다. 유럽 열강들은 이 전투를 보불전쟁 중 프랑스가 참패한 바에센부르그(Weissenburg)전투에 비교하면서 러시아의 자신감이 위축되었다고 평했다.[2] 이로써 일본은 한반도에서 만주로의 진격로를 확보, 러시아군을 추격할 수 있게 되었다.

이후 일본군은 요동반도의 여순항을 향해 진격하면서 9월초에는 遼陽, 10월 중순에는 사호(Shaho)에서 러시아군을 격파하며, 드디어 여순항을 포위, 러일전쟁 중 가장 치열한 공방전을 전개하였다. 그리고 다음해 1월 1일 여순항의 러시아 수비대가 항복함으로써 전쟁의 명암이 일본쪽으로 기울어지게 되는 것이었다.[3] 이후 전선은 만주로 이동하였다. 그러나 러시아는 3월 10일 만주의 전략적 거점인 奉天(오늘날 심양)대회전에서 전사 2만, 포로 4만 등 10여만 명의 희생을 내면서 패배하였다. 러시아는 육상의 패배를 만회하기 위해 발틱함대를 극동해역으로 파견하는 결단을 내리지만 아프리카 희망봉과 인도양을 거쳐 대한해협에 진입한 러시아 함대는 5월 27일~28일 일본 연합함대에 의해 전멸 당하였다.

이로써 전선은 만주에서 러시아의 이해가 집결된 하얼빈 지역으로 이동하기 시작하였다. 이제 일본은 전쟁 전 추구했던 한반도에서 이해의 확보라는 범위를 넘어 남만주에서 러시아를 축출하고 북만주마저 석권함으로써 동아시아에서 러시아 세력을 완전히 몰아낼 수 있는 상황에 도달한 것이었다. 이것은 동아시아의 세력균형이 완전히 일본에게로 기울어짐을 의미하는 것이었다. 동시에 이것은 동아시아에서 세력균형의 유지를 통해 상업적 이해를

2) White, John Albert, *The Diplomacy of the Russo-Japanese War*(Princeton : Princeton University Press, 1964), p. 151.

3) 육상전투에 관해서는 *Ibid*, pp. 149~154 및 Okamoto, *Op. cit.*, pp. 105~111 참조.

확보하려는 영국이나 미국 등 구미열강들의 이해와도 상반되는 것이었다. 평화협상은 이같은 상황에서 시작되었다.

2) 전후처리와 동아시아 국제관계

'전쟁은 외교의 연장'이라는 말은 전쟁은 대외정책상의 목표를 외교적 설득으로 획득하지 못할 때 무력에 의존한다는 의미이다. 이것은 곧 전장에서 무력충돌로 군사력의 우열이 어느 정도 확인되면 교전국들은 다시금 외교협상으로 전환한다는 말이다. 이것이 유럽 외교사에서 나타나는 고전적 형태이다. 러일전쟁도 이에 벗어나지 않는다. 육상과 해상에서 전투의 승패가 판가름 나기 시작하면서 열강들간의 외교, 강화문제 등이 동시에 표면화되었다. 이 전쟁은 또 시기적으로 동아시아가 서양 제국주의의 팽창과 함께 범세계적으로 확대된 국제정치의 무대에서 하나의 場으로 기능하던 20세기초에 일어났다는 점에서 열강들의 외교는 더욱 중요한 역할을 담당하였다. 열강들은 전쟁 발발 이전부터 다른 열강들의 태도를 저울질하며, 전쟁의 시작과 함께 외교적 노력을 재개했던 것이다. 따라서 전쟁의 진행과 함께 열강들의 태도를 간단히 일별할 필요가 있을 것이다.

열강 중 일본과 동맹관계에 있던 영국은 동맹조약의 규정에 따라, 그리고 프랑스는 러시아와의 동맹이 유럽에서 독일을 대상으로 한 것이라는 점에서 엄정중립을 선언했다. 미국·독일·중국도 중립을 약속했다.[4] 이같은 상황은 일본이 전장을 동아시아로 국한함으로써 1895년 청일전쟁 후 승리의 전리품을 상실한 3국간섭과 같은 악몽에서 벗어나게 되었다는 점이 중요하다. 그러나 열강들의 입장이 동일한 것은 아니었다. 영국과 프랑스는 이 전쟁이 동아시아뿐만 아니라 유럽의 열강관계에서 양국의 입장을 오히려 약화시킬 것으로 우려하여 가능하면 전쟁을 막기 위해 노력했다. 러시아는 물론 일본이 영

4) 열강들의 중립선언에 대해서는 Kajima, Morinosuke, *The Diplomacy of Japan 1894~1922*, Vol. Ⅱ(Tokyo : Kajima Institute of International Peace, 1976), Vol. Ⅱ, pp. 161~168 및 White, *Op. cit.*, pp. 166~168 참조. 중국도 중립을 선언하며 열강들, 특히 미국과 영국이 교전국들에게 그 보호를 요망한다 (Hay to Griscom, 1904. 2. 10, FRUS, 1904, pp. 418~419).

국의 사주를 받아 전쟁을 일으켰으며, 일본은 영국의 보병역할을 충실히 수행하고 있으며 (해군은 영국이 담당하고), 또 영일동맹이 없었다면 일본이 감히 러시아에 도전하지 못했을 것이라고 평가했다. 그러나 영국은 일본의 입장에 동조하지만 영국의 이해가 거의 없는 한반도와 만수를 누고 일본이 러시아와 전쟁에 들어가는 것을 고무할 이유가 없었다. 앞서도 언급한 바와 같이 유럽 열강들의 관심은 일차적으로 유럽의 열강관계였다. 영국은 1903년이 되면서 러시아와의 관계를 크게 개선했으며, 특히 러시아의 동맹국인 프랑스와 함께 앞으로 러시아와 분쟁을 일으킬 소지를 최소화하는 방향으로 접근하고 있었다. 그런데 동아시아에서 전쟁이 일어나면 영국과 프랑스는 각국의 동맹관계에 의해 불필요한 전쟁에 말려들게 될 것이며, 이것은 영-러관계를 다시 악화시킬 것이다. 따라서 영국은 일본이 이 분쟁에서 영국에게 공동행동의 추구를 요구하지 않을 것이라는 입장을 받아들여 동맹조약에 따라 엄정중립을 선언하고 정부차원에서 일본에 대한 재정지원도 고려하지 않았다.

더구나 영국은 영일동맹에 의거하여 일본을 지원할 의무도 없었다. 영일동맹은 동아시아의 현상유지와 한국의 독립을 보장한 것이지 일본의 팽창까지 영국이 지원할 것을 약속한 것은 아니었다. 영국은 동맹의 협상과정에서 일본의 팽창의지를 인지하고 한반도에서 일본의 우월적 지위를 인정하지 않으려는 태도를 보였으며, 일본정부가 영일동맹과 병행하여 러시아와 타협하는 것을 방해하지 않을 것임을 분명히 했다. 이토를 비롯하여 일본측 협상자들도 이같은 영국의 입장을 충분히 인식하고 있었다. 이런 의미에서 영국은 일본이 영국을 대신하여 러시아와 싸우도록 유도했다거나 일본의 대러시아전을 고무한 것이라고 할 수는 없다. 일본은 동맹으로 인하여 러시아의 동맹국인 프랑스가 (독일도 포함해서) 러시아를 도와 참전할 가능성을 배제하는 것으로 만족했던 것이다. 그러나 영일동맹으로 일본은 러시아와의 협상에서 그 입장이 강화되었으며, 또 최종적으로 대러시아전을 결정할 때에도 큰 힘이 되었다는 점은 부인할 수 없을 것이다.

그러나 동맹은 국제정치에서 협조의 최고 형태라는 점에서 간단한 이론상의 논의로 끝날 수는 없는 것이다. 국가간의 접촉이 활발한 유럽에서는 동맹은 그 조약이 규정하는 내용에 따라 엄밀하게 적용되어 왔다. 영일동맹도 이같은 관점에서 한번 검토해야 한다. 이 동맹의 성격은 일차적으로 방어동맹이다. 2개국 이상이 연합하여 동맹 중 1국을 공격할 때에만 동맹국은 협조하도록 규정되어 있다. 따라서 러·일 양국이 싸울 때 영국이 중립을 지키는 것은 당연하다. 그러나 동맹의 개념이 생소한 동양인 일본에서는 이같은 영국의 행위는 혼란을 일으켰다. 물론 영국은 엄정중립을 선언하면서도 일본에게 호의적이었다. 이것은 당시 러시아의 정치·사회형태를 전제적, 미개한 것으로 간주해 온 영국사회의 일반적인 분위기이기도 했다. 당시 서울에 주재한 영국공사 죠단(John N. Jordan)은 이 전쟁을 '동방의 한 국가와 서방의 가장 나쁜 국가간의 처절한 투쟁'이라고 평가하고 있었다.[5]

영국은 실제로 일본의 전쟁수행을 간접적으로 지원했다. 특히 전쟁을 종결시키는 데 중요한 역할을 했던 러시아 발틱함대의 전멸에 기여했다고 할 수 있다. 영국은 우선 러시아와 터키에 대해 평화시 군함의 보스프러스해협 통과를 금지하는 국제협정을 들어 엄중히 경고함으로써 흑해함대의 참전을 저지시켰다. 러시아는 이에 발틱함대를 출동시킬 때 이 함대의 극동행은 여러 차례에 걸쳐 영국의 방해를 받았다. 영국은 발틱함대가 모항을 출발한 직후인 1904년 10월 21~22일 스코트랜드 북쪽 도거뱅크 해역에서 영국 트롤선을 일본 어뢰선으로 오인하여 발포한 사건(Dogger Bank Incident)을 문제삼아 그 처리를 둘러싸고 한동안 발틱함대의 동진을 지연시켰다. 그 후 중립을 내세워 발틱함대에 대한 연료공급과 영국령 식민지에서는 기항을 거부했다. 발틱함대의 동진로에는 아프리카 해안, 희망봉, 실론, 싱가폴, 홍콩 등 영국의 식민지가 산재해 있는데 러시아 함대는 단지 프랑스와 독일의 항구에서 석탄보급을 받았을 뿐이었다. 이것은 이 시기 열강들이 동맹조약이 규정한 내용뿐만 아니라 동맹의 정신에도 충실했던 사례라 할 수 있다. 그러나 일본 정부나 여론은 혼신의 힘을 기울여 싸우는 일본을 동맹국이 방관하고 있으며, 따라서 영국의 행위는 동맹국이라기보다는 중립국에 가까운 것이라고 의심과 불만을 표명했다.[6] 마지막으로 영국은 비정부, 사적인 영역에서 이루어

5) Jordan to Campbell, 1904. 2. 9 FO/17/1659(私信).

6) Nish, Ian H., *The Anglo-Japanese Alliance-the Diplomacy of Two Island Empires 1894~1907*(London : Athlone, 1966), pp. 270~271 · 281 · 287 · 292.

진 것이지만 일본이 런던에서 차관을 끌어들이도록 허용함으로써 간접적으로 일본의 전쟁수행을 지원했다고 할 수 있다.

그러나 열강들은 러시아가 완전히 패배하지 않은 상태에서 전쟁이 종결되기를 희망했다. 독일은 (오스트로-헝가리제국도 포함해서) 러시아가 이 전쟁에서 국력을 소진하는 것이 바람직하지만, 전쟁으로 러시아 국내에서 혁명의 분위기가 고조되는 것은 원하지 않았다. 프랑스는 러시아의 패배는 유럽에서 세력균형의 유지에 위협이 될 것으로 우려하였고, 러시아가 빠른 시일내에 동아시아 문제에서 해방되기를 희망했다. 영국도 러시아가 독일과의 국경에 관심을 집중시키기를 원한다는 점에서 동일한 입장이었다. 동아시아 지역에 프랑스보다 이해가 깊은 영국은 미국과 함께 전쟁의 장기화는 이들 양국의 경제적 활동에 도움이 되지 않을 뿐 아니라 무엇보다도 이 지역에서 일본의 세력이 지나치게 팽창되어 세력균형이 일본에게 유리하게 전개되면 자국의 권익이 침해될 상황이 조성될 것으로 우려했다. 물론 이들은 친일본적 관점에서 일본은 승리자이며 평화의 조건으로 모든 것을 요구할 수 있으며 또 일본의 요구(한반도를 포함하여)는 '정당하며 과도하지 않은' 것으로 보장받아야 한다고 보았다.[7] 그러나 이 지역에서 열강의 이해를 보장하는 최선의 방법은 러・일 양국이 전쟁으로 국력이 약화된 채 만주에서 세력균형을 유지하는 것이었다. 가장 친일본적이라고 할 수 있는 영국의 금융계도 일본이 러시아를 동아시아 무대에서 완전히 축출하려 한다는 의구심을 가질 정도였다.[8] 즉 서방 열강들은 전쟁이 계속되어 러시아가 동아시아에서 완전히 제거되기보다는 러시아가 패전으로 쇠약한 상태에서 하르빈을 경계로 만주를 양분하여 일본과 '균형잡힌 적대관계'를 형성하기 바랬던 것이다.[9]

Nish, *Alliance in Decline-a Study in Anglo-Japanese Relations 1908~23*(London : Athlone, 1972), p. 130. Dogger Bank사건 및 터키해협 문제에 대해서는 *Ibid*(1966), pp. 289~290・317 참조.

7) Merrill, John E., 'American Official Reactions to the Domestic Policies of Japan in Korea 1905~1910'(Ph. D Dissertation, Stanford University, 1954), pp. 58~59.

8) Walder, David, *The Short Victorious War-Russo-Japanese Conflict 1904~5*(Newton Abbot : Readers Union, 1974), p. 263.

9) 포츠머스조약에 임하는 미국의 입장에 대해서는 Esthus, Raymond A.,

러일전쟁의 전개과정도 협상에 유리하게 작용했다. 이 전쟁은 일본이 여러 전투에서 승리했음에도 불구하고 최종적으로 승자와 패자를 명백하게 결정짓지 못했다. 일본이 승리한 전투는 모두 러시아 영토 밖에서 일어났다. 일본은 러시아에게 결정적인 패배를 안겨주지 못했으며, 사할린을 제외하면 러시아의 영토는 침범당하지 않고 있었다. 따라서 러시아는 항복을 거부하고 전쟁의 계속을 천명했다. 반대로 일본은 승리하면서도 손실이 러시아를 능가했다. 일본의 인적 자원과 군수품은 요양전투에서 고갈되기 시작했으며, 사호전투에서는 한계에 도달했다. 여순전투 역시 러시아측 사상자 28,200명에 비해 일본은 57,789명의 사상자를 내었다. 심양전투 후 패주하는 러시아군을 추적하여 섬멸시키지 못한 것도 일본군의 인적·물적 자원이 고갈되었기 때문이었다. 반면 러시아는 시베리아와 만주의 철도를 통해 보급품을 수송함으로써 요양전투에서 패배한 후에도 군사력을 증강시키고 있었다. 이같은 정세를 정확히 인식한 일본 군부는 전선의 상황이 일본에게 유리할 때 종전협상을 전개하는 것이 유리하다고 판단하고 '전략과 정략의 일치'라는 표현으로 동경정부에 평화회담을 희망했다.[10] 러시아 역시 1905년 1월 수도 페트로그

Theodore Roosevelt and Japan(Seattle : University of Washington Press, 1967), pp. 37~39, 62~66 및 Griswold, A. Whitney, *The Far Eastern Policy of the United States*(New Haven : Yale University Press, 1938), pp. 104~105 참조. 한가지 보충할 것은 고전적 세력균형 이론, 특히 그 비판자들에 의하면 '적대감'이란 균형을 이루는 데에 자동적으로 포함되는 것이다(Wight, Martin, *International Theory-The Three Traditions*(ed.), Gabriele Wight and Brian Porter New York : Holmes & Meier, 1992, pp. 178~179·261~262). 따라서 당시 미국이나 영국의 정책은 만주에서 러-일 양국의 입장이 대립적이라는 의미 정도로 받아들이면 될 것이다. 또 세력균형은 상황(situation)·정책(policy)·국제체제(system) 등 관점에 따라 의미를 달리한다. 미국이나 영국이 자국의 입장과 정책으로서 동아시아에서 세력균형이 이루어지고 있다고 판단한 것과 전쟁의 결과 일본과 러시아 간에 균형이 일본에게 유리하게 기울어지는 상황이 조성되었다는 것은 모순되는 것이 아니다.

10) Okamoto, *Op. cit.*, pp. 105~106.
White, *Op. cit.*, p. 186.
만주 주둔군 총참모장 고다마 겐타로(兒玉源太郞)는 동경 정부에 평화회담을 건의하기 위해 동경에 도착한 후 '총을 쏘았으면 끝낼 줄도 알아야 한다', '일본에는 외무성도 없느냐'고 힐문하면서 일본이 평화회담의 개최를 위해 노력을 기울이지 않은 것을 힐란했다(*Ibid.*, pp. 111~112).

라드에서 '피의 일요일' 학살로 혁명적 기운이 팽배했으며 봉천회전 후 더 이상의 전비 지출은 재정파탄을 가져올 것으로 우려되는 상황이었다. 따라서 비록 일본의 물적·인적자원이 고갈되었지만 전쟁이 계속된다고 해도 러시아가 일본을 패퇴시키기는 불가능한 것이었다. 러일전쟁에서는 이같이 전투에서 승리를 거두고 있던 일본이 인적·재정면에서 먼저 고갈되어 평화를 제의하게 되었던 것이다.

러일전쟁의 전후처리는 교전 양국간의 회담으로 이루어졌다. 즉 만주의 문호개방은 전쟁의 주요 원인이었으며 열강들의 공통 관심사였음에도 불구하고 러·일 양국의 입장은 열강들의 거중조정이 필요하다면 수용하겠지만 전후처리를 열강들이 참여하는 국제회의가 아닌 양국간의 회담으로 해결한다는 것이었다. 러시아는 1856년 크리미아전쟁을 종결한 파리회의와 1878년 터키와의 전후 처리를 다룬 베를린회의가 모두 러시아에게 불리하게 진행되었으며, 일본도 10년 전 1895년 청일전쟁 후 3국간섭의 악몽을 잊지 않았기 때문이다. 특히 러일전쟁 당시 복잡한 열강관계를 고려하면 어느 일국의 중재는 다른 열강들의 질투와 간섭을 유발할 가능성도 배제할 수 없었다.[11)]

전후처리 문제는 이상의 문제점과 함께 각국의 권익과 영향권이 조정되는 과정을 간단히 언급해야 할 것이다. 중국 본토는 북경정부가 중립을 선언했기 때문에 명목상으로 전쟁의 직접 원인이 아니라는 점에서 전후처리의 대상에서 제외되었다. 이 지역은 또 열강들의 이권이 산재되어 있으며 영국과 미국이 중국의 독립유지, 영토-주권의 보호를 동아시아 정책의 기초로 삼고 있었기 때문에 교전국의 평화협상에서 제외된 것이다. 즉 중국의 분할은 '다행스럽게도' 피할 수 있게 되었다는 것이다. 따라서 전후문제의 처리는 만주 및 한반도를 중심으로 이루어지는 것이었다. 이 중 만주에 대한 일본의 진출은 전쟁 전 일본의 요구 이상으로 진척되었다. 전쟁 전 일본이 러·일간에 한반도와 만주에서 상호 영향권을 인정한다는 소위 韓滿交換을 제안할 때 만주에 관한 요구는 경제적 문호개방 정도였다. 그러나 만주에서 계속 승리하여 전선이 북으로 이동한 상태에서 종전을 맞게 됨에 따라 일본은 러시아

11) White, *Op. cit.*, pp. 195~196.

가 租借했던 여순항 등 요동반도는 물론 남만주철도까지 차지하게 되었던 것이다. 한반도에서도 일본은 원래 요구했던 우월적 지위보다 훨씬 강력한 권익을 인정받았다. 한국의 합방은 이같이 열강들의 권익이 조정되는 과정을 통해 이루어지게 된 것이다.

1905년 9월 미국 루즈벨트(Theodore Roosevelt) 대통령의 주선으로 포츠머스에서 개최된 평화회담은 전쟁의 추이와 함께 일본의 재정악화, 동아시아 세력균형 유지를 위한 열강들의 정책 등 전투 외적인 요인들이 상당히 작용한 것이었다. 또 전후처리가 러·일 양국간의 회담으로 진행되면서 그외 주요 열강들 간에도 새로운 세력균형의 변화에 맞추어 세력권을 상호 조정하였다. 그 중 중요한 것이 1905년 7월 미국·일본간의 태프트(Taft)-가츠라(桂)밀약과 8월 영·일간의 2차영일동맹이다. 이 중 전후 동아시아 국제질서의 재정립이라는 관점에서 열강들에게 전례로 제시된 것은 영일동맹이다.

(1) 영일동맹의 개정

영일동맹의 개정은 러일전쟁 후 변모한 동아시아 정세에 비추어 양국간의 이해를 조정하는 단순한 것이 아니었다. 영국이 해상세력으로서 동아시아 문제에 관여할 능력을 보유한 유럽국가이며, 일본이 지역강대국이라는 점을 인식한다면 양국간의 동맹과 그 내용은 동아시아 국제체제를 규정하는 가장 중요한 요소로 간주될 수 있다. 양국도 이 점을 충분히 인식하고 있었다. 영국은 영일동맹의 지속여부가 일본이 러시아에게 제시한 평화조건을 규정할 것이라 평가했다. 영국이 종전에 맞추어 동맹조약을 개정하지 않는다면 열강들은 영국이 조약기간이 만료되는 1907년후 동맹관계를 폐지할 의사를 가진 것으로 간주할 것이다. 따라서 동맹조약이 개정된다면 일본은 향후 러시아의 복수전에 대한 우려에서 벗어날 것이며, 러시아 역시 일본을 상대로 전쟁을 재개할 의지를 갖지 않는다는 전재아래 전후처리에 임할 것이다. 일본의 평가도 동일했다. 영일동맹이 존속되어야 일본은 승리의 과일을 충분히 차지할 수 있을 뿐 아니라 복수전의 악령에 시달리지 않을 수 있었다.[12] 즉 일본의

12) Nish, *Op. cit.*(1966), pp.300ff.

관점에서 동아시아 지역평화는 영일동맹의 지속여부에 달려 있던 것이다.

2차 영일동맹은 다음의 3가지 점에서 1차동맹과 다르다. 우선 동맹의 성격이다. 1차동맹은 동아시아의 현상유지를 위한 방어동맹이었다. 그러나 2차동맹은 공수동맹이었다. 러시아가 종전 후 일본의 권익을 침해할 때 영국은 일본을 지원할 의무가 있으며, 일본 역시 영국이 인도대륙의 방위를 두고 영국을 지원해야 한다. 이론상으로는 이같이 양국이 상대국의 안보상 위기에 원조를 하도록 규정하고 있지만 실제로는 러시아의 복수전으로 인한 일본의 안보위협을 영국이 확실한 방법으로 보장한 것이었다. 러시아가 비록 이번 전쟁에서 패했지만 일본이 한 척의 전함을 건조·구매할 때 3척을 건조·구매할 수 있는 능력을 가지고 있었다. 즉 러시아가 일본만을 상대로 복수전을 구상한다면 함대 재건을 시도할 수도 있었다는 의미이다. 그러나 영국의 지원이 계속된다면 영·일 양국의 함대에 대항할 만한 함대를 건설한다는 야망을 갖기 어려울 것이다. 2차동맹은 이같이 일본의 안보에 대한 확실한 보장이었다.

두번째는 동맹의 범위이다. 이 문제도 러시아의 잠재적인 위협과 관련된 것이다. 영국은 러일전쟁 후 동아시아에서 러시아의 팽창은 저지되었으나 러시아는 여전히 팽창을 주도할 만한 능력을 보유한 것으로 평가했다. 특히 캐스피해 연안 횡단철도를 완성했기 때문에 인도국경 지역에서 전쟁이 일어날 경우 50만 병력을 쉽게 동원할 수 있게 되었다. 일본은 1차동맹 협상 때 동맹의 범위를 그들의 이해가 전혀 없는 인도대륙까지 확대하는 데 반대했지만 이번에는 '장기적 관점에서' 영일동맹이 가져다 줄 이익을 위해 영국의 요구를 수용하게 되었다.

세번째는 한국독립 조항의 폐기이다. 앞장에서 검토한 바와 같이 영국은 1902년 1차동맹에서 한반도에서 일본의 우월적 지위를 인정했지만 동시에 한국의 독립도 보장했다. 이 동맹은 러시아의 팽창으로 야기된 동아시아의 정세에서 그 효력을 극대화하지만 영일동맹은 러일전쟁의 종결과 함께 불협화음을 보이기 시작하였다. 동맹이 지속되는 20년 동안(1922년까지) 가장 원활하게 운용된 것이 바로 1902년~1905년간이었다고 할 수 있다. 이것은 동아시아 지역 수준에서 러시아라는 가상 적국이 뚜렷이 부각되었기 때문이겠지만, 한반도 域內수준에서도 양국간의 이해와 접근법이 일치했다는 점도 일조를 했다. 여기에는 양국의 서울주재 공사인 죠단(JohnN.Jordan)과 하야시(林權助)의 개인적 친분까지 겹쳐 구체적으로 일본의 한국정책에 대한 영국의 지지는 절정을 이루었다.[13] 이 결과 2차동맹은 서문에서 한국의 독립에 관한 언급이 삭제되었을 뿐 아니라 일본이 한국에서 정치·군사·경제적으로 특수이익을 가지며, 이러한 이익을 옹호 증진하기 위해 한국에 대해 지도·감리 및 보호조치를 취하는 데에 영국이 동의하게 되었던 것이다(2조).

그러나 국가간의 거래는 상호교환 혹은 대가라는 원칙 위에서 이루어진다. 일본은 영국이 동맹의 범위를 인도국경까지 확대한 대가로 한국문제의 처리에 있어 영국의 전폭적인 지지를 요구한 것이다. 그러나 영국의 입장은 1차동맹과는 달리 단순한 것이었다. 1차동맹을 체결하던 시기 영국은 한국문제를 두고 러시아와 분쟁에 휘말릴 가능성을 우려했지만, 2차동맹을 논의할 때는 이같은 우려는 사라졌다. 더구나 일본의 요구는, 영국의 관점에서 보면, 한반도에 새로운 조치를 요구하는 것이 아니었다. 즉 러일전쟁의 개전과 함께 일본군이 한반도를 완전히 점령했으며 이후 두 차례의 한일의정서를 통해 일본이 확보한 권익을 단순히 인정하면 해결되는 것이었다. 영국은 당시 국제사회에서 미국과 함께 한국의 독립을 보호하는 국가로 인식되고 있다는 점에서 약간 곤혹스러워 했지만, 한반도에 존재하는 기정사실(fait accompli)을 승인하는 것뿐이라는 논리로 일본의 요구를 수용하는 것이다.[14]

영국의 입장은 국제정치의 현실주의를 반영하는 것이지만 전적으로 타당한 것은 되지 못한다. 일본의 한국점령은 전쟁기간 중에 이루어진 군사적 조치에 불과한 것이며, 따라서 국제법적으로 승인된 영속성을 갖는 것은 아니었다. 물론 2차례의 한일의정서는 국제법적 효력을 갖는 것이며, 영국은 물론 다른 열강들은 일본이 이를 강압적으로 체결했다는 점은 고려하지 않았다. 따라서 영국은 을사보호조약이 체결되기 1년 전인 1904년 9월, 친일 외교고문 스티븐스(Durham W. Stevens)가 한국의 외교업무를 장악하자 앞으로

13) 구대열, 《제국주의와 언론-배설, 대한매일신보 및 한·영·일 관계》(이대출판부, 1996), 81~84쪽.

14) Nish, *Op. cit.*(1966), pp. 320~322.

한국의 대외관계는 도쿄에서 처리될 것이기 때문에 서울의 영국공사관은 철수할 것을 고려하기 시작하였다.[15] 2차동맹조약이 공개된 후 한국정부가 한국 독립보장의 폐지와 2조의 한국관련 조항은 기존의 한영조약에 위반되는 것이므로 폐기할 것을 요망하자 서울주재공사 조단은 이것은 1·2차 한일의정서에서 한국 자신이 승인하여 조성된 상황을 인정한 것뿐이라고 퉁명스럽게 대답했다.[16] 더욱이 전쟁발발 이후 한국정부와 왕실은 영국의 관점에서는 '반동적인' 러시아와 밀접하게 연결되어 있었을 뿐만 아니라, 무능·부패로 인하여 독자적으로 개혁을 수행할 수 없는 상황에서 일본에 의한 보호가 더 바람직한 해결안이라고 한국의 독립에 대한 지지를 포기하는 입장 변화를 정당화하고 있었다.[17]

(2) 태프트-가츠라밀약

일본은 영일동맹의 개정과 비슷한 시기에 미국을 상대로 해서 한국문제를 포함한 동아시아 문제 전반에 걸쳐 의견을 교환했다. 소위 태프트-가츠라밀약이다. 이 사건은 오늘날까지 한국 근대사·외교사에서 잘못 해석되어 내려오고 있는 문제중 하나이다. 여기서는 기존의 연구서들을 간단히 정리한 다음 이에 관한 문제점들을 검토하겠다.

기존의 해석은 일본이 영일동맹의 개정과 함께 미국으로부터도 한국문제에 관해 영국과 같은 수준의 보장을 얻으려 했다는 점에서 출발했다. 1905년 7월 미육군장관 태프트(William Haward Taft)가 필리핀을 시찰하기 위한 여행을 하는 중 도쿄에 머물게 되었다. 일본수상 가츠라는 이에 태프트와 함께 동아시아 정국 전반에 관한 의견을 교환하였다. 가츠라는 '한국은 러일전쟁의 직접 원인이므로 일본은 이 전쟁의 당연한 결과로서 한국문제를 완전히 해결하기 위해 단호한 조치를 취하는 것이 절대로 필요하다'고 주장하고, 태프트는 '한국이 일본의 동의없이 타국과 어떠한 약정을 체결하지 못하게 하

15) Jordan to Campbell, 1904. 9. 10, FO/17/1660(私信).
16) Jordan to Lansdowne, 1905. 10. 17, FO/17/1693(142).
17) 이에 대한 논의는 구대열, 앞의 책, 77~82쪽 및 Nish, *Op. cit.*(1966), pp. 312~322도 참조할 것.

는 정도의 종주권을 일본이 한국에 설정하는 것은 당연한 戰果에 속하고 극동의 영원한 평화에도 공헌하는 것'이 될 것이라고 동의를 표했다. 이어 양인은 '첫째 일본은 필리핀에 대해 하등 침략적 의도를 가지고 있지 않으며, 미국의 지배를 확인하고, 둘째 극동의 평화유지를 위해, 미·영·일 3국이 실질적인 동맹관계를 확보하며, 셋째 일본의 한국에 대한 종주권을 미국이 인정한다'는 내용의 문서를 작성한다. 이것을 1924년 미국 외교사학자 데네트(Tyler Dennett)가 논문에서 상호 대가를 교환한 권력정치적인 비밀조약이라고 규정했다. 이후 이 문제는 아무튼 비판적 검토없이 한국과 필리핀을 교환한 '밀약'으로 알려지게 된 것이다.18)

그러나 이 해석은 정확한 것이 아니다. 우선 이것은 '밀약'이나 협정·조약이 아니다. 단지 가츠라와 태프트 (물론 양인은 양국을 대표하는 정치인이다.) 간의 대화를 기록한 메모에 불과한 것이다. 태프트는 대화 내용을 신임 국무장관 루트(Elihu Root)에게 보고하면서 가츠라가 회견을 열망하여 피하기 어려웠다는 상황을 설명하고 자신의 발언이 잘못되었다면 국무장관이 수정할 것을 권유했다.19) 태프트는 이어 이 회견내용을 또 루즈벨트 대통령에게 보고하고 승인받는다. 이 '밀약'이 맺어진 2년 후 미국과 일본의 관계는 전쟁 가능성까지 언급될 정도로 악화되는데, 이때 미국정부는 이 '밀약'을 거론조차 하지 않았다. 두 국가간에 위기상황이 조성될 경우 양측의 정책 입안자들은 양국관계를 규정하는 기존의 조약들을 점검하며 이것을 기준으로 대응전략을 마련하는 것이 순서이다. 1907년의 위기에서 미국무성이 태프트-가츠라 '밀약'을 언급하지 않았다는 사실은 이것이 양국관계에 의무를 규정하는 협정이나 조약이 아니라는 의미이다.

---

18) 이에 관한 일반적인 기술은 金景昌, 《동양외교사》(박문당, 1982), 554~555쪽 ; 성황용, 《근대동양외교사》(명지사, 1992), 338~339쪽 참조.

19) 태프트의 전기에는 태프트가 심각한 협상을 위해 일본을 방문한 것이 아니었으며, 일본정부 지도자들의 면담 내용도 육군장관인 자신이 국무성의 업무에 간섭하는 인상을 주지 않기 위해 국무성에 보고하지 않았다고 기록하고 있다 (Anderson, Donald F., *William Howard Taft－A Conservative's Concept of the Presidency*, Ithaca & London : Cornell University Press, 1968, pp. 22~23 및 Pringle, Henry F., *The Life and Times of William Howard Taft*, New York : Farra & Rinehart, Inc., 1939, Vol. Ⅰ, pp. 303~304).

이같은 형식적인 측면보다 더 중요한 것은 필리핀에 대한 미국의 입장일 것이다. 미국은 1898년 스페인과의 전쟁 결과 필리핀을 소유하게 되었다. 필리핀에 대한 미국의 지배는 국제적으로도 확고한 것이었다. 또 미국은 필리핀에 대한 외국의 어떠한 간섭도 독자적으로 저지할 수 있는 능력을 보유하고 있었다. 이같은 상황에서 일본이나 다른 열강으로부터 필리핀의 안보에 대해 보장을 받는다는 것은 넌센스에 속한다고 할 것이다. 따라서 이 '밀약'은 기존의 정세에 대해 상호 의견을 교환하면서 일본의 한국 장악은 일본에게 유익하며 또 동아시아의 세력균형을 위해 바람직하다는 미국의 입장을 재천명한 것뿐이라는 해석이다.[20]

태프트-가츠라밀약이 그렇다고 해서 무의미한 것은 아니다. 이들 양국 지도자간의 대화에서 나타난 태프트의 태도는 당시 서양사회에 팽배한 사회진화론(Social Darwinism)이 국제정치를 해석하는데 하나의 기준이 되었으며, 미국이 한국문제도 동일한 관점에서 접근하고 있음을 보여주는 구체적 사례라는 점에서 중요하다. 사회진화론은 적자생존·생존투쟁 등 다윈(Charles Darwin)의 진화론적 개념들은 사회집단에 적용시킨 것이다. 종족·민족·사회·국가도 유기체이며 모두 생존투쟁 법칙에 따라 투쟁한다. 여기에서 약자는 강자의 먹이가 되기 마련이며 우수한 종족·민족·국가만이 살아 남는다. 투쟁은 진보의 조건이며 역사의 영원한 법칙이다. 전쟁은 창조의 아버지요 문화의 어머니이다. 따라서 민족·국가의 강인함을 보장해 주는 군국주의와, 팽창과 정복이 특정 인종·국가에게 부여되었다는 사명의식을 고양시킨다. 사회진화론이 본 주제에 갖는 의미는 서방 열강들의 식민지 정복과 타민족 지배, 대외팽창을 정당화시키는 논리라는 점이다. 즉 문명이란 관점에서 국가나 사회를 평가하는 것이다. 사회진화론은 다윈의 본래 의도와는 관계없이 당시 산업화 과정에서 노동계급의 권익 확대에 직면한 부르조아지 계급의 기득권을 옹호하는데 이용되면서 유럽과 미국사회에 급속히 확산되었다.[21]

---

20) 이에 관한 논의는 Esthus, pp. 102~106. Chay, Jongsik, 'The Taft-Katsura Memorandum Reconsidered', *Pacific Historical Review*, 37-3(1968. 8)도 참조.

21) 사회진화론에 대해서는 Hofstadter, Richard, *Social Darwinism in American Thought*(Boston : Beacon Press, 1992), 특히 9장 및 전복희, 〈사회진화론의 19세기 말부터 20세기 초까지 한국에서의 기능〉(《한국정치학회보》 27-1, 1993) 참

루즈벨트 대통령을 포함하여 당시 상당수의 歐美 지식인들은 구한말 한국의 정치·사회적 상황이 후진적이며, 한국은 국제경쟁에서 패퇴하는 열성민족·국가의 표본으로 간주했다. 이들은 1880년대 한국의 개국에서 합방에 이르기까지 정치지도자의 부패와 무능, 근대국가로 향한 개혁의지와 독립 능력의 결여, 일반 대중에 대한 착취, 이로 인한 대중의 무지와 경제적 빈곤, 사회적 혼란, 이에 편승한 주변 열강들의 침탈 등을 끊임없이 목격해 왔다. 열강들은 이같은 관점에서 한국정부나 군주를 유럽의 근대국가와 대비되는 동방 이슬람문화권 군주들처럼 근대적 국가의 통치술은 없으면서 궁중 음모적 수법에만 익숙하다고 평가했다. 구한말의 상황은 전근대적 전통사회의 질서가 무너지고 외세의 침탈이 가속화되는 과정에서 나타나는 일반적인 현상으로 중국 등 여러 국가에서 목격되는 것이지만, 한국에 관한 부정적인 인식은 당시 서방 열강들의 한국관계 외교문서에 일관되게 나타나는 가장 중요한 흐름의 하나라는 것은 분명한 사실이다. 반면 일본은 명치유신 이후 서방의 기술과 문화를 적극적으로 도입하고 있다는 점에서 '보수적 중국'에 대비되는 '진보적 일본'으로 인식되었다. 특히 일본의 한국정책은 침략성을 무시한 것은 아니지만 이를 문제삼기보다는 한국에 정치-제도적 개혁과 선진문명의 전파를 위해 노력한다는 관점에서 높이 평가되었다.22)

조. 사회진화론과 제국주의 시대정신에 대해서는 Langer, *Op. cit.*, pp. 67~100 참조.

22) 미국의 한국관은 Esthus, *Op. cit.*, pp. 7·39·96~100·110~111 ; Harrington, Fred H., *God, Mammon and the Japanese-Dr. Horace N. Allen and Korean-American Relations, 1884~1905*(Madison : University of Wisconsin Press, 1944), pp. 96~98·326 ; Dennett, Tyler, *Roosevelt and the Russo-Japanese War*(Garden City, N. Y. : Doubleday, Page & Co., 1925), pp. 108~111 등 참조. 친일적인 미국인 학자 Ladd는 고종을 '최고 음모꾼(a master of intrigue)'이라고 묘사했다(Ladd, George Trumbull, *In Korea with Marquis Ito*, New York : Charles Scribner's Sons, 1908, pp. 151~152). 당시 영국의 한국관에 대해서는 구대열, 앞의 책, 77~80쪽 참조. 영국은 한일관계를 강한 종족과 약한 종족간의 투쟁이라 보았으며(Jordan to Lansdowne, 1904. 6. 30, FO/17/1660(144)), 한국에 대해 국민은 어리석고 나라는 망해 가고 있어 일본이나 중국·러시아 등 한반도에 야심을 가진 주변 강대국에게 병합될 운명이라고 진단하고 있다(Jordan to Lansdowne, 1904. 1. 20, FO/17/1659(17) 및 그 첨부물). 반면 일본은 영국이 자랑하는 이집트 지배 모델을 한반도에서 실험

한국과 일본에 대한 이같은 인식은 당시 동아시아 문제를 다루던 미국 지도자들에게 광범위하게 퍼져 있었다. 특히 전형적인 사회진화론자인 루즈벨트는 쇠퇴한 민족의 희생 위에 이루어지는 팽창을 지지하면서, 한국은 독립을 위해 한 것이 아무 것도 없다고 단정, 러일전쟁 후 일본의 보호권을 간단히 인정해 버렸다. 동일한 논리에서 미국이 파산한 콜롬비아 정부로부터 파나마 지역을 빼앗아 운하를 건설하는 것이 세계문명에 도움을 줄 것이라고 주장하고 있었다.[23)]

태프트도 예외가 아니었다. 그는 일본 방문 중 연설을 통해 문명국(강대국)이 후진국(약소국)에 간섭하여 이를 개혁하는 행위를 당연한 권한이며 이것은 강대국들에게 전략적 필요성에 의한 간섭과 동일한 수준의 정당한 이해라고 강조하고 있었다. 한일관계를 이같은 관점에서 평가하면서, '일본은 15세기적 방법으로 잘못 통치하고 있는 가까운 이웃인 고대 왕국을 개혁하고 소생시키기 위하여 정당한 이해를 갖고 이 작업에 착수하고 있다'고 강조했다.[24)] 즉 한국에 대한 일본의 지배는 도덕적으로 정당하다는 논리이다. 그리고 이같은 지배는 열강들이 지역평화를 수호한다는 차원에서 약소국에 대한 개입과 동일하게 정당하다는 논리이다. 미국의(영국도 포함해서) 한국문제에 대한 인식은 그들의 정치적·전략적 이해와 합쳐 일본의 한반도 진출을 도덕적인 측면에서 지지하는 기초가 되었다. 일본도 이 논리를 충실히 추종하여 일본의 한반도 지배는 동아시아의 평화를 공고화하기 위한 것이라고 강변하고 있었다. 태프트-가츠라밀약은 이같은 상황에서 미육군장관 태프트가

하는 것으로 간주하면서 러일전쟁 초기 일본이 한국정부를 장악, 각종 개혁조치를 발표하자 '옳은 방향을 향한 일보'라고 찬양하고 있다(Minute on Cockburn to Grey, 1906. 5. 15, FO/371/179 (22706/306) ; Lansdowne to MacDonald, 1905. 9. 26, FO/46/590(151)). 한국 군주와 그리스나 아프간 등 동방 제국의 군주들의 비교는 구대열, 앞의 책, 25쪽 참조.

23) Esthus, *Op. cit.*, p. 101.
Combs, Jerald A., *American Diplomatic History-Two Centuries of Changing Interpretations*(Berkeley : University of California Press, 1983), p. 67.
Dougherty, James E. & Pfaltzgraff Jr., Robert L., *American Foreign Policy -FDR to Reagan*(New York : Harper & Row, 1986), pp. 9~10.

24) Taft to Theodore Roosevelt, 1907. 10. 5, M862, R. 191, 1797/380/383의 첨부물(M은 Microfilm, R은 Roll의 약어).

가벼운 기분으로 일본 수상과 동아시아 정세에 관해 환담하면서 미국정부의 기존 입장을 재천명한 정도의 것으로 이해해야 할 것이다.[25)]

(3) 포츠머스조약

일본과 러시아가 전쟁 종결을 위한 평화회담은 앞선 언급한 여러 이유에서 1905년초부터 제기되었다. 일본은 4월 8일 군부의 건의에 따라 각의에서 평화회담을 추진하기로 결정하고 '한국에 대한 자유행동권, 요동반도 조차권 양도, 배상' 등의 조건으로 미국의 루즈벨트 대통령이 러·일간의 평화회담을 주선해 줄 것을 요청했다. 그러나 전선에서 계속 패배하고 있던 러시아는 동진 중인 발틱함대가 전세를 반전시켜 줄 것으로 믿고 협상을 거부함에 따라 해전의 추이를 기다려야만 했다. 결국 발틱함대가 동해에서 전멸당한 후인 6월초 러시아는 '전쟁을 계속하는 것은 아시아에서 러시아령의 전부를 상실하는 결과를 가져올 것'이라는 루즈벨트 미국 대통령의 설득을 받아들임으로써 교전 당사국들은 미국 뉴햄프셔(New Hampshire)주의 포츠머스 군항에서 평화회담을 갖게 되었던 것이다. 이 회담에 러시아측에서는 위테(Sergei J. Witte)가 전권 수석대표로, 로젠(Romanovich R. Rosen) 주일공사가 차석대표로, 일본측에서는 고무라 주타로(小村壽太郎) 외상이 수석대표로, 다카히라 코고로(高平小五郞) 주미공사가 차석대표로 참석, 8월 9일 예비회담이 열렸다.

일본은 러시아측에 12개 평화조건을 제시하였는데 주요 내용은 한국에 대한 일본의 정치·군사·경제상의 우월적 이익 및 지도·보호·감리의 권리 승인(1조), 러시아의 만주 철병 및 만주에 대한 중국의 주권 및 경제적 기회균등과 배치되는 특권의 포기(2조), 요동반도 조차권 및 남만주철도 권익 양도(3조 및 7조), 사할린 양도(5조), 전비 변상(9조), 중립국이 억류 러시아 전함을 일본에 교부할 것(10조), 극동 해군력 제한(11조), 오호츠크해·베링해·동해 연안의 어업권 허여(12조) 등이다.

---

25) 가츠라－태프트 밀약에 관한 국내의 기존 해석에 주의를 환기시킨 연구로는 李愚振, 〈러일전쟁과 한국문제〉(한국 정치외교사학회 편, 《한국외교사》 1, 집문당, 1993), 346~348쪽. 이 논문은 그러나 일본이 루즈벨트 개인의 대일본관 변화를 위해 노력한 점을 더욱 부각시키고 있다. Okamoto도 일본 지도층이 Roosevelt의 대일관을 변화시키기 위한 노력을 강조하고 있다.

그러나 러시아는 일본의 요구를 수용하지 않았다. 우선 러시아는 이번 전쟁은 전승국과 패전국이 확정되지 않는 상태에서 종결되었다는 점을 강조하였다. 따라서 전쟁의 패배를 인정하여 국가적 위엄을 손상시키는 영토할양이나 전비 배상, 그리고 러시아의 전략적 이해를 제한하는 문제들은 어떠한 양보도 거부했다. 구체적으로 사할린 양도나 전비 보상, 극동 해군력 제한 등은 양보의 대상이 되지 않는다는 것이다. 그외 중립국이 억류하고 있던 러시아 전함의 양도는 국제법과 러시아 국내법에 위반된다는 근거로 거부했다. 러시아의 강경 자세는 만주 주둔군이 강화되어 전쟁을 계속할 수 있다는 자신감을 갖게 되면서 취하게 되었다. 그러나 그외 일본이 제기한 조건들에 대해서는 타협할 수 있다는 태도였다.[26] 일본도 국내여론을 의식하여 배상과 영토할양을 강력히 요구함에 따라 회담은 결렬의 위기를 맞았다. 그러나 루즈벨트 대통령이 평화회담의 성공을 위해 러시아 황제를 설득하고 또 일본에게는 배상을 포기토록 함으로써 러시아가 사할린 남부(북위 50도선 이남)를 양도하는 선에서 타협, 9월 5일 포츠머스조약이 조인되었던 것이다.[27]

그러나 러·일간의 협상과정은 이 지역의 열강관계에 중요한 시사점을 주고 있다. 러시아는 이 조약으로 한반도에서 일본의 지위를 영·미와 비슷한 수준으로 인정하기는 했으나 양국의 입장과는 다른 것이었다. 영·미 양국은 러시아의 패전에도 불구하고 이 지역의 세력균형은 유지되고 있다고 평가하는 반면, 러시아는 일본이 러시아 권익을 획득하는 것 자체가 균형을 파괴하는 것으로 인식하였다. 일본이 취한 권익의 수준과 성격도 영·미의 해석과는 달리 러시아의 안보 등 중요한 국익에 직접적인 영향을 끼칠 수 있다고 보았다. 일본이 한반도에서 경제적 우월권, 한국의 내정에 간섭할 수 있는 정치적 우월권을 갖느냐 혹은 군사적 자유권까지 보장받는냐는 차이도 중요하였다. 또 현 단계에서는 패전으로 양보가 불가피하지만 언제인가 이를 회

---

26) 평화회담의 양측 대표들 간의 협상 기록은 Kajima, *Op. cit.*, Vol. II, 6~8장. 특히 러시아의 입장은 수석대표 Witte의 회고록에 잘 나타나 있다(Yarmolinsky, Abraham(ed.), *The Memoir of Count Witte,* London : Heinemann, 1921, 15~16장). 그외 김경창, 앞의 책, 540~547쪽 ; White, *Op. cit.*, 12~16장 참조.

27) 포츠머스조약의 전문은 *FRUS, 1905*, pp. 824~828 ; Kajima, *Op. cit.*, Vol. II, p. 391.

복해야 한다는 당위성도 배제할 수 없었다. 따라서 일본이 요구하는 권익의 성격을 가능하면 잠정적·가변적인 것으로 한정해야 했다. 일본의 한국지배가 합방과 같이 항구적인 것이면 러시아가 권익을 회복할 수 있는 가능성이 줄어들기 때문이었다.

따라서 러시아는 명목상 이유를 내세워 일본이 차지할 권리의 성격을 제한하려 했다. 우선 러시아는 한반도가 러시아의 영토가 아니기 때문에 타협의 대상이 될 수 있다는 입장에서 일본의 우월적 지위는 인정한다는 태도를 견지했다. 그러나 이것이 한국의 독립과 주권 존중을 포기하는 것은 아니라는 점을 강조하고 있었다. 러시아는 한국의 독립은 국제적으로 승인된 것이므로 전쟁을 종결하는 러·일 양국의 조약이나 결정에 의해 소멸되는 것이 아니며, 또 타국의 주권을 침해하는 조약에는 서명할 수 없다는 것이 러시아의 명분이었다. 따라서 러시아는 평화협상에서 한국의 독립유지를 강조하였으며 2차영일동맹의 한국조항도 일본의 한국지배가 합방 전의 단계라는 점에서 수락한다는 입장을 분명히 했다. 그 다음 러시아는 이 전쟁이 대륙에 거점을 확보, 팽창적 의도를 갖고 있는 일본을 견제하기 위한 것이었음으로 한반도와 관련하여 러시아의 안보를 위협하는 전략적 불이익을 초래하는 조치는 수락할 수 없다고 강조했다. 연해주를 직접 위협하는 일본군의 북한지역 주둔이나 한반도의 무장화 혹은 블라디보스토그의 비무장화는 인정할 수 없으며 또 러시아 함대의 대한해협 통행을 보장하기 위해 한반도 남단은 비무장화해야 한다는 것이었다. 결국 최종 조약안은 한반도에서 일본의 우월적인 정치적·군사적·경제적 권익의 인정, 일본이 이를 보호하기 위해 취하는 조치를 러시아가 방해·간섭하지 않을 것과 한·러 국경지대에서 양국의 안보에 위협이 되는 군사행동을 자제할 것 등으로 조정되었다.[28)]

포츠머스조약은 전통적인 세력균형정책의 운용이 낳은 전형적인 산물이라 할 수 있을 것이다. 이 조약으로 과거 동아시아에서 수정주의적 정책을 추진해왔던 러시아의 목표가 일단 좌절되었다. 19세기말 이래 이 지역의 국제정치에서 변화추구적 정책을 정력적으로 추진해 온 러시아가 전쟁에서 패했다

28) White, *Op. cit.*, pp. 251~254·268~271. 한반도와 관련하여 앞으로 러-일관계에서 중요한 의미를 갖게 되는 것은 제2조이다(*FRUS, 1905*, p. 825).

는 사실은 종전 후 러시아가 비록 동아시아 국제정치의 주요 행위자로 존속한다고 할지라도 그 역할이나 위상이 과거와 같을 수 없으며, 따라서 전후 이 지역의 열강관계에 엄청난 변화를 예고하는 것이었다. 이것은 당사국인 일본과 러시아만이 아니라 미국·영국 등 열강들에게도 해당된다. 한 지역의 국제체계가 여러 가지 이유에서(동아시아에서는 일본과 러시아의 팽창주의적 정책에 의해) 긴장과 갈등이 조성될 경우, 흔히 전쟁이나 주변의 약소국을 분할하는 상호보상의 방법으로 이를 해소했다. 1905년 동아시아의 경우 러·일 양국은 전쟁을 통해 갈등을 해소하고 일본에 유리한 방향으로 이해관계를 조정했다. 그 대상이 러시아 영토의 일부인 사할린도 포함되었으나 대부분이 한반도와 만주라는 제3의 지역이었다. 이들 지역에서 러시아가 보유했던 권익들을 일본에 양보함으로써 보상이 이루어지고 새로운 형태의 세력균형이 형성된 것이었다. 이 과정에서 영·미 양국은 보상에 직접 참여하지는 않았다. 그러나 양국은 전쟁의 결과 동아시아에서 세력균형이 양국에게 유리하게 전개되고 있다고 확신했다. 양국의 이권은 침해받지 않았을 뿐만 아니라 이들의 관점에서 가장 중요한 전쟁원인이었던 러시아의 문호개방 거부라는 장애가 제거됨으로써 앞으로 더욱 활발한 상업활동을 보장받았다. 이들의 낙관적인 평가는 한국문제까지 포함하고 있다는 점이 중요하다. 즉 양국은 일본의 한국지배를 과거 러시아가 보유한 이권이 일본에게 넘어간 것에 불과하며, 따라서 한반도에서 양국의 이해는 침해받지 않았다는 것이다. 이것은 양국이 한국에 대한 일본의 지배 방식 즉, 보호권이나 합방 등은 문제가 될 수 없다는 태도로 연결되는 것이다.

3) 러일전쟁과 한국

러일전쟁과 戰後 열강간에 체결된 조약들을 통해 이루어진 이해관계 조정은 한국의 운명을 예고하는 것이었다. 열강들은 전쟁 초기에 일본이 한반도를 완전히 장악한 사실을 들어 일본의 한국 지배를 기정사실로 간단히 승인해 버림으로써 일본이 한국을 보호화 하고 이어 합방으로 나아갔다. 그러면 당시 한국정부나 국민들은 러일전쟁이 한국의 장래에 어떤 의미를 갖는 것인지 충분히 인식하고 대비했던가.

한국사회는 1903년 후반기부터 러일전쟁에 관한 풍문이 나돌기 시작하면서 제국주의의 침탈에 대항하는 반외세적 분위기가 팽배하였다. 러일전쟁 직전 《帝國新聞》의 한 기사는 다음과 같이 외세배격을 선동하고 있었다.

> 최근 여러 외국공사들은 소위 공사관을 보호한다는 명목으로 뻔뻔스럽게도 수천 명의 군대를 (서울로) 불러들였다.… 오늘날 소위 개화된 세계란 강자가 약자를 잡아먹는 과거의 시대보다 더욱 악랄하다. 오늘날에도 이같은 행위는 똑같이 일어나며, 과거에 비해 신뢰·율법·수치심이 더욱 없다… 약소국에 대해서는 공인된 법도 없는 상태이다… 오늘날 각국들이 大韓을 대하는 태도는 우리들의 깊은 분노와 근심을 자아내게 한다. 이들의 후안무치는 한계가 없다. 이들 나라에서 온 외국인들의 눈에는 한국이란 두 글자는 존재하지 않겠지만, 우리 나라는 여전히 독자적인 정부와 (외세에) 대해 정당한 저항을 할 수 있는 힘을 갖은 위엄있는 독립국이다. 왜 너희 신민들은 이들 후안무치한 외국군인들을 몰아내려 하지 않느냐! … 국가가 편안해야 나의 생명과 재산이 편안하다는 것이 만고의 법칙이다(《帝國新聞》, 1904년 1월 22일).[29]

한국정부는 러·일간의 전쟁은 한국의 독립에 중대한 영향을 미칠 것이라고 우려하고 1903년 후반기부터 전쟁이 일어날 경우 한국을 중립지대로 교전국들로부터 보장받기 위해 노력을 기울였다. 고종은 1903년 8월 영국인 총세무사 맥레비 브라운(McLeavy Brown)에게 이에 관한 문서를 작성케 한 다음 일본과 러시아에 특사를 파견하지만 양국은 전쟁발발 자체를 부인함으로써 별다른 성과를 얻지 못한다.[30] 러일전쟁이 일어나기 2주일 전인 1904년 1월 21일에도 고종은 왕실의 안위를 위해 서울과 인근 지역만이라도 중립지대로 보장받으려 했다. 고종은 벨기에 출신 고문인 델꼬뉴(M. Delcoigne)의 도움으로 중립선언을 작성, 밀사를 중국 개항장 芝罘(Chefoo)에 파견하여 이곳에서 한국의 이해를 대리하고 있는 프랑스 영사를 통해 러시아·일본 등 관련국들에 발송했다. 그러나 한국의 중립이란 열강들이 예견한대로 어느 한

---

29) Jordan to Lansdowne, 1904. 1. 22, FO/17/1659(20)의 첨부물.

30) Jordan to Lansdowne, 1903. 8. 26, FO/405/139(6).
《日本外交文書》 36-1, 719·721~722쪽.

교전국(일본)이 전쟁과 함께 한국을 점령함으로써 실현 불가능한 것이었다.[31]

문제는 한국정부나 고종의 노력이 국제정세와 열강의 외교행태에 대한 정확한 평가에 기초한 것이라기보다는 열강의 '보장'을 통해 왕실의 안위(독립도 포함해서)를 보존하려는 안일한 발상에 기인했다는 점일 것이다. 이에 관한 일화로는 러일전쟁을 취재하기 위해 한국을 방문한 영국 *The Daily Mail*의 기자 맥켄지(Frederick McKenzie)와 당시 한국정부 실력자들 중 한 사람인 李容翊과의 대담이 있다. 후일 《한국의 비극(*The Tragedy of Korea*)》과 《자유를 위한 한국의 투쟁(*Korea's Fight for Freedom*)》 등의 저서로 친한 반일활동으로 유명하게 되는 맥켄지에게 이용익은 한국의 독립은 미국과 유럽 열강들에 의해 보장되었음으로 러·일간의 전쟁에도 불구하고 한국은 위험이 없다고 설명했다. 맥켄지는 이에 대해 한국이 그 스스로를 보호하지 못하는데 어느 나라가 한국을 보호하기 위해 싸우려 할 것인가 라고 묻자, 이용익은 미국이라고 대답했다. "우리는 미국으로부터 약속을 받고 있다. 미국은 무슨 일이 일어나도 우리의 맹방이 될 것이다." 이용익이 말한 미국의 약속이란 1882년 한미수교조약의 거중조정 조항을 말한다.[32]

그러나 당시의 국제정세, 특히 유럽의 열강관계를 정확히 인식하고 이들 간의 동맹관계를 이용하여 한국의 독립을 지키려 노력한 외교관도 있었다. 러일전쟁 전 런던주재 한국공사관의 李漢應 서리공사가 바로 그 인물이다. 이한응은 러일전쟁이 일어나기 직전인 1904년 1월 13·19일 두 차례 런던 외무성을 방문하여 한반도 정세에 관한 자신의 견해를 담은 장문의 메모와 각서를 수교하였다. 이한응은 이 각서에서 일본과 러시아간에 전쟁이 일어나면 戰後의 지역정세는 戰前과 완전히 달라질 것이라고 전망하고 이런 상황에 비추어 영국이 열강과 양해를 통해 전쟁에서 어느 쪽이 승리하든지 관계없이 한국의 독립·주권·영토 및 특권 보존을 위해 새로운 보장을 해줄 것을 요망했다. 그는 한국의 독립이 동아시아는 물론, 전세계의 평화를 유지하

31) 이 시기 한국의 중립화 시도에 관해서는 구대열, 〈대한제국 시대의 국제관계〉(《대한제국 연구》 Ⅲ, 한국문화연구원, 1985), 24~28쪽 참조.

32) Frederick McKenzie, *Korea's Fight for Freedom*(New York : Ravell, 1920), pp. 77~78.

는 데 필요불가결하다는 자신의 주장을 수 개의 도표를 통해 동아시아의 지역정치를 범세계적 차원의 세력균형 체제와 연결, 설명함으로써 그 타당성을 증명하려 했다.[33]

영국 외무성은 이한응의 메모를 철저히 검토하지만 당시의 상황에서 현실성이 없다는 결론을 내림으로써 그의 외교적 노력은 성과를 거두지는 못했다. 이에 실망한 이한응은 1905년 5월 12일 자결했다. 이 사건은 을사보호조약이 체결되기 6개월 전의 일이며 이 시기 최초의 순국으로 기록될 것이다.

〈具汏列〉

33) 이에 대한 자세한 연구는 구대열, 〈李漢應과 한-영관계-그의 한반도 중립화안을 중심으로-〉(《성곡논총》 16, 1985) 참조.

Ⅳ. 일제의 국권침탈

1. 국권의 제약
2. 통감부 설치기의 통치체제
3. 통감부의 식민지화 정책

Ⅳ. 일제의 국권침탈

1. 국권의 제약

1) 한일의정서와 부수협정의 체결

일제의 韓日議定書체결을 위한 시도는 러일전쟁 이전 러일교섭의 회담이 진행중이던 1903년 10월부터 비밀리에 주한일본공사 하야시 곤스케(林權助)가 매수공작금을 투입하여 친일파 李址鎔·閔泳喆·李根澤을 조종하면서 추진시켜 1904년 1월 24일에 다음과 같은 밀약이 조인 직전에까지 이르렀다.

韓日議定書(案)

대한국 외부대신 임시서리 육군참장 이지용과 대일본 황제폐하의 특명전권공사 임권조는 각 상당한 위임을 받아 아래의 조관을 협정한다.

1. 한일 양국은 국제상의 장애를 엄중히 조처하여 정의를 완전케 소통한다.
2. 동아 대국평화에 관하여 만일 형세의 변화가 있으면 한일 양국이 성실한 우의로 상호 제휴하여 안녕질서를 영구히 유지한다.
3. 미비 세목은 외부대신과 일본대표자 간에 형편에 따라서 협의하여 정한다(《駐韓日本公使館記錄》 19, 〈日韓議定書〉(影印本, 國史編纂委員會, 1991), 문서번호 706, 1904년 11월 21일).

일본의 강압에 대해 한국정부는 국외중립 선언을 통해 위기를 모면하고자 노력하였다. 국외중립은 전부터 논의된 적이 있었으나 일본정부가 자국의 주한공사 하야시에게 의정서 체결을 훈령한 9월경에 이미 중립보장을 일본정부에 요청하며 자구책 마련에 고심했던 것이다.[1] 그러나 이미 전쟁준비까지

1) 한국정부는 이와 같은 중립보장의 요청을 문서로 작성해 주일한국공사 高永

완료하고 있던 일제는 "지금에 있어서 兵戍를 談하고 중립을 語함은 상서롭지 못한 일이며 또한 시기에 적절하지도 않다"[2]고 강변하면서 한국정부의 중립보장 요구를 거절했다. 러시아 역시 만일의 사태시 한국의 실력으로는 도저히 엄정중립을 지키기 어려우므로 차라리 러시아공사관의 보호를 기대하는 것이 옳다고 주장, 중립 승인을 사실상 거부했다.[3]

1904년에 접어들면서 러일간의 개전이 촉박해지는 가운데 의정서 체결이 부득이한 단계에 이르자 한국정부는 1월 21일 재차 국외중립 선언을 각국에 동시 성명함으로써 위기를 타개하고자 하였다.[4] 이 중립선언은 극비리에 李容翊·玄尙健 등이 프랑스어 교사 마르텔(Martel), 벨기에인 고문 데레베유(Delevigue) 등과 연계하여 프랑스공사를 통해 중국 芝罘에 체류하던 밀사 李學均 등에게 타전되어 그곳에서 각국 정부에 동시에 통고되었다. 때문에 일본정부로서는 사전에 이를 저지할 수가 없었다. 더욱이 같은 달 21일부터 29일 사이에 영·독·불·이태리의 주한 각국 공사들은 각기 본국정부를 대신하여 이 성명을 받아들일 뜻을 회답해왔던 것이다.

그러나 일제는 1904년 정초를 전후하여 전쟁 결행과 한국의 군사적 점령을 위해 인천·부산·군산·마산 등지에 군수물자를 수송해 오고 2월 6일에는 러시아와 국교단절을 선언했다. 이어 일제는 다음날 인천 앞바다에서 러시아 함정을 급습함으로써 전쟁을 도발하였다. 2월 9일에는 지상군 2천명을 선발대로 하여 대규모 병력을 인천을 거쳐 서울에 진주시켜 서울 일원을 장악, 중립선언을 무력화시켰다.[5] 이러한 상황에서 러시아공사 파블로프(Pavlov)는

喜로 하여금 일본외무성에 전하도록 했다(日本外務省, 《日本外交文書》 36-1, 事項 7 〈韓國ノ中立保障要請ノ件〉, 문서번호 697, 韓國ノ中立保障要請ノ件, 723쪽).

2) 《日本外交文書》 36-1, 事項 7 〈韓國ノ中立保障要請ノ件〉, 문서번호 700, 韓國國外中立ニ關シ回答ノ件, 724~725쪽 참조.

3) 徐榮姬, 《光武政權의 국정운영과 日帝의 국권침탈에 대한 대응》(서울大 博士學位論文, 1998), 145쪽.

4) 《日本外交文書》 37-1, 事項 4 〈韓國中立聲明關係ノ件〉, 문서번호 334, 韓國ノ中立聲明ニ關スル件, 311~312쪽.

5) 尹炳奭, 〈日帝의 舊韓國强占과 武力 위협〉(《韓國史 市民講座》 19, 一潮閣, 1996), 57~61쪽.

공사관 직원 및 자국의 병사들과 함께 서울에서 철수함으로써 청일전쟁 이후 10년간 일본과 세력을 다투던 러시아 세력은 한국에서 물러나게 되었다.[6)]

한국을 군사적으로 장악한 일본은 무력을 배경으로 의정서의 체결을 서둘렀다. 일본공사 하야시는 일본군 12사단장 이노우에와 더불어 1월에 체결하려다 실패한 한일의정서 체결을 한국정부에 강박하였다. 이때 조약의 조인에 반대한 탁지부대신 겸 내장원경 李容翊은 2월 22일 밤 일본군에 납치되어 '遊覽'의 명목으로 일본으로 추방되어 10개월간 연금되었다. 그외 보부상단 두목이었던 鎭衛隊 제4연대장 吉永洙, 육군참장 李學均, 참령 玄尙健 등 조약의 조인에 반대한 주요 인사들도 서울에서 추방되었다.[7)] 마침내 2월 23일에는 한국의 주권이 크게 침해되는 다음과 같은 한일의정서가 외부대신 이지용과 일본공사 사이에 조인되었다.

韓日議定書

大韓帝國 황제폐하의 외부대신임시서리 육군참장 李址鎔과 대일본제국 황제폐하의 특명전권공사 林權助는 각 상당의 위임을 받아 아래의 조관을 협정함.

제1조 한일 양 제국간에 오래도록 변하지 않는 친교를 유지하고 동양평화를 확립함을 위하여 대한제국정부는 대일본제국정부를 확신하여 시정개선에 관하여 그 충고를 용인한다.

제2조 대일본제국정부는 대한제국 황실을 확실한 親誼로 안전 강녕케 한다.

제3조 대일본제국정부는 대한제국의 독립과 영토보전을 확실히 보증한다.

제4조 제3국의 침해로 인하여 혹은 내란을 당하여 대한제국 황실의 안녕과 영토의 보전에 위험이 있을 경우에는 대일본제국정부는 속히 형편에 따라 필요한 조치를 행함이 가하다. 그러나 대한제국정부는 위의 대일본제국정부의 행동을 용이하게 하기 위하여 충분한 편의를 제공한다. 대일본제국정부는 전항의 목적을 성취하기 위하여 군략상 필요한 지점을 형편에 따라서 수용할 수 있다.

제5조 대한제국정부와 대일본제국정부는 상호간에 승인을 거치지 않고 앞으로 본 협정 취지에 위반할 협약을 제3국간에 訂立할 수 없다.

---

6) 松宮春一郎, 〈露國公使の京城撤退〉(《最近の朝鮮》, 早稻田大學出版部, 1905), 21~25쪽.

7) 海野福壽, 《韓國倂合》(岩波書店, 1995), 130쪽.

제6조 본 협약에 관련되는 미비한 세부조항은 대일본제국 대표자와 대한제국 외부대신간에 형편에 따라서 협정한다(《日本外交文書》 37-1, 事項 5 〈日韓議定書締結ノ件〉).

한일의정서의 내용은 1월 24일에 체결하려던 것보다 일본의 한국침략을 한층 용이하게 한 것이었다. 비록 제2조와 제3조에서 한국정부에서 주장하던 조문인 황실의 안전과 독립 및 영토보전을 보증한다고 규정하였으나 실은 실효성이 전혀 없는 空文에 불과했다. 오히려 제1조·제4조·제5조·제6조 등에서 한국정부의 주장을 묵살하여 그들의 군사적·정치적·외교적 측면에서의 식민지 경영을 합리화하는 규정을 넣음으로써 '을사오조약' 체결의 발판을 마련했던 것이다. 때문에 한일의정서의 체결로 한국정부가 끈질기게 추구한 국외중립 선언은 물거품이 되고 말았다.[8)]

한일의정서를 강제 체결함으로써 한국 식민지화 경영에 한발 다가선 일본은 이후 이 조약문을 근거로 〈대한방침〉·〈대한시설강령〉과 〈細目〉 등 식민지 경영을 위한 세부계획을 마련, 1904년 5월말 일본 각료회의에서 이를 의결한 뒤 일왕의 재가를 받아 확정·시행했다.[9)] 〈대한방침〉에서 일제는 "帝國은 한국에 대해 政事上·軍事上 보호의 실권을 확립하고 경제상으로 더욱 우리 이권의 발전을 도모할 것"이라 하여 한국 침략의도를 노골화했다.

〈대한시설강령〉과 〈세목〉은 〈대한방침〉에 따라 구체적인 식민지화 방안을 명시한 것으로 국방·외교·재정·교통·통신·拓植의 6개 조항으로 되어 있다.[10)] 먼저 제1항에서는 한국에 일본군을 영구 주둔시켜 한국의 국방을 장악하는 동시에 한국 국민으로 하여금 강제적으로 일본에 의존시키며 한국 영토내 및 연안에서 모든 군사상 필요한 지역을 자의대로 사용한다는 것이다. 제2항은 일본이 한국의 외교를 감독함으로써 국제적으로 원만하게 일본의 이익과 정책의 수행을 달성할 수 있도록 한다는 것이다. 다음으로 제3항

---

8) 徐榮姬, 앞의 글, 158쪽.

9) 尹炳奭, 〈乙巳五條約의 신고찰〉(《國史館論叢》 23, 國史編纂委員會, 1991), 34쪽.

10) 〈對韓施設綱領〉 6개항은 다음과 같다. ① 防備를 온전히 할 것. ② 外政을 감독할 것. ③ 財政을 감독할 것. ④ 교통기관을 장악할 것. ⑤ 통신기관을 장악할 것. ⑥ 拓植을 도모할 것.

은 한국의 재정권을 장악·탈취하는 동시에 재정의 곤궁을 핑계삼아 친위대를 제외한 여타의 한국군을 해산하고 재외공관을 철수시킨다는 것이다. 제4항과 5항에서는 철도를 비롯한 모든 교통기관 및 통신기관의 운용을 일본이 관장한다는 것이다. 마지막으로 제6항에서는 농업·임업·광업·어업 등에서 일본의 한국에 관한 척식 방안을 규정하였다.[11]

이러한 강령과 세목을 확정한 일본은 온갖 수단방법을 동원하여 각 조항의 계획들을 강력히 실천했다. 그 중에서도 일본은 러시아와의 전황이 자신들에게 유리하게 전개됨을 이용, 1904년 8월 22일 한일의정서 제1조에 규정된 '내정개선'을 구실 삼아 〈한일외국인고문 용빙에 관한 협정서〉를 외부대신 서리 尹致昊와 주한일본공사 하야시 사이에 체결했다.[12]

이 협정서의 체결은 〈대한시설강령〉의 제2항과 제3항의 목적을 달성하기 위한 것이었다. 일본은 이 협정에 따라 대장성 主稅局長 메가타 타네타로(目賀田種太郞)를 재정고문에, 또한 20여 년간을 일본정부에 고용되어 충성을 바친 미국인 스티븐스(Stevens)를 외교고문에 취임시켰다. 이를 통해 한국의 외교와 재정을 감독·정리한다는 미명하에 외교권과 재정권을 침식해 갔다. 그러므로 이들에게 이와 같은 일을 충분히 실행할 수 있게 하기 위하여 용빙계약에서 그 권한을 부여하였다. 즉 재정고문은 첫째 한국정부의 재정을 정리·감사하며 재정상의 제반시설에 관하여 심의·기안할 책임을 가진다. 둘째 재정에 관한 한국정부의 각종 회의에 참석하여 의견을 제시할 수 있음은 물론 의정부 결의 및 각부의 사무상 재정에 관계된 것은 상주하여 결재를 받기 전에 반드시 재정고문의 동의 서명을 요하게 한다. 셋째로 재정상에 관한 의견을 청하여 상주할 수 있도록 조치하였다.[13]

다음으로 외교고문은 첫째 한국정부가 타국 정부 혹은 타국 인민과의 사이에서 발생하는 일체의 외교상 및 기타 안건에 관하여 심의 입안할 책임을

---

11) 《駐韓日本公使館記錄》 24, 〈1904년 長谷川·丸山·스티븐스에 對한 訓令及對韓施設綱領並加藤增雄傭聘契約〉, 문서번호 13, 1904년 7월 8일, 機密送제51호.

12) 《日本外交文書》 37-1, 事項 6 〈日韓協約締結ノ件〉 참조.

13) 《日本外交文書》 37-1, 事項 6 〈日韓協約締結ノ件〉, 문서번호 424, 目下田韓國財政顧問傭聘契約電報ノ件, 373~374쪽.

갖는다. 둘째 한국의 외교에 관한 일체의 왕복문서 및 모든 안건은 사전에 반드시 외교고문의 동의를 구하고 또한 의정회의에 참여하여 외교에 관한 제의를 할 수 있게 하였다. 셋째 한국황제를 알현하여 외교상 의견을 上奏할 수 있게 하였다.[14] 더욱이 두 고문의 권한은 한국정부가 자의로 변경하지 못하도록 하는 부수조건을 조약문 속에 명시하였다.

이와 같은 재정 및 외교고문의 용빙계약에 의하여 한국의 주권은 한일의정서의 조인에 의한 것보다 가중한 제약을 받게 된 것으로, 한국은 이미 온전한 독립국이라고 볼 수 없게 되었다. 일본은 두 고문의 강제 용빙을 전후하여 조약에 하등의 조건도 없이 자진 초청한다는 형식을 빌려 각 부에도 모두 이와 비슷한 방법으로 고문을 차례로 두게 하여 이른바 '고문정치체제'를 확립시켜 나갔던 것이다.

2) 일제의 한국 '보호국'화와 을사5조약

(1) 일제의 한국 '보호국'화 정책과 국제적 승인과정

1905년에 접어들어 일본의 한국에 대한 식민지화는 〈綱領及細目〉에 규정된 대로 순조롭게 진행되어 스스로도 "該國(한국) 국방·재정의 실권을 我(일본) 손에 收攬하고 동시에 해국(한국)의 외교를 아 감독하에 두고 또한 조약체결권을 제한하였다"고[15] 자평할 정도였다.

한편 러일전쟁의 전황은 일본군의 연승으로 1월에는 여순항을 함락하고 3월에는 봉천대회전에서 대승을 거두었다. 이어 5월에는 러시아의 발틱함대가 일본해군에 의해 궤멸되었다. 이제 일본은 전쟁의 승리와 한국의 보호국화 경영으로 최후 병탄에 대한 자신감을 굳히게 되었다. 일본은 1905년 4월 8일에 전시 각료회의를 소집하여 한국을 '보호국'[16]으로 만들 것을 결의하고 준

---

14) 《日本外交文書》 37-1, 事項 6 〈日韓協約締結ノ件〉, 문서번호 426, 韓國外交顧問'スチーブンス'氏契約案竝同氏宛內訓寫送付ノ件, 374~376쪽 참조.

15) 《日本外交文書》 38-1, 事項 11 〈日韓協約締結竝統監府設置ノ件〉, 문서번호 250, 韓國保護確立ノ件, 519~520쪽.

16) 외교용어로서의 보호관계는 제3국으로부터 독립을 위협받는 상태에 있는 국

비를 서둘렀다. 일제는 이 각료회의에서 앞으로 체결할 보호조약의 요건을 다음과 같이 규정하였다.

제1조 한국의 대외관계는 전연 제국(일본)에서 이를 맡고 재외 한국 신민은 제국의 보호 아래 둘 것.

제2조 한국은 직접 외국과 조약을 체결하지 못할 것.

제3조 한국과 열국과의 조약의 실행은 제국이 그 책무를 맡을 것.

제4조 제국은 한국에 駐箚官을 두고 한국 施政의 감독과 제국 신민의 보호에 임하게 할 것.

이러한 내용은 새로운 것이 아니고 바로 1904년 5월 말경에 결정한 〈對韓方針〉·〈강령〉 및 〈세목〉 등에 명시되었던 것이다. 하지만 외교권의 박탈에 대한 항목은 〈강령〉의 제2항과 〈세목〉의 제1항에서 "最近한 기회에 있어서 한국으로 하여금 외국과의 조약체결 기타 중요 안건의 처리에 관하여는 미리 제국정부의 동의를 요할 趣를 訂約케 할 것을 期함"이라고 규정했던 것은 일본측의 한국 식민지화의 의도를 분명히 한 것으로 을사5조약과 관련하여 주목을 요한다.

다음으로 한국에 주차관(통감)을 둔다는 조항은 〈강령〉과 〈세목〉 등 기왕의 결정사항들을 현지에서 강력히 추진시킬 인물을 파견한다는 것이다. 그런데 여기서 이를 수행하는 조약체결의 형식이 꼭 필요한 까닭은 국제적으로도 한국이 일본의 완전한 보호국이라는 승인을 받아 러일전쟁 전에 결정한 〈대한방침〉에 언급된 '名儀'를 세워 한국병탄의 목적을 달성하려는 저의였다.

그러나 한국의 보호국화를 위한 조약을 체결하는 문제는 일본으로서도 쉬운 일이 아니었다. 왜냐하면 기왕에 체결된 〈한일의정서〉와 〈한일 외국인고문 용빙에 관한 협정서〉 같은 조약은 제국주의 열강의 이해와 직접적인 관

가의 독립을 보장하기 위해 특정국가가 보호해주는 관계를 의미하지만, 국제법상의 보호관계란 보호를 하는 국가가 보호를 받는 국가의 외교권의 일부, 혹은 전부를 획득하여 외교기능을 대행하는 관계이다. 즉 '보호국' 지배는 제국주의국가의 식민지 획득과정에서의 지배의 한 방법으로, 즉 예속국의 통치기능의 일부를 행사하는 것을 의미한다(海野福壽, 앞의 책, 126~127쪽).

련이 적었으므로 군사적 위협으로 성취할 수 있었지만 이 조약만은 영·미·불·독 등 한국과 외교관계를 맺고 있던 열강에 직접적인 영향을 줄 것이므로 서두를 수 없는 데다가 열강의 승인없이 일방적으로 강행할 수도 없기 때문이었다. 우선 한국의 외교권을 박탈하여 한국을 일본의 명실상부한 '보호국'으로 만드는 이 조약이 체결되면 한국에 주재해 있던 각국의 공사관은 즉시 철수를 해야 할 형편이었다. 또한 보호조약이 체결되어야만 자신들의 목적을 순조롭게 관철할 수 있으므로[17] 일본은 보호국화 결정과 함께 이의 국제적 승인획득을 위한 공작에 착수하였다.

따라서 이 결정과 함께 일제는 같은 날 제2차 영일동맹의 체결을 위한 교섭개시를 결정하였다. 이 중 특히 한국문제에 대해서는 "今回 전쟁의 결과로서 한국의 지위는 일변하였으므로 본 협약도 또한 이에 응하여 변경을 가하지 않을 수 없다. 즉 일본은 한국에 대하여 보호권의 확립을 기할 것이므로 이를 실행하여도 협약과 저촉을 가져오지 않게 수정을 가하고 또한 그 실행에 대하여 영국정부의 찬조를 얻도록 미리 상당의 조치를 하여둘 것을 요함"이라고 하여 영일동맹 개정시 한국 보호국화의 방향 및 내용을 정하였다.[18] 이 결정 후 일본은 이러한 준비공작을 영국뿐만 아니라 미국 등 각국을 상대로 추진하였고 될 수 있는 한 그와 같은 조약의 체결이 각국의 이익에 직접 영향을 주는 범위를 제한하고자 애썼다.

이러한 일본의 계획은 러·일 강화회담을 전후로 순조롭게 진행되었다. 1905년 7월에 〈태프트-가츠라 비밀각서〉(The Taft Katsura Agreement)교환에 의해 미국의 승인을 얻은 데 이어 8월에 제2차 영일동맹의 체결로 영국으로부터도 전폭적인 지지를 획득하였다. 그리고 9월의 러·일 강화조약 체결의 결과로 러시아의 인정까지 받음으로써 한국을 '보호국'화 하려는 일본의 침략의도는 모든 주요 제국주의 열강의 지지 내지 묵인을 받기에 이르렀다.

---

17) 《日本外交文書》 38-1, 事項 11 〈日韓協約締結竝統監府設置ノ件〉, 문서번호 250, 韓國保護權確立ノ件 및 문서번호 259, 韓國保護權實行ニ關スル件, 519~520·526~527쪽 참조.

18) 《日本外交文書》 38-1, 事項 1 〈第二回英日同盟協約締結ノ件〉, 문서번호 10 日英同盟協約繼續ニ付英國ト意見交換開始ニ關シ閣議決定ノ件, 7~8쪽 참조.

러·일의 강화는 일본측에서 먼저 요청하였다. 일본은 1905년 5월에 동해상에서 러시아의 발틱함대를 궤멸시켜 전승의 자신감을 갖게 되었지만 내면에서 보면 일본의 군사력으로서는 전쟁을 장기화하는 것은 역부족이었다. 더구나 戰域을 만주 이북으로 확대하여 러시아 영토를 일부라도 공격할 엄두는 감히 내지 못하였다. 이와 같은 처지에서 일본 스스로의 판단에, 러시아도 신흥 일본에게 쉽게 항복할 것 같지 않았으나 개전 이래 패전이 거듭되고 單線장거리의 시베리아철도에 의한 戰線 보급은 전세 만회의 기회를 얻지 못해 곤경에 빠진 것 같았다. 또한 사회주의혁명의 확산 등 제반사정은 러시아로서도 내심 전쟁의 종결을 원하고 있었다.[19]

기회를 포착한 일본은 1905년 5월 31일 주미일본공사 다카야마 코고로(高山小五郞)에게 훈령하여 러일전쟁 발발 전부터 국제사회에서 일본을 지지해오던 미국 대통령 루즈벨트(Theodore Roosevelt)에게 러·일 강화의 중재를 요청하도록 하였다.[20] 러일전쟁에서 일본의 승리를 기대하고 다방면에서 일본을 원조하고 있던 루즈벨트는 일본의 요청을 쾌히 승낙하고 곧 주미러시아공사를 불러 대일강화를 권고하는 등 중재에 나섰다. 러시아의 수락을 받아낸 루즈벨트는 1905년 6월 9일, 일본과 러시아에 대하여 정식으로 중재 알선을 통고하는 동시에 강화회의의 장소를 미국 군항 포츠머스로 정하였다. 이곳에서 일본측 전권위원 외무대신 고무라(小村壽太郞)와 주미일본공사 다카야마가 러시아측 대표 윗테(Witte) 및 로젠(Rosen) 남작과 8월 9일부터 루즈벨트의 조정 하에 강화회의가 열렸다.

이 회의에서 한국문제는 이미 '조정자' 루즈벨트가 양해·승낙한 〈태프트-가츠라각서〉의 방향과 이 회담 개최를 전후하여 체결된 제2차 영일동맹의 내용에 따른 일본의 한국지배를 러시아가 완전히 승인한다는 것으로 낙착되었다. 이 〈태프트-가츠라각서〉는 강화회담의 개최 전인 7월 27일에 일본을 방문했던 미국 육군장관 태프트와 일본수상 가츠라간에 이루어진 비밀협상으로서 7월 31일에 루즈벨트가 추인한 것이다.[21] 각서는 첫째 일본은 필리핀

19) 《伊藤博文傳》 下(東京 : 春畝公追頌會, 1941), 제7장 日露講和談判と公の斡旋 참조.

20) 《日本外交文書》 37-38 별책, 〈日露戰爭〉 2, 제6장 講和關係 참조.

에 대하여 하등의 침략적 의도를 품지 않고 미국의 지배를 확인할 것, 둘째 동아시아 평화를 유지하기 위하여 미·영·일 3국은 실질적으로 동맹관계를 확보할 것, 셋째 러일전쟁의 원인이 된 한국은 일본이 이를 지배할 것을 승인한다는 것이었다.[22] 이로써 일본은 미국으로부터도 실질적으로 한국에 대한 보호권 확립을 위한 조약체결이나 나아가 그 이상의 주권침탈 행동도 취할 수 있다는 보장을 받게 되었다.

이보다 앞서 일본은 제2차 영일동맹의 체결을 위한 교섭에 착수하였으나 쌍방간에 이견조정 작업이 늦어져 3, 4차례나 각자의 수정안을 낸 끝에 1905년 8월 12일에야 결말을 보았다. 당초 일본이 한국문제에 대해 영국에 제안한 내용은 "영국은 일본이 한국에서 갖는 정치상·군사상 및 경제상의 특수이익을 옹호하기 위하여 마땅히 필요하다고 인정하는 조치를 취득함을 승인할 것"이라고 하였다. 그러나 영국은 이에 대해 "영국은 일본이 한국에 있어서 정치상·군사상 및 경제상의 특수이익을 옹호하기 위하여 정당하고 또한 필요하다고 인정하는 조치를 취할 권리를 충분히 인정함, 단 이 조치는 항상 열국의 상공업에 대한 기회균등의 주의와 저촉하지 않음을 요함"이라는 수정안을 제시하였다. 따라서 일본으로서는 수정안의 뒷부분이 장차 한국 병탄시에 장애가 될 것으로 우려하여 쌍방간의 절충이 어려워졌다. 그러나 우여곡절 끝에 영국과 일본은 다음과 같이 합의함으로써 1905년 8월 12일 조약에 조인하였다.[23]

> 일본은 한국에서 정치상·군사상 및 경제상의 탁월한 이익을 갖기 때문에 영국은 일본이 이 이익을 옹호 증진하기 위하여 정당하고 또한 필요하다고 인정되는 지도(guidance)·감리(control) 및 보호(protection)의 조치를 한국에서 행할 권리를 승인하되 이 조치는 항상 열국의 상공업에 대한 기회균등주의에 위배되지 않아야 한다.

포츠머스에서의 한국문제에 대한 강화조건은 일본의 영·미에 대한 사전

21) 《日本外交文書》 38-1, 事項 6 〈桂'タフト'了解ニ關スル件〉, 448~451쪽.
22) 尹炳奭, 앞의 글(1991), 41쪽.
23) 《日本外交文書》 38-1, 事項 1 〈第二回日英同盟協約締結ノ件〉, 1~66쪽.

포석으로 사할린 분할이나 배상금 문제 등과 같이 논란을 거치지는 않았다. 그럼에도 불구하고 일본측의 요구가 지나쳐 적지 않은 우여곡절을 겪기도 하였다. 일본은 러시아에 대하여 전승국임을 주장하고 한국문제에 대해 "러시아는 일본이 한국에서 정사상·군사상 및 경제상의 탁월한 이익을 가졌음을 승인하고 일본이 한국에서 필요하다고 인정하는 지도·보호·감리의 조치를 취함에 있어 이를 저해하고 또는 이에 간섭하지 않음을 약속해야 한다"고 요구함으로써 장차의 한국 병탄을 합리화하고자 획책했다.

그러나 러시아는 일본측의 요구를 원칙적으로 승인하면서도 별도의 조항을 마련해 '일본이 한국에서 취할 조치는 한국황제의 주권을 침해할 수 없다'는 뜻을 명백히 하고자 했다. 러시아가 이같은 조항을 삽입하고자 했던 이유는 한국에 대한 일본의 조치를 방해할 의도는 전혀 없지만 일본측 요구와 같이 한국의 주권이 소멸하게 되는 조항에 러시아가 먼저 독단적으로 記名한다는 것은 국제관계상 할 일이 아닐 뿐 아니라 또한 한국의 운명에 이해관계를 갖는 列國이 이에 항의를 해 올 것이기 때문이라고 설명했다. 이러한 러시아의 설명에 대해 일본은 단호히 반대하였다. 결국 한국의 주권문제는 조약 본문에 기입하지 않고 '일본 전권위원은 일본이 장래 한국에서 취할 필요가 있다고 인정되는 조치가 한국의 주권을 침해하게 될 경우에 한국정부와 합의한 후 이를 집행할 것을 자에 성명한다'는 일본측의 결의를 회의록에 기록하여 일본측 공식성명의 형식을 취하게 하는 선으로 마무리지었다.[24]

(2) '보호'조약 체결을 위한 사전공작

일본정부는 한국 보호국화 문제에 대해 미국과 영국으로부터 용인을 받아낸 뒤 10월 27일 각료회의에서 보호권 확립을 위한 대책으로 8개항의 결정을 내렸다.[25] 이 중 제1항에서 '별지와 같은 조약을 한국과 체결하여 同國 외교관계를 완전히 우리 수중에 넣을 것' 이라고 언명하고, 제2항에서 실행의

---

24) 《日本外交文書》 37·38 별책, 〈日露戰爭〉 2, 事項 6 〈講和關係〉, 문서번호 294, 全權委員ニ對スル政府謝意表明ノ件, 附記 1·2·3, 315~538쪽 참조.

25) 《日本外交文書》 38-1, 事項 11 〈日韓協約締結竝統監府設置ノ件〉, 문서번호 259 韓國保護權確立實行ニ關スル閣議決定ノ件, 526~527쪽.

시기를 11월 초순으로 밝혀 놓았다. 이 '별지조약'의 내용은 다음과 같다.

> 일본국정부 및 한국정부는 양 제국을 결합하는 이해 공통의 주의를 공고케 하는 것을 원하여 이 목적으로 아래의 조관을 약정한다.
>
> 제1조 일본국정부는 재동경 외무성으로 하여금 금후에 한국이 외국에 대한 관계와 사무를 완전히 自行 감리 지휘함이 가하며 일본국의 외교대표자 및 영사는 외국에 주재하는 한국의 신민과 이익을 보호함이 가하다
>
> 제2조 일본국정부는 한국과 타국간에 현존하는 조약의 실행을 완전히 하는 任에 當하고 한국정부는 금후에 일본국정부의 중개에 인하지 아니하고 국제적 성질을 갖는 하등 조약이나 약속을 하지 않을 것을 약속한다.
>
> 제3조 일본국정부는 그 대표자로 하여 한국 황제폐하의 闕下에 한 명의 統監(Resident General)을 두되 통감은 경성에 주재하고 친히 한국 황제폐하에게 내알하는 권리를 갖는다. 일본국정부는 또 한국의 각 개항장과 기타 일본국정부가 필요로 인정하는 곳에 理事官(Resident)을 두는 권리를 갖되 이사관은 통감의 지휘하에서 종래 재한일본영사에게 속해 있던 일체 직권을 집행하고 아울러 본 협약의 조관을 완전히 실행하기 위하여 필요로 하는 일체 사무를 처리할 수 있다.
>
> 제4조 일본국과 한국간에 현존하는 조약과 약속은 본 조약의 조관에 저촉하는 것을 제외하고 그밖에 모두 그 효력은 계속된다. 위에 의거하여 下名은 각 본국정부에서 상당의 위임을 받아 본 협약에 기명 조인한다.

이 '별지조약'은 바로 '을사보호조약'의 초안이었다. 나중에 강제 조인된 조약문은 이것에 근거해서 수정 또는 첨가가 가해진 데 불과하다.[26] 이처럼 일본은 러일전쟁 전부터 결정해 놓고 시행해 오던 〈대한기본경영방안〉이나 국제관계를 고려해 가능한 한 명분을 잃지 않는 방법을 택하면서 조약의 체결을 계획했던 것이다. 그러나 이러한 계획이 여의치 못할 경우 무력에 의한 강제적 추진은 불가피한 것이었다. 때문에 이 방법을 택하여 강제로 한국을 보호국화 할 경우를 대비해 일본은 한국에 통보할 공문까지도 이미 준비해 놓았을 뿐만 아니라 각국에 발송할 성명문도 사전에 만들어 놓고 있었다.[27]

---

26) 이태진, 〈조약의 명칭을 붙이지 못한 "을사보호조약"〉(《일본의 대한제국 강점》, 까치, 1995), 95쪽.

27) 이 공문은 桂 수상·小村 외상·林 공사 3자 합의하에 작성되었다(《日本外交

(3) 을사5조약의 체결

주한일본공사 하야시는 이토보다 한발 앞서 11월 2일 서울에 돌아와 주한 일본군사령관 하세가와(長谷川好道)와 협력하며 이토의 도착 즉시 계획을 실행하기 위한 만반의 준비를 갖추었다. 一進會로 하여금 조약을 찬성하는 취지의 선언서를 사전에 발표하게 하여 여론을 조작하는가 하면,[28] 沈相薰 등 원로대신을 조종하여 광무황제의 의사를 떠보는 한편 한국정부가 사전대책을 수립하지 못하도록 방해하였다.[29] 또 이완용 등을 사전에 찬성하도록 매수하였다.[30] 이와 함께 일본 현지에서 증원병력을 받아 하세가와 사령관, 마루야마(丸山) 경무고문, 미마시(三增久米吉) 영사 등 3자의 지휘하에 서울 특히 궁궐 내외에 물샐틈없는 경계망을 폈다.[31]

사전준비가 완료된 시기에 맞추어 이토는 11월 9일 일왕의 친서를 가지고 내한하였다. 이토는 도착 다음날부터 행동을 개시했다. 이토는 11월 10일 12시경 광무황제를 알현하여 일왕의 "짐이 동양평화를 유지하기 위하여 대사를 특파하오니 대사의 지휘를 一從하여 조치하소서"라는 내용의 친서를 전하면서 황제를 위협하였다. 11월 15일 정오경에 이토는 광무황제를 다시 알현하여 좌우를 모두 물리치게 한 뒤 사전에 준비한 조약의 원안을 제시하며 이의 체결을 강박하였다.[32]

11월 16일 아침에는 주한일본공사 하야시가 외부대신 朴齊純을 공사관으로 초치하여 정식 공문과 조약의 원안을 제시하고 종일토록 조약의 체결을

文書》 38-1, 事項 10 〈伊藤特派大使遣韓ノ件〉, 문서번호 293, 伊藤大使ノ韓帝內謁見ニ關連シ韓國政府ヘノ通告公文ニ付豫メ決定方請訓ノ件).

28) 《駐韓日本公使館記錄》 25, 〈保護條約〉 1, 문서번호 186, 1905년 11월 2일. 趙恒來, 《一進會 硏究》 Ⅴ장(中央大 博士學位論文, 1984) 참조.

29) 《日本外交文書》 38-1, 事項 10 〈伊藤特派大使遣韓ノ件〉, 문서번호 238, 韓帝ノ不安除去ノ爲ノ工作竝ニ伊藤大使御親書奉呈ニ付報告ノ件, 484~485쪽.

30) 《駐韓日本公使館記錄》, 〈保護條約〉 1, 문서번호 220, 1905년 11월 18일.

31) 《日本外交文書》 38-1, 事項 11 〈日韓協約竝統監府設置ノ件〉, 534~536쪽.

32) 이곳에서의 문답내용은 《皇城新聞》, 光武 8년 11월 20일, 〈五件條約請締顚末〉 및 《日本外交文書》 38-1, 事項 10, 문서번호 249 附記 1, 韓國特派大使伊藤博文復命書, 496쪽 참조.

강박하였다. 한편 이토는 이날 오후 일본공사관에 간 박제순을 제외한 각 대신과 원로대신 심상훈 등을 빠짐없이 그의 숙소로 '납치'하여 밤늦게까지 전날 광무황제에게 한 말을 되풀이하면서 조약체결의 찬성을 요구하였다. 이와 같은 상황 속에서 학부대신 이완용을 비롯하여 내부대신 李址鎔·외부대신 박제순·군부대신 李根澤·농상공부대신 權重顯 등은 조약체결에 대한 찬성을 적극 표시하지는 않으면서도 대세상 불가피한 것으로 여겼다고 한다.33)

11월 17일 오후 3시경 궁궐내 漱玉軒에서 군신회의가 열렸다. 이때 궁궐내외에는 하세가와가 거느리는 완전무장 차림의 일본군이 몇 겹으로 둘러싸고 있었다. 일본군은 일본공사관 앞, 기타 서울시내 전역을 철통같이 경계하였으며 특히 시내의 각 성문에는 야포·기관총까지 갖춘 부대를 배치해 놓고 있었다. 다른 별동부대도 검을 찬 채 시가지를 시위 행진하였고 본회의장인 궁내에도 착검한 헌병 경찰들이 다수 포진해 있었다.34)

그러나 극도의 공포 분위기 속에서도 오후 3시부터 시작된 회의는 오후 8시가 되도록 누구하나 조약의 체결에 찬성하는 이가 없이 부결되어 일본측의 요구를 거절하기로 합의까지 되었다. 이에 하야시는 이토와 하세가와를 다시 오게 하여 폐회하고 돌아가는 각 대신들을 강제로 다시 모이게 하여 회의를 재개하게 하면서 황제의 알현을 요구하였다. 그러나 이것도 제대로 되지 않자 이토와 하야시는 다음날 새벽 12시 30분경까지 대신들에게 공포 분위기를 조성하면서 조약의 체결을 강박하였다. 이렇게 해서 마침내 '을사오적'의 찬성을 받아낸 이토와 하야시는 황제의 윤허도 받지 않고 그들 스스로 外部印을 탈취하여 조약문에 조인하기에 이르렀다. 요컨대 을사오조약은 개인에 대한 무력적 강제와 협박, 국가 최고주권자의 승인·서명·國璽의 날인을 받지 않고 체결된 불법 조약이었다.35)

---

33) 위와 같음.

34) 山邊健太郎, 〈日本帝國主義朝鮮侵略朝鮮人反抗鬪爭〉(《歷史學硏究》 특집호, 1953) 참조.

35) 金吉信, 〈すべての旧'條約'は不法, 無效虛僞文書〉(海野福壽編, 《日韓協約と韓國併合》, 明石書房, 1995), 23~29쪽. 을사오조약의 불법성은 ① 강제에 의한 조약의 체결, ② 이토에게 조약체결의 전권 위임, ③ 한국측 수석대표(한규설)의 거부·불참, ④ 한국 外部의 官印을 탈취하여 날인, ⑤ 고종의 비준이 없는 점

이상과 같이 강제로 조약이 체결, 조인된 일시는 1905년 11월 18일 오후 2시경이었으며 조약문 전문은 다음과 같다.

韓日協商條約36)

한국정부와 일본국정부는 양 제국을 결합하는 이해 공통의 주의를 확고하게 함을 원하여 한국의 富强之實을 인정할 수 있게 될 때까지 이 목적을 위하여 아래 조관을 약정함.

제1조 일본국정부는 재토쿄 외무성을 경유하여 금후에 한국이 외국에 대하는 관계와 사무를 감리·지휘함이 가하고 일본국의 외교 대표자와 영사는 외국에 있는 한국의 신민과 이익을 보호함이 가함.

제2조 일본국정부는 한국과 타국간에 현존하는 조약의 실행을 완수하는 책임을 맡게 되었으며 한국정부는 금후에 일본국정부의 중개를 거치지 아니하고 국제적 성질을 갖는 하등의 조약이나 약속을 하지 않기로 相約함.

제3조 일본국 정부는 그 대표자로 하여금 한국 황제폐하의 闕下에 1인의 통감(Resident General)을 두되 통감은 전적으로 외교에 관한 사항을 감리함을 위하여 경성에 주재하고 친히 한국 황제폐하를 內謁하는 권리를 가짐. 일본국정부는 또한 한국의 각 개항장과 기타 일본국정부가 필요로 인정하는 곳에 이사관(Resident)을 두는 권리를 갖되 이사관은 통감의 지휘하에 종래 재한국 일본영사에게 속하던 일체 직권을 집행하고 아울러 본 협약의 조관을 완전히 실행하기 위하여 필요로 하는 일체 사무를 관리함이 가함.

제4조 일본국과 한국간에 현존하는 조약과 약속은 본 협약 조관에 저촉하는 것을 제외하고 모두 그 효력을 계속하는 것으로 함.

제5조 일본국정부는 한국 황실의 안녕과 존엄을 유지함을 보증한다.

위에 의거하여 下名을 각 본국정부에서 상당한 위임을 받아 본 협약에 기명 조인한다.

光武 9년 11월 17일 외부대신 朴齊純
明治 38년 11월 17일 특명전권공사 林權助

등이 지적되고 있다(琴秉洞, 〈乙巳保護條約强制調印問題點〉, 위의 책, 54~61쪽).

36) 이 조약의 題名은 韓日文 原本에 다 欠如되었다. 그러나 후에 한국은 이 조약의 명칭을 '韓日協商條約'이라 하고 일본은 '日韓協約' 혹은 '韓國保護條約'이라 통칭되었다.

조약문의 내용은 전술한 일제측의 원안과 수식상 몇 군데에 약간의 차이는 있으나, 기본적인 내용에 있어서는 일제측이 "수정은 결국 대체로 중대 관계없음을 인정하여 이를 용인하였다"[37]고 말한 데서도 알 수 있듯이 원안 그대로 체결된 것이다.

원안과 달라진 곳을 보면 첫째 전문 중에 '한국의 富强之實을 인정할 수 있게 될 때까지'라는 말이 추가되었다. 이는 한국측에서 이 조약의 유효기간을 정하든가 혹은 외교권 還付에 관한 규정을 따로 두자고 강력하게 주장하자 무마용으로 이같이 현실성없는 수식어를 넣었던 것이다. 제5조는 신설된 조항이었는데, 이는 한국측의 5대신이 찬성하면서도 광무황제에게 자기들의 입장을 조금이라도 세우기 위해 이토가 휴대해 온 일왕의 친서 내용을 인용하여 간청하자 이토가 체면상 넣도록 한 것이다. 다음으로 제1조 중에 '완전히 自行'이라는 것과 제3조 중에 '전적으로 외교에 관한 사항을 감리하기 위하여'라는 문구의 중삭이 있는 것도 황제에 대한 체면을 세우고자 '통감은 내정에 간섭하지 않는다'라는 문구를 명기하자고 주장하는 바람에 이토가 이를 피하기 위하여 약간 고친 것이었다.

이 조약의 체결에서 참정대신 한규설과 탁지부대신 민영기, 법부대신 이하영은 끝까지 '不可'를 주장하였고, 나머지 학부대신 이완용을 비롯하여 군부대신 이근택·내부대신 이지용·외부대신 박제순·농상공부대신 권중현 등 '五賊'은 책임을 광무황제에게 미루면서도 찬의를 표하였다.

광무황제의 태도는 후에 궁내부대신으로부터 이 조인 전말을 듣고 '이와 같이 중요한 조약을 그와 같이 용이하게 급격히 체결을 보게 된 것은 千載의 遺恨'이라 하며 '대신 등의 무능·무기력은 心外에 견딜 수 없다'고 개탄하였다고 한다.[38] 그리고 이 조약이 조인된 지 10일이 채 안된 11월 26일 비밀리에 淸의 芝罘 경유로 미국에 체재 중이던 헐버트(H. B. Hulbert)에게 자신은 총칼의 위협과 강요 아래 최근 한·일 양국간에 체결된 소위 보호조약

37) 《駐韓日本公使館記錄》 25, 〈保護條約〉 1, 문서번호 215, 1905년 11월 18일 往電제451호 참조.

38) 《駐韓日本公使館記錄》 25, 〈保護條約〉 1, 문서번호 245, 1905년 11월 20일 監秘제6호 참조.

이 무효임을 선언하며 이에 동의한 적도 없고 금후에도 결코 아니할 것이니 이 뜻을 미국정부에 전달하기 바란다는 내용의 밀서를 보내기도 하였다.[39] 그러나 조약이 체결되던 당일 밤에 이토의 알현 요청시 이를 거절하면서도 '정부대신과 협의하라'[40]고 책임을 대신들에게 미루었으므로 전제군주제하의 국왕으로서 광무황제의 책임이 면제될 수는 없는 것이었다. 을사오조약의 체결로 한국은 외교권을 빼앗기고 일본의 '보호국'이 되었다. 을사오조약의 이와 같은 강제체결은 한국인을 분노의 도가니 속으로 몰아넣고 거족적 항일운동을 촉발시킨 한 계기를 이루었다.[41]

〈尹炳奭〉

2. 통감부 설치기의 통치체제

1) 보호국체제와 통감부

(1) 보호국체제

가. 보호국체제의 형성

일제의 한국 '保護化'와 '倂合'과정은 日本朝野의 帝國主義的 侵略政策과 한국정부의 무능 그리고 일부 매국노의 반역행위 나아가서는 영국·미국·러시아를 위시한 제국주의 열강의 침략 협동과 승인 하에 감행된 것이었다. 제1·2차 英日同盟, 태프트(Taft)-가츠라(桂)條約, 러일전쟁 등을 거치면서 구미제국으로부터 한국에 대한 특수한 지위를 인정받은 일본은 한편 한국의

39) 《大韓每日申報》, 光武 9년 11월 27일 號外 〈韓日新條約請締顚末〉.
김기석, 〈光武帝의 주권수호 외교, 1905~1907 : 乙巳勒約 무효선언을 중심으로〉(《일본의 대한제국 강점》, 까치, 1995) 참조.

40) 《皇城新聞》, 光武 8년 11월 20일 〈五件條約請締顚末〉.
《日本外交文書》 38-1, 〈韓國特派大使伊藤博文復命書〉.

41) 을사오조약의 체결을 전후한 항일운동에 대해서는 崔永禧, 〈乙巳條約 締結을 前後한 韓國民의 抗日闘爭〉(《史叢》 12·13, 1968) 참조.

'병합'을 합법적인 것으로 위장하기 위한 준비를 착착 진행해 나갔다. 즉 일제는 韓日議定書를 강요하여 한국영토에서 군사지배권을 확보하고 제1차 韓日協約을 통해 顧問政治를 실현하여 보호화의 기반을 마련한 데 이어서 황제의 반대에도 불구하고 保護條約을 불법적으로 강제 체결한 후 韓國統監府를 설치하고 보호통치체제를 구축하였다. 이 보호통치체제하에서 統監統治의 실시를 강요하여 식민지적 성격을 명확히 드러냈으며 모든 분야에 걸쳐 침략을 확대해 간 것이다.

보호조약을 강요하여 한국의 외교권을 완전히 박탈하였고(제1조·제2조), 한국을 소위 보호국으로서 '指導·保護 및 監視'한다는 구실하에서 정치·경제적 내정까지 지배하고자 일본정부는 한국통감부체제, 즉 보호국체제를 구축하였다. 그리하여 일본정부는 그 대표자로서 외교에 관한 사항을 관리하는 統監과 領事事務를 담당하는 理事官을 두기 위하여 1905년 12월 21일 〈統監府 및 理事廳官制〉를 공포하였다. 그리고 이토 히로부미(伊藤博文)가 초대 통감으로 임명되었으며 1906년 1월 31일자로 駐韓日本公使館이 폐쇄됨으로써 대한제국에 대한 일본의 통감통치가 1906년 2월 1일부터 자행되기 시작하였던 것이다.[1)]

무릇 1906년 한국에 제국주의 일본이 통감부를 설치하는 데서부터 한국은 그 식민지적 성격을 명확히 띠게 되었다. 1905년 11월 보호조약에 의해 '보호'라는 명목으로 일본은 한국의 외교권을 장악하였고 국제법상의 보호국으로 삼았다. "보호조약의 실질은 국제법상 제3국의 간섭을 배척하는 권리로서, 보호의 결과 獨立宗主權을 회복시켜야 할 국제의무는 있지 않다"는 것이었다.[2)] 또 "보호국(protectorate)은 세력범위보다도 더욱 식민지에 가까우며 겉으로는 新領土가 아니나 실질은 植民地이다. 보호국이 된 나라가 독립을 회복하는 것은 곤란하며 그 예는 역사상 존재하지 않는다"는 것이었으며 "이 보호국이 일보 나아간 것이 合倂(annexation)으로서 합병에 이르면 순연한 식민지이다"라는 것이었다.[3)]

1) 統監官房, 《韓國施政年報》, 明治 39년~41년(東京 : 高島活版所, 1908)), 4~11쪽. 田保橋潔, 《朝鮮統治史論稿》(成進文化社, 1972), 16~24쪽.
2) 矢內原忠雄, 《植民及植民政策》(有斐閣, 1926), 120~121쪽.

이와 같이 '보호국'의 명목으로 '통감부'시대가 시작됨으로써 실질상 '식민지의 성립'이 이루어진 것이다. 이처럼 1906년 이후의 일제의 한국에 대한 정책을 '植民政策'이었다고 특징짓고 이 시기의 역사적 성격을 일제의 식민지시대라고 보는 것이 지배적인 타당한 견해라고 할 수 있겠다.[4]

한편 억제체제의 기동성을 위하여 交通·通信·道路의 정비체제가 정치·군사·경제상의 긴요한 對韓政略의 핵심으로서 추진되었다. 그 중 철도사업은 중국대륙으로의 군사침략을 하기 위한 '幹線'으로서 중요시되었다. 1906년 9월 모든 군사철도를 통감부가 인계받아 총괄하고 1909년에는 鴨綠江 架橋와 平南線 부설에 착수하여 全線運輸의 확보를 기하였다. 그리고 도로는 1907년부터 '治安의 保持'를 위하여 '최급무' 사업으로 그 일부 보수공사가 추진되었다.

한편 이토 히로부미는 1907년 초기에 排日 추세가 한국의 상하에 만연되고 自强會·敎育會·靑年會·西友會 등 애국단체와 일부 언론기관까지 정부를 공격하는 배일운동이 전개되는 가운데 大韓帝國 황제의 강력한 반대에도 불구하고 우유부단한 朴齊純內閣을 퇴진시키고 李完用親日內閣을 조직케 하였다(1907. 5. 23).[5] 官制는 議政府를 내각으로 개편하고,[6] 일본식으로 內閣總理大臣과 行政 各部大臣으로 구성되는[7] 合議制內閣制度를 채택함으로써 궁정세력의 정치관여를 배제하여 그 결과 이토통감은 모든 정치에 실질상의 영향력을 미칠 수 있게 되었다.

나. 통치조직의 변혁과정

통감부시대에는 甲午·乙未 양 개혁을 통하여 이루어진 조선왕조 전래의

---

3) 新渡戶 博士·矢內原忠雄 編,《植民政策講議及論文集》(岩波書店, 1943), 96쪽.
4) 洪以燮,〈日帝植民地時代의 歷史的 性格〉(《韓國近代史論》 I, 知識産業社), 9~11쪽.
5) 金正明 編,《日韓外交資料集成》8(巖南堂書店, 1964), 75~86쪽.
統監官房,《第二次韓國施政年報》, 明治 41년·43년, 16쪽.
李完用을 首相으로 하는 新內閣은 6월 6일 1部更迭을 단행 內部大臣 任善準을 度支部大臣으로, 도지부대신 高永喜를 法部大臣으로, 법부대신 趙重應을 農商工部大臣으로, 농상공부대신 宋秉畯을 내부대신으로 상호 轉任시켰다.
6) 1907년 6월 14일, 勅詔 官制改正에 關한 件.
7) 1907년 6월 17일, 勅令 제35조 內閣官制 제1조.

통치조직에 다시 크게 수술을 가하여 정비하여 갔다. 통감통치 초기에는 韓日協約과 顧問·參與官을 통하여 한국정부를 조종하였으나 급격한 관제개정은 삼가하였다.[8)]

宮內府 : 甲午改革에서 일본제도를 모방하여 궁내부를 설치한 후 여러 차례의 관제개정이 있었으나 한국 고래의 궁중제도의 인습이 저들의 침략에 큰 장애가 됨을 깨닫고 1906년 7월에 顧問警察이 궁중을 경위하고 宮禁令을 제정·공포하는 등 신중한 궁중숙청작업에 착수하였다. 실제로 한국 고래의 궁중인습은 해가 갈수록 혼란과 병폐의 근원이 되어 왔는데, 그 대표적 예를 제시하면 다음과 같다.

① 궁중에서 大臣으로부터 지방군수나 그 이하의 말단관리에 이르기까지 그 任免과 상벌을 좌우하였으며 卑官微職의 진퇴도 군주가 친히 명령하거나 군주의 직접명령이란 구실하에 궁중의 권세가가 자의로 좌우했다. 따라서 정부 대소의 관리는 오로지 궁중에 영합하여 무사안일하게 자기의 지위를 지키는 데 급급하였고 정부는 점점 궁중권세에 예속되어 갔다.

② 재정상 궁중은 국가 이외의 별개의 徵稅主體가 되어 궁중에서 징세관을 파견하여 각종의 雜稅를 징수하고 무명의 부과를 강요하고 은연히 國庫에 대립하는 지위를 점했다. 그리고 황실에 관련된 新費目이 있을 때마다 황실비 정액 외로 국고에 요구하거나 또는 국고의 부채로 하여 장래에 환수토록 하였다. 또는 度支部大臣에게 명령하여 인민에게 租稅受領書를 매도하여 이를 매수하는 사람에게 장래의 국고수입에서 직접 결제토록 하는 소위 外劃制度를 국고에 강제하기도 하였다. 국고수입의 세원인 세종을 궁내부로 이관하기도 하고 혹은 營業免許나 特許를 처분하여 手數料·免許料를 인민으로부터 징수하기도 하였다.

③ 궁중은 외국인과 각종의 계약을 체결하여 그 이행에 따르는 의무는 정부에게 일임하였다.

④ 궁중이 特赦를 남용하여 재판의 결과를 무효화하였다.

⑤ 궁중은 정부 각 部局의 행정에 간섭하고 또는 정부에 대신해서 직접

8) 《韓國施政年報》, 明治 39·49년, 34~35쪽.

행정권을 남용하는 경향이 있었다.

⑥ 궁중에 무용의 冗官冗員이 많아 皇室費를 낭비하고 군주의 측근에서 국정을 좌우하던 폐단이 있었다.

통감부는 이러한 궁중인습을 숙청한다는 구실하에 1906년 7월부터 警務顧問으로 하여금 일본경찰관을 궁중 각 문에 배치하여 감시하는 동시에 궁중에 일본세력을 부식하였으며 동년 7월 7일 궁금령을 공포하여 일정한 관직자 이외의 궁중출입을 금지하고 그 출입의 경우도 고문경찰이 발급하는 門票의 소지자에 한하여 허가하도록 하였다. 이 궁금령은 당시 전국 각지에서 봉기하고 있는 抗日愛國志士들의 궁중출입을 통제하고 궁정세력의 정치관여를 배제하는 데 그 목적이 있었다. 그 궁금령의 주요내용은, i) 궁전의 출입은 궁내부대신의 감독에 속하고 궁전은 侍從院卿, 궁문은 主殿院卿이 각기 관장할 것, ii) 궁전·궁문의 출입에는 문표를 사용할 것, iii) 議政 이하 各大臣, 中樞院議長·副議長, 侍從武官長 및 召命을 받은 元老·大臣·特進官·承候官은 궁전출입에 문표가 필요없으며 또한 현직군인·경찰관으로서 제복착용자는 궁문문표가 필요없다. iv) 궁중으로부터 물건을 반출하는 데는 物件票를 사용할 것 등이다.[9]

中樞院: 중추원은 한국 고래의 제도로서 조선조에서는 中樞府라고 칭하였다. '보호조약'이 체결되기 약 9개월 전인 1905년 2월에 공포된 官制 중 중추원의 編制는 다음과 같다.

중추원은 황제를 보필하는 最高諮詢機關으로서 議長 1인(親任), 副議長 1인(勅任), 贊議 8인(칙임), 副贊議 15인(奏任), 參事官 또는 書記官 3인(주임), 主事 4인(判任)으로 구성되며 漢城에서 2인, 道에서 각 1인씩 才識있고 民望있는 자로 선임하였다. 그 審查議政事項으로는 i) 의정부로부터 諮詢한 軍國주요사항과 법률·칙령의 제정 및 개폐에 관한 사항, ii) 법률·칙령의 실행효과와 그 미비사항에 대한 건의사항(이 중 副贊議는 漢城府尹 및 각도 觀察使가 2인 혹은 3인을 추천하면 議政大臣이 의장·부의장과 협상한 후에 천거·상주하여 재가를 얻는다). iii) 법률·칙령실시에 관한 건의사항, iv) 人民獻議에 관한

9) 위의 책, 66~68쪽.

사항 등을 들 수 있다.[10]

중추원의 운영방법을 살펴보면 의장과 찬의가 위의 의정사항에 대하여 가부의결 한 후 이를 의정부에 조회 또는 설명하여 만일 의정부와 중추원이 의견의 합치를 보지 못하는 경우는 국무대신이 중추원에 참석하여(부하관리를 대리참석 시킬 수 있음) 의안취지를 변명하도록 하였다. 또한 중추원에 고문 6인을 두되 1년 이상 정부대신의 親任職을 지낸 자 중에서 임명하고 다른 관직을 겸할 수 없게 하였으며 의정부로부터 자순한 군국 중요사항은 의장이 고문을 회동시켜 收議하지 않으면 안되었다.

그밖에 중추원회의는 내각회의와 같이 의원 3분의 2 이상이 출석치 않으면 개회할 수 없었고 또한 다수결로 의결했다.[11] 이와 같이 중추원의 조직과 기능은 왕조 말엽의 獨立協會運動의 일환으로 생긴 중추원 즉 입헌군주체제하에서의 의원내각제의 국회조직을 모방한 것을 변혁하여 답습한 것으로 어느 정도의 민주적 요소를 찾아볼 수 있는 것이었다.[12]

내각제도 : 1907년 6월의 내각관제(칙령 제35호)로 종전의 의정부는 내각으로, 의정부대신은 내각총리대신으로 개칭되었으며 개정된 관제하에서는 중추원제를 형식적 기구에 불과하나 그대로 존속시키고 있는 동시에 國務大臣(내각총리대신 및 행정각부대신)은 황제를 보필하고 국정을 처리할 책임을 지며 법률·칙령은 모두 내각총리대신 및 관계 대신이 副署하게 하였다.

내각회의를 거쳐야 할 사항은 i) 법률안·칙령안, ii) 예산안·결산안, iii) 예산외 지출, iv) 각부간 主管권한의 쟁의, v) 문무칙임관·주임관의 任命進退, vi) 敍品 및 敍勳, vii) 大赦 및 特赦 등이다. 그밖에 내각총리대신은 필요한 경우에는 언제나 내각회의를 소집할 수 있고 閣議는 비밀히 하였고 각대신 3분의 2 이상이 합석치 않으면 개회할 수 없었다. 또한 각의의 의결은

---

10) 위의 책, 41~42쪽
《法提摘要》 1905년 11월, 244~246쪽
中樞院官制, 1905년 3월 1일자 勅令 제5호·제12호(度支部大臣官房 編, 《現行韓國法典》, 113~120쪽).

11) 金雲泰, 《全訂新版 朝鮮王朝行政史》 近代篇(一潮閣, 1984), 366쪽.

12) 中樞院議事規則 제3호·제15호, 1906년 8월 6일, 議政府令 제1호(《現行韓國法典》, 116~120쪽).

多數可決制에 따랐으며 가부 동수인 경우에는 내각총리대신이 결정했다(내각회의규정 칙령 제37호). 그리고 각부 官制通則을 개정하여 協辦을 차관, 참사관을 서기관, 주사를 書記郞이라 개칭하였다.

지방제도 : 1906년 5월 한국정부는 한일 양국 관리 수명을 지방제도조사위원으로 임명하여 이들의 조사결과를 토대로 동년 9월 28일 지방제도개혁에 관한 새로운 관제 및 부수의 칙령을 공포하여 10월 1일부터 실시하였는데 그 주요 내용은 다음과 같다.[13)]

우선 지방행정구역 및 그 명칭에 관해 보면 한말(1896)에 한성부외에 전국을 13道 · 1牧 · 3府 · 364郡으로 구분하여 제주도에 목을, 廣州 · 江華 · 開城에 부를 설치하고 기타는 군으로 호칭했던 것을[14)] 개정해 개항시장 소재지의 군을 부로, 기타를 모두 군으로 했다. 즉 仁川 · 沃溝(群山) · 務安(木浦) · 昌原(馬山) · 東萊(釜山) · 德源(元山) · 城津 · 三和(鎭南浦) · 慶興(두만강 하류 러시아와의 국경) · 義州 · 龍川(압록강 하류 淸과의 국경) 등 11부를 새로 설치하고 다만 개항시장 소재지 중 평양만은 군으로 했다. 그 결과 지방행정구획은 13도 · 11부 · 333군이 되었다. 여기서 주목되는 것은 일본인 집주지역만을 '府'로서 특별한 지역으로 획정한 점이다.

또한 지방관청 중 각 개항시장에 설치된 監理署 및 濟州牧使廳을 폐지하고 감리의 사무는 부윤에, 제주목사의 사무는 전라남도 관찰사에 인계시켜 제주도에는 단지 郡衙만 설치하였으며 또 평양에는 부를 설치하지 않아 감리의 사무는 평안남도 관찰사에 인계시켰다.

한편 종래의 지방정치 · 행정의 각종의 폐습을 개혁한다는 구실하에 지방행정에 일본세력을 부식하는 지방관제개혁을 단행하였다. 즉 종래에는 지방행정문란의 원인이 되고 있는 i) 매관매직 행위, ii) 중앙정부의 政令이 지방에 통달하지 않고 지방관리는 오히려 중앙의 권세가에만 영합하는 데 급급

13) 朴殷植, 《韓國獨立運動之血史》(서울신문사출판국, 1946), 52~55쪽.

14) 한말의 지방행정구역은 빈번한 변혁이 있었다. 주요한 것으로 을미년(1895. 5. 26)에 道制를 폐지하고 전국을 23부와 336군으로 개혁했다가(金雲泰, 앞의 책, 309쪽), 다음해 8월에 대한제국하에서 倭色을 일소하기 위해 朴定陽 내부대신의 주도하에 또다시 23부제를 13도제로 개정하고 329개 부 · 군과 4,332개 면으로 개편했다.

한 폐단, 즉 중앙정부가 관찰사·군수에 대해 감독권을 행사하지 못하고 지방관리는 法規와 訓令 등을 경시하는 폐단, iii) 관찰사가 지방행정을 통괄하는 동시에 재판권도 가지고 있으며 군수 역시 어느 범위의 재판을 하는 데서 사법행정의 혼돈이 초래되고 있는 점, iv) 租稅에 법적 근거가 없어 지방관리가 조세 등의 명의로 국민의 재산을 횡탈하며 재판과 경찰을 그 수족으로 이용하는 폐단, v) 지방관리의 급여가 없거나 빈약해서 부정부패를 유혹하는 폐단, vi) 기타 국민의 권리의식이 약해 관리의 불법월권을 고발하지 못하고 이를 불가항력으로 알고 복종하는 폐습 등이 있었으나 개정된 지방관제에서는 다음과 같은 개혁을 시도하였다.

① 道관찰사의 관장사무를 열거하였다.

② 內部·度支部 양 대신에게 소정의 지방세 부과권을 인정하고 관찰사에게 행정명령을 발포할 수 있는 권한을 부여했다. 그러나 종래 부윤·군수의 권한 중 부령·군령 발포의 권한과 국세징수·지방재정·사법에 관한 권한 등을 박탈하는 동시에 警務에 관해서도 군수의 관여를 배제하는 등 각급 지방관의 권한에 크게 제한을 가했다. 이것은 중앙집권화의 강화를 기도한 것으로 획기적인 개혁이라 할 수 있다. 그리고 도에는 관찰사 외에 새로 參書官·警務官 및 통역관을, 부에는 부윤 외에 새로 참서관·통역관을 일본인 또는 친일분자로 충원하였다. 동시에 부·군의 鄕長[15] 및 巡校는 폐지하고 관찰사의 직급을 격하시켜서 勅任二等 이하로 한정했는데 이것은 종래 중앙의 大臣들이 관찰사로 나가 중앙정부의 명령을 따르지 않는 폐단을 막고자 한 것이다.

③ 종래 단순한 하나의 행정구역에 불과했던 面을 군 밑의 최하급 행정관청으로 하고 종래 面民의 公選 내지 長老의 추천에 의한 면장의 임용제나 자치적인 面會를 폐지하고 군수가 면장을 임명하여 官治行政의 말단기관으로 하였다. 면장은 군수·경찰서·일본군헌병대·수비대 등의 명을 받고 법

15) 1896년의 개혁에서 종래의 鄕廳을 폐지하고 그 대신 부윤·군수의 보좌역으로 '鄕長'을 두게 하였다. 향장은 향청의 座首·別監 가운데 7년 이상 거주자로서 덕망 있는 자를 군수가 추천하여 군민의 투표에서 최고득점자를 선임했다. 향장은 오로지 稅務를 담당하였고 군수와 지방민과의 의사소통을 위한 기관이었다.

령의 주지 홍보, 징수금의 납입고지, 징수독려, 土地家屋證明規則에 의한 인증, 民籍의 이동보고, 제 청원서류의 進達, 面內 情況報告, 통계자료의 조사, 洞長의 감독 등에 종사하였다.[16]

④ 외국 및 외국인에 관한 사무는 관찰사로 하여금 취급케 하고 부윤은 관찰사의 위임을 받고 이를 취급하며 관계군수를 지휘할 수 있게 하였다.

⑤ 통감은 내부대신으로 하여금 외국 및 외국인에 관한 사항으로서 긴급을 요하거나 또는 사태가 중대한 것은 직접 관계 관찰사·부윤 또는 군수에게 지휘·명령할 수 있게 하고 그 집행결과를 소관 부·군에 보고하여야 한다는 내용의 훈령을 발표할 수 있게 했다.

한편 내부에 參與官(일본인)을 두고 오로지 지방행정의 감독을 담당케 할 뿐더러 각 觀察府 소재지에 理事廳 또는 支廳을 설치하여 일본측 理事官 또는 副理事官으로 하여금 地方政務의 개선에 관하여 보조·감시케 하였다.

지방관의 銓考規程 및 동 세칙을 제정하여 지방관으로 소정의 자격을 정하고 임용에는 전고위원의 조사를 거쳐 시험을 실시하였다(단 지방관 전고규정은 1907년 6월 폐지됨). 관찰사 이하의 급여는 모두 중앙관리와 같게 하고 내부대신이 필요하다고 인정하는 관찰사·부윤 및 군수에게는 교제비를 지급하였으며 동시에 지방관아의 경비를 증액하였다. 또한 재판제도를 개정하여 司法·行政分立의 기초를 마련하였으며 또 管稅官官制를 제정하여 징세사무를 지방관으로부터 분리시키는 단서를 마련하였다.

이상 일련의 지방제도의 변경은 일본군의 점령하에서 실시되어 의병투쟁 '토벌'과 합방추진공작을 유리하게 하기 위한 기초적 작업의 일환으로 행해진 것이었다. 이 사실은 당시 임명된 군수나 면장에 무뢰한의 친일분자가 많았던 것으로도 알 수 있다.

다. 한일신협약(정미7조약) 후의 관제개혁

이토통감은 헤이그밀사사건을 계기로 1907년 7월 31일자로 군대를 해산하였으며[17] 고문제도를 폐지하는 동시에 일보 더 나아가서 일본인을 한국정부

16) 朝鮮總督府, 〈朝鮮地方制度ノ沿革〉(《齋藤實文書》 491).
17) 朴殷植, 앞의 책, 15쪽.

궁내부 이하 각부 차관을 비롯한 요직에 임용하여 소위 '次官政治'를 강행하고 직접 정치·행정에 관여토록 한 후 곧 궁내부를 비롯하여 各部官制 및 지방관제의 개정에 착수하였다.

궁내부 : 한일신협약이 체결된 후 궁내부에 일본인 관리를 임용하고 그 세력을 확장하기 위해 1907년 11월에 각부에 앞서 궁내부 신관제를 발표했다. 종래 궁내부의 관제는 大臣官房을 비롯하여 院·司 등 각종의 명칭을 가진 25개 관청이 있어 이들은 서로 병립하여 사무의 연락이 결여되고 무용의 원·사가 있을 뿐더러 각 원·사가 재산을 분리해서 관리하며 독립적으로 회계를 하는 등 관청으로서의 행정조직이 체계화되어 있지 않았다. 신관제에서는 구관제의 기관을 폐합 또는 간소화하여 대신관방과 12개 청으로 축소하였다. 궁내부조직은 통감부시대에 있어 가장 격심한 변혁을 거친 후 1907년의 신관제로서 일단 정비가 완료되었다.[18] 궁내부의 신구제도를 대조해 보면 다음의 〈표 1〉과 같다.

궁내부에는 직원으로 大臣·次官, 秘書官 2인, 書記官 3인을 두었으며 侍從院 이하 소속 각 관청의 장관은 대체로 卿이라 칭하였다. 기타 總管(承寧府)·大提學(奎章閣)·大夫(皇后宮·東宮)·司長(典膳司) 및 總辦(宗親家職)이라고도 하였으며 이하 侍從·禮式官·理事·技師·典醫長·樂師長 기타의 직원을 두었다. 帝室財産整理局에는 장관·차장·사무관·기사 등을 두었으나 1908년 6월에 폐지되었다. 그리고 궁내부대신은 제실에 관한 사무를 정리하고 주무사무에 관하여 警視·總監 및 지방장관에게 명령할 수 있었으며[19] 또한 判任官 이하의 관리를 임면할 수 있는 권한을 가지고 있었다.[20]

日本軍司令官 하세가와는 이미 경비절감·군제쇄신을 빙자하여 군인의 정원을 감했기 때문에 서울에 있는 參將 이하 각 군관은 불과 336인, 士卒은 9,640인, 각 지방 鎭衛隊 장졸은 4,270인이었다. 高宗皇帝가 폐위되어 軍情의 불안을 느꼈던 이토 히로부미는 李完用 등과 軍隊解散을 密議했다. 7월 30일 하세가와·이완용·李秉武 등은 황제를 협박하여 무기와 탄환을 반납하라는 勅令을 내리게 했다. 그러나 해산 당한 군대는 거의 義兵이 되어 抗日鬪爭에 참여했다.

18) 《韓國施政年報》 明治 39·40년, 1907년 11월 29일, 布達 제161호 宮內官制 제20조, 70~72쪽.

19) 1907년 11월 29일, 布達 제161호, 宮內官制 제6조.

20) 1907년 11월 29일, 布達 제161호, 宮內官制 제7조.

〈표 1〉 한일신협약 전후 궁내부 조직 비교

新　　制	舊　　制
大臣官房 : 人事・庶務・調査・主馬의 4課	大臣官房
	制度局 : 大臣官房調査課에 이관
侍從院*	侍從院
	大醫院 : 侍從院에 병합
	秘書監 : 侍從院 및 主殿院에 병합
掌禮院	掌禮院
	奉常司 : 掌禮院에 병합
承寧府*(太皇帝宮에 관한 事務)	承寧府
皇后宮	皇后宮
東　宮*	皇太子侍講院
奎章閣*	奎章閣
	弘文院 : 奎章閣에 병합
	宗簿司 : 〃
	敦寧司 : 〃
內藏院*	內藏司
	尙方司 : 內藏院에 병합
	營繕司 : 〃
典膳司*	典膳司
主殿院	主殿院
	太僕司 : 主殿院에 병합
帝室會計監査院*	帝室會計審査局
宗親家職	皇族家職員
	親王府 : 폐지
	內廷司 : 〃
帝室財産整理局 : 整理・農林・測量・主計 4課 (帝室所有動産 및 不動産의 整理・維持 및 經營)	經理院 : 帝室財産整理局에 사무이관

* *표는 韓日合倂 때까지 존속된 것임.

이상 대규모의 궁내부 관제개정을 통한 기구의 정비가 일단 단행되자 이 개편을 계기로 일본인은 궁내부의 거의 모든 기관에 배치되기에 이르렀다. 즉 종래 궁내부 傭聘의 일본인 관리는 대신관방・내장원・제실재산정리국 등 궁내부의 수뇌직에만 배치되었던 것을 1908년까지 그 임용범위를 대폭 확장하였다. 그리고 宮禁令과 황궁경찰의 배치를 통하여 애국인사의 궁중출입을 엄중히 통제하고 궁중을 국민으로부터 고립시켰다. 한편 한국인 舊醫가 담당했던 大醫院을 폐지하고 일본인 의사를 典醫 등의 직에 임용하였으며 궁내부에서 지낸 제사에 관한 의식도 개정하였다. 즉 종래에는 帝室祀와 國祀를 혼동해서 제사의 명칭이 붙은 것은 모두 궁내부에서 거행하는 관례에 따라 1년중 792회에 걸쳐 의식을 올려 冗員冗費가 극심하였으나 1908년 7월 享祀 이전의 詔勅을 발표하여 궁내부는 제실의 제사만 거행토록 하고(년 201회로 감축) 제사에 관계 있는 各壇·廟·社殿·宮 및 各陵·園·墓의 관제도 개정하여 그 관리자·女官 및 祭祀費를 대폭 감축하였다.

이리하여 1907년 말부터 1908년에 이르기까지 수차에 걸쳐 실행된 궁내부 관제개정으로 폐관 또는 퇴관된 자는 칙·주임관 이하 166명에 달하고 해고된 자는 전후 합하여 役員 3,809명, 여관 232명, 權任·巡檢 이하 317명에 달하였으며 이들 해직자들에게 지급된 一時賜金의 총액은 무려 31만여 圓[21]에 달하였다.[22]

각부 관제 : 전술한 1907년 6월의 개정에 뒤이어 12월에 관제가 다시 개정되었다. 이 관제의 개정으로 종래의 고문제도에 의하여 관제상 표면에 나타나지 않고 존재하였던 각종 기관 및 관리를 관제 속에 넣어 제도화했으며 또 종래의 용빙자를 한국관리에 임용하기 위하여 필요한 기관을 설치하고 아울러 행정조직의 통일과 각 기관의 조정을 용이하게 하였다. 이밖에 내각에 있던 不動産法調査會를 확장해서 法典調査局을 설치하였다. 그리고 종래 각부의 직원·차관·국장·서기관·書記郞 등을 답습하는 동시에 새로 비서관·사무관 및 번역관을 두고 서기랑은 주사로 개칭하고 또 각부 회계국은 폐지하는 대신 대신관방에 회계사무를 이관하였다.[23]

우선 내부의 경우를 보면 종래 지방·경무·회계의 3국 중 회계국은 폐지하고 새로이 토목국 및 위생국을 설치했다. 토목국은 구 내부소관 治道局 및 구 度支部소관 수도국 사무를 관장하고 아울러 내부소관으로 이관된 철도·궤도 및 전기에 관한 사항 등을 관장하였다. 위생국은 종전의 경무국이 소관한 위생사무를 이관하여 관장했다. 그리고 이민사무는 경무국에 이관하고 종

21) 우리 나라에서 壬亂 후 17세기부터 銅錢(常平通寶)이 法貨로서 유통된 이래 점차 금속화폐의 유통이 보편화되었다(金雲泰, 앞의 책, 263~268쪽????? 참조). 그 후 舊韓末의 화폐단위는 1900년까지는 '元'이었으나(1894년 7월 11일의 〈新式貨幣發行章程〉에 의해 五兩銀을 本位貨로 하는 銀本位制로 하였으나 이는 元에 상당하는 것이었음), 1901년 2월 金本位制 채택시 '圜'으로 바뀌었고 다시 1907년에는 '圓'으로 개칭되었다(金雲泰, 위의 책, 388쪽 참고).

22) 《第二次 韓國施政年報》, 明治 41·43년, 10~11쪽.

23) 《官報》, 1907년 12월 18일.

전 내부소관이었던 감옥에 관한 사무는 법부에 이관하였다. 警務廳을 警視廳으로 개칭하여 그 관할구역을 경기도 전역에 확대하였으며 또한 종전에 내각소관이었던 大韓醫院을 내부에 이관하여 내부대신의 관리하에 두었다.24) 이로써 내부 본청의 내국으로 地方局·警務局·土木局·衛生局의 4국을 두고 외청으로서 경시청·대한의원을 두었다. 내부의 직원은 대신, 차관, 국장 4인, 비서관 1인, 서기관 12인, 사무관 5인, 경시 5인, 技監 1인, 技師 4인, 번역관 3인 및 주사·경부·技手·순사 등 임시직원을 두었다.

도지부 및 그 소속관제의 변동내용은 다음과 같다.

① 舊 總稅務司 소관하에서 완전히 특별회계로서 경영되어 오던 海關事務 및 海關工事를 탁지부대신의 관리하에 신설되는 관세국·세관·임시세관공사부 및 燈臺局에서 관장토록 하였다.

② 새로 재무감독국을 경성·대구·평양·전주 및 원산에 설치하여 그 밑에 다수의 재무서를 전국 주요지역에 배치하고 구 재정고문부 지방監部 이하에서 처리되어 오던 징세사무 및 지방재무를 감독케 하였다.

③ 종래 탁지부 내에 소속했던 인쇄국을 독립된 1外局으로 개편하였다.

④ 회계검사사무를 엄중히 집행하기 위하여 새로이 회계검사국을 설치하였다. 이에 따라 종래의 탁지부 검사국은 폐지하였다.

⑤ 각부의 건축사무를 탁지부에서 통합 처리하기 위하여 종래의 建築所를 확장하고 그 부속으로 있던 공업부를 煉瓦製造所로 개칭하며 건축소에서는 주로 정부건축사업의 재료를 공급하였다.

⑥ 구 고문본부에서 처리된 財源調查事務를 계승·관장하기 위하여 임시재원조사국을 탁지부 본부국으로 설치하고 여기서 토지측량사무를 관장하였다.

이로써 탁지부 본부는 종래의 5국을 감축하여 내국으로서 司稅局·司計局·理財局의 3국을 두었고 그 직원은 대신·차관 외에 국장 3인, 비서관 1인, 서기관 13인, 사무관 7인, 번역관 2인 및 주사로 구성되며 별도로 임시재원조사국에 국장, 서기관 1인, 사무관 3인, 기사 5인, 주사 및 기수를 두고 또 탁지부 외청으로 관세국·세관·임시세관공사부·등대국·재무감독국·인쇄

24) 《官報》, 1907년 12월 18일·29일.

국·회계검사국·건축소 등을 설치한 것이다. 이러한 탁지부 본부 및 외청의 각 기관의 정비에 따라 임시직원을 증원하는 등 개정된 사항이 많으나 실제로는 주로 구 재무고문부 및 총세무사청의 사무를 탁지부에 이관한 데 불과한 것이었다.[25)]

法部는 종전의 대신관방·民事局 및 刑事局에다 법부대신 감독하에 재판소를 설치하고 법관양성소를 확장했으며 감옥은 전국 8개소에 설치하여 控訴院 檢事長의 감독 하에 두었다. 이로써 법부에는 대신·차관 외에 국장 2인, 비서관 1인, 서기관 9인, 사무관 4인, 번역관 3인 및 주사를 두었다.[26)] 그 뒤 일본정부는 1909년 7월 24일 사법 및 감옥사무위탁의 각서를 발표하고 10월에 칙령으로 통감부 사법청을 설치하여 통감 관리하에 한국에서의 사법 및 감옥에 관한 행정사무를 관장하게 되자 한국정부는 바로 법부를 폐지하여 그 사무를 통감부 사법청에 인계하였다.[27)]

학부의 경우 종래의 대신관방·학무국 및 편집국에다 曆編纂을 새로 관장사무로 추가하고 종래의 觀象所는 폐지하였다. 본부 직원은 대신·차관 외에 국장 2인, 비서관 1인, 서기관 7인, 사무관 4인, 기사 3인, 번역관 2인, 주사와 기타 예산범위 내에서 도서의 편찬 및 검정을 위한 위원을 두었다. 외청으로 종래 직할학교가 분립되어 있던 在京城 각 외국어학교를 통합하여 漢城外國語學校로 하였다.[28)]

農商工部에서는 철도사무를 내부에 이관한 결과 철도국을 폐지하고 상무국 및 공무국을 합병해서 상무국으로 하고 종래의 농무국 및 광무국은 존속시키되 새로 산림국·수산국을 설치하였다. 이리하여 농상공부 기구는 대신관방 외에 농무국·상공국·광무국·산림국·수산국의 5국으로서 그 직원은 대신, 차관, 국장 5인, 비서관 1인, 서기관 8인, 사무관 5인, 技監 1인, 기사 14인, 번역관 1인, 주사 및 기수로 구성되었다. 또한 평양광업소에 전임소장을 두어 특별작업회계로 그 사업을 경영하였다.[29)]

---

25) 《官報》, 1907년 12월 18일·29일.
26) 《官報》, 1907년 12월 18일.
27) 金正柱 編, 《朝鮮統治史料》 3(韓國史料硏究所, 1970), 352~358쪽.
28) 《官報》, 1907년 12월 18일.
29) 《官報》, 1907년 12월 18일·29일.

그리고 문관인사행정과 관련해서 1908년 10월에는 문관전형위원제(閣令 제10호)가 발포・시행되었는데, 이에 의하면 전형위원을 고등전형위원과 보통전형위원으로 구분하여 전자는 내각에 그리고 후자는 내각 및 각부에 두고 또 고등전형위원은 위원장 1인, 위원 약간인으로 조직하여 勅・奏任文官에 관한 전형사무를 관장하고 보통전형위원은 위원장 1인, 위원 약간인으로서 조직하여 判任文官 및 판임관대우자에 관한 전형사무를 관장하였다. 그리고 전형위원은 필요한 경우 필기 또는 구술시험을 과할 수 있었다.30) 무릇 文官銓衡考所는 문관공개보통시험을 관리하는 합의제인사기구의 시초라 하겠고 또 문관전형위원제는 근대적인 자격임용제로 발전하는 과도기적인 제도로서 의의가 있는 것이었다.

이밖에 군부는 대신관방・군무부・경리국으로 구성되었는데 여기서 군부관제가 빠진 것은 이보다 앞서 1907년 8월 28일에 한국군대의 대부분이 해산되고 侍衛隊의 일부만 남게 되자 군정도 따라서 축소되었기 때문이다.

군제는 갑오개혁에서 일본식으로 개편된 이래 1907년 8월 군대해산 전의 法文上의 병력은 통산해서 侍衛隊(步兵聯隊・騎兵隊・砲兵隊・工兵隊・輜重兵隊 등 경성 주둔 近衛) 4천 명, 鎭衛隊(8개 진위보병대대의 지방군대) 4천 8백여 명, 합계 약 9천 명의 군대가 경성 및 지방에 배치되어 있었고31) 군정 및 군령의 기관으로서 군부와 元帥府 그리고 각종의 군사교육기관이 있었다. 1907년에는 募兵令을 발포하여 國民皆兵도 선언하였으나 8월에 강제해산 당하였으며 근위보병대대 644명(4개 중대)과 근위기병대 92명만 남기고 재편했다.

군부는 폐지하지 않고 축소하였으며 군부대신은 侍從武官長을 겸하였다. 그러나 일본은 한국의 군사권을 완전히 장악하고자 1909년 9월 육군무관학교를 폐지하고 무관의 양성까지 그들이 受任하였으며 또한 병기・탄약의 관리・처분과 군인・군속의 범죄에 관한 사법처분, 장교 이상의 인사, 군대의 행동 기타 중요한 규칙의 제정 등에 관하여도 한국주재 일본군이 차지하였다. 이에 따라 자연히 군부가 폐지되고 말았다.32) 군부가 폐지되면서 친위부

30) 內閣記錄課, 《法規續編》 上(1908년 4월), 16~17쪽.
31) 《韓國施政年報》, 明治 39・40년, 61쪽.
32) 1909년 7월 31일, 칙령 제68호, 군부폐지・친위부 신설 및 이에 附帶한 건 제3조.

를 설치하였으나 일본인 장교로 구성된 고문을 배치하여 이것마저 철저히 자주적 군사행동을 규제하였다. 친위부에는 장관 1인, 무관 2인, 부관 1인, 주사 5인을 두었으며 시종무관부와 동궁무관부가 설치되었다.[33]

지방행정 : 전술한 1906년 9월의 지방행정개혁에 관한 신관제의 취지와 함께 한일신협약을 감행한 여세를 몰아 지방행정제도의 변혁이 중점적으로 단행되었다. 우선 1907년 12월에 지방제도와 관제의 개혁이 있었는데 그 대요는 다음과 같다.

종래의 지방제도에는 관찰사는 세무감으로서 관하의 징세사무를 총괄하고 아울러 道裁判所의 판사로서 사법사무도 집행하였으며 또 지방의 경찰권도 그 수중에 장악하고 있었다. 그리하여 이들 업무를 실제 처리하는 데에는 재정·경무 양 고문지부 이하를 각 관찰도 소재지 기타에 배치해서 법무에 관하여는 법무보좌관을 두고 理事廳 또는 理事廳支廳의 일반지방행정을 보조·감시하고 지방관리의 비위를 단속케 하였다.

그러나 1907년 12월 지방제도개혁으로 관찰사가 세무감을 겸하는 제도를 폐지하여 국세징수 및 지방재정에 관한 사항은 전적으로 지방관의 관할에서 분리시켜 탁지부에 직할토록 하고 공소원, 지방재판소 및 區재판소를 설치하여 사법사항은 전적으로 행정관의 관할로부터 분리하였다. 경무사무는 관찰사가 계속 관리하지만 그 사무집행은 경찰서 및 분서 이하의 경시·경부·순사로 하여금 담당케 하고 군수는 이에 관여하지 못하게 그 권한을 크게 제한하였다. 그리고 중앙에는 내부에 경무국을 두어 전국 각도의 경무를 감독·관할케 하였다.

이와 같은 지방제도의 개혁을 위하여 지방관제를 개정하였는데 그 대요는 다음과 같다.

① 道에 관찰사·서기관·사무관 각 1인 및 경시·주사·경부·순사를 두고 경시는 각도에 걸쳐 27인, 주사는 78인, 경부는 147인으로 한다.

② 관찰사의 권한 중 兵事·收稅·鑛業·度量衡 등에 관한 사무를 삭감하고 이를 적당히 한정한다.

---

33) 1909년 7월 31일, 布達 제3호, 친위부관제 제6조·제7조·제8조·제9조.

③ 도 서기관·사무관 및 주사로 하여금 일반 내무행정을 담당케 한다.

④ 府·郡의 필요에 따라 사무관을 둔다.

⑤ 관찰사는 도의 관리·부윤·군수 또는 경찰서장에게 그 직권의 일부를 위임하여 사무처리의 편의를 도모한다.

⑥ 관찰사는 道令을 발포할 권한이 있으나 부윤·군수는 府·郡令 발포의 권한을 인정하지 않는다.

⑦ 관찰사는 하급의 처분·명령을 취소 또는 정지하고 시정을 감독할 권한이 있다.

⑧ 지방행정 경비의 팽창에 따라서 도·부·군 및 한성부의 地方費를 증가한다.34)

이와 같은 징세법의 개정, 신재판소의 설치 및 경찰제도의 개정 등으로 종래 군수의 권한에 속했던 징세·사법·경찰에 관한 직권이 축소된 관계로 군수는 순전히 행정관의 지위로 저락되었으며 관찰사 밑에는 일본인 서기관 및 경시·경부 등을 배치함으로써 지방행정에까지 일본세력을 부식시키는 동시에 이들이 다시는 이전처럼 收斂暴虐을 하지 못하게 하였다.

뒤이어 1908년 1월에는 각도 서기관에 일본인을 배치하고 전국의 지방관회의를 경성에 소집하여 여기서 주로 각 지방실정과 지방관 집무상황을 청취·자문하고 아울러 토목·위생·官有財産整理·지방세제 및 勸業 등에 관하여 토론·연구하였으며 이 회의에 뒤이어 동년 5월 25일부터 6월 2일까지 관찰사회의를 소집하여 여기서는 주로 지방행정조직, 정치단체현황, 지방세 부과의 득실, 부윤·군수의 임용, 치안 등 지방정무에 관한 사항에 관하여 의견이 교환되고 자문되었다.35)

이와 같이 地方牧民官을 일시에 중앙정부에 소집하여 전국적 지방관회의를 개최하는 일은 한국에서는 일찍이 없었던 일로서 그후 제도화되었다. 당시 지방관회의에 처음 참석했던 관찰사들 중 일부는 귀임 후 8개 관찰도에서 군수회의를 개최하여 집무상의 제반 훈시를 전달하는 한편 각 군수의 의견과 군의 상황을 청취하였다. 이 군수회의도 한국에서는 최초의 모임으로서

34) 《韓國施政年報》, 明治 39·40년, 55~57쪽.
35) 《第2次 韓國施政年報》, 明治 41년, 21쪽.

그후 제도화되었다.

그러나 많은 관찰사와 군수 중에는 이와 같은 개혁에 여러 가지 이유에서 불쾌감을 갖고 협조하지 않는 자도 있었을 뿐더러 항일의병운동이 각지에서 전개되었기 때문에 지방행정의 문란을 면치 못했다. 마침내 1908년 6월에 농상공부대신 宋秉畯이 새로이 내부대신으로, 농상공부차관 오가요시(岡喜七郎)가 차관으로 전임한 동시에 관찰사의 대갱송을 단행하여 연로하고 배일적인 관료를 도태시키고 신진의 친일인사로서 그 대부분이 이전에 일본에 망명했던 자들로 대치함으로써 일본관헌과 협상하면서 시정의 개혁이 저들의 계획대로 단행되었다.

특히 지방경찰제도의 개혁, 도청의 이전, 군의 폐합, 地方費法의 제정, 民籍法의 제정, 부윤·군수회의의 개최, 군수임용령의 개정 및 일본인 관리의 지방청 배치 등을 단행함으로써 지방행정의 정비를 꾀한 것이다.

裁判所 및 司法制度 : 종래 모든 재판은 행정관리의 수중에 장악되어 폐단이 많았으나 1894년 갑오개혁에서 처음 재판소구성법이 제정되면서 사법제도의 근대적 개혁이 시도된 바 있었으나 실효가 없었다. 1906년 10월 지방제도의 개혁과 전후해서 법부에 日人參與官을 배치하고 중앙과 지방의 각 재판소에 법무보좌관으로서 일본인 각 1인씩을 배치하여 재판사무를 개선하도록 했다. 그리고 1907년 7월에 〈민사·형사소송에 관한 법률〉(법률 제1호)이 공포되어 군수가 행하는 재판을 민사 및 笞刑에 해당하는 형사의 제1심으로 한정하고 그 재판에 불복하는 자는 소관 지방재판소에 상소할 수 있게 하는 제도를 정했다. 동시에 민형사의 소송관계인에 대한 고문을 금지하는 형식상의 제도(법률 제2호)를 정함을 비롯하여 동년 한일신협약 체결 후에는 외관상이나마 근대적 재판소의 구성을 위한 각종 법령을 정비하였다.[36]

이에 따라 재판소의 구성은 대체로 일본식을 모방해서 大審院·공소원·지방재판소 및 區재판소로 구성되는 4심제를 채택하고[37] 구재판소에서는 판

36) 《韓國施政年報》, 明治 39·40년, 89~96쪽.

37) 1907년 12월 23일 재판소구성법(법률 제8호)이 공포되어 익년 1월 1일부터 시행되었다. 이 중 대심원·공소원·지방재판소 및 한성재판소는 甲午更張 이후 합병시까지 존속하였다.

사 단독으로 재판을 행하며 기타에 있어서는 일정수의 판사로 구성된 합의재판부에서 행했다. 그리고 각 재판소에는 검사국 및 서기관과 일본인 관리의 편리를 위한 번역관 또는 번역관補를 두었다. 검사는 공익을 대표하여 형사는 공소를 세기하고 판결의 집행을 감시하며 민사에는 필요하다고 인징하는 경우에 그 의견을 진술케 할 수 있었다. 그리고 경찰관과 기타 행정관리는 검사의 요구에 따라 그 직무를 보조하였다. 그리고 재판소 및 검사국의 행정 및 검찰사무는 법부대신의 감독에 속했다. 따라서 재판소는 행정부로부터 독립된 것이 아니었고 재판소와 검사국의 기능도 분화되지 않았다.

재판소구성법에 의하면 각 재판소는 대심원 1개(경성), 공소원 3개(경성·평양·대구), 지방재판소 8개(경성·공주·함흥·평양·해주·대구·진주·광주), 구재판소 113개(한성부 1개을 비롯하여 각도에 수개씩) 등 총 125개였다.[38]

이와 같이 일제는 시정을 개선한다는 구실 아래 丁未年 한일신협약 체결 후부터 사법·행정의 모든 관제를 개정하였으며 그 실권은 일본인 차관 이하의 일본인 관리가 장악하여 한인 관리는 로봇에 불과하도록 만들었다. 특히 1909년 2월 황태자 李垠을 교육시킨다는 구실 아래 인질이나 다름없이 데리고 일본 동경으로 건너간 이토통감은 부통감 소미아라 노스케(曾彌荒之助)를 천거하여 자신을 대신하게 했다. 다시 내한한 이토는 이완용 등을 초청하여 협의한 후 육군·사법 양부를 철폐하고 시위보병 1隊의 나머지 병력을 일본사령부의 통제하에 귀속시키는 동시에 사법권을 일본인 관리에 귀속시켰고 통감부를 경유하여 법관을 임명하도록 했다. 또 한국의 舊律을 모두 폐지하여 한국인은 일본의 刑律을 지키게 했다. 그리고 재판관리는 모두 일인으로 충원되었다. 그 사법권 및 감옥사무위탁의 조약은 다음과 같다.[39]

> 제1조 한국의 사법 및 감옥사무를 완비하기까지 한국정부는 사법 및 감옥사무를 일본국 정부에 위탁할 것.

---

38) 《官報》, 開國 504년.
《官報》, 光武 3년~10년.
《法規類編》 下, 官制門.

39) 朴殷植, 《韓國獨立運動之血史》, 第12章, 23쪽.
金正桂 編, 《朝鮮統治史料》 3(韓國史料硏究所, 1970), 352~355쪽.

제2조 일본정부는 일정한 자격을 소유한 일본인 및 한국인을 한국에서 일본재판 및 감옥관리로 임용할 것.

제3조 한국에서 일본재판소의 협약 및 법령은 특별히 규정될 것이며 외국에 있는 韓國臣民에 대해서 한국법규를 적용할 것.

제4조 한국의 지방관청 및 官公吏는 각각 그 직무에 따라서 사법 및 감옥사무를 관장할 것이며 한국은 일본 관청의 지휘·명령 및 보조를 받을 것.

대한제국 통치조직은 1906년에 외부가 폐지되고 또 1909년에는 법부와 군부가 폐지됨으로써 한일합병 당시의 중앙행정편제는 다음 〈표 2〉와 같이 변혁되었다.[40]

여기서 통감부시대에 있어서의 일반통치조직과 기능면에서 나타난 특징적인 사항을 열거해 보면 아래와 같다.

첫째로 내각체제가 크게 정비되었다. 갑오·을미 양 개혁에 의한 내각제도가 俄館播遷 이후 구체제로 많이 복구되고 국왕의 권한이 크게 확장되어 내각의 기능 자체가 국왕에 의하여 많은 제약을 받았으나(의정부로의 환칭, 국왕의 無限君主權, 국왕의 대원수 군림 등) 1904년의 한일의정서 체결 후의 의정부관제의 개정(1904년 3월 4일자 칙령 제1조)에 의하여 비록 의정부라는 명칭은 그대로 존속시키면서도 군주의 권한을 크게 축소시켜 내각의 지위를 향상시켰다. 그리고 이 의정부는 1907년에 내각으로 다시 개칭되고 내각으로서의 지위를 확고히 하였다. 이와 같이 내각체제[41]를 구비하게 된 것은 통치조직의 근대화를 의미함과 동시에 군주권의 쇠퇴를 의미하는 것이었다.

---

40) 1907년(隆熙 원년) 2월 28일, 勅令 제37호 내부관제.
1908년 1월 25일, 내부분과규정 제2조~제5조.
1907년 12월 18일, 칙령 제39호 경시청관제 제2조.
〃 칙령 제41호 탁지부관제.
1908년 1월 27일, 탁지부분과규정 제6조~제16조.
1910년 3월 15일, 칙령 제23호 토지조사국관제 제1조.
1907년 12월 29일, 칙령 제68호 회계검사국관제 1조.
1908년 8월 13일, 칙령 제59호 건축소관제 제1조.
1910년 3월 10일, 칙령 제18호 관세국관제 제1조·제2조.
1907년 12월 18일, 칙령 제46호 재무감독국관제.
〃 칙령 제54호 학부관제.
〃 칙령 제57호 농상공부관제.

41) 前記 1907년 6월의 내각관제 참조.

〈표 2〉 한일합병 당시 중앙각부조직

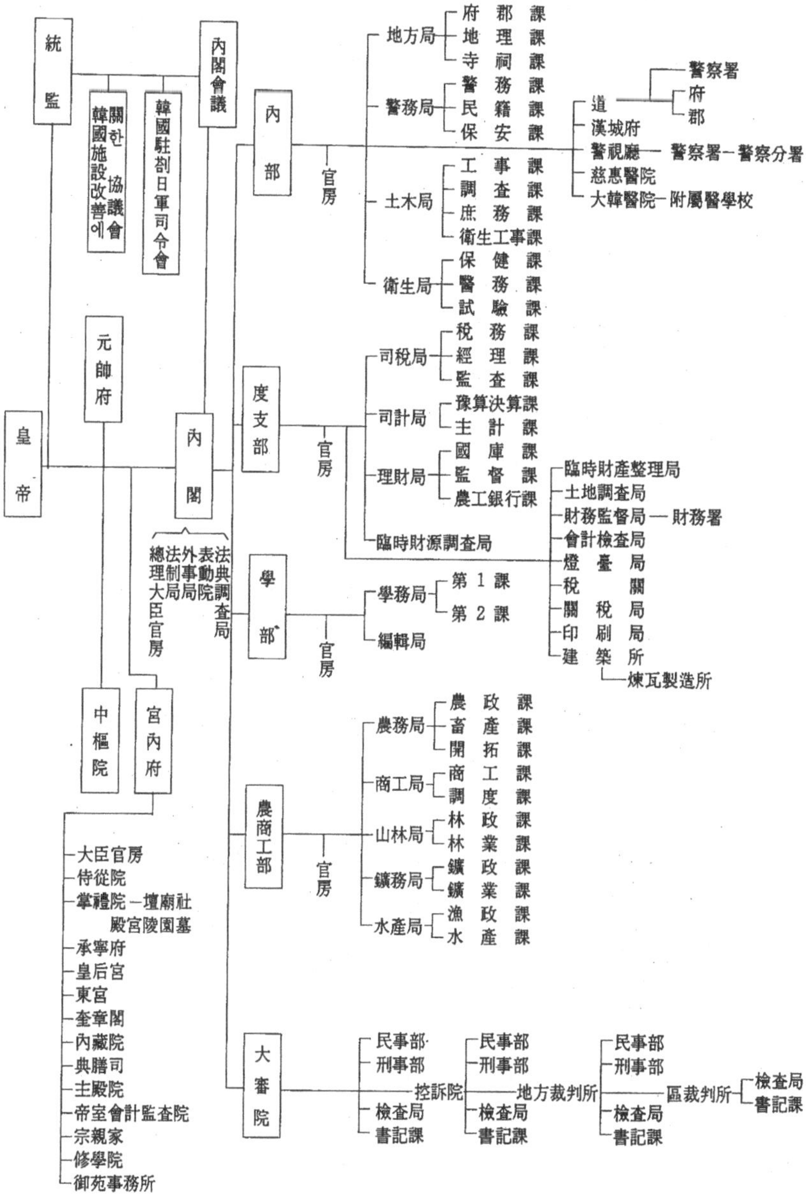

(1909년 6월 현재)

둘째로 입법·행정·사법 3권의 권한 분립이 싹터오기 시작했다. 비록 근대적인 의회제도는 마련되지 않았다 하더라도 내각제도가 정비되어 나감으로써 군주의 종래의 國政總攬者로서의 지위가 박탈되어 나가는 대신 내각에 의하여 정책이 형성되어 나감으로써 정책의 형성기능이 개념상으로나마 집행기능과 구별되기 시작했다. 물론 1896년 이후에 대의기구로서 강화되기 시작했던 중추원이 통감기에 유명무실해진 것은 대의제적인 면에서는 후퇴라고 보아야 할 것이다. 그리고 재판소가 구성되고 재판소가 내각으로부터 완전 독립된 것은 아니나 사법권이 어느 정도 독립되어 국권의 분화과정이 촉진된 것도 주목할 만하다.

셋째로 통치조직에 기능적 전문화가 나타나게 되었다. 각 조직의 직권이 법령에 규정되고 각 조직의 분화가 촉진됨으로써 각 조직 상호간의 기능적 전문화가 이루어지게 되었다. 그리고 행정기능이 세분화되어 감에 따라 행정조직 자체도 업무의 한계를 분명히 하여 갔다.

넷째로 행정에 관한 법치질서가 유지되게 되었다. 비록 그 '법'은 근대적인 의미에서의 인민의 선출대표로 구성된 의회에 의하여 제정된 것은 아니었지만 그에 의해서 행정이 일정한 규제를 받게 됨으로써 행정의 무질서를 방지하게 되고 관의 자의적인 재량권 행사를 크게 봉쇄하게 되었다.

다섯째로 통치기구가 팽창되었다. 이 기간에 폐합된 기관도 많았지만 대체적으로 국가기능이 확장됨으로써 여러 경찰치안기관·재정기관·사법기관·교육기관·건설기관 등이 새로 설립되거나 증설되게 되었다.

여섯째로 지방행정관서가 일반지방행정관서와 특별지방행정관서로 분화되어 전자는 내부대신의 일반적 지휘·감독을 받았고 후자는 관계 주무대신의 지휘·감독을 받게 되었으며 일반지방행정 중에서도 업무의 성격에 따라 각기 중앙의 해당 주무대신의 업무수행상 지휘를 받는 체제가 형성되기 시작하였다.

일곱째로 내부에서는 지방관제의 개혁으로 종래 징세·사법·경찰의 제권한을 함께 장악하였던 군수는 크게 그 권한을 축소하고 순수하게 행정관으로서 행정만 전담케 함으로써 다시는 왕년의 가렴주구의 폐단이 없도록 하였다. 그리고 관찰사 밑에 일본인 서기관 1명 및 일본인 경시·경부·주사 약간명씩을 배치함으로써 식민적 통제를 강화하였다.

여덟째로 학부에서는 일제의 간섭으로 인하여 식민지의 정치적 사회화를 강행하였다. 즉 보통교육의 보급을 장려하여 교사의 양성, 교과서의 편찬에 착수하였고 실업학교령·고등여학교령을 발포하여 실업교육과 여성교육의 발달을 도모하였으며, 1908년에는 사립학교령을 발포하여서 사립학교의 배일운동을 엄중히 취체하였고 마침내는 선교사들이 설립한 학교에도 이를 적용하였다.[42]

아홉째로 관직의 분류를 보면 관리는 우선 문관과 무관으로 대별하였으며 문관과 무관은 똑같이 親任官·勅任官·奏任官·判任官으로 구분하였다. 친임관은 왕이 직접 임명하는 관직으로서 내각총리대신·각부대신·중추원의장·중추원고문·궁내부대신·侍從院卿·承寧府總官 등이 이에 속하였으며 무관에는 大將이 이에 속하였다. 칙임문관은 다시 1~3등으로 구분하고, 주임관은 1~4등, 판임관은 1~5등으로 구분하여 문관의 경우 13등급으로 나누어져 있었다. 무관의 경우는 친임무관과 칙임무관 1·2등, 주임무관 1~6등, 판임무관으로 구분해서 10등급으로 나누어져 있었다.

열째로 엄격한 자격임용제에 의한 계급주의적 인사행정이 특권적이고 절대적인 관료체질을 형성하였다. 즉 1908년 7월 27일 문관임용령에 의하여 칙임관·주임문관 및 판임문관 등의 임용에 대한 자격요건을 엄격히 규정하였으며 엄격한 전형제도[43]와 보통의 민간인으로서는 도저히 응시할 수 없는 시험과목을 부과하였다. 이것은 훗날 한국의 관료제도에까지 막대한 영향을 주었다.

열한번째로 재무행정에 있어 특별회계를 신설했다. 즉 정부회계를 새로이 보통회계와 특별회계로 구분하였으며 특별회계에는 公債金·慈惠醫院·度支部建築所·工業部煉瓦製造所·인쇄국·평양광업소·臨時治道費·임시수도비·임시교육확장비의 8개가 있었다.

42) 《法規類編》, 359~367쪽.
43) 1908년 10월 7일, 閣令 제10호 전형위원규정 제2조. 이에 의거하여 고등전형위원회와 보통전형위원회로 나누되, 전자는 내각에 설치하고 후자는 내각 및 각부에 설치하였다.

이상 논술한 통감부시대에 이루어진 대한제국 통치체제의 변혁은 중앙·지방의 통치구조와 기능면에서 그리고 인사행정과 재무행정에 이르기까지 매우 광범위하고 또 획기적으로 중요한 성격의 것이었다. 궁내부 편제를 제외하고 적어도 일반 통치조직과 재판소 구성 등에 구조상의 분화와 기능상의 전문화가 촉진되어서 어느 정도 근대화된 제도를 갖추기 시작하였다고 할 수 있다. 그러나 그것은 일제의 침략적 정책에 기인한 것으로서 일본의 침략세력을 통치체제 속에 침식시켜서 한국을 식민지화하기 위한 준비를 한 것이었다.

(2) 통감과 통감부의 권한

가. 통감부의 직제와 권한

일본정부는 보호국체제를 구축하기 위하여 그 대표자로서 한국황제의 궐하에 외교에 관한 사항을 관리하기 위하여 1명의 통감(Resident General)을 수도 서울에 주재시키고 또 통감의 지휘하에 한국의 각 개항장 및 기타 일본정부가 필요하다고 인정하는 지역에서 영사사무를 담당하는 이사관(Resident)을 두었다. 그리고 한국침략의 원흉이며 樞密院 의장인 이토 히로부미(伊藤博文)를 초대 통감으로 임명하였다.

통감부의 직원과 직제는 때때로 변천도 있었으나 대체로 다음과 같았다. 직원으로는 통감 외에 초기에는 총무장관(칙임)·농상공무총장·경무총장(칙임 또는 주임)·비서관(전임 1인 주임)·서기관(전임 7인 주임)·경시(전임 1인 주임)·기사(전임 5인 주임)·통역관(전임 10인 주임) 및 屬·警部·技手·통역생 등 전임 45인 판임 등을 정원으로 하였으나 明治 40년(1907) 3월 관제개정으로 외무총장(칙임 또는 주임)을 두었으며 동시에 육해군무관관제를 제정하여 육해군무관 각 1인을 통감에게 부속시켰다.[44]

통감부의 직제는 다음 〈표 3〉과 같다.[45]

---

44) 《韓國施政年報》, 明治 39·40년, 8~9쪽.

45) 《官報》, 光武 9년 12월 21일자 號外, 議政府總務局官報課.
《日韓外交資料集成》 8, 26~30쪽.
田保橋潔, 앞의 책, 19쪽.

〈표 3〉 통감부직제

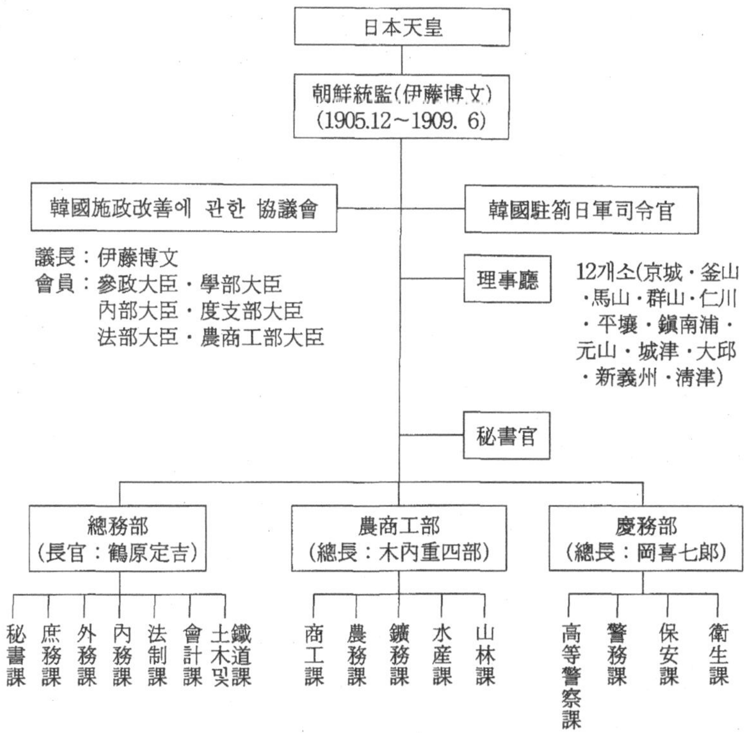

* 2代統監 : 曾彌荒助(1909. 6~1910. 5), 3代統監 : 寺內正毅(1910. 5~1910. 8)
* 韓國駐箚日軍司令官 : 長谷川好道
* 1907년 3월에 외무부가 추가됨(외무총장 : 鍋島桂次郞)
* 1906년 1월 29일자 統監府令 제6호(理事廳 위치 및 관할구역)로 12개소에 이사청을 두었으며(뒤에 13개소로 증가), 11월에는 수원 · 해주 · 공주 · 전주 · 광주 · 진주 · 함흥 및 鍾城 8개소에 支廳을 두었다(뒤에 11개소로 증가).

다음 이사청은 통감부의 일선기관과 비슷한 형태를 취한 것으로 지방에서 小統監府的 기능을 하였다. 이사청에는 이사관(주임) · 부이사관(주임) 각 1인이 있었고 속(판임) · 경부(판임) · 통역생(판임)이 있었다. 이사관은 통감의 지휘 · 감독을 받아 종래 한국주재영사에 속한 사무와 조약 및 법령에 의해 사무를 관장하고 통감과 마찬가지로 군대사용권 · 사법권을 가지는 동시에 지방관청에 대한 사무처리의 위임권까지 가지고 있었다.

나. 문치조직론과 무관조직론

러일전쟁 후 일제의 한국 '보호국'화 결정에 따라 통감부 조직문제를 놓고 일본의 지배계층에서는 문치조직론과 무관조직론이 대립하였다. 이같은 대립은 그 뿌리가 깊은 것이나 직접적으로는 일본자본주의와 일본군벌의 성장과 깊은 관련이 있는 것이었다.

러일전쟁 후 일본자본주의는 방대한 戰時利潤과 군수를 통한 생산증대를 기동력으로 하고 대만·한국·南滿洲의 시장과 자원을 독점, 그 주민을 마음대로 수탈하여 눈부시게 발전했다. 이때 독점단계에 들어가기 시작한 일본자본주의의 대자본들은 점차 그 세력을 증대하여 재벌을 형성하고 있었으며 특히 군벌의 정치적 영향력은 현저히 증대하였다.[46] 일본의 '원로'[47]이며 군벌 두목의 한 사람인 야마가타 아리토모(山縣有朋)가 군부와 정계에서 큰 권력을 장악하고 있었던 데 비하여 민간 출신의 정계거두로서 야마가타의 라이벌인 이토 히로부미의 지위는 상대적으로 격하되고 정계에서도 큰 역할을 하지 못하게 되었다. 이들 군벌·관료들은 미쓰이(三井)·미쓰비시(三菱) 등 대자본과 유착되어 있으면서 지주층과의 계급적 연대성도 여전히 지니고 있었다. 일본제국주의의 독점자본가와 지주계급을 등에 업은 군사침략적 성격은 한국에서 억압과 약탈을 강화하고 한국을 병합하여 독점적 완전식민지로 강점한 후 한민족의 저항을 철저히 탄압하기 위하여 전대미문의 武斷暴壓政治를 자행한 데서도 드러나고 있었다

46) 군국주의 천황제는 그 자체가 군벌이었고 해군의 薩摩閥, 육군의 長州閥은 정부로부터 반독립적인 세력을 지녔다. 明治憲法制定(1889년) 후에도 통수권 독립을 앞세워 천황직속, 군기밀상 주권의 이름 아래 정부를 압박했다. 그 예로서 군부대신은 무관이어야 한다는 제도가 확립됐으며, 발전되어 가는 정당세력을 두려워한 山縣有朋은 1900년 군부대신·차관은 現役大將에 한한다고 관제를 고쳤다. 이리하여 내각은 군부의 찬성을 얻지 못하면 성립하지 못하였다.

47) 원로란 천황전제정치의 고문이자 근대일본의 실질적인 정치지배자였던 그룹을 일컫는다. 1889년(明治 22년) 11월 구로다 교타쿠(黑田淸隆), 이토 히로부미에 대해 조칙이 내린 이래 초헌법적이고 관직을 초월한 최대·최고의 실권을 쥐고 국정에 참여한 인물들을 말한다. 이밖에 명치시대에는 야마가타 아리토모·이노우에 카우로(井上馨)·가츠라 타로(桂太郞), 대정시대에는 사이온지 킨모치(西園寺公望)가 있다. 원로는 후임 내각수반을 결정, 천황에게 주청하였으나, 40년대에는 內大臣으로 주청형식이 넘어갔다.

어쨌든 일제의 한국지배체제 형성에 있어서는 일본의 원로 및 각료 그리고 군벌 등 지배층 사이에서 대립이 일기도 하였다. 본래 러일전쟁 중에는 한일협정서를 빙자하여 전국 주요도시와 요지에 일본군정이 실시되었으며 한국수비군사령관이 지휘하는 일군헌병대가 그 주역을 담당했다. 그리고 일본육군 군벌들은 전후에도 이 무관조직의 군정체제를 유지할 것을 요망하였다. 그러나 이토를 중심으로 한 문관일파는 육군의 발호를 경계하여 문치조직을 주장하였다. 한편 통감부를 일본 천황에 직속시키는 데에는 外地통치에 관한 중앙기관의 권한관계를 둘러싸고 일본외무성의 반대가 있었다. 특히 문관정치가로서 초대 통감에 임명된 이토에게 韓國駐箚日本軍을 지휘할 권한을 부여하는 문제를 놓고 통감부조직관제 심의과정에서 일본의 지배층 사이에서 무관조직론과 문치조직론이 심하게 대립하였다.[48] 결국 이토가 천황의 特旨를 얻어 통감으로 임명됨으로써 문치조직으로 낙착되었다.[49]

이리하여 초기의 통감부(1906년 2월 1일 개청)는 문관통감을 수반으로 방대한 관료기구를 창설하여 치안유지를 위해 헌병 대신 경찰을 주축으로 하여 문치노선을 지향했으나 반일의병투쟁이 전국적 규모로 고조되고, 황실을 포함한 전민족적 저항과 투쟁에 대하여 큰 불안과 공포감을 느끼고 문치조직의 '보호'체제로서는 '수습할 수 없는 사태'도 예상되었기 때문에 문치주의의 주장자인 이토 자신이 적극적으로 군대와 헌병을 증강하며 헌병보조원제도를 창설함으로써 종전의 전시하 군정 당시보다 더 삼엄한 군대식 치안체제를 형성하고 이를 배경으로 '병합' 음모를 조급히 서두르기도 했던 것이다.

이와 같이 치안을 군대에 의존함으로써 문치는 결국 실패로 끝나고 만 것이며 그것은 통감부시기를 거쳐 합병 후의 무단통치체제의 원형을 이루는 것이었다.

다. 초기 통감의 권한

한국통감부의 초대 통감으로는 한국침략의 원흉이며 추밀원의장이던 이토

48) 《日韓外交資料集成》 6上, 1904년 12월 12일, 제135호 電信, 韓國統監府官制審議ニ付ニキ該府ト外務省トノ權限關係ニ關スル件, 100쪽.

49) 市川正明 編, 《魚潭少將回顧錄》(日韓外交史料 10), 〈韓國末期ノ外交秘話〉, 148쪽.

히로부미가 임명되었다. 그는 1905년 11월 9일 특명전권대사로 서울에 온 후 제2차 韓日協約案을 한국정부에 전달하면서 온갖 위협과 공갈로 가부를 강요하고 결국 乙巳保護條約을 불법적으로 강제 체결한 장본인이었다. 통감의 직무권한을 보면 그는 일본천황에게 직접 예속하는 親任官으로서 일본정부를 대표하며 필요하다면 언제나 한국황제를 알현해서 의견을 개진할 수 있었고 한국에서 외교를 대행하여 외국관계사무를 총괄할 수 있었다. 동시에 일본관헌이 시행하는 모든 정무를 감독하며 또 한국의 안녕과 질서를 유지하기 위해 필요할 때에는 한국수비군의 사령관에 대하여 병력의 사용을 명령할 권한이 부여되어 있었다.

통감정치가 개시된 후 1년여에 걸쳐 통감은 일제를 대표한 폭군으로서 '한국의 시정개선을 위한다'는 구실하에 폭압·기만·착취를 자행하였다. 통감부 아래에 수백 명의 일본인을 高俸으로 초빙하여 배치하고 그 경비는 모두 한국정부가 부담하도록 한 것이었다. 그리고 '황제가 각지의 의병과 내통하여 선동하고 있으니 대궐부터 감시하라'고 내세운 다음 1906년 7월 2일 이토 자신이 高宗帝를 위협하고 그날 밤 수십 명의 일인 경관을 동원하여 경운궁을 점령하고 警衛事務까지 강탈하고 말았다. 뒤이어 이토는 보호조약체결 전후부터 지속되어 온 朴齊純내각을 경질하고 완전한 매국친일정부를 조직하기 위하여 이완용 走狗내각을 조직하였다(1907. 5. 23).

다음 헤이그밀사사건을 계기로 이완용·송병준 등을 시켜 고종제의 폐위를 강제한 이토통감은 그 여세를 휘몰아 1907년 7월 24일 7개조의 한일신협약을 이완용과 이토의 명의로 체결·조인함으로써 통감은 절대권을 가지고 한국정부에 군림하게 되었다.[50]

라. 한일신협약 후의 통감의 권한

1907년 6월 헤이그의 밀사파견사건을 구실로 해서 다음과 같은 한일신협약인 정미7조약[51]을 강제 체결하였다.

50) 朴殷植, 《韓國獨立運動之血史》 上, 14~15쪽.
51) 朴殷植, 《韓國獨立運動之血史》 上, 14~15쪽.

제1조 한국정부는 시정개선에 관하여 통감의 지도를 受할 事
제2조 한국정부의 법령의 제정 급 중요한 행정상의 처분은 미리 통감의 승인을 經할 事
제3조 한국의 사법사무는 보통행정사무와 此를 구별할 事
제4조 한국고등관리의 임면은 통감의 동의로써 此를 行할 事
제5조 한국정부는 통감이 추천한 일본인을 한국관리에 임명할 事
제6조 한국정부는 통감의 동의없이 외국인을 傭聘치 아니할 事
제7조 明治 37년 8월 22일 調印한 일한협약 제1항을 폐지할 事(비고 : 度支財政顧問廢止)

이 조약체결로 통감은 외교뿐만 아니라 내정에도 일층 그 지배권을 강화하게 되었다. 그리하여 한국정부의 시정개선을 지도하는 위치에서 법령의 제정 및 중요한 행정상의 처분 등 일체의 사무에 있어 그의 승인을 받도록 함으로써 입법·사법 및 고등관리의 임면 등 행정 전반에 걸친 통치권을 전담할 수 있게 되었다. 정미7조약이 맺어진 직후에는 잠정조치라는 명목으로 한국군대의 해산이 강행되었다. 그리고 집행기관으로서 앞서의 고문정치제도를 폐지하고 한국정부의 協辦을 차관으로 개칭 모두 일본인으로 임명하였다. 13道 사무관도 모두 일인으로 충원, 봉급을 배로 늘렸으며 한국인 순사 250명을 축출, 일본인으로 대체하는 등 각부 차관을 비롯한 중요한 관직에 일본인을 임용하는 길을 열어 놓았다.[52]

또한 이 신협약 실행을 위하여 다음과 같은 새로운 각서가 교환되었다.

① 한일 兩國人으로 조직되는 재판소를 설치할 것.
② 감옥제도를 개정할 것.
③ 징병법을 실시하고 軍備를 정리할 것.
④ 일본인을 한국관리에 임용할 것.

이처럼 재판·감옥·징병제 등을 개정함으로써 식민화를 착착 준비한 것이었다. 이토는 이완용과 협의하여 육군·사법 양부를 철폐하고 시위보병 1隊를 제외한 나머지 병력을 일본사령부의 통제하에 귀속시켰으며 사법권을

52) 朴殷植, 위의 책, 23쪽.

일인의 관리에 귀속시키고 통감부를 경유하여 법관을 임명하도록 하였다. 한국 국민은 일본의 형률을 지키게 하였고 한국의 舊律은 모두 폐지되었다. 또한 사법권 양도의 조약에 의하여 한국의 사법과 감옥사무는 일본정부에 위탁되었다.[53]

그리고 전기한 한일신협약의 형식상 문맥으로는 통감은 자기가 추천하는 일본인을 한국 국무대신에 임명할 수 있게 한 것이나 동 협약에 부대한 시행세목규정으로 당분간 일본인 관리 임명의 범위를 각부 차관 이하의 중요관직에 한정케 하고 국무대신은 영원히 한인을 등용하게 한 것이다. 이는 虛名보다도 실리를 쫓고자 한 이토의 奸智한 인사정책의 소치라 하겠으며 한인 대신 밑에 있는 일본인 차관으로 하여금 실권을 장악케 한 것으로 이른바 '차관정치'의 구현이라 하겠다. 또 일제는 밀사사건을 구실로 고종을 강제 讓位시키고 무력한 純宗을 옹립해서 그 지배를 일층 강화하였다.

뒤이어 1907년 8월에는 통감부관제를 개혁하여 통감의 직권을 확장하고 통감은 한국에서 제국정부를 대표하여 조약 및 법령에 의거하여 제반 정무를 통할할 수 있게 하고 부통감(親任) 2명을 두어 통감을 보좌토록 하였다. 한국정부 각부 차관·국장에 일본인이 임용되었기 때문에 통감부 외무·농상공무·경무 등 3총장은 불필요해졌으므로 폐관되었다.[54] 그해 12월에는 각부의 관제를 개정하여 局課를 폐합하고 사무의 간소화와 통일을 기하는 동시에 속속 일본인을 한국정부 요직에 임용함으로써 각 관청의 어느 곳을 막론하고 일본인 관리가 없는 곳이 없기에 이르렀다. 즉 1909년 1월 현재 한국정부에 임용된 일인 관리 수는 高等官 466명, 판임관 1,614명 등 2,080명과 일인 순사 1,548명에 이르렀다.[55] 통감부가 설치되면서부터 제반 정책형성은 그 정책이 대한제국정부에 의해 발의된 것이건 또는 통감부에 의해 발안된 것이건 모두가 통감의 승인을 얻은 후에 형식상으로 대한제국 황제의 裁可를 얻

53) 위와 같음.
54) 金正明編,《日韓外交資料集成》8, 31쪽.
55)《朝鮮併合十年史》(大東出版協會, 1922), 144쪽.
《第2次 韓國施政年報》, 明治 41년, 18쪽.
高等官 배치는 宮內府 12, 內閣 5, 內部 95, 度支部 102, 軍部0, 法部 187, 學部 20, 農商工部 45, 계 466이다.

는 절차를 취했으며 이의 집행은 그의 지휘·감독 하에 이루어졌다.

한편 통감부 초기부터 구성된 '한국시정개선에 관한 협의회'는 통감 이토가 서울에 부임하자 곧 그의 관사에 소집한 비공식기구로서 '협의'기관이라기보다도 실질적으로는 통감의 일개의 자문기관에 불과한 것이었다. 1906년 3월에 제1회 협의회가 개최된 이래 1909년 12월의 제97회까지, 즉 한일'합병' 직전까지 지속되었다. 그러나 회의내용은 통감부와 한국정부간의 의견조정 또는 '협의'가 아니고 언제나 일본측이 내미는 안건을 한국의 각 대신에게 강제로 승인케 하는데 불과했으며 때로는 한국측에서 이의가 제기되었던 것으로 의사록에 기록되어 있다.

이와 같이 한국의 외교·내정·경찰·군사 등 모든 시정권한을 통감부의 지배하에 넣은 '보호'통치체제를 구축하자 그 억압체제를 배경으로 1909년에는 〈對韓政策 확립의 건〉[56]을 일본 각의에서 결의함으로써 한국을 병합하여 명실공히 일제의 식민통치하에 둘 것을 확정하였다. 이는 바로 安重根의사가 이토를 암살하기 3개월여 전의 일이며 一進會의 합병성명보다 5개월 전의 일이었다.

이토 히로부미가 통감을 사임하여 부통감 소미아라 노스케가 새로 통감이 된 후 마침 이토가 하얼빈역에서 안중근의사에 의하여 암살되자(1909. 10. 26) 일제는 이 사건을 '병합'을 위한 절호의 기회로 삼고 일진회로 하여금 '병합'의 상신을 하도록 획책하였다. 그러나 이들 매국노에 대한 한민족의 항쟁이 치열해지자 드디어 이완용 내각총리대신은 사직하고 박제순이 그에 대치되었으며 통감도 '병합'을 완성시킬 임무를 띠고 당도한 육군대장 테라우치 마사타케(寺內正毅)로 대치되었다(1910. 5. 30). 이로써 한국통치에 대한 무관조직론이 확정된 셈이다.

테라우치통감은 무관조직을 한층 강화하기 위하여 우선 경찰제도와 헌병제도의 강화를 꾀하고 헌병과 경찰을 통합하여 일본의 육군소장이며 헌병대장인 아카이시 겐지로(明石元二郎)를 초대 경무대장으로 임명하는 동시에 警察費는 한국정부가 예산에서 부담토록 강요함으로써 후에 악명 높은 헌병정

56) 《日韓外交資料集成》 6下, 韓國併合ニ關スル件, 1254~1256쪽.

치의 기초를 구축했다. 이로써 병합준비는 예정한 계획대로 박차를 가한 것이다. 테라우치를 통감으로 임명한 직후 일본정부는 "한국을 일본에 병합하지 않고서는 통치의 책임을 도저히 충족할 수 없다"고 확인하고 한국의 정세에 비추어 필요할 때 단행하기로 하고 병합 후의 한국에 대한 시정방침을 다음과 같이 결정하였다.57)

〈총독통치의 책정=병합의 기본방책〉

① 조선에는 당분간 헌법을 시행하지 않고 대권에 의하여 이를 통치한다.
② 총독은 천황에 直隸하여 조선에 있어서 일체의 정무를 통할할 권한을 가진다.
③ 총독에게는 대권의 위임에 의하여 법률사항에 관한 명령을 발하는 권한을 부여한다. 단 본 명령은 따로 법령 또는 律令 등 적당한 명칭을 붙인다.
④ 조선의 정치는 될수록 簡易를 本旨로 한다. 따라서 정치기관도 역시 이 主旨에 따라 개폐한다.
⑤ 총독부의 회계는 특별회계로 한다(⑥~⑪항 생략).
⑫ 통감부 및 한국정부에 재직하는 일본국 관리 중 不用者는 귀환 또는 휴직을 명한다.
⑬ 조선에 있어서 관리에는 그 계급에 따라 될 수 있는 한 다수의 조선인을 채용하는 방침을 취한다.

〈付 : 헌법의 釋義〉

한국병합인 이상 제국헌법은 당연히 그 新領土에 시행되는 것으로 해석함. 그러나 사실에 있어서는 신영토에 대하여 제국헌법의 각 條章을 시행치 않음이 적당하다고 인정함으로써 헌법의 범위에 있어서 제외법규를 제정할 것.

이것이 병합 후 새로이 설립될 무관조직체제의 총독통치의 요령인데 이를 부연하면 i) 한국을 병합하더라도 한국에는 일본제국헌법을 시행치 않고 일본과 차별하여 통치하며, ii) 일체 정무는 무관총독이 독재하며, iii) 정치와 정치기구는 될 수 있는 한 간단하게 하며, iv) 총독부의 회계는 특별회계로 하고 그 경비는 한국의 세입(철도·통신·관세 등)으로 충당할 것을 원칙으로 하되 당분간은 일정한 금액을 정하여 본국정부에서 보충하며, v) 한인을 하급관리로서 다수 채용한다는 등이었다.

---

57) 條約局法規課, 〈日本統治時代の朝鮮〉(《外地法制誌》 4-2, 1971), 11~13쪽. 《日韓外交資料集成》 6下, 1396~1397쪽.

마. '한국병합' 과정에서의 통감부의 역할

일제는 한국을 병합하여 명실상부한 완전한 식민지로 약탈하기 위하여 개항 이래 장기간에 걸친 치밀한 준비를 하여 왔다. 그 침략준비과정에서 일본은 2차의 국제적 전쟁을 감행하여 승기를 잡음을 비롯하여 직접 군사적 또는 정치적 압력을 이용해서 강압적으로 침략에 유리한 기반을 구축해 갔으며 한편으로는 갖은 방법으로 친일분자를 육성하여 그들을 앞장세워 친일세력을 부식시키고 왕조권력을 내부로부터 붕괴·와해시키는 수법을 구사해 왔다. 여기서 통감부가 합병 전까지 친일분자를 육성하여 이용해 온 수법을 간단히 살펴보기로 한다.

첫째, 한국청년을 일본유학생으로 받아들여 친일파로 육성하여 이들을 친일관료로서 정치적으로 충원해서 정부기능을 마비시키는 방법을 썼다. 이 방법으로는 1881년의 紳士遊覽團과 1895년·1897년의 官費留學生 파견이 대표적이며 이와 함께 私費留學生도 매년 증가하여 1908년에는 493명에 달하였다. 일본파견의 관비유학생 선발에서는 초기의 고위급 한국관료의 가족이나 친척 등 문벌중심주의에서 친일성을 천거기준으로 변경하였으며 1905년부터는 관리채용시험을 실시하였는데 그 시험과목에는 科擧式의 詩文 중심이 아니고 정치·경제·법률·어학 중 1과목을 임의 선택케 함으로써 일본유학생 출신에게 유리하도록 하였다. 이리하여 정부 각부 내에서 일본유학생 출신의 지위가 강화되어 갔고 특히 기술계와 교관, 그 중에서도 무관과 무관학교의 교관에 일본사관학교 출신자가 압도적 지위를 점하게 된 것은 주목할 만한 변화였다.

둘째, 통감부시대에 정부 각부에 일본인 고문이 배치되면서부터 인사행정에 깊이 간섭하여 친일성이 가일층 중요시되는 경향이 나타났으며 1907년의 정미7조약체결 후에는 고급관리에 대한 인사권이 완전히 통감부의 통제하에 들어가게 되어 경력을 무시하고 친일성만을 기준으로 유학생 출신과 일진회계를 낙하산식으로 대량을 중앙과 지방에 고위요직에 임용하였기 때문에 전통적인 관료제도에 일대 혼란을 야기하였다. 특히 이토의 승인을 받고 임용된 이들 친일관료는 대부분 당시의 지배층 양반 중에서도 비교적 신분이 낮은 계층이나 중인출신으로서 평소에 전주 이씨, 외척 민씨 등의 특권적 지배층에 대하여 품고 있었던 반감도 겹쳐 지배층 내부의 질시·반목과 관료층 내부의 분열을 촉진하게 되어 정부기능은 마비상태에 빠지기에 이르렀다. 일제는 이와 같이 일본유학생 중심으로 친일분자를 육성하여 정부요직에 충원하고 그들 친일관료의 買辦的·賣國的 성격을 이용하여 왕조권력 탈취를 획책하였다.

셋째, 정변 관련자나 망명자를 비호·회유해서 친일파로 육성하여 이용하였다. 1884년 甲申政變에 관련된 개화파의 생존자 일부를 일본에 망명시켜서 그 중 柳赫魯·申應熙·鄭蘭敎·李圭完 등 尉官級 장교를 장기간 비호한 후 1907년의 정미7조약 체결 후 귀국시켜 이토에 의해 칙임관에 임용하여 한일합병공작에 이용하였다. 다음 1894년 갑오경장 이후 1895년의 민비시해사건, 1896년의 金弘集내각 붕괴 후의 일련의 정변 관련자[58] 중 일본에 망명한 兪吉濬(내부대신)·張錫周(법부대신)·趙義淵(군부대신)·李容泰(참판) 등 20여 명은 거의 전원 귀국하여 이토에 의해 칙임관급 관리로 임명되었으며 합방 후에도 총독부의 道長官·參與官·中樞院參議 등에 복무하였다.

넷째, 일본은 친일단체를 조직하여 이를 합방실현을 위한 여론조작과 매수공작에 이용하였다. 일본은 1905년 을사보호조약과 1907년 정미7조약이 체결된 후 애국적 민중과 의병의 투쟁이 전국적 규모로 고조되는 가운데 침략책동을 본격화시키기 위하여 일본군부가 주동이 되어 일진회를 조직하였으며 일진회는 합병추진을 위한 여론형성과 애국세력에 대한 중상·모략·탄압 및 매국공작에 동원되었다. 이밖에 새로이 進步黨·政友會·大韓商務組合 등 친일단체와 많은 친일적 유령단체를 조직하거나 또는 배일단체처럼 위장시켜 친일단체로 이용하거나 기존의 배일적 단체를 변질시켜 친일적 단체로 이용하기도 하였다.[59]

---

58) 《齊藤實文書》 733, 明治 27년(갑오) 이후 政變關聯人等名簿. 총관련자(직접·간접 관련자 포함) 176명 중 망명자는 21명이었다(姜東鎭, 《日本の朝鮮支配政策史硏究》, 東京大出版會, 1981, 121~122쪽 再引用).

59) 進步黨은 閔元植·文鐸이 중심이 되어 국권회복을 표방한 친일단(회원 500명)이며 政友會는 이완용 후원 하에 金宗漢(총재)·高義駿·민원식 등이 중심이 되어 국권회복을 표방한 친일단체(회원 460명)이며 大韓商務組合은 閔泳綺가 조직하고 일진회의 합방공작을 동조한 御用的 보부상 중심의 친일단체(회원 100만 여)이었다(內田良平, 〈朝鮮時局私見〉, 《齊藤實文書》 943 ; 姜東鎭, 《日本

2) 통감부의 군사·경찰제도

(1) 러일전쟁과 한국주차군의 탄생

한국지배체제 형성에 관하여 일본은 러일전쟁 중 한일의정서를 빙자하여 한국주차군으로서 치안을 담당하고 군률을 한국에 적용하기 시작한 후 약 6년간의 통감부기간을 거치면서 총독부 군사·경찰 무단정치의 원형을 구축하였다고 할 수 있겠다. 여기서 군사·경찰 무단정치의 원형이 형성되는 역사적 과정을 간단히 추려보면 다음과 같다.

1904년 2월 23일 외부대신서리 李址鎔과 일본공사 하야시(林權助)에 의해 조인된 한일의정서는 사실상의 공수동맹이었다. 이 협약 제4조에 의해서 일본은 조선에서의 駐兵權·用兵權은 물론, 군략상 필요한 지점에서의 점령·收用權까지를 확보하였다. 협약의 유효·적법성 문제를 논외로 한다면 이 의정서는 일제의 침략군을 합법화시키는 것이었고, 한국주차군의 駐留를 인정한 근거가 되는 것이다. 협약 제4조의 全文은 다음과 같다.

> 제3국의 침해 또는 내란으로 인하여 대한제국의 황실의 안녕 또는 영토보전에 위험이 있을 경우에는 일본정부는 속히 臨機 필요한 조치를 취할 것이며, 대한제국정부는 右의 일본정부의 행동을 용이하게 하기 위하여 십분 편의를 제공할 것임.
>
> 일본정부는 전항의 목적을 달성하기 위해서 군략상 필요한 지점을 임기 收用할 수 있음.

한일의정서는 군사점령 체제 밑에서 매수·협박과 반대자 추방 등의 강권방법으로 체결된 '攻守同盟'이었다. 이 한일의정서 제4조를 근거로 해서 참모본부는 1904년 3월 10일 주차군사령부 및 예속부대의 편성을 명령하였다. 이리하여 사령부 및 보병 6개 대대반 등을 예속부대로 한 한국주차군이 편성된 것이다.[60]

の朝鮮支配政策史硏究》, 129~134쪽 참조).

60) 《朝鮮駐箚軍歷史》, 35~35쪽.

이와 같이 해서 탄생된 한국주차군은 국제법상 주둔의 근거가 지극히 불투명한 존재였다. 이것이 한일의정서에 의한 것이라면 일종의 동맹군인데, 이렇게 되기 위해서는 이 의정서의 유효·적법성이 전제되어야 한다. 그러나 이 의정서는 경성 일원과 대궐을 무력으로 포위한 상태에서 국왕 및 重臣을 强談·威迫해가면서 체결한 것이었다. 즉 국가 및 국가대표에 대해서 강박이 가해진 경우였던 것이다.

이와 같은 이유로 인해 한국주차군은 국제법상 어떠한 합법적 주둔근거도 발견되지 않는, 즉 침략군인 것이었다. 이러한 침입은 러일전쟁을 위한 일시 체류·일시통과 목적도 아니었다. 이들은 열강의 수령 통보에 의해서 의사표시의 적법성이 인정된 한국정부의 중립선언을 유린하면서 침입해 왔다. 그리고 그로 인해서 시작된 사실상의 불법점령 상태를 戰後에까지 연장시키는 형태로서 주둔하였다. 즉 그것은 러일전쟁과 관련해서 시작된 위법의 점령군이요, 중립침범의 침략군이었던 것이다.61)

(2) 군사제도

가. 한국주차군의 편제

한국주차군은 주차군사령부 및 그 예속부대로서 편성되었다.

한국주차군사령부 : 1904년 3월 10일자 편성 명령에 의해서, 3월 20일에 도쿄에서 편성된 후, 4월 3일 현 조선호텔 부근인 大觀亭에서 창설되었다. 창설 당시에는 사령관 이하 35명으로, 참모부·부관부·경리부·군의부로 구성되었다. 이러한 편제는 1904년 9월 7일자 편제개정에 의해서 參謀·副官·經理·軍醫·獸醫·郵便의 6부로 확장되면서 정원도 사령관 이하 109명으로 증원되었다. 1906년 7월 31일에는 칙령 제205호로 〈한국주차군사령부 조례〉가 공포되면서 그 시행일인 동년 8월 15일부터 평시편제로 개편되었다. 이때 그 편제는 참모·부관·법관·경리·군의·수의의 6부로 조정되었는데 이후 대체로 이 편제를 유지하였다. 정원은 1907년 10월 9일 현재 사령관 이하 장교급 24명과 하사·판임문관62) 35명이었다.

61) 林鍾國, 《日本軍의 朝鮮侵略史》 1(일월총서 98, 일월서각, 1988), 114쪽.
62) 관리의 직급은 勅任官·奏任官(이상 高等官)과 그 하급인 판임관으로 나뉘었

사령관은 창설 당시에 소장 補職이었으나 1904년 9월 7일자 편제개정에 의해서 大·中將 補任으로 격상되었다. 이것은 親補職으로 천황 直隷이며 예하 각 부대를 통솔하여 한국의 방위에 임하는 소임이었다. 창설 당시에는 공·영사관과 거류민 보호 등 치안임무 이외에 '작전군의 배후에 각종 시설을 완전히 하여 그 운동을 용이하게 하는'[63] 작전임무가 부여되었다.

주차군사령관은 '임무를 수행함에 있어서 국교상 관계가 있는 행동은 일체 경성에 주재하는 우리(일본) 전권공사와 협의하며, 兵站·전신업무 및 군용철도 부설에 관해서는 병참총감의 區處를 받고'[64] 있었다. 즉 주차군사령관은 치안기능에 관해서는 전권공사, 군사기능에 관해서는 병참총감의 지휘를 받았던 것으로 이를 통해서 주차군 기능의 양면성을 알 수 있겠다.

이러한 기능적 이중성은 주차군의 전체 기간을 일관하는 하나의 특징이었다. 1906년 7월 31일자 칙령 제205호 〈한국주차군사령부 조례〉 제2조는 그 중 군사적 기능을 다음과 같이 규정하고 있다.

> 군사령관은 군정 및 인사에 관해서는 육군대신, 작전 및 동원계획에 관해서는 참모총장, 교육에 관해서는 교육총감[65]의 區處를 받는다.

반면에 치안에 관해서는 이 조례 제3조에서 다음과 같이 규정하고 있다.

> 군사령관은 한국의 안녕질서를 保持하기 위하여 통감의 명령이 있을 때는 병력을 사용할 수 있다. 단 사태가 긴급할 경우에는 편의로 이를 처치한 후 통감에게 보고한다.
>
> 전항의 경우에는 즉시 육군대신 및 참모총장에게 보고한다.

군사기능의 지휘권이 병참총감에게서 육군 3장관[66]으로, 치안기능의 지휘

다. 칙임관은 勅命으로 임관되는 고등관 1~2등 관리. 주임관은 수상·대신·총독의 奏請으로 임관되는 고등관 3~9등 관리, 판임관은 그 하급으로 本屬長官이 위임에 의해서 임면하였다.

63) 1906년 3월 7일, 韓國駐箚軍司令官ニ與フル訓令 제2조.

64) 1906년 3월 7일, 韓國駐箚軍司令官ニ與フル訓令 제4조.

65) 육군대신(軍政)·참모총장(軍令)과 함께 육군 3장관의 하나로 鼎立했다. 1898년 1월 20일 설립인 교육총감부의 長으로 육군 전반의 교육의 통일·전보를 規劃 管掌하였다.

권이 공사에게서 통감에게로 옮겨졌을 뿐 본질적인 변화는 없었던 것을 알 수 있다. 이러한 규정에서 보듯이 사령관은 통감에게 예속되지는 않았으나 통감에게 위임된 군령권에는 복종하였다.

그런데 통감에게 위임된 군령권은 첫째가 병력사용의 병령권으로, 칙령 제267호 〈통감부 및 理事廳官制〉 제4조가 다음과 같이 규정한다.

> 통감은 한국의 안녕질서를 보지하기 위하여 필요하다고 인정할 때에는 한국수비군의 사령관에 대하여 병력의 사용을 명령할 수 있다.

둘째는 치안경찰과 관련된 주차헌병 지휘권인데, 칙령 제323호 〈한국주차헌병에 관한 건〉[67] 제1조가 다음과 같이 규정한다.

> 한국에 주차하는 헌병은 주로 치안유지에 관한 경찰을 관장하며, 그 직무에 집행에 관해서는 통감에 예속하고, 또한 한국주차군사령관의 지휘를 받아서 군사경찰을 겸하고 관장한다.

즉 주차헌병은 치안경찰이 주된 직무였고 헌병 본래의 직분인 군사경찰은 '겸하고 관장'하는 副務였다. 주차군사령관은 그 중 군사경찰만을 지휘했으며 치안경찰에 관한 헌병지휘권은 전적으로 통감이 관장하였다. 통감에게 허락된 이러한 군령권은 이후 비슷한 수준에서 총독에게로 승계되었다.

이와 같이 통감에게 군령권이 위임되었고, 그 범위 안에서 주차군사령관을 지휘했다는 것은 일제통치의 본질을 결정하는 극히 중요한 특징이었다. 이처럼 '문관인 통감'에게 평시에 항구적으로 군령권이 허락된 것은 '일본 군사사상 오직 하나의 예외적 법령'[68]이었다. 총독부시대로 들어와서는 총독이 그것을 행사하였는데, 그 총독은 현역 육해군대장으로서 되는 親補職이었다.[69] 즉 일제 통치는 '유일한 예외조치'로 문관인 통감이, 그리고 항구적으로는 현

---

66) 군행정을 맡은 육군대신, 군령을 맡은 참모총장, 군교육을 맡은 교육총감을 육군 3장관이라 했다.
67) 1907년 10월 8일 公布.
68) 松下芳男, 《日本軍閥の興亡》, 353~354쪽.
69) 1910년 9월 29일, 칙령 제354호 朝鮮總督府官制 제2조.

역 육해군대장인 총독이 군대－주차군과 주차헌병대－를 지휘하면서 통치에 임했기 때문에 민정이 아니라 군정이었던 것이다.

주차군은 창설 당시에 평양～長林里～陽德～德源 이남을 관할구역으로 하였다. 전선이 북상하면서 1904년 4월 30일 청천강으로, 그 해 5월 15일 압록강으로 구역이 확장되면서 8월부터는 남만주의 鳳凰城과 城廠까지를 관할하였다. 러일강화조약 이후에도 이들은 安奉線(安東～奉天) 철도와 연선 일대를 경비하다 1905년 12월 23일로 압록강 이북을 關東都督府[70]에 인계하였다. 이후는 압록강·두만강 이남만을 관할했으나 常駐軍 시대로 들어서는 琿春 지역까지 관장하였다.

주차군사령부의 위치는 처음에 大觀亭이었으나 1904년 8월 29일 '大和町' 옛 주차대 병사로, 1908년 10월 1일 용산의 신축청사로 이전하였다.

주차군사단 : 창설 당시에 주차군은 평시 편제의 보병 1개 대대와 후비보병 5개 대대를 예속 보병부대로 하였다.

1906년 1월 16일 참모총장은 통감의 명령이 있을 때 치안출동을 하도록 정식으로 하명을 하였다. 그해 1월 30일에는 안봉선 경비를 관동도독부에 이관한 경비부대가 한국으로 移駐를 완료하면서 청천강～압록강 사이에 배치되었다.[71]

이로부터 압록강·두만강 이남 지역을 관할하게 된 주차군은 1907년 2월 6일자 〈滿韓駐箚部隊 派遣要領〉의 발포에 의해서 본토내 1개 사단의 2년 교대 파견체제가 확립되었다. 이에 따라서 종래의 2개 사단 중 제15사단은 본국으로 귀환하고 제13사단이 예속 보병부대로 남게 되었다.

이후 주차사단은 원칙적으로 1개 사단 규모를 유지하였다. 그리고 1909년 5월 4일에는 〈임시한국파견대 편성 및 파견요령〉에 의한 임시파견대가 신설

---

70) 러일전쟁으로 요동반도 일부를 租借한 일본은 그 통치기관으로 1905년 9월에 관동총독부를 설치한 후 이를 관동도독부로(1906. 9.～), 또 관동청으로(1919. 4.～) 개편하였다. 관동도독부는 육군대·중장인 관동도독이 關東州(요동반도) 및 滿鐵을 방비·관할하면서 재만부대를 통솔하였다.

71) 안봉선 경비부대는 29B 사령부(안동), 57R, 기병 19R 3c, 공병 15b 등임. 새로 배치된 지역은 평양(여단사령부·공병대대 본부), 경성(기병 3c), 定州·郭山·博川·嘉山·宣川·車輦館·義州·江界·寧邊·熙川에 57R을 분산배치했다.

된다. 이것은 2개 연대편성으로 대대본부 이상이 상설이고 그 이하가 2년 교대제였다.

임시한국파견대 : 1909년 5월 4일자 〈임시한국파견대 편성 및 파견요령〉에 의한 사령부 이하 2개 연대를 말한다. 이것은 병합 및 의병토벌과 관련된 병력의 임시증파인데 말이 '임시'파견대일 뿐 사실은 임시파견 병력의 항구적 주둔체제였다. 이러한 임시증파는 그 이전에도 여러 차례 되풀이되고 있었다.

즉 헤이그밀사사건 후 이를 트집잡아 고종의 퇴위를 강요하기 위한 제1차 임시증파(1907. 7. 24), 군대 강제해산에 따른 의거를 진압하기 위한 제2차 임시증파(1907. 9. 26), 통감부 외교고문 스티븐스 암살사건 후 격화된 의병항전을 진압하기 위한 제3차 임시증파(1908. 5. 7)가 그것이었다. 이들은 파견목적 달성 후에도 전국 각지에 분산 배치되어 1909년 5월~9월까지 주둔하면서 주차군과 함께 철도경비와 의병토벌에 종사하였다.

제4차 임시증파는 전술한 1909년 5월 4일자 〈임시한국파견대 편성 및 파견요령〉에 의한 2개 연대의 증파이다. 1909년 5월 29일~6월 1일에 부산에 상륙한 임시파견대는 사령부 및 각 1,916명인 2개 연대 편성이며, 각 연대는 3개 대대 편제였다. 대대본부 이상은 상설이고 예속 중대 병력은 2년 교대제였다. 이들과 교체해서 제1·2·3차 임시 파견부대는 1909년 5월 29일~9월 1일에 걸쳐 본국으로 철수하였다. 이로부터 일본의 주둔병력은 주차군 1개 사단과 임시파견대 2개 연대를 기준으로 하게 되었다. 이들은 한국을 양분해서 사단에게 북부 守備管區를 맡기고 임시파견대는 남부 수비관구를 맡았다.

한국주차전신대 : 한국 내륙에서의 電信線은 청국전신대에 의해서 가설된 1885년 9월 27일의 경성~인천선과 11월 20일의 경성~의주선이 처음이다. 한편 일본은 1883년 3월 3일자 〈한일간 해저전선 가설 의정서〉에 의해서 1884년 2월 부산~나가사키(長崎)의 해저전선을 가설하였었다. 이 의정서는 개통일로부터 25년간의 경쟁선 가설금지(제2조)와 조선측 해외통신의 중계통신권(제3조)을 규정하였다. 그러다가 청국측 경성~의주선 등이 가설되자 일제는 조선정부의 의주 경유 해외통신을 의정서 위반으로 몰아붙였다. 이러한 갈등 끝에 조선정부는 1888년 7월 9일에 경부간 幹線을 개통하고, 이를 부산~나가사키의 해저전선에 연결시켰다.

이 내륙선은 청일전쟁과 함께 일본군이 점령하였다. 이들은 노후한 종래의 통신선 대신 新線을 가설하기 위해서 1894년 6월 26일에 임시육군전신부를 상륙시켰다. 이것은 후에 한국주차군의 예하에 들어가면서 주차전신대로 개칭되었는데, 그 전신선 경비를 위해 낙동상선신경비대 등이 배치되었다.

1904년 3월 11일자 주차군사령부의 편성과 함께 이것은 그 예속부대로서의 한국주차전선대로 개편되었다. 이 무렵 조선의 전신선은 조선정부 電報總司가 가설한 경성~의주선, 경성~인천선, 경성~원산선, 경성~부산선, 경성~전주선, 전주~대구선, 경성~충주선 등이 기능을 발휘하고 있었다. 주차전신대는 러일 개전과 함께 이중 군사상 필요한 상당부분을 무상으로 수용하였다. 조선국 전보총사는 군용이 아닌 일부 전신선을 관리함으로써 주차전신대의 군용통신소가 한국내 전신망의 중추적 존재가 되고 말았다.

이후 1905년 4월 1일 외부대신 李夏榮은 일본공사 하야시(林權助)와 전문 10조인 〈통신업무 위탁에 관한 협정서〉를 조인하였다. 그 제1조에 의해서 조선 내의 우편·전신·전화사업은 궁내부 전속 전화 이외의 일체가 일본의 관리하에 들게 되었다. 일본은 기존 통신시설 일체를 점유하며(제2조), 시설의 확장을 위해서 토지·건물을 국유는 무상, 사유는 유상으로 수용할 수 있게 되었다(제3조).

이리하여 한국의 통신업무는 일체가 일제의 경성우편국을 거쳐서 통감부 통신관리국으로 넘어갔던 것이다. 이에 따라 참모총장은 주차전신대 관할인 전신·전화업무도 통감부 통신관리국에 인계하도록 1906년 2월 5일자로 명령을 발하였다. 주차전신대는 1906년 5월 9일자 復員令에 의해서 해산되고, 29일에는 잔무정리사무소도 폐쇄되었다.

한국주차병참감부 : 청일전쟁 때 일제 출병군은 병참설비가 거의 없었다. 이로 인해 곤혹을 치렀던 일본은 러일전쟁 때에는 참모본부를 통해 병참설비를 극히 비밀리에 계획하였다. 개전 2개월 전인 1903년 12월에 참모본부는 마쓰이시(松石安治)중좌를 입경시켜 군사적 예비조사와 병참설비를 준비하게 하였다.

육군성은 1904년 1월 상순부터 미쓰이(三井)물산을 시켜서 경성~부산 사이의 요지인 부산·마산·하동·진주·남원·전주·공주·천안에서 식량·

馬草 기타 물자를 수매 비축하게 하였다. 이 회사는 1899년에 출장원파견소를 차리면서 경성에 들어온 회사이다. 경성지점 전신인 경성출장소로 승격된 것이 1904년인데, 이 승격은 전적으로 당시의 군수물자 수매 비축을 위한 것이었다. 이 작업을 위해서 육군성은 6명의 경리병, 15명의 경리관 그리고 166명의 호위병력으로 된 선견징발대를 상인·노동자 차림으로 침투시켰다. 이들은 주차군사령부가 설치되자 업무를 주차군에 인계한 후 본국으로 철수하게 된다.

1904년 3월 11일에 주차군사령부가 창설되면서 오다니(大谷喜久藏)소장을 병참감으로 한 주차병참감부가 주차군 예속부대로 편성되었다. 이것은 후비보병 제47연대 제1대대와 補助輸卒隊 등으로서 되었고, 주차군 관할구역에 준해서 평양~양덕~덕원 이남을 관구로 하였다. 이들은 제12사단 병참감부와 선견징발대의 업무를 인계하여 인천~경성~평양간에 6개의 병참사령부를 설치하였다. 兵站軍醫部는 4개의 병참병원과 7개의 환자요양소를, 兵站獸醫部는 4개의 兵站病馬場을 운영하였다.[72]

제1군의 북진에 따라서 주차군 및 동 병참감부의 관할은 계속 확장되었다. 이에 따라 4월 30일에 후비보병 제14연대와 제24연대 제2대대가, 5월 15일에는 후비보병 제45연대 제1대대가, 그리고 6월 4일에는 후비보병 제48연대 제3중대가 주차군 병참감의 휘하로 배속되었다. 그러나 9월 7일자 주차군의 편제개정으로 병참감부는 복원 해소되고 업무는 주차군에게 인계되었다.

1905년 1월 27일부터는 그 병참업무가 주차군에 임시 예속된 후비 제2사단 병참감부로 넘어갔다. 이것은 그해 8월 15일부터 '주차군 東部병참부'로 개칭되면서 병참총감에게 통솔되었다.[73] 이들은 강화조약이 체결된 후 1905년 11월~10일에 걸쳐서 본국으로 철수하였다.

72) 병참 병원은 인천·경성·개성·봉산에, 환자요양소는 高陽·臨津鎭·金川·南川店·新幕·興水院·黃州에 있었으며, 환자요양소 1개소 외에는 전부 復員한 제12사단 병참감부가 설치했던 것임. 兵站病馬廠의 위치는 인천·경성·개성·봉산.

73) 주차군의 병참업무도 병참총감에게 통솔됨. 이 무렵 1905년 7월 현재 鮮內에는 경성·인천·평양·진남포·安州·의주·개성·봉산·차련관 등 9곳에 병참사령부가 설치되어 있었다.

기타의 예속부대 : 앞에서 소개한 것 외에 주차군 예속부대로는 鎭海灣·永興灣 요쇄사령부, 주차병원, 조선보병대, 주차육군병기지창, 주차위생감옥, 주차헌병대 등이 있었다. 이중 주차헌병대에 관해서는 후술하기로 한다.

나. 주차군의 군정 시행

통감부 5년간의 기간은 통감이 군령권에 의해서 군대를 지휘하면서 통치에 임했기 때문에 비록 외형상 군정이 표방되지는 않았으나 본질적으로 민정이 아니라 군정이었다. 특히 군정관의 신분인 현역군인이 일반행정을 직접 관장하는 형식의 군정은 1904년 10월 8일부터 함경도의 일본군 점령지역에서 시행되다가 함남북 일원으로 확대되었다.

1904년 5월부터 러시아군은 남하할 기세를 보이면서 일본군 전초선을 교란하였고 주민들도 동학당의 반일기세와 더불어 일본군을 적대시하였다. 또한 조선정부군 鎭衛步兵 제5연대의 2개 대대는 러시아군과 협조하면서 일본군의 행동을 은연중 방해하였다.

이러한 정세에 대처하기 위하여 주차군사령관은 10월 8일 함흥·원산 일대에 군정의 실시를 명령하였다. 당시 이 지역에는 후일의 총독인 우가키(宇垣一成)소좌가 주차군 예하에서 후비 제1·2사단의 약 3개 연대를 지휘하면서 원산에 주둔해 있었다. 군정은 10월 9일자 韓駐參 제268호 〈군정시행에 관한 內訓〉에 의하여 집행되었다. 다시 10월 12일자로 주차군사령관의, 다시 또 군정관인 함흥·원산 두 경비대장 명의의 고시가 발표되면서 군정이 본격적으로 시행되었다.

이렇게 실시된 군정의 내용은 다음과 같다.

첫째, 한국의 행정권을 완전히 배제하였다. 군정관은 한국정부가 임명한 지방관까지도 마음대로 개폐하곤 하였다.

둘째, 내·외국인간에 현저한 차별을 두었다. 군정 시행의 대상은 주로 한국인이며, 일본인과 외국인은 징발 기타 군정집행에서 특수 취급을 받았다.

셋째, 입법·사법·행정권을 완전히 독점하였다. 주차군은 군사상 필요한 명령을 발했고 군 또는 사단의 심판위원회에서 위반자를 심판했으며, 군율에 의해서 형을 집행하곤 하였다.

이후 이 지역에서 실행된 군정 현상 중 중요한 것으로는 원산항 단속 강화(1904. 11), 정부군 北靑·鐘城 대대 해산(1904. 12), 영흥만 토지 봉쇄·수용(1905. 1), 한국 지방관 통제(1905. 2) 등이 있다.

군정지역은 일본군의 점령지역이 1905년 1월에 성진, 동년 9월에 회령으로 넓혀짐에 따라 마침내 함남북 전역으로 확대되었다. 이 지역에서 한국 지방관은 일본국 사령관에게 충성 서약을 한 후 승인장을 받아서 부임했으며, 군정관인 일본군 부대장의 지휘·감독 하에 행정을 집행하였다. 이러한 체제는 강화조약(1905. 10. 15) 후인 10월 18일, 군사령관이 군정에 관한 각종 훈령·훈시를 폐지함에 따라 일반 헌병경찰제로 이행하였다.

다. 한국 정부군의 견제

한국 정부군의 무력화는 침략의 필연적 전제이다. 이를 위해 주차군은 끊임없이 정부군의 견제를 획책하였다.

친일세력의 양성·扶植 : 이것은 비단 군대만이 아니라 일제침략의 전 부문에 걸쳐서 실행된 기본적·전제적인 수단이었다. 그것은 그 자체가 침략의 교두보일 뿐 아니라 민족분열의 원초적인 요인이 됨으로써 민족 총력의 반침략투쟁을 약화·파괴시키는 역할을 하게 된다.

군에서는 공병소위 호리모도(掘本禮造)에 의한 1881년의 別技軍 창설이 그 첫번째 시도였으며 민비시해에 가담한 훈련대도 수구파와 정부군을 견제하기 위해서 창설된 침략의 교두보였다. 대일 유학생 파견도 친일파를 양성하는 중요한 창구였으며, 군관계 일본유학생은 1883년 鄭蘭敎 등이 도야마학교에 유학한 후 병합 당년인 1910년에는 일본육사 제24기생이 입교하였다. 이들 병합 전의 일본육사 출신은 金光瑞·盧伯麟·柳東悅·李甲 등 몇 명만이 민족전선에 섰을 뿐, 압도적 다수가 일본군의 계급장으로 욕된 영달의 길을 걸었다.

일본인 고문의 투입 : 일본인 고문·고문보좌관의 투입은 한국의 내치·외교를 일제의 이익노선에 예속시켜 두려는 수단이었다.

노즈(野津鎭武)중좌가 한국정부 군사고문으로 취임한 1904년 8월 당시 군부는 대신관방과 砲工局·경리국을 두고 있었다. 때문에 군부대신의 권한은 군부 유학생 관계(대신관방), 병기·탄약 관리와 군공사 관계(포공국), 군경리 관계(경리국)에만 한정되는 미약한 것이었다.[74] 이 시점에서 군사적 제반 권한은 元帥府가 장악하고 있었으니 원수부는 大元師인 국왕과 원수인 왕세자 밑에 장관 4명, 영관 4명, 부관 15명으로 조직되며, 군수·검사·기록·회계의 4국을 두고 있었다.[75]

따라서 노즈는 원수부를 폐지하고 군사의 실권을 군부가 장악한 후에 자기의 수완을 발휘하고자 획책하였다.[76] 이리하여 軍制議定所가 구성되면서 1904년 8월에 12명의 군제의정관과 8명의 군제의정소 위원이 발령되었고[77] 이들의 심의에 의해 제1차 군제개혁(1904. 9. 24)과 제2차 군제개혁(1905. 2. 22)이 단행되었다.

이에 따라 군부대신의 권한은 "육해군 군정을 관리하고 군인·군속을 통독하며, 군인 교육사무와 군대 및 소관 諸部를 總轄하니 장교, 동 상당관 및 주임 군속의 임면·진급·보직과 일체 군사상 행정을 奏裁 시행하되 入啓도 일체로 함이라(1905년 2월 22일자 〈군부관제〉 제1조)"는 것으로 확대되었으며 군부는 군무국·참모국·교육국·경리국을 두게 되었다(제7조). 이리하여 군권의 일체가 원수부에서 군부로 넘어간 것인데, 그것은 곧 군부대신 고문인 노즈가 그 전체를 장악하게 되었다는 것을 의미한다.

군대해산 : 이것은 주차군이 탄생한 직후부터 일부에서 구상되기 시작한 음모였다. 러일전쟁 중 북청·종성 일대가 러시아의 세력 밑에 들어있을 때 러시아군에게 협력하였다는 이유로 1904년 12월 7일 해산된 鎭衛隊 제5연대 제2대대(북청) 및 제3대대(종성)의 경우도 이러한 음모의 결과였다.

이러한 음모는 1907년 7월 24일자의 한일신협약(정미7조약)에 의해서 전면적인 것으로 되었다. 통감의 승인 하에 법령 등을 제정하며 통감이 추천하는

---

74) 1904년 7월 6일, 조선칙령 제17호 군부관제 개정 참조.

75) 1900년 3월 20일, 원수부 관제 개정 건 제1관 제4조·제2관 제1조.

76) 《魚潭小將回顧錄》, 84쪽.

77) 軍制議定官은 野津鎭武(군부고문)·權重顯·閔泳綺·閔泳煥·李允用·李址鎔(이상 副將), 具永祖·朴齊純·嚴俊源·玄映運(이상 參將), 李秉武·李熙斗(이상 參領), 군제의정소 위원은 權泰翰·金成殷·白應濬·魚潭·趙性根(이상 正尉), 金泰元·盧伯麟·張然昌(이상 副尉).

일본인을 한국 관리로 임명키로 한 한일신협약은 병권과 수세권의 탈취가 목적이었다. 특히 한국정부군의 해산을 중요시하여 1907년 7월 31일에는 일제의 각본에 의한 군대해산의 조칙이 내려졌다.

이리하여 8월 1일 한국정부군은 군부 등 745명을 제외한 8,436명 전원이 해산되었다. 경성의 군대해산을 끝낸 주차군은 개성·청주·대구·안성 등의 순서로 약 1개월에 걸쳐서 지방의 진위대도 해산시켰다. 이 군대해산에 의해서 한국은 주권국가의 최후의 보루인 군대를 잃고, 일본의 근대 육군이 창설된 이래의 일관된 방침대로 저들의 국방권에 완전 예속되고 말았다.

라. 후기의병 토벌

1904년부터 시작된 한국 민중의 철도방해·전선파괴 등의 저항은 을사5조약 이후 광범위한 의병항전으로 발전해 갔다. 이에 대한 주차군의 대응은 소지역 완전 군사점령으로써 모조리 약탈하고, 모조리 불지르고, 모조리 살육한다는 소위 三光政策을 기본으로 하였다. 이러한 무차별 살육의 초토화작전은 1907년 9월 중순의 주차군사령관 '고시'에 의해서 주차군의 방침이자 전술로 공식화되었다. 이런 식으로 감행된 작전에 의해 토벌대는 책임을 現犯이 발각된 촌읍에 귀속시켜 誅戮을 가하고 촌락 전체를 소각하는 등의 처치를 실행함으로써, 충북 제천지방 같은 경우는 시야 전체가 거의 초토가 되기에 이르렀다.78)

후기의병항전에서 1906년 3월~1911년 6월간의 양측의 피해상황을 보면 다음 〈표 4〉와 같이 일본군측에게 일방적인 전과를 가져다주고 말았다.79)

〈표 4〉 의병·토벌대 피해표

종별 / 구분	전 사	부 상	포 로	비 고
의 병	17,779	3,706	2,139	기타 투항·귀순자 다수
토벌대	136	277		주차군·헌병·경찰대 합계
비 율	131 : 1	13 : 1		

78) 조선주차군사령부, 《朝鮮暴徒討伐誌》, 13쪽.
79) 위의 책, 16쪽에 의해 재작성.

〈표 4〉에서는 첫째로 의병과 토벌대간의 현격한 피해 차이가 주목된다. 조선정부군 해산 당시의 전투에서 쌍방의 피해는 시위대 68명, 주차군 4명으로 17대 1의 비율이었다. 131대 1이라는 비율은 무저항 상태에 대한 일방적 공격없이는 나올 수 없는 숫자이다. 즉 의병이 아니라 비무장한 촌민에 대해서까지 공격을 감행했기 때문에 이런 비율이 나올 수 있었던 것이다.

두 번째는 부상자의 4.8배나 되는 의병측 전사자의 수효이다. 전사가 부상의 몇 배라는 逆의 수치는 근대적 격전에서도 없는 비율이며, 일본군의 부상자 학살을 웅변으로 증명해 주는 수치이다.

이런 식으로 감행된 토벌작전중 규모가 컸던 것으로는 1906년 5월 충남 서천군에서 일어난 閔宗植의 의병 5백, 1907년 8월 조선정부군 해산에 따라 궐기한 시위대 및 원주·수원 진위대, 그리고 李康季(경북 일월산)·曺仁煥(양주·파주·적성)·高光洵(지리산 부근)·車道善(함남 일원) 등의 의병항전, 1908년 3월 친일 미국인 스티븐스 암살 이후의 李康季(금강산 부근)·邊鶴基(경북 일월산·소백산)·李鶴相(전남북 일원)·洪範圖(함남 갑산) 등의 의병항전, 1909년 가을의 南鮮대토벌 등을 들 수 있다.[80]

마. 병합전선의 주차군

넓은 관점에서 볼 때 주차군의 모든 행동은 최종적으로 병합이란 초점 위에 귀착된다. 병합을 실현한 원흉은 야마가다(山縣有朋) → 가츠라(桂太郞) → 테라우치(寺內正毅)로 이어지던 長州閥 직계의 침략파 군벌들이었다. 그 가츠라내각의 육군대신 테라우치는 1910년 5월 30일 제3대 통감에 겸직 발령되었다. 그 직후인 6월 15일 주차군 참모장으로 전출되어 있던 아카이시(明石元二郞) 소장이 다시금 주차군헌병대 사령관으로 복귀하였다. 병합을 예정한 헌병대 강화책인데, 16일 테라우치는 아카이시에게 조선의 경찰권 접수를 명령하면서, 수상서리 박제순에게도 이에 관한 公翰을 전달하였다.[81]

이리하여 6월 24일 이른바 〈경찰권위탁각서〉로 조선은 경찰권마저 탈취당했다. 조선국 경시청은 폐지되고 통감부 경무총감부가 신설되면서, 주차군헌

---

80) 위의 책, 41~170쪽.
81) 山邊健太郞, 《日本の韓國併合》, 352쪽.

병대 사령관이 경무총장을 겸직하게 되었다.[82]

이보다 앞선 6월 1일 주차군에게는 병합에 대비한 병력이동 배치가 지시되었다.[83] 이로 인해 羅南의 기병, 청진과 함흥 등의 보병, 임시파견대가 의병토벌이란 명목 아래 7월 9일까지 용산으로 집결하였다.

이러한 무력의 뒷받침 속에서 7월 23일 테라우치는 군함 야구모(八雲)편으로 인천에 도착하였다. 일본에 체류중이던 宋秉畯을 8월 18일 입경시킨 후, 병합을 반대하면 내각을 송병준에게 넘기겠다고 이완용을 협박했던 것이다. 이때 18일부터 25일까지의 신문이 경무총감 겸 헌병사령관인 아카이시에 의해서 休刊되었다.[84]

8월 22일 마지막 어전회의가 열려 병합조약이 조인되었다. 23일 헌병사령관 아카이시는 경무총감부령 제3호 〈集會取締令〉을 발하여 정치에 관한 집회 또는 옥외에서의 다중의 집합을 금하고 일체의 정치결사를 1주일 시한부로 해산시켰다.[85] 병합의 조약은 이런 조치들을 선행시킨 후에 8월 29일에 발표되었다.

병합을 뒷받침하는 위력이었던 경성 임시 주둔의 각 부대는 10월 24일부터 12월 21일까지 원래의 주둔지로 귀환하였다. 나남의 기병대만이 경비관계상 경성에 잔류했다가 1911년 5월 24일에 용산을 떠났던 것이다.

(3) 헌병경찰제도

가. 한국주차헌병대

일제 헌병의 조선 주둔은 1896년 1월 25일의 임시헌병대 181명에서 시작되었다. 이들은 1903년 12월 1일에 임시헌병대를 주차헌병대로 개칭하면서 주차대사령관 휘하로 들어갔다. 헌병대장 사카야(境野竹之進)대위 밑에서 군

---

82) 1910년 6월 29일, 칙령 제296호 통감부경찰서관제 및 1910년 6월 30일, 칙령 제34호 경시청관제폐지의 건.

83) 山邊健太郎, 앞의 책, 353~354쪽.

84) 《讀賣新聞》·《報知新聞》 기타 일본에서 발행되는 신문도 수입금지되었다.

85) 당시에 해산된 政社는 大韓協會·서북학회·진보당·政友會·평화협회·일진회·국민동지찬성회·국민協成會·儒生協同會·合邦贊成建議所·國是遊說團·국민대연설회 등이다.

사경찰과 철도·전신을 경비하였다.

이후 1904년 3월 11일에 주차군 예하부대로서의 '한국주차헌병대'의 편성을 명령받았다. 그 편성은 대장 다카야마(高山逸明)소좌 밑에 위관급 이하 총원 329명이었다.[86] 이들은 그해 7월 20일에 주차군사령관 하라구치(原口兼濟)가 함경도에 군정을 시행하고, 鏡城 및 부근 일원에 헌병치안경찰제를 실시하자 철도·전신 경비 외에 치안경찰 업무도 맡게 되었다.[87]

나. 초기의 헌병경찰제도—군사경찰

하세가와 요시미치(長谷川好道)대장이 한국주차군사령관으로 1904년 10월 7일 부임하자 자의로 한국 전역에 일본 군율을 적용하고 함경남북도에 군정을 선포하고 서울과 전주지구에 군사경찰제를 실시하였다.[88] 이로써 한국은 일종의 제도화된 일본군정 하에 놓이게 된 것이다. 이때 전국 12개 도시에 12개 憲兵分隊와 56개 憲兵分遣所가 설치되어 2개 사단의 일본육군과 375명(1904년 3월 11일 현재) 이상의 헌병기동대가 동원되었으며[89] 주차헌병대는 육군보병의 후원을 받으면서 군사시설의 보호를 구실삼아 군사경찰은 물론 치안경찰을 담당하였다.

1905년 1월 경시청 경시 마루야마 시게도시(丸山重俊)가 한국정부의 경무고문으로 취임한 이래 그의 보좌기관을 중앙과 각 道에 한국의 경무조직과 대응시켜 배치하여 사실상 한국경찰의 전권을 장악하였다.

이후 주차헌병대는 편제·배치에 변천을 거듭하면서 1905년 10월 16일의 러일강화조약 발효를 맞는다. 이때 주차헌병대는 12개 분대를 경성·부산·원산·인천·의주·평양·안주·개성·臨溟·輸城·전주·대구에 두었고, 그 밑에 56개의 헌병분견소를 설치하고 있었다.

86) 내역은 隊長인 佐官 1명, 이하 대위 2명, 중·소위 6명, 하사 46명, 상등병 256명, 군의 3명, 간호장 3명, 주계 1명, 計手 1명, 蹄鐵工長 2명, 馬卒 8명(합계 329명)과 馬匹 77頭. 이 정원 외에 간병인 6명과 軍役夫 37명을 둘 수 있었다.

87) 《韓國施政年報》, 明治 39·40년, 123쪽.

88) 金正明, 《朝鮮駐箚軍歷史》(日韓外交資料集成別冊, 東京：巖南堂書店, 1967), 175~242쪽.

89) 柳永益, 〈조선총독부 초기의 구조와 기능〉(《3·1운동 50주년기념논집》, 1969), 96쪽.

이와 같은 러일전쟁시의 병력을 배경으로 하여 실시된 군정은 비록 단기였으나 육군대장급의 사령관이 지휘하고 헌병대가 그 주역을 담당했다는 점에서 조선총독부 무단정치의 原型으로 볼 수 있다. 일본육군 군벌들은 전후에도 이 무관조직의 군정체제를 유지할 것을 요망했으나[90] 이토를 중심한 문민파 일파는 육군의 발호를 경계하여 문치조직을 주장하였다. 결국 이토가 천황의 特旨를 얻어 초대 통감으로 임명됨으로써 문관조직으로 낙착되었다.

헌병대의 배치는 1906년 3월말의 육군대신 통달 〈在韓駐箚各部隊要員整理의 件〉에 의해서, 현역 연기자 및 예비역·후비역인 헌병하사·상등병 184명을 해산시키면서, 분견소도 32개로 축소되었다. 이후 1906년 10월 29일, 헌병조례 개정에 의해서, 주차헌병대는 제14헌병대로 개칭되었다. 이것은 편제상 일본에서 분견된 형식이었는데, 대장은 고가(古賀要三郎)중좌였다. 제14헌병대는 京城에 본부를 두고 7개 분대를 경성(분견소 : 인천·개성·춘천), 전주(분견소 : 대전·목포·군산), 대구(분견소 : 마산·부산), 평양(분견소 : 황주·진남포), 정주(분견소 : 영변·신의주), 함흥(분견소 : 원산·장진·성진·혜산진), 鏡城(분견소 : 청진·회령·웅기)에 배치하였다.

통감부는 문관통감 이토를 수반으로 방대한 문관관료기구로 창설된 문치주의 표방의 기구였다. 치안기능은 헌병 중심에서 경찰 중심으로 옮겨갔으며 군율을 완화하는 등 문치적 경향이 농후하였다. 그러나 문치적 노선은 어디까지나 표면적 형태이고 무력에 의한 주권침탈과 민족생존권의 박탈이 기본정책이었다. 더욱이 통감부 설치 이래로 심화된 침략에 대한 한민족의 거족적 항쟁이 전개되자 문치를 주장한 이토 자신이 이를 억압하기 위하여 적극적으로 군대와 헌병을 증감시켜 억압적 치안체제를 구축해 갔다.

다. 후기의 헌병경찰제도－치안경찰

대한제국에 대한 일본의 경찰권은 i) 경무고문계, ii) 통감부 경찰계(통감부 경찰부→각 이사청 경찰) 및 iii) 일본 본국 외무성 경찰계(영사재판권에 의한) 등으로 三元化되어 갔다.[91] 통감부 설치 후 1906년 2월 칙령으로 한국주차헌

90) 谷壽夫, 《機密日露戰史》(東京 : 原書房, 1966), 590~593·579~581쪽.

91) 《日韓外交資料集成》 8, 178~179쪽.

병은 군사경찰 외에 행정경찰 및 사법경찰도 관장토록 하고 행정경찰과 사법경찰에 관하여는 통감의 지휘를 받게 하였다. 즉 군사경찰은 군사령관의 지휘를 받는 외에 일반경찰사무에 대하여는 오로지 통감의 지휘를 받게 함으로써 고문경찰에 대한 통감의 지휘·감독과 더불어 일층 경찰기관의 통일을 기할 수 있게 되었다.92)

1907년 7월 정미7조약 제5조에 의하여 일본인을 한국관리에 임용할 수 있게 되자 8월 경무고문 마루야마 시게도시(丸山重俊)는 경시총감에, 그리고 각도 경무고문지부 보좌관은 각도 경시에 각기 임명되었으며 뒤이어 10월 한국칙령 제29호로서 종래의 경무고문제도는 폐지하여 전국의 경찰은 내부대신 관리하에 내부 경무국에서 그 사항을 총괄하였다. 한편 통감부 및 이사청관제도 개정하여 통감부 경찰관이 폐관되어 한국정부에 임용됨으로써 고문경찰·한국경찰·통감부경찰이 통합되었다.93) 이와 같이 하여 한일경찰을 통합하고 한국경찰관을 당해 일본관헌의 지휘·감독 하에 두었고 주차헌병이 통감에 예속되어 경찰권을 장악하였다. 1909년 7월에는 〈한국사법 및 감옥사무위탁에 관한 각서〉94)를 통해서 한국사법권을 탈취했으며 다시 1910년 6월에는 한국의 행정경찰권을 일본에 위탁케 함으로써 한국의 경찰사무는 완전히 일본의 수중에 들어간 것이다.

한편 격화하는 민족독립운동을 억압하기 위하여 경찰업무에 관해서는 한국주둔 일본군대의 관여가 본격화되었음은 앞에서도 논급한 바이다. 우선 1906년 8월에는 서울에 주재하는 한국주둔군사령관이 한국방위를 담당하였다. 이것은 외형상으로는 한국방위라는 대외적 국방임무에만 연결시키고 있었지만 내용상으로는 국내적 경찰업무에 깊이 관여하고 있었던 것이다. 이미 러일전쟁 이래 일본의 주둔헌병대가 한국인 무력항일투쟁을 진압한다는 명목으로 한국내 보안경찰기능에 관여하기 시작하였으며 급기야 일반행정 내지 사법경찰에까지 일본헌병대가 직접 개입하게 되었다.95)

92) 《韓國施政年報》, 明治 39·40년, 123쪽.
93) 《日韓外交資料集成》 8, 179~180쪽.
94) 《日韓外交資料集成》 6下, 1256~1258쪽.
95) 조선총독부 편, 《施政二十五年史》(1935), 29~30쪽.

이후 주차헌병은 1907년 10월 4일 아카이시(明石)소장이 제14헌병대장으로 취임하면서 비약적으로 확충되기 시작하였다. 제14헌병대는 그해 10월 7일에 다시 한국주차헌병대로 환원되었다. 이것은 그해 10월 8일자 〈한국주차헌병에 관한 건〉에 의해서 치안경찰을 주무로 하게 되었다. 이들은 본부를 경성, 분대를 경성·천안·영산포·평양·함흥·부산[96]·용정촌(간도)에 두었고, 분대 밑에 분견소를 설치하였다. 규모는 1907년말 현재 460여 개 분견소에 장교 이하 2,400여 명의 주차헌병을 두었다.[97]

1908년 5월부터 배일운동을 보다 조직적으로 억압하기 위해 한국주차군대헌병대·경찰관을 모두 일본군 사령관의 지휘·명령하에 통합했으며 헌병대에 1908년 7월 한국인 헌병보조원을 배속시키고 그 분견소 수를 2배 이상으로 증원하는 등 헌병대를 대폭적으로 증강했다.[98] 한국인 헌병보조원은 1908년 6월에 칙령으로 창설되었으며[99] 일본헌병대에 위탁되어 그 지휘하에서 일본헌병의 근무를 보조한 밀정으로 주로 의병을 수색하고 민정을 정찰하며 치안유지에 협조하기 위해 창설한 것이었다. 그 정원은 약 4천 명으로 주로 전년도에 해산된 한국군병 중에서 모집하였으며 이들 보조원은 일본헌병 1명에 대해 2명 내지 3명씩 배속시켜서 그 지휘·감독하에 두었다.

헌병보조원은 만 20~45세의 조선인 한글 해독자 중에서 모집되었으며, 군속의 신분을 보유하고 '폭도의 진압과 안녕 질서의 유지를 위하여' 헌병의 업무를 보좌하는 것이 임무였다.[100] 정원은 약 4천 명인데, 7월 1일부터 9월

---

96) 부산헌병분대는 1908년 3월에 폐지되고, 대신 대구헌병분대가 신설되었다.

97) 田保橋潔, 앞의 책, 118쪽.
明石 헌병대장이 헌병경찰관을 일원화시켜 병력을 대폭 강화한 것은 의병토벌이 목표였다. 1906년부터 항일운동의 最盛期인 1908년 말까지의 기간에만 피해 死者 일인 120여 명, 한국인 1,250명, 소실가옥 6,800여 호, 토벌에 의한 군대·헌병·경찰관의 손해는 사망 일인 127명, 한국인 52명, 부상 일인 252명, 한인 약간 명, 의병 사자 15,000명에 달했다.

98) 헌병의 배치상황을 보면 1908년 7월 현재 6分隊(경성·평양·천안·대구·영산포·함흥), 39관구, 441분견소, 9파출소 및 간도의 1분대, 10분견소이었다. 1908년말 현재 헌병장교 이하 2,347명, 현병보조원 4,234명, 1909년 6월말 현재 헌병장교 이하 2,380명, 현병보조원 4,309명에 달하였다(《第二次 韓國施政年報》, 明治 41년·43년, 58~60쪽).

99) 1908년 6월 16일, 조선국 군부령 제3호 헌병보조원 모집에 관한 건.

에 걸쳐 채용이 완료되었다. 이러한 헌병보조원제도는 해산된 한국정부군을 헌병보조원으로 흡수함으로써 그들의 의병화를 차단하고 토벌의 목적도 달성하려는 以夷制夷의 술책이었다.[101] 이와 같이 치안을 군대에 의존함으로써 文治는 결국 실패로 끝나고 군대식 치안체제를 다시 형성해 간 것이다.

헌병보조원은 전원 주차헌병대가 관장하며, 1개월 이내의 견습기간을 마친 후 헌병 1인당 2~3명씩 배치되었다. 대우는 본봉·출장여비와 일어 해득자에 대한 통역수당 등인데, 순사 봉급과 같은 수준이었다. 근무성적 우수자에 대해서는 2등급의 勤功章이 수여되어 1909년에는 631명이 제1종, 1,369명이 제2종 근공장을 수령하였다.

주차헌병 조직은 종래의 2배 이상으로 확충되었다. 1908년 7월에 헌병보조원이 배치되면서 한국내의 헌병기관은 6개 분대[102]와 39관구로 조정되었다. 이 밑에 분견소 441개와 파견소 9개가 배치되었으며, 이와 별도로 간도에도 1개 분대와 10개 분견소가 배치되었다. 그 인원은 1908년말 현재 헌병은 장교 이하 2,347명과 헌병보조원 4,234명이었다. 1909년 1월에 이것은 51개 관구에 452개 분견소, 13개 파견소로 조정되었다. 4월부터는 의병토벌과 관련해서 천안·영산포분대 밑에 임시파견소 45개가 증설되었다. 5~6월에는 경성·영산포·평양·함흥분대에 임시판견소 14개가 증설되었으며, 7월에는 간도분대 밑에도 6개의 파견소가 증설되었다. 간도분대는 1909년 11월 1일에 통감부 간도출장소와 함께 폐지되었고, 대신 羅南에 鏡成분대가 신설되었다.

이리하여 1910년 3월말 현재로 주차헌병조직은 한국내 7개 분대 57관구에 457분견소, 4 출장소로, 장교 이하 2,369명과 헌병보조원 4,392명으로 구성되었다. 1909년부터는 헌병보조원 감독을 창설하면서 초년도에 365명을 임명하였는데, 이들은 3개월 이상 복무한 우수 보조원으로써 임명되었으며 단독근무제였다.

1910년 6월 24일 수상서리 朴齊純과 통감 테라우치는 〈경찰권 위탁에 관한 각서〉를 교환하였다. 이에 의해서 한국정부의 경찰청은 폐지되고, 〈통감

---

100) 헌병보조원 모집에 관한 건 제2조·제11조.
101) 《朝鮮駐箚軍歷史》, 338쪽.
102) 소재지는 경성·평양·천안·대구·영산포·함흥.

부 경찰관서 관제〉가 공포되었다.[103] 이에 의한 경찰 중앙관서는 경무총감부이며, 주차군 헌병대장이 경무총감을 겸함으로써 전체 경찰과 헌병을 지휘하게 되었다. 지방 경찰관서는 각도에 설치된 경무부와 하급기관인 경찰서인데, 각도 헌병의 長인 憲兵佐官이 道경무부장을 겸직하였다.

이에 의해서 주차헌병대본부는 주차헌병대사령부로 개칭되고, 도 단위인 13개 헌병대본부, 몇 개 군을 관할하는 77개의 헌병분대, 그 밑에 헌병분견소와 헌병파견소가 설치되었다. 이들은 13도내 101개의 경찰서 및 347개의 파출소·주재소와 함께 치안경찰 업무를 집행하였다.

〈표 5〉 헌병경찰기구(1910. 6~1919)

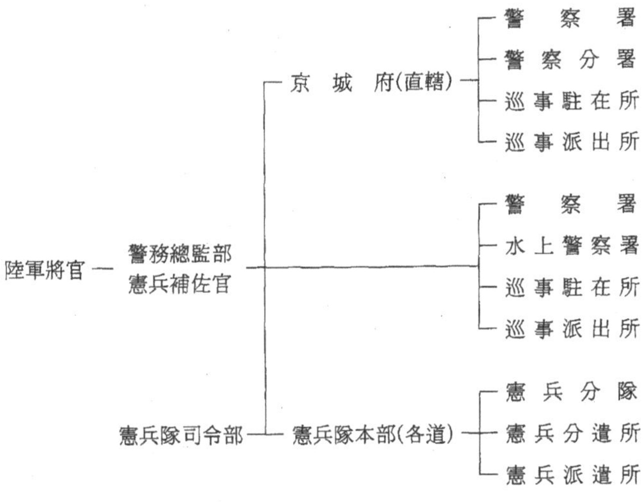

이와 같이 한·일의 경찰조직을 통감부 소관으로 통합시켜 여기서 군사경찰인 헌병과 일반경찰이 완전히 합일된 헌병경찰체제가 확립되었던 것이다. 그 헌병경찰기구는 〈표 5〉와 같으며 이 체제는 1919년 사이토총독의 기구개혁으로 보통경찰제도로 변혁되기까지 병합 후에도 억압체제로서 지속되었다.

〈金雲泰〉

103) 1910년 6월 29일, 칙령 제296호. 7월 1일부터 시행됨.

3. 통감부의 식민지화 정책

1) 식민지화의 기반조성

(1) 만한경영론

1904년 2월 한일의정서의 강제 체결로 대한제국에 일정한 보호권을 설정한 일제는 이후 한국을 자신의 세력기반으로 만들기 위한 조치들을 취해 나갔다. 이같은 조치들은 한국에 대한 보호권 설정이 결국 합병으로 이어질 것이라는 전망 속에서 취해졌으며, 또 1910년 한국이 끝내 일제의 식민지로 전락하면서, 결과적으로 '식민지화의 기반조성'이라는 성격을 띠게 되었다.[1] 그러나 이같은 조치들은 이 시기 일본정부의 지향 및 사회 전반의 요구를 반영하지 않을 수 없었다.

일본내에서는 러일전쟁 발발 전부터 對韓 적극책을 요구하고 한국에서 쟁취해야 할 구체적 이권을 지적하는 주장들이 나오고 있었고, 1901년 5월에 성립한 가츠라(桂太郞)내각도 이미 '한국을 보호국으로 만든다는 목적을 이루는 것'을 정강으로 채택하였다.[2] 러일전쟁에서의 승리, 그 전리품으로서 한국

1) 일제가 한일의정서에서 을사보호조약에 이르는 일련의 조약을 강제하면서 한국을 보호국으로 만들어 갈 때, 보호국 그 자체의 성격상 국제법상의 권리·의무가 반드시 분명한 것은 아니었다. 또 이 시점에서는 한국의 식민지화가 확정된 것도 아니었다. 그러므로 통감부시기의 '식민지화의 기반조성'이란 말은 애초에 성립할 수 없는 것인지도 모른다. 그러나 영일조약으로 영국의 지원을 등에 업고 러일전쟁을 도발한 이래, 특히 승리를 거둔 후, 일본인들은 한국이 자신들의 세력권 아래 들게 되었다는 것에 대해서는 아무도 의심하지 않았고, 또 국제적으로 그것이 인정받은 속에서 일제는 일정한 의도 아래 對韓정책을 구상하고, 실천에 옮겨가기 시작하였다. 이같이 해서 몇 년이 흐른 후 한국을 식민지로 취하게 되었을 때, 통감부 시기의 정책들은 결국 식민지 지배를 위한 기반조성이라는 성격을 자연히 갖게 되었다. 말하자면 일제는 아직 한국을 식민지로 만들기도 전에 식민지 통치를 위한 제반작업을 진행시켜 나갔다고 할 수 있겠다.

2) 藤村道生, 〈日韓議定書の成立過程－大三輪長兵衛 韓國關係文書《諸事抄錄》·《渡韓始末錄》の史料解說として〉(《朝鮮學報》 61, 1971), 208쪽 참조.

의 보호국화가 전망되면서 한반도 및 만주에 대한 요구는 더욱 거침없이 터져 나왔다. 이때 유행하게 된 것이 바로 '滿韓經營'이란 말이었다. 러일전승 후 2년간(1905~1906) 신문·잡지나 연설·담화 어디에서나 이 말이 보이지 않는 곳이 없을 정도였다고 한다.[3] 말하자면 이제 자신의 세력권이 된 만주와 한국을 어떻게 처리해서 정치·군사적 또 경제적 욕망을 실현할 것인가 하는 것이 모두의 관심사가 되었고, 동시에 만주와 한국으로의 진출 열기도 고조되어 갔던 것이다.

한편 이와 같은 분위기 속에서 일제는 1904년 5월 31일에 〈제국의 대한방침〉·〈대한시설강령〉(이하 〈강령〉으로 줄임)을 각의에서 통과시켰는데,[4] 이는 제목 그대로 자신들이 앞으로 한반도에서 실시할 정책의 대강을 제시한 것이었다. 〈강령〉은 '國防·外政·經濟'가 가장 중요한 문제라고 한 후, 그 구체적 항목으로서 ① 防備의 완수, ② 외정 감독, ③ 재정 감독, ④ 교통기관 장악, ⑤ 통신기관 장악, ⑥ 척식 도모를 들었다. 이 〈강령〉의 성격을 한 일본인은 다음과 같이 지적하였다.

> 한국에 대한 우리 保護權의 확정을 목적으로 하며, 同國 施政의 眼目(요점) 특히 政事上·외교상·군사상의 실권을 확고히 파악(장악)하는 동시에 우리의 利權은 착착 확충하여, 마지막으로는 한반도를 모두 사실상 우리 나라의 主權範圍에 포괄하기를 기약하려는 것(谷壽夫, 《機密日露戰史》, 原書房, 1966, 557쪽).

이 지적대로 자신들의 이권을 확보하면서 종국에는 한국을 합병하려는 것에 지나지 않았다. 결국 당시 일본의 상황은 정부와 민간이 서로 밀고 당겨주면서 이른바 '만한경영'책을 모색하고 추진해 나갔던 것이다. 이같은 '만한경영론'의 구체적 내용은 다음과 같이 몇 가지로 구분된다고 생각된다.

가. 경제적 진출－이권쟁탈

한일의정서 체결 이후 일제가 가장 서두른 것 중의 하나가 이권 탈취였다. 러일전쟁의 수행을 위해서도, 또 그 승리도 확정된 것은 아니었으므로 한시

---

3) 淸水文之輔, 〈事業選擇の指針を誤る勿れ〉(《富之朝鮮》 1, 1907. 3), 5쪽 참조.
4) 日本外務省編纂, 《日本外交年表竝主要文書》 上(1965), 225쪽 참조.

라도 빨리 시급한 이권을 획득해야 했던 것이다. 또 러일전쟁 그 자체도 미쓰이(三井)은행의 이사였던 하타노(波多野承五郎)가 말했던 바와 같이, 말로는 일본제국의 自衛와 獨立을 위한 것이라 하나, 사실은 일본 '帝國의 경제적 利權을 한국에 심기 위한 것'에 지나지 않았던 것이다.[5] 앞의 〈강령〉이 결정될 때 일제는 정치·군사적으로는 보호국의 실권을 확보하는 것과 함께 '경제상 각종 관계에 있어 필수적인 이권을 收得'할 것을 기약하였던 것이며,[6] 그 결과 나온 〈강령〉은 위의 인용문에서 보듯이 일제의 이권을 확충하기 위한 방법론 및 일정표에 지나지 않았던 것이다.

고무라 쥬타로(小村壽太郎) 일본 外相은 1904년 7월 가츠라 타로(桂太郎) 수상에게 올린 〈日露講和條約에 관한 외상 의견서〉에서 '제국의 對滿韓정책은 전일에 비해 절로 한걸음 나아가지 않을 수 없다'고 하면서 '한국은 사실상 우리의 主權範圍로 하여 기정의 방침 및 계획에 기초하여 保護의 실권을 확립하여 더욱더 우리의 利權 발달을 도모해야 한다'[7]고 하여 한국 침략의 목적이 결국 이권의 확보에 있다는 뜻의 말을 하고 있었다. 사실상 〈강령〉의 ③~⑥은 이권과 직결된 것이었다고도 하겠다.

또 무역을 통해 한국과 경제적 관계가 깊었던 일본 九州 및 원산 지역 일본인 상업회의소는 '만한에서 富源을 개발하여 이권을 부식하는 것은 제국 전후의 경영상 가장 중요한 일'이라고 하면서 이 지역의 항만·세관시설 등을 개선해 줄 것을 건의하고 있었다.[8]

한편 뒤에서 다루게 될 1907년에 결정된 〈제국의 국방방침〉은 그 제1항에 「開國進取의 國是」를 들고, '금후는 더욱더 이 국시에 따라 국권의 振張을 도모하고 국리민복의 증진을 힘쓰지 않을 수 없다'고 하고, 그를 위해 세계 다방면을 향해 경영하지 않을 수 없지만 그 중에서도 중요한 것은 다음과 같다는 것이다.

---

5) 波多野承五郎, 〈戰後對韓經營の一要點〉(《東洋經濟新報》, 1904년 3월 15일) 참조.
6) 《日本外交年表竝主要文書》 上, 224~225쪽 참조.
7) 谷壽夫, 《機密日露戰史》(原書房, 1966), 557쪽.
8) 太田淸藏, 〈建議文〉(《극비 일본의 한국 침략 총서》 3, 한국출판문화원, 1988), 64쪽 참조.

> 1904·5년의 戰役에서 幾萬의 生靈 및 巨萬의 재화를 던져 만주 및 한국에 부식한 이권과 아세아의 남방 및 태평양의 彼岸에 皇張하고 있는 민력의 발전을 옹호함은 물론 더욱 더욱 이를 확장하는 것을 제국 施政의 대 방침으로 하지 않을 수 없다(北岡伸一, 《日本陸軍と大陸政策－1906~1918年》, 東京大出版會, 1979, 12쪽).

즉 대륙에서의 이권의 유지 및 확장을 국방의 지상목표로 한다는 것을 의미한다.[9] 사실 군사적·정치적 진출이라는 것도 경제적 이익이 따르지 않는 것이라면 그 의의가 반감되지 않을 수 없을 것이다.

나. 대륙진출 기지화

일제의 한반도 진출 야망은 유래가 깊은 것이었다. 일본이 1876년 한국 개항 이래 한결같이 한국을 식민지화 할 의도를 가지고 있었다는 것에 대해 의문을 표하는 학자들이 없는 것은 아니지만, 그들이 명치유신 이래 세계로, 특히 대륙으로 진출하고자 하는 줄기찬 야망을 품고 있었다는 것은 틀림없는 사실이었다.[10] 또 그때 그 출발점으로서 누구나 한국을 상정하고 있었던 것이다. 비유하자면 아무리 바람이 불고 파도가 쳐도 깊은 바다 물속은 미동도 않는다고 하듯이, 국내 및 국제정세의 변화 속에 일본의 세력에 消長이 있었던 것은 사실이고 그에 따라 그들의 대외정책 및 표방도 달라졌겠지만, 조선반도로의 '진출'은 그들의 변함없는 꿈이었다. 이미 1870년 당시 外務權大丞이었던 야나기하라 사키미츠(柳原前光)는 일본이 조선에 대해 가지고 있었던 야망과 전략적 평가를 다음과 같이 잘 정리해 말해주고 있다.

> 조선국은 북으로 만주에 연결되고 서쪽으로는 韃淸에 닿는 땅으로서, 이를 綏服시킨다면 실로 皇國(일본) 보존의 기초로서 후래 만국 경략 진취의 기본이 될 것이다. 만약 다른 나라에 선취 당하면 나라 일이 이에 끝난다고 말할 수 있다(柳原前光, 〈朝鮮論稿〉, 《日本近代思想大系》 12, 岩波書店, 1870, 14쪽).

즉 가장 바람직한 것은 일본이 조선을 복속시키는 것이고, 최소한 다른

---

9) 北岡伸一, 〈日本陸軍と大陸政策－1906~1918年〉(東京大出版會, 1979), 13쪽 참조.
10) 北岡伸一, 위의 책, 1쪽 참조.

강국이 조선을 점령하는 것은 막아야 한다는 것이었다. 경우에 따라서 조선은 대륙진출을 위한 첫 계단이 될 수도 있는 것이었지만 잘못하면 자신의 목을 겨누는 단도가 될 수도 있는 것이었기 때문이다. 1890년 야마가타 아리토모(山縣有朋)의 主權線·利益線의 발언도 바로 이같은 일본의 입장을 단적으로 보여주는 것이었다.

〈강령〉에는 '조약상의 의무'를 지키기 위해 '방비를 완수하는 것'을 첫 번째 항목으로 들고 있는데, 당시 군부의 원로였던 야마가타 아리토모도 1905년 올린 〈전후경영의견서〉에 다음과 같이 제시하였다.

> 평화 克復 후라 해도 영구히 한국의 요지에 유력한 군대를 주둔시켜 이로써 러시아 금후의 남하 운동에 대비함과 함께 한국의 安寧秩序를 유지하여 우리의 條約上의 책임을 온전히 하고 아울러 鐵道·電信과 같이 군사·상업에 필요한 우리 영구의 건설물의 안전을 도모하는 것이 그 최대의 要務라는 것은 진실로 말을 기다릴 필요가 없다(山縣有朋, 〈戰後經營意見書〉, 《山縣有朋意見書》, 原書房, 1966, 285쪽).

즉 러일전쟁이 끝난 후에도 ① 러시아의 남하 대비, ② 한국의 치안유지, ③ 일본의 군사적·경제적 이권의 유지를 위해 재정의 부족을 무릅쓰고서라도 군비를 강화해야 할 것을 주장하였다.

일본의 군부는 러일전쟁을 계기로 '정부 내부에서 한 개의 상대적인 독자의 정치세력'으로 성립하게 되었는데,[11] 이 군부, 특히 육군의 주도로 작성되고, 천황의 재가를 받은 것이 1907년의 〈제국의 국방방침〉이었다. 이 방침은 여태까지의 수세적 전략을 「攻勢主義」적 군사전략으로 바꾸었다는 점에서 중요하고,[12] 또 당시의 강대국이었던 러시아·미국을 주요 가상적국으로 한 점이 주목된다. 특히 러시아에 대해서는 그 복수전을 염려한 야마가타의 의견이 반영되어 전후 육군의 군비확장은 오로지 대 러시아전 준비를 위한 것이라 해도 과언이 아니라고 한다.[13]

---

11) 由井正臣, 〈日本帝國主義成立期の軍部〉(《大系 日本國家史》 5, 近代 2, 東京大出版會, 1976), 132쪽 참조.

12) 吉田裕, 〈日本の軍隊〉(《岩波講座 日本通史》 17, 近代 2, 1994), 154쪽 참조.

이때 한국이 전략적으로 매우 중요함은 말할 것도 없다. 그에 따라 한반도에서의 군비확장, 특히 수적으로 열세인 일본군이 러시아군과 대항하기 위해서는 '병력 증가보다 병력 집중을 위한 교통기관의 정비'가 중요시되었고, 이를 위해 '해상교통 및 만주에 현존하는 교통망을 더욱더 발달시킴은 물론 만한에 새로운 交通線을 시설경영하고, 또 한국 北關地方에 방어진지를 구성할 필요'가 제기되고 있었다. 즉 對露 작전계획은 조선반도 종단루트를 중심으로 하는 만선철도망의 충실을 요청하게 된 것이었다.[14] 〈강령〉의 4번째 항목으로 '교통기관의 장악'을 들고 경부·경의·경원 철도 등을 구체적으로 언급하고 있는 것은 바로 이같은 일제의 한반도에 있어서의 정책과 밀접히 연관되어 있음은 다시 말할 필요가 없을 것이다.

그래서 일본에게 있어 조선은 '조선의 조선으로서 중요할 뿐만 아니라 다시 우리 나라(일본)와 대륙과의 聯鎖인 半島로서 중요'하며 따라서 '조선경영은 오히려 大陸政略의 一端'으로서 볼 수 있을 뿐이었다. 이와 같이 만주와 한반도는 '둘이면서 하나이고, 하나이면서 둘'인 連絡·混一體였다. 그래서 만한간의 '철도의 연락, 화물·승객 통과의 편리'를 도모하지 않을 수 없고, 만한의 '번쇄한 철도를 잘 통일 정제'할 것이 요구되었던 것이다.[15]

이와 같이 일제는 이 단계에서 전쟁 중에는 전쟁의 수행을 위해, 끝난 뒤에는 러시아와의 再戰에 대비하기 위해, 나아가서는 대륙으로의 '진출'을 위해 철도망의 정비에 가장 신경을 썼다. 이밖에 요새 및 군항의 설치에도 주의했음은 물론이다.

다. 일본인 이식민 장려

〈강령〉은 마지막인 6번째 항목으로 '척식의 도모'를 들고, 한국을 자신을 위한 원료 공급지와 상품시장으로 만들겠다는 의도를 비친 뒤 다음과 같이 말을 잇고 있다.

---

13) 藤原彰저 엄수현역, 《일본군사사》(시사일본어사, 1994), 154쪽 참조.
14) 北岡伸一, 앞의 책, 36쪽 참조.
15) 《韓半島》 제2년 제3호(1906. 6. 1), 社說 참조.

> 한국은 토지면적에 비해 인구가 적어 本邦(일본) 이민을 쉽게 받아들일 수 있을 것이므로 만약에 우리 농민이 內地에 많이 들어갈 수 있다면 한편으로는 우리의 초과하는 인구를 위한 移植地를 얻고 다른 한편으로는 우리의 부족한 식량의 공급을 증가시켜 이른바 일거양득이 될 것이다(《日本外交年表竝主要文書》上, 227쪽).

즉 일본 농민을 한국에 이주시킬 생각을 하고 있었다. 이미 1901년 제16 제국의회에서 일본인들의 自由渡韓을 허용하기 위해 법령을 개정한 바 있었지만, 당시 일본인들은 이민갈 곳으로 한국보다 하와이·미국본토를 선호하고 있었기 때문에[16] 이제 일본이 한반도를 확고한 식민지화로 만들어 가고, 나아가서 만주로 침략해 가려는 상황에서 정책적으로 한국으로의 이주를 추진하겠다는 것이었다.

이 시기의 이식민론은 '만한집중론'이란 말로 대표된다. 나카하시 토무고로(中橋德五郎)는 〈滿韓拓殖策〉(1903)이란 글에서 북미·호주 등지로의 이민은 오히려 적국을 돕는 일이라고 하면서, 일본민족이 팽창할 지역은 일본과 '一衣帶水'에 있는 한국·만주라고 주장하였다. 이같은 그의 주장은 미국에서 일본이민이 사회문제화 되어, 1905년 연방의회에서 일본인 노동자 배척법안이 제출되었고 급기야 미·일간에 일본 노동자의 이민을 스스로 제한하는 紳士協定(1907)이 체결되면서 더욱 힘을 얻게 되었다. 마침내 만한이민집중론은 1908년 9월 각의에서 〈대외정책 방침의 건〉 중의 하나로 채택되기에 이르렀다.[17]

이와 같이 러일전쟁 후 한국 이민·식민작업은 한국을 일본제국주의의 구조 속에 편성시켜가기 위한 것으로, 당시 일본 언론에서는 이민·식민을 통하여 일본인을 한국에 대량 이주·정주시켜서 수적 우위를 확보하는 방식으로 '한국의 일본화'라는 국민적 동화를 달성할 것을 주장하기도 했다.[18] 이로

---

16) 1905년 현재 해외 재류 일본인의 수를 보면 하와이 59,956인, 미국본토 53,710인, 조선 42,460인이었다(福島新吾, 〈明治期における植民主義の形成〉, 《思想》 511, 1967, 89쪽 참조).

17) 이상 말한 집중론에 대해서는 정연태, 〈대한제국 후기 일제의 농업식민론과 이주식민정책〉(《한국문화》 14, 서울대 한국문화연구소, 1993) 참조.

18) 崔元奎, 〈일제의 초기 대한 식민정책과 일본인 '농업이민'〉(《東方學志》 77·

써 한국에 정착하게 되는 일본 농민은 동시에 '국방상 가장 바람직한 分子'가 되는 것이었다.[19]

이와 같이 살핀다면 이 시기 일제의 한반도에 대한 요구를 담고 있는 만한경영론이란 첫째 한반도에의 경제적 진출을 위해 여태까지 노력왔던 이권을 차지하는 일, 둘째 한국을 정치·군사적으로 확고히 장악하여 만주진출의 기지로 만드는 일, 셋째 한국에 많은 농민들을 이주시켜 이주식민지로 만드는 일로 구성되어 있었음을 알 수 있다. 또 그것은 식민지로서의 한국에 일제가 거는 기대이기도 하였다. 그러면 이같은 요구 아래 구체적으로 어떤 정책들이 어떻게 취해졌는지를 살펴보기로 한다.

(2) 경제의 장악과 이식민 촉진을 위한 기반 조성

개항 이후 한국은 일본 자본주의 발전에 있어 불가결의 요소였고, 그만큼 일제의 한국시장에 대한 욕구도 강했다. 1900년대에 들어서 한국시장 개방과 제도정비를 촉구하는 요구들은 더욱 강해지고 있었던 바, 러일전쟁 도발 이후 이같은 요구들은 더욱 집요하고 구체적으로 제시되고 있었다. 근대 식민지 중 가장 중요한 것은 이른바 착취식민지였다고 하는데, 한국도 기본적으로 일본의 착취식민지였으며,[20] 따라서 경제적 이익의 추구는 충분히 예상할 수 있는 일이었다.

78·79합집, 1993), 692쪽 참조.

19) 黑瀨郁二, 〈日露戰後の「朝鮮經營」と東洋拓植株式會社〉(《조선사연구회논문집》 12, 1975), 102쪽 참조.

20) Jurgen Osterhammel, *Colonialism ; A Theoretical Overview Markus Wiener Publishers*(Princeton), 10~12쪽 참조. 그는 근대의 식민지를 ①착취식민지, ②해양기지, ③이주식민지로 나누고 있다. ①의 착취식민지의 목적은 경제적 착취, 제국주의 정책의 전략적 확보, 그리고 국가적 체면의 고양이었다. ②는 말라카·홍콩·싱가포르와 같은 해군기지로서 배후지로의 경제적 침투의 기지 또는 해군 전개를 위한 병참기지의 역할을 하기 위한 것이라 했다. ③은 미국(뉴잉글랜드)·캐나다·오스트레일리아 같은 곳이다. 한국은 기본적으로 착취식민지에 속하는 것으로 보이는데, 저자는 대만을 ①의 착취식민지의 하나로서 들고 있으면서도 한국은 거론하지 않고 있다. 자세한 이유는 알 수 없지만, 아마도 한국이 대륙침략을 위한 군사기지로서의 성격도 강하게 지니고 있었기 때문이 아닌가 추측한다.

그런 의미에서 1904년 5월 31일 결정된 〈강령〉 뒤 한일간에 가장 먼저 체결된 주요 협약이 바로 〈한일 외국인고문 傭聘에 관한 협정서〉이고 그 주된 내용이 바로 재정고문 용빙이었다는 사실은 시사적이다. 이 협약에 의해 메가타 타네타로(目賀田種太郎)가 재정고문으로 와서 한국 내정 전반을 간섭하고, 일제의 의도에 따라 한국의 제도를 바꾸어 나갔다.

그가 한국에서 제일 먼저 착수한 것이 이른바 「화폐정리사업」이었다. 이는 백동화의 남발과 엽전 유통권의 온존 등 정비된 화폐금융제도의 부재가 일제의 경제적 침투를 제약하고 있었기 때문이었다. 즉 '상품수출의 확대, 자본투자에 따른 이윤의 실현을 확고히 하고 가격 및 이윤 계산을 합리화하기 위해' 화폐정리가 무엇보다 시급했던 것이다.[21)]

그래서 在韓 하야시 곤스케(林權助) 대리공사는 이토 히로부미(伊藤博文)가 한국으로 오기 전에 올린 의견서에서 재정정리의 중요성을 강조하면서, 다른 개혁은 서서히, 질서있게 착수해야 하지만 재정문제만은 그 무질서가 '직접 우리 상업에 나쁜 결과를 끼치기 때문에' 다른 것에 앞서 빨리 정리에 착수할 필요가 있으며, 그 중요한 것은 징세법 개량과 화폐제도 개혁이라고 건의한 바 있었다.[22)]

이와 함께 일제가 중시했던 것은 일본의 제일은행을 한국의 중앙은행으로 만들고 제일은행권을 조선법화로 만드는 것과 동시에 공사 거래에 무제한 통용시키는 일이었다. 이같은 작업을 통해 한국은 일제의 화폐권에 편입되어 그들이 말하는 바 일본과 '화폐동맹'을 이루게 되고, 그 결과 일제의 자본침투는 보다 원활해지고, 그 결과 한국경제의 예속 및 富의 유출은 더욱 심화되어 갔다.

한편 일본인들의 한국 이주를 촉진시키기 위해서는 내지에 있어 토지소유권의 확보가 필요했는데, 이에 대해 〈강령〉에서는 다음과 같이 말하고 있다.

> 현재 조약상 居留地 외 1리(한국의 10리 : 필자) 이내가 아니면 토지를 임차

---

21) 오두환, 《한국근대화폐사》(한국연구원, 1991), 253~254쪽 참조.
22) 金正明편, 《日韓外交資料集成》 5, 문서번호 181, 부속서 1, 林公使對韓私見槪要 참조.

또는 소유할 수 없으므로, 사실상 내지에 있어 田畓을 소유한다고 해도 그 권리가 명확하지 않아 확실한 자본가는 불안한 생각을 품어 투자를 주저하는 것이 보통이다. 그러므로 우리 농업가를 위해 한국 내지를 개방케 하는 수단으로서 다음의 2가지 방책을 취해야 할 것이다.

① 官有荒蕪地의 경우는 한 개인의 명의로서 경작 및 목축의 특허 또는 위탁을 받아 제국정부의 관리 아래 상당한 자격이 있는 우리 나라 人民으로 하여금 경영케 하는 것.

② 민유지의 경우는 거류지에서 10리 밖이라 해도 경작 또는 목축 등을 목적으로 매매 또는 임차할 수 있게 하는 것. 즉 한국정부로 하여금 내지에 있어 일본인의 토지소유권을 인정케 하든가 永代借地權 또는 用地權을 인정케 하여 경작·목축 등에 지장이 없도록 하는 것(《日本外交年表竝主要文書》上, 227쪽).

일제는 이같은 계획에 따라 먼저 위의 인용문 ①의 문제 해결을 위해 한국정부와 교섭에 나선 것이 나가모리 도키치로(長森藤吉郞)를 계약자로 한 이른바 〈韓國荒蕪地開拓案〉이었다. 이것은 처음 나가모리의 개인적 이권획득운동으로 출발하였다가 실패하자 일본정부의 정식 정책으로 수행된 것이었다. 어쨌든 이 문제가 검토되기 시작한 것은 이미 4월초부터였으며, 하야시 주한공사가 한국정부와 공개적으로 교섭을 개시한 것이 6월초였다고 하므로[23] 일제가 이 문제에 얼마나 열성적이었나 짐작할 수 있겠다. 그러나 이같은 일제의 시도는 宋秀萬·이기·許蔿 등이 앞장선 반대운동으로 좌절되기에 이르렀다.[24]

한편 인용문 중 ②의 내지에서의 토지소유권 확보의 문제를 보면, 이토가 통감으로 한국에 부임해 온 이후 일인들의 조계 10리 밖의 불법적인 토지소유를 합법화함은 물론, 이후 일본인들의 한국진출을 촉진하기 위하여 不動産法調査會를 설치하고(1906. 7. 24.) 이의 입법에 착수하였다.[25] 그 실무를 맡은

23) 君島和彦, 〈日露戰爭下朝鮮における土地略奪計劃とその反對闘爭〉(旗田巍先生古稀記念會編, 《朝鮮歷史論集》下, 龍溪書舍, 1979) 참조.

24) 君島和彦, 위의 글.
尹炳奭, 〈日本人의 荒蕪地 開拓權 要求에 대하여〉(《歷史學報》22, 1964).

25) 이 부동산법 조사회는 일제의 말에 따르면, "부동산에 관한 舊慣을 조사하여 간편한 부동산법을 급속히 제정"하기 위한 것이었다 한다(統監官房, 《韓國施

것은 우메 겐지로(梅謙次郎)로서, 그는 일본에서 근대법령을 만들 때 이토를 도와 큰 역할을 했던 사람이었다. 그 결과 나온 것이 土地家屋證明規則(1906. 10. 26)인데, 그 주안점은 내지에서 일본인의 토지매매를 합법화하고, 소유권을 보호하기 위한 것으로서, 일본인 지주 및 자본의 내지 침투를 위한 문을 열어 놓는 것이었다.[26]

외국인 특히 일본인들의 불법적인 토지소유를 막기 위해 자체적으로 부동산등기법안을 준비하고 있었던 大韓自强會나 대한제국정부의 의지를 억누르면서 제정된 이 법령은 실제로 일본인들의 토지침탈을 합법화하고 촉진하는 제도적 장치로 적극 활용되었으며, 특히 토지소유권을 증거할 증빙자료가 없는 불안정한 소유의 토지를 거래할 때 주로 이용되었다. 그 결과 일제의 토지침탈은 가속화되었다.[27]

한편 일제는 國有未墾地利用法(1907. 7. 4)·森林法(1908. 1. 21)을 발포하여, 법령 발포 후 3년 이내에 증빙서류와 지적도를 첨부해 신고해서 官認을 받은 것만 民有로 인정하는 방법을 취하였다. 그 결과 광대한 無主閑曠地·無主公山이 국유지·국유림에 포함되었다. 이같은 토지에 대한 일반인의 전통적인 入會權은 부정되고, 소규모 開墾도 허락되지 않게 되었다. 그렇다고 이를 개간하거나 이용할 수 있는 기회가 공평하게 주어진 것도 아니었다. 국유미간지 대여에서는 일본인들과 친일적인 한국인만 혜택을 받게 되었고, 산림의 경우에도 部分林제도를 통해 최초로 혜택을 받은 사람은 부산의 무역상 하자마(迫間房太郎)였다고 한다.[28] 이후에도 일본인들에게 특혜가 주어져 한일인 간에 갈등을 증폭시키는 결과를 가져 왔다.

토지문제와 관련하여 생각할 때, 이 단계에서 일제는 일본인들의 이식민을 장려하기 위해 일본인들의 토지소유를 합법화하는 법적 장치를 서둘러 만들

政年報》 1, 1908, 100쪽 참조).

26) 정연태, 《일제의 한국 농지정책》(서울大 博士學位論文, 1994), 1장 2절 부동산증명제도의 시행과 토지침탈의 합법화 참조.

27) 정연태, 〈大韓帝國 後期 不動産 登記制度의 近代化를 둘러싼 葛藤과 그 歸結〉(《법사학연구》 16, 1995) 참조.

28) 강영심, 《일제의 한국 삼림수탈과 한국인의 저항》(梨花女大 博士學位論文, 1998), 41쪽 참조.

었고, 보다 기본적인 토지조사사업은 뒤로 미루게 되었다. 이는 그만큼 충분한 사전조사와 더불어 많은 예산을 필요로 하기 때문이었다.

일제가 농업 다음으로 중요시하였던 것은 어업이었다. 〈강령〉의 6항 '척식의 도모'란 항에서 일제는 '어업은 농업 다음으로 한국에서 가장 유리한 사업'으로 인식하고 있었다. 그럼에도 불구하고 일본인들이 8도 중 5도에서만 어업권을 가지고 있었으며, 충청·황해·평안 3도에는 가지고 있지 못하므로, 차제에 이들 3도에도 어업권을 확대해야 할 것이 말하고 있었다. 이와 같은 어업권을 획득하기 위한 것이 바로 〈강령〉이 결정되자마자 등장한 1904년 6월 4일의 〈충청·황해·평안도에 있어서의 어업에 관한 왕복문〉이었다. 이같이 일본인들의 어업권을 확대해 주기 위한 정책은 〈어업에 관한 협정〉(1908. 10) 및 〈어업법〉(1908. 11)으로 정리되었다.

이같은 일제의 일방적인 이권의 추구는 자신들의 눈에도 너무 지나친 것이었다. 당시 한국 주차군사령관이었던 하세가와 요시미치(長谷川好道)조차 1905년 11월에 다음과 같이 말할 정도였다.

> 이권문제에 대한 우리 관민의 目今의 태도 및 일삼는 바는 너무 우리 이익에 치우치는 감이 있다. 장래 한국을 완전히 우리의 영토로 병합하는 것으로 생각해도 동감이다. 만약 대 아이누적으로 韓民을 처치한다는 대결심을 가지고 있다면 모를까 그렇지 않은 경우에는 一視同仁의 誠으로서 이들에 임해 어느 정도까지는 한인으로 하여금 그 이익을 향유케 하도록 지도·誘掖하는 것이 대한정책의 좋은 방도가 아닐까(谷壽夫, 《機密日露戰史》, 594쪽).

즉 일본이 北海道를 개척할 때 아이누族을 절멸시켰던 것처럼 한국에서 한국인들을 구축할 생각이라면 모를까, 일본인들의 이권추구가 너무나 일방적이라고 침략의 첨병 역할을 하던 사람조차 비판하고 있었던 것이다.[29]

---

29) 일제가 서둘러 빼앗아 간 이권으로서는 이밖에도 통신관리권(1905. 4. 1), 한국 연해 및 내하 항행권(1905. 5. 13)이 있었다. 한국 대신들은 이에 회의불참·인계거부·총사퇴 등으로 버텼지만 일제는 헌병 등을 앞세워 강탈하였다. 이같은 이권들은 앞에서 말한 일제의 의도의 어느 부분과도 연관을 갖는 것이겠지만, 화폐정리사업과 함께 특히 상업적 利害를 반영하는 것으로 생각된다. 이 시기 일제의 이권쟁탈의 성격에 대해서는 권태억, 〈1904~1910년 일제의 한국

(3) 군사기지화 작업

일제는 한일의정서에 의거하여, 러일전쟁을 전후하여 광대한 토지를 철도 선실, 軍用地의 명목으로 헐값에 또는 무상으로 강탈하였다. 이렇게 확보한 토지에 일제는 다시 막대한 비용을 들여 군사시설을 하였다. 이로써 한국은 점차 일제의 군사기지로 변모되어 갔다.

한국의 군사기지화와 관련하여 일제가 제일 먼저 서두른 것은 철도의 부설이었다. 이는 한국의 간선철도인 경부·경의선이 모두 러일전쟁중 서둘러 개통된 것을 보아도 알 수 있다. 또 철도는 단지 군사적으로 긴요한 것만은 아니었다. 그것은 〈강령〉에서 '한국 경영의 骨子'라고 할 정도로 정치·군사·경제 어느 면에서 보더라도 필수불가결한 것이었다.30)

일제는 한국내에 있었던 철도들의 통일적 운영을 기도하여, 1906년 7월 이후 모든 철도를 국유화하여 통감부 철도관리국 소관으로 하였다. 그 회계도 특별회계로 하여 일반회계와 분리하였는데, 1906년~1910년간 총 철도투자액은 95,842,721원으로 당시 한국 3, 4년 예산의 합계에 달하는 거액이었다.31) 이외에도 한국내 철도는 러일전쟁의 결과 획득된 東淸鐵道의 부설권과 관련하여 건설·운영되어, 그 軌道도 '萬難을 물리치고' 4척 8촌 5분(1.435M)의 표준궤간을 채택하게 되었다 한다. 당시 일본 국내도 협궤식을 채택하고 있던 실정이었다.32)

이같은 철도부설에 필요한 광대한 토지를 일제는 한국정부를 앞세워 또는

침략 구상과 '시정개선'〉(《한국사론》 31, 서울대, 1994), 251~252쪽 참조.

30) 이 시기 일제의 한반도 침략과 관련된 철도문제에 관해서는 정재정, 《일제의 한국철도 침략과 한국인의 대응》(서울大 博士學位論文, 1992) 참조.

31) 조선총독부 철도국, 《조선철도사》(1915), 270쪽 참조. 단 이 액수에는 1904년~1906년간의 군사비 31,383,216원이 포함되어 있다. 또 1906년의 경우 경부철도 매수비 33,000,863원이 포함되어 있다. 따라서 이 액수는 일제가 한국 철도건설에 투자한 총금액으로 보아도 좋을 것이다. 일제가 철도에 투자한 약 9천6백만원이란 금액은 1905년~1910년간 한국정부의 지출예산 중 가장 많았던 1909년의 것이 3천만 원을 넘지 못했던 것을 생각하면 얼마나 대규모였던가를 잘 알 수 있다(이윤상, 《1894~1910년 재정제도와 운영의 변화》, 서울大 博士學位論文, 1996, 278~279쪽 참조).

32) 조선총독부 철도국, 《조선철도 40년 약사》(1940), 47쪽~79쪽 참조.

군사력의 위협 아래 국유지를 무상으로 또는 사유지를 헐값에 강제로 수용하였다.[33] 토지는 철도부설만이 아니라 兵營 등의 군사시설의 건설을 위해서도 필요하였다. 러일전쟁 개시와 함께 일본군은 1904년 2월 20일 진해만 부근의 토지를 해군 근거지로서 수용하였고, 2월 25일 거제도와 부근의 松眞과 전라남도 八口浦, 충청남도 어청도·절영도·영홍만 일대의 송전리 및 갈마반도, 영종도와 월미도 등지가 대부분이 군용지로 점유되었다.[34]

1905년 5월 대한해협에서 러시아 발틱함대를 괴멸시킨 일제는 보다 적극적으로 군용지 수용에 나섰는데, 특히 경의선 연선의 용산·평양·의주 및 군항으로서 진해와 영홍만 일대에 집중되었다.

처음 일제는 용산·평양·의주 3지역에서 975만평을 수용할 계획이었으나 한국민의 저항에 부딪쳐 476만평을 한국정부에 반환하고 결국 약 400만평으로 축소할 수밖에 없었다. 나머지 약 100만평은 철도용지로 제공되었는데, 이는 이들 군용지가 애초에 군사철도의 주요지점에 설정되어, 임시군용철도감부 소유의 철도용지와 서로 섞여 있었기 때문이었다.[35] 어쨌든 이같이 광대한 토지를 수용하는 데 든 돈은 단지 21만 5천원이었다고 하니(평당 약 4전), 얼마나 헐값에 약탈한 것인가를 잘 알 수 있다.[36]

이밖에 일제가 각지에서 兵營敷地, 헌병대부지, 운수부 부지, 수도용지, 사격장 용지 등으로 수용한 토지면적, 그 매수가격(약간의 가옥 이전비용 등 기타 비용 포함)을 보면 다음의 〈표 1〉과 같다.

---

33) 이에 대해서는 박만규, 〈한말 일제의 철도 부설.지배와 한국인 동향〉(《한국사론》 8, 서울대, 1982) 참조.

34) 송지연, 〈러일전쟁 이후 일제의 군용지 수용과 한국민의 저항－서울(용산), 평양, 의주를 중심으로－〉(《梨大史苑》 30, 1997), 69쪽 참조.

35) 金正明편, 《朝鮮駐箚軍歷史》(1967), 2쪽 참조.

36) 朝鮮駐箚軍經理部편, 《朝鮮駐箚軍永久兵營官衙及宿舍建築經過槪要》(1914), 2~3쪽 참조. 일제가 최종 지불한 21만 5천원을 군용지와 철도용지로 제공한 토지의 합계로 나눈 것이다. 1901년 당시 신문 1장 값이 7錢이었다 한다(송지연, 앞의 글, 77쪽). 이같이 헐값에 수용된 토지는 다시 일본상인들에게 헐값으로 불하되기도 하고, 일인들에 의해 다시 한국인들에게 비싼값으로 되팔리는 경우도 없지 않았다 한다(박만규, 앞의 글, 263쪽 및 송지연 위의 글, 82쪽 참조).

〈표 1〉 일제가 수용한 군용지의 내역

지　　역	수용토지면적	매수가격	매수기간
마산	1,000,375평	5,683원	1907~1909
부산·공주·대구 강릉·광주·전주·진해	62,197평 (58,399평)	79,854원	1907~1913
함경북도 (청진·회령·나남지역 및 경흥)	20,360,247평 (12,664,229평)	315,413원	1907~1913
원산	15,324평	12,100원	1908~1909
합　　계	21,438,143평 (12,722,628평)	413,050원	

* 면적의 괄호안은 수용된 토지 중 무상으로 제공된 관유지의 면적임.
* 인천에서는 65,000원의 비용으로 토지 약간 및 건물 등을 군용지로 수용.
* 출전 : 《朝鮮駐箚軍永久兵營官衙及宿舍建築經過概要》, 2~12쪽.

위에서 우리는 일제가 수용한 토지가 마산, 함경북도 지역에 편중되었음을 볼 수 있는데, 이것은 군사상 이들 지역이 그만큼 중요하였기 때문이었다. 특히 함경북도 지역이 차지하고 있는 비중이 압도적인데, 이는 山城山 포병 사격연습장 약 1,869만평이 포함되어 있었기 때문이기도 하지만, 이를 제외시켜 놓고 보아도 약 173만평이라는 광대한 면적의 토지가 수용되었음을 볼 수 있다. 이는 그만큼 이 지역이 경의선 철도와 함께 對露 군사기지로서 중요했기 때문이었다.37)

이같이 수용한 토지에는 다시 일본군의 군사시설이 들어섰다. 그리하여 1906년 4월부터 조선주차군 1개 사단을 위한 병영 등이 건축되기 시작하는데, 그 비용은 1,500만원으로 책정되었다. 이에 따라 1913년까지 각지에 일본군의 군사시설이 들어차게 되었다.38)

한편 鎭海는 한말부터 러일간의 쟁취 경쟁의 대상이 되었었는데, 이미 러

37) 마산지역에서 수용한 토지에는 그 이전에 수용한 토지의 면적은 포함되어 있지 않다. 또 나머지 지역은 대개 헌병대 관련 시설을 만들기 위한 것이었다.

38) 《朝鮮駐箚軍歷史》, 259~260쪽 참조. 당시 한국정부의 예산의 대략 반에 해당하는 액수이다. 이같은 군사 기지화 비용은 한국정부의 예산과는 전혀 관계없이 집행된 것이다. 위의 토지 수용비와 함께 얼마나 막대한 액수가 군사기지화에 투입되었나 주의할 필요가 있다.

일전쟁 때부터 일본해군에 의해 점거되었고, 함경남도의 永興과 함께 1908년 8월 27일 군항 예정지로 고시되었다. 이같이 군항으로 고시된 지역에서는 외국인에게 토지, 가옥, 기타 부동산의 '매각·교환·양여·전당 및 허가없이 貸渡'하는 것이 금지되었다.39)

(4) 행정·사법제도의 개정

한일의정서 체결 후 노골적으로 전개된 이권탈취에 대한 한국인들의 저항이 거세지고, 일제 내부에서도 이에 대한 비판이 나오면서, 더욱 부각된 것이 바로 '시정개선'이란 말을 앞세운 행정·사법제도의 개정이었다. 대리공사 오기하라(萩原守一)는 이미 1904년 7월, 성급한 이권탈취가 한국인의 실망을 불러오고 있다고 다음과 같이 제언하였다.

> 시정의 개선 중 직접으로 인민의 이익이 될 수 있는 것으로 중앙 및 지방관리의 收斂과 정부의 壓制를 금하는 것이 있다. 이를 위해 중앙에서 가까운 경기도를 模範 行政區로 만들어 우리가 생각하는 바의 善政을 먼저 경기도에서만 펴는 것이 좋겠다고 생각한다(金正明 편, 《日韓外交資料集成》 5, 문서번호 305, 1904년 7월 15일, 韓國荒蕪地開拓問題に關連し韓國內政改善意見上申の件).

즉 지방관의 조세수탈과 정부의 압제를 금지하는 모범적인 선정을 경기도에만이라도 펼쳐서 한국인들의 저항을 잠재워 보자는 것이다. 당시 한국의 惡政·秕政은 누구나에 의해서 언급되고 있는 상태였으므로 이의 개선을 통해 한국인들의 민심을 사로잡을 수 있다고 생각한 것이었다. 이토는 특히 사법제도의 개혁을 중시하였는데, 이는 한국 지배에는 한국인의 협조가 필요했으므로 먼저 한국민을 도탄의 고통에서 구해주어 인심을 수습하고 감복시켜 놓지 않으면 안되었기 때문이고, 그러기 위해서는 사법제도의 개혁이 필수적인 것으로 생각되었기 때문이었다.

---

39) 《官報》, 광무 10년 8월 27일 告示 참조. 그러나 《內部來案》(奎17768) 등에 의하면 이같은 금지조항은 외국인과 관련된 경우에만 국한되었던 것 같지는 않다. 또 국유지는 무상으로 제공되었고, 사유지는 한국정부가 매수하고 그 대금은 일본이 지급하는 형식을 취했던 것으로 보인다.

일제는 1904년 10월 27일 官制彛整所를 설치하고 정부조직을 개정하기 시작하였는데, 그 주안은 첫째로 경비절감을 이유로 정부기구를 대폭 축소하고, 보다 중요하게는 황제권을 축소하고 반면 의정부의 위상을 강화하는 데 있었다. 이는 말할 것도 없이 반일의 구심점이었던 고종의 힘을 제거하기 위한 것이었다.[40] 그래서 발표된 것이 1905년 2월 26의 〈의정부관제〉였으나, 고종의 저항으로 제대로 시행되지 못했다. 마침내 일제는 1907년 6월 14일 〈내각관제〉을 발포했는데, 일본의 내각제를 모방한 이 법령에 의하면 내각총리대신은 내부·탁지부·군부·법부·학부·농상공부 등 각부를 통할하고, 필요한 경우 閣令을 발포하는 등 명실공히 정부수반으로서의 권한을 행사할 수 있었다.[41]

이같은 상황에서 행정제도 개혁은 1907년 7월 정미조약 이후 일본인들이 행정각부의 차관으로서 임명되고, 1907년 9월의 〈통감부및이사청관제〉로 통감이 한국 국정의 실질적인 최고 통치권자가 되면서 보다 급속하고 대대적으로 이루어지게 되었다.[42]

지방행정제도의 경우 일제는 1906년 5월 지방제도조사위원회를 설치하고, 이들의 조사결과를 바탕으로 1906년 가을 지방제도를 개정하였다. 그 요점은 飛入地·斗入地를 정리하고, 개항장 소재지의 郡을 府로 바꾸며, 府郡의 鄕長 및 巡校를 폐지하는 것이었다. 이같은 조치는 기존의 향촌질서를 크게 뒤흔드는 것으로 구래 향임층의 반발을 불러일으켰다. 한편 면장의 기능은 일제에 의한 조세징수와 지방 치안에서 중요한 역할을 차지하게 되면서 점차 강화되어 갔다.[43] 이로써 중앙·지방의 통치기구와 기능, 인사행정과 재무행정에 이르기까지 광범하고 획기적인 변화가 초래되었다.[44]

---

40) 서영희, 《광무정권의 국정운영과 일제의 국권침탈에 대한 대응》(서울大 博士學位論文, 1998), 204쪽 참조.
41) 서영희, 위의 책, 288쪽 참조.
42) 서영희, 위의 책, 288~294쪽 참조.
43) 이상찬, 〈1906~1910년의 지방행정제도의 변화와 지방자치 논의〉(《한국학보》 42, 1986).
이영호, 《1894~1910년 地稅制度 연구》(서울大 博士學位論文, 1992), 289~306쪽.
44) 김운태, 《일본제국주의의 한국통치》(박영사, 1986), 140쪽 참조.

일제의 한국 재판제도 개혁 시도는 이미 갑오개혁 때부터 시작되었던 것이지만, 이 시기에 들어서 보다 본격적으로 착수되었는데, 이는 이토 히로부미가 무엇보다 이것을 한국 시정개선의 핵심중의 하나로 보았기 때문이었다.[45] 보호국시기 이것은 1907년 1월 법무보좌관의 배치로 시작되었다. 이들은 말이 보좌관이었지 실제로는 각급 재판소의 판결에서 '감독－지시'의 권한을 휘둘러 재판권을 실제적으로 장악하고 있었다.[46]

한편 1907년 7월 정미조약 제3조에는 "한국 사법사무는 행정사무와 구별할 것"이 규정되어 있었는데, 이는 이토가 사법제도 개량의 단서를 '행정관의 수중에서' 사법권을 '독립'시키는 데서 찾았기 때문이었다.[47] 이 조약에 따른 〈한일협약실행각서〉에는 보다 구체적으로 재판소 설치에 관해 규정되어 있었다. 이와 함께 법률 제8호 〈재판소구성법〉, 제9호 〈재판소구성법 시행법〉, 제10호 〈재판소설치법〉 등을 공포하고, 12월 23일 칙령 제51호 〈법부관제〉을 공포하였다. 이에 의해 재판은 區재판소·지방재판소·공소원·대심원의 4개급 3심제였으며, 일본의 재판소구성법을 모방하여 사법권의 한일간 통일을 꾀하였고, 재판소의 명칭도 또한 동일하게 되었다.

그러나 1909년 7월 12일 〈한국 사법 및 감옥사무위탁에 관한 한일각서〉가 교환되면서, 한국의 사법권은 완전히 통감부 소관으로 넘어가게 되었다. 이 각서에 따라 일제의 재판소인 통감부 재판소의 신설을 보게 되고, 한국 각급 재판소는 법부와 함께 10월 31일 폐지되었다. 한국 법부에 속했던 사무는 통감부 사법청에 이관되고 각급 재판소에 속한 사무는 통감부 각급 재판소에 인계되었다.[48]

사법제도의 개혁은 일제 자신이 상당히 자부심을 가진 것이었고, 여기에 참여했던 일인들도 '모든 것을 일본식으로 엄정·공평한 자세로 권력에 굴하지 않고 부귀를 멀리하고 모든 인민을 동등하게 취급하도록 지도를 게을리하지 않았다'[49]던가 관찰사나 군수의 불법행위에 엄정히 대처한 결과 일반민

45) 남기정역, 《일제의 한국 사법부 침략 실화》(육법사, 1978), 90·212쪽 참조.
46) 전봉덕, 〈일제의 사법권 강탈과정의 연구〉(《애산학보》 2, 1982), 183쪽 참조.
47) 남기정역, 앞의 책, 90쪽 참조.
48) 전봉덕, 앞의 글 참조.

중은 대환영이었다던가,[50] 그 결과 '제도는 가장 새로운 것인데도 불구하고 그 성적은 가장 良好'[51]하였다던가 자화자찬하고 있었다. 官과 人民간, 양반과 평민 사이의 송사에 있어서는 이같은 일본인들의 말이 전혀 틀린 것은 아니었을 것이다.

그러나 이같은 진보성은 '국사범의 재판에 관해서는 排日思想 등 관계 때문에 (한국인) 판검사가 小官의 의견에 따르지 않는 일'이 있어 곤란을 느꼈다는 한 일본인 법무참여관 촉탁의 회상이 암시하듯이,[52] 한국의 주권이 제약받고 있는 상황에서는 일제의 침략을 돕는 것이었다는 점에서 분명한 한계가 있는 것이었으며, 결국 일제의 침략과 지배를 '효율적'으로 만들기 위한 것이었음을 알 수 있다.

(5) 기타 식민지화를 위한 기반조성

이상에서 살핀 바와 같이 이 시기는 한반도를 일제의 목적에 맞는 식민지로 만들기 위한 제반작업이 진행되고 있었던 시기였다. 그러나 이러한 작업을 하기 위해서는 선행조사가 필요했었고, 이에 따라서 다양한 조사 연구가 진행되고 있었다. 일본에 의해 실시되었던 조선에 대한 연구는 이미 개항 이후부터 시작되었지만 비약적으로 늘어나게 되었던 것은 역시 러일전쟁 이후였다. 통감부에 의한 조사는 당연한 것이었지만, 일본 본국정부에 의한 것도 적지 않았다. 즉 일본 농상무성의 囑託에 따라서 각 府縣에서는 조선실업시찰단이 파견되었고, 그 조사복명서가 여러 부현에서 발행되었다.[53] 이 인쇄물 목록[54]을 통해서 보면 우리는 다음과 같은 몇 가지 특징들을 살필 수 있

---

49) 남기정역, 앞의 책, 68쪽 참조.

50) 남기정역, 위의 책, 120쪽 참조.

51) 남기정역, 위의 책, 100쪽 참조.

52) 남기정역, 위의 책, 53쪽 참조.

53) 鶴園裕, 〈調査の時代－明治期日本における朝鮮硏究の一點描〉(《千葉史學》 7, 1985. 12) 참조. 이밖에 민간인들에 의한 연구서도 적지 않았다. 또 이 글에 따르면 정부의 지원에 의한 학생들의 현지 답사 연구도 적지 아니 있었다. 1906년 가을에는 문부성·육군성의 후원에 의해 전국의 학생 3,500명이 조선시찰을 위해 출발하여, 그 기록이 발행되었다고 한다.

54) 〈보호국기 일제에 의한 한국관련 주요 연구 및 조사서(1905~1910)〉

다. 첫째, 통감부에 의한 조사 가운데 가장 큰 비중을 차지하고 있었던 것은 재정 및 稅源發掘과 관련된 것이었다는 점이다. 가장 먼저 '傭聘'되었던 '고문'이 재정고문이었던 데에서도 알 수 있듯이 한국의 국권을 빼앗으려는 일제에게는 혈맥과 같은 재정을 장악하는 것이 무엇보다 시급한 일이었고, 따라서 그와 관련된 조사가 늘어날 수밖에 없었던 것이었다. 또한 당시 러일

---

1. 한국재무요람(재정고문본부, 1906/1907) 2. 한국재정개황(탁지부, 1908/1909) 3. 軍米沿革一斑(재정고문본부, 1907) 4. 韓國土地ニ關スル調査(度支部 司稅局, 1908) 5. 結稅調査 (탁지부 사세국, 1908) 6. 地稅稅率調査(탁지부 사세국, 1908) 7. 土地調査參考書(탁지부 토지조사국, 1909) 8. (秘)結稅未納額調(光武9年6月 末日現在)(임시재산정리국, 1910) 9. 驛屯土徵收上ニ於ケル慣例調査(탁지부 사세국, 1908) 10. 屯土ニ關スル調査報告書(탁지부 사세국, 1908) 11. 元宮內府所管國有地各地種考(탁지부 사세국 1908) 12. 舊各宮司等所屬土地及賭稅調查(탁지부 사세국, 1909) 13. 土地及賭稅調査書(度支部司稅局, 1909) 14. 地方稅ニ關スル調査(탁지부 사세국, 1909) 15. 地稅參考書(탁지부 사세국, (1909) 16. 韓國戶口表(재정고문본부, 1907) 17. 韓國戶籍ニ就テ(통감부, 1908) 18. 韓國不動產ニ關スル調査記錄(부동산법조사회, 1906) 19. 韓國不動產ニ關スル慣例 및 동 2綴(부동산법조사회, 1907) 20. 韓國ニ於ケル土地ニ關スル權利一斑(부동산법조사회, 1907) 21. 小作慣例調査(탁지부 사세국, 1909) 22. 朝鮮皇室及民族變遷ノ概要(부동산법조사회, 1906) 23. 帝室債務정리보고서(임시재산정리국, 1910) 24. 韓國稅制考(度支部司稅局, 1909) 25. 慣習調査報告書(조선총독부, 1910) 26. 鹽業調査(財政顧問本部, 1907) 27. 京畿道(水原郡 南陽郡)一部鹽業調查(재정고문본부, 1907) 28. 密輸入鹽狀調査(임시재원조사국, 1908) 29. 韓國鹽業調査報告 제1편(임시재원조사국, 1910) 30. 韓國鹽務概況(임시재원조사국, 1910) 31. 韓國酒造業調査報告(재정고문본부, 1907) 32. 平安南北黃海道釀造業視察報告(임시재원조사국, 1908) 33. 韓國麯子菌學的調査(임시재원조사국, 1909) 34. 韓國酒類調査書(임시재원조사국, 1909) 35. 煙草耕作戶數反別及販賣者調(탁지부 사세국, 1907) 36. (경기도 과천, 경상남도 영산, 평안북도 가산군) 煙草調査參考資料(임시재원조사국, 1909) 37. 韓國煙草調査書(임시재원조사국, 1910) 38. 韓國人蔘病蟲害現況調査報告(탁지부, 1908) 39. 蔘政事項調査書(탁지부 사세국, 1908) 40. 藥用人蔘調査報告(탁지부 사세국 삼정과, 1909) 41. (1908년도)人蔘豫察試驗成績報告(삼정국, 1910) 42. 蔘政概要(삼정국, 1910) 43. 韓國各府郡市場狀況調査書(1~8편)(탁지부 사세국, 1909) 44. 韓國水產行政及經濟(재정고문본부, 1907) 45. 輸出入重要貨物ニ關スル調査(재정고문본부, 1907) 46. 韓國各地日本綿布商況일반(재정고문본부, 1907) 47. 淸津方面視察報告(탁지부, 1908) 48. 北韓諸港概況(관세국, 1909) 49. 馬山稅關支署管內狀況報告(1·2권)(관세국, 1909) 50. 物價運賃諸費等ニ關スル調査(관세국, 1910) 51. 韓國貿易品ノ取引順序及運賃等ニ關スル調査(관세국, 1910) 52. 度量調査表(탁지부, 1908) 53. 韓南島嶼ノ富源(재정고문본부, 1908) 54. 面ニ關スル調査(탁지부 사세국, 1908) 55. 有望ナル韓國果樹(농상공부 원예모범장, 1909) 56. 朝鮮各道著名地一

전쟁의 전비가 본국 재정에 커다란 부담이 되고 있었던 상황에서 식민지화를 하기 위한 재원을 조선에서 발굴한다는 것은 시급한 과제였던 것이다. 재원발굴과 관련된 조사중 이른바 新三稅라 일컬어지는 酒稅·煙草稅·家屋稅, 또 중요한 이권이 되고 있었던 人蔘관련 조사가 많이 눈에 띄는 것은 당연한 일일 것이다.[55]

覽表(한국주차헌병대본부, 1910) 57. 朝鮮名所古跡略說(한국주차헌병대본부, 1910) 58. 帝室圖書目錄(궁내부 규장각 도서과, 1909) 59. 韓國觀測所學術報文(인천 농상공부 관측소, 1910) 60. 해인사대장경판조사보고서(궁내부, 1910) 61. 韓國敎育ノ現狀(학부, 1910) 62. 朝鮮藝術ノ硏究(건축소, 1910) 63. 한국충청북도일반(충청북도 관찰도, 1910) 64. 韓國土木事業調査書(일본 내무성, 1905) 65. 한국사정조사자료(일본 농상무성, 1905) 66. 한국농사조사서(고지현 제3부, 1905) 67. 한국농사시찰복명서(고지현 제3부, 1905) 68. 韓國ニ於ケル農業水利視察復命書(농상무성, 1905) 69. 韓國ニ於ケル農業調査(농상무성 농사시험장, 1906) 70. 한국토지농산조사보고(농상무성, 1906) 71. 한국농업시찰복명서(京都府, 1908) 72. 조선농업개설(농상무성 생산조사회, 1910) 73. 한국수산업조사보고(일본 농상무성, 1905) 74. 韓海시찰보고(岡山縣 수산시험장, 1905) 75. 韓海어장탐험조사사업보고(岡山縣 수산시험장, 1906) 76. 朝鮮海어업시험조사보고(岡山縣 수산시험장, 1908) 77. 韓海어장조사보고(岡山縣 수산시험장, 1909) 78. 韓海출어조사보고(島根縣 제3부, 1906) 79. 한국어업조사기요(島根縣 내무부, 1909) 80. 한해어업조사보고(廣島縣 내무부, 1910) 81. 韓國ニ於ケル棉作調査(농상무성 농사시험장, 1905) 82. 韓國牛疫其他獸疫ニ關スル事項調査復命書(1905) 83. 韓國鑛業조사보고(농상무성, 1906) 84. 韓國ノ地質及鑛産(농상무성, 1907) 85. 鑛床조사보고서(농상공부 광무국, 1910) 86. 甛菜糖業ト朝鮮(척식국, 1910) 87. 한국출장조사사항보고(일본 세무감독국, 1905) 88. 한국출장보고(橫濱세관, 1906) 89. 압록강유역삼림작업조사복명서(농상무성 산림국, 1905) 90. 한국삼림조사서(농상무성, 1905) 91. 한국부산기상표(일본 중앙기상대, 1906) 92. 韓國氣象表(일본 중앙기상대, 1907) 93. 한국수로지(제2개판)(해군수로부, 1907)

① 이 목록은 《度支部印刷物目錄》(조선총독부 탁지부, 1910)과 《明治年間 朝鮮硏究文獻誌》(櫻井義之, 1941)에 의거하여 작성한 것임. 그러므로 당시에 출간되었던 조사·연구서 중에 빠진 것도 없지 않을 것이다. 또 서명으로 판단하여 1차적 조사라고 판단되는 것만 수록하였음. 따라서 일제 자신에 의한 사업의 보고·통계·편람·안내서·계몽서 類는 수록하지 않았음. 그러나 서명에 의해 판단한 것이므로 잘못이 있을 수 있음.

② 국가기관이나 지방자치 단체 등 공공기관에 의한 것만 포함하고, 개인이나 단체에 의한 것은 제외하였음.

③ 한국만을 대상으로 한 조사만 포함하였음. 예를 들면 《滿韓…》·《淸韓…》 등의 제목이 붙은 것은 수록하지 않았으나, 그 수가 많은 것은 아님.

55) 재정장악의 중요성으로 인해 탁지부가 정부예산에서 차지하는 비중도 매우 높았다. 1905·1906년에는 전체 세출예산의 약 40%에 달했었는데, 징세기구의

다음 일본정부 및 지방단체에 의한 조사(부록 64~93)에서 농업과 더불어 어업 관련 조사가 매우 높은 비중을 차지하고 있었다는 사실이 주목된다. 〈강령〉에서도 어업에 대해서 '농업 다음으로 한국에서 가장 유리한 사업'이라고 지적되고 있었고, 한일의정서가 맺어진 직후 일제가 가장 먼저 빼앗아간 이권이 충청·황해·평안도 연안의 어업권이었음을 같이 고려해 본다면, 당시 일제가 한국 연안어업에 대해서 얼마나 눈독을 들이고 있었는지를 충분히 짐작할 수 있다.

한편 이 시기가 식민지화의 초창기였음은 통감부의 사업구상에서도 나타나고 있다. 일제는 1906년 6월경에 1907년~1916년 10개년의 사업대강과 그에 필요한 세원개발계획을 수립하였는데, 그 항목은 ① 간선도로의 완성, ② 輕便鐵道의 포설, ③ 박람회의 개설, ④ 농업의 보호 및 장려, ⑤ 수산의 보호 및 장려, ⑥ 목축의 장려, ⑦ 삼림의 경영, ⑧ 운하개설, ⑨ 수력전기의 창설, ⑩ 치수사업, ⑪ 위생의 설비, ⑫ 교육사업, ⑬ 국보보존, ⑭ 재판제도의 설비, ⑮ 공공오락장의 설비였다. 여기에 토지조사사업을 추가하여 총 4,4754,000원의 총경비를 예상하고 있었는데, 이 중에서 治水 31.4%, 교통 28.1%, 조사 25.6%를 점하여 세 부문에 85.1%의 경비가 배정되었다. 교통의 경우, 철도가 없는 지방에 간선도로의 건설이 계획되는 한편 기존 경인·경의선과 중국 동청철도와의 연결을 위해서 경편철도의 건설이 계획되었다. 즉 약 60%의 비용이 이른바 사회간접자본 및 생산기반 정비에 투자될 계획이었던 것이다.[56]

신설과 일본인의 재정기구 장악 등 일제의 재정침탈이 본격화되는 1907년 이후에는 50% 이상으로 늘어나고 있었다 한다(李潤相, 앞의 책, 282쪽 참조).

56) 《韓國歲計計劃案》(度支部, 1906).

金載昊, 《갑오개혁 이후 근대적 재정제도의 형성과정에 관한 연구》(서울大 博士學位論文, 1997), 340쪽.

이영호, 〈통감부 시기 조세증가 정책의 실현과정과 그 성격〉(《한국문화》 18, 서울대 한국문화연구소, 1996), 349쪽.

김재호는 《韓國歲計計劃案》을 '식민지 개발'계획안으로 보고 있는데, 그러나 이 《계획안》의 초점은 「세입 증가의 방법」에 맞추어져 있고, '개발'계획에 대해서는 극히 개략적으로 다루어져 있다. 또 분량으로 보아도 전체 95쪽중 70쪽이 세원개발과 관련된 내용이다. 즉 일제는 자신이 벌여야 할 사업과 그에 이상이 계획이었다면 실제 세출은 어떠하였는가. 1905년~1910년의 기간 중 행정비(28.4%)가 가장 큰 비중을 차지하고 있었지만,[57] 그 다음으로 큰 비중을 차지한 것은「營繕 및 工事費」(18.2%)였다. 이는 탁지부 건축소에서 관장하였던 각종 관청의 건축 및 토목공사 경비였다.[58] 이 중에서 큰 비중을 차지하는 것은 다시 治道費와 수도공사비였다. 도로건설은 치안상·군사상의 목적 외에 일제의 경제적 침투를 손쉽게 하기 위한 것임은 다시 말할 필요도 없겠다.[59] 즉 이 시기는 식민지 지배를 위한 사회간접자본 확충 및 건설의 시기였고, 그에 따라 이 부문에 막대한 액수의 예산이 투입되고 있었던 것이다. 이같은 시설들은 한국정부의 예산과 관계없이 훨씬 더 많은 액수가 투입되어 건설된 철도와 함께 多目的的인 것으로서 군사적·경제적 진출을 돕고 결국 일제의 한국지배를 돕기 위한 것이었다.

끝으로 언급해 두어야 할 것은 이상과 같은 폭넓은 식민지 기반조성 작업은 기본적으로 일본제도의 이식이라는 방법을 통해 이루어졌다는 점이다. 결국 그것은 일본자본에게 자유스러운 활동의 장을 마련해주기 위한 것이었으며, 그 결과 한국은 일본제국주의에 더욱 깊숙이 통합되어 갔다. 이로써 한국의 자생적이고 내발적인 발전의 가능성은 최종적으로 소멸되고 말았다.

〈權泰檍〉

필요할 예산액을 예상한 뒤, 이를 위한 재원을 발굴할 방법을 생각하고 있었던 것이다. 이 책의 자세한 내용에 대해서는 이영호, 위의 글 참조. 이영호에 따르면 이 자료는 재정고문 目賀田種太郎에 의해 이토가 시정개선협의회의 준비자료로서 준비한 것으로 추측된다. 어쨌든 이 자료를 통해 일제가 地稅收入의 증가를 예산확대의 가장 확실한 방안으로 생각하고 그를 위한 장기계획으로 토지조사를 생각하고 있었음을 알 수 있다. 이에 이어 戶口調査·煙草稅·鹽稅를 차례로 논하고 있다. 흥미로운 점은 토지조사를 5년안에 약 960만원의 예산으로 완수할 수 있을 것으로 예상하고 있어, 실제에 훨씬 못미치고 있다는 점이다.

57) 행정비는 內部예산이라 볼 수 있겠는데, 내부예산은 1905년 전체 세출예산에서 5%를 차지함에 그쳤지만 1907년에는 34%로 급격히 증가하였다. 또 이중 경찰사업비는 1906년과 1910년을 비교하면 거의 10배 가까이 증가하였다 한다(李潤相, 앞의 책 참조). 이는 모두 한국인들의 저항을 압살하기 위한 것이었음은 다시 말할 것도 없다.

58) 김재호, 앞의 책, 351쪽 참조.

59) 李潤相, 앞의 책, 282쪽 참조.

2) 통감부시기 재정제도의 개편

(1) 일제의 재정제도 이식과 재정기구 장악

가. 재정고문 파견과 화폐·국고제도 개편

러일전쟁을 일으키면서 바로 대규모의 군대를 파견하여 한국을 사실상 강점하였던 일본은 전쟁에서 승세를 타자 1904년 5월 〈對韓方針〉과 〈對韓施設綱領〉 등 한국을 식민지화하기 위한 기본방침을 결정하였다.[1] 일본은 '대한방침'에서 한국을 보호국화함은 물론 장차 식민지화하겠다는 전제 아래, 당면의 급무로서 정치·군사적으로는 '보호의 실권'을 얻고, 경제적으로는 더욱 '이권의 발전'을 도모한다는 기본 방향을 설정했다. 그리고 〈대한시설강령〉에서는 이러한 목적을 실현하기 위한 구체적 방안으로서 ① 방비를 완전히 할 것, ② 외정을 감독할 것, ③ 재정을 감독할 것, ④ 교통기관을 장악할 것, ⑤ 통신기관을 장악할 것, ⑥ 拓殖을 도모할 것 등 6개 항목을 제시하고 있다. 특히 재정 문제에 대해서는 그 중요성 때문에 다음과 같이 대단히 상세한 설명을 붙이고 있다.

> 한국행정은 하나같이 개선을 필요로 하지 않는 것이 없지만 급격히 개혁을 행하면 상하 일반의 반항을 불러일으켜 실패할 수 있기 때문에 상황을 보아서 서서히 추진하지 않으면 안될 것이다. 그러나 재정은 하루라도 등한히 할 수 없다. 왜냐하면 한국 재정은 이미 매우 문란하여 내외 인민 모두 그 폐해 때문에 고생하고 있을 뿐만 아니라 재정이라는 것은 모든 행정의 기초이기 때문에 이의 정리를 통해서 행정 각부의 폐해를 고치는 것은 시정개선의 성과를 거두는 데 가장 쉬운 방법이다. 따라서 될 수 있는 대로 빨리 우리 나라(일본) 사람 중에서 적당한 고문관을 뽑아 이를·담당케 함으로써 적어도 지금보다 더 재정이 문란해지는 것을 막고 나아가서는 징세법의 개량, 화폐제도의 개혁 등에 착수하여 마침내 한국 재무의 실권을 우리 손아귀에 넣어야 할 것이다.
>
> 한국재정 문란의 원인은 여러 가지가 있지만 군대를 위해 과다한 비용이 필요하다는 것이 그 주요한 원인이다. 작년도의 예산을 보면 경상세출 총계 969

---

1) 《日本外交文書》 37-1, 1904년 5월 31일, 對韓方針竝ニ對韓施設綱領決定ノ件, 351~356쪽.

만 7천원 중에 412만 3천원이 군대의 비용에 속하며 그 병사의 수는 1만 6천에 달한다고 한다. 그러나 장래 한국의 방비는 우리 나라가 담당할 것이므로 친위대를 제외한 한국 군대는 점차로 그 수를 줄여야 할 것이다.

한국을 위해 새로이 財源을 얻어서 우리 이권을 확장할 목적으로 제국정부 관리 아래에 한국에서 식염·연초 등의 전매를 시작한다. 그 방법으로 직접 한국정부로 하여금 그를 실행하게 할 것인가 또는 한 개인의 명의로 特約을 맺어 그를 실행하게 할 것인가에 대해서는 앞으로 강구해야 할 것이다. 재정에 관한 이러한 내용은 당시의 한국 사정을 상세히 파악하고 있던 林權助와 한국을 방문하였던 伊藤의 의견을 반영한 것으로,[2] 한국을 위한다는 명분을 내세우면서 재정부문에 일본인 고문을 고용케 하여 징세제도와 화폐제도 등 재정 전반에 걸친 업무를 장악하며, 재정 지출 억제의 방편으로 군대를 해산시키고, 재정 수입을 늘리기 위한 방법으로 소금·담배 등의 전매를 추진한다는 것이다.

그 중에서 가장 먼저 추진되었던 것이 재정과 외교 분야의 고문관 고빙이었다. 그 결과 1904년 8월 '한일협약'이 성립되어, 한국정부는 일본이 추천하는 재정고문과 외교고문을 고용하고 이들에게 재정과 외교에 관한 일체의 사무를 담당시키도록 하였다.[3] 당시 일본에게는 한국의 재정과 외교를 장악하는 것이 가장 시급한 일이었다. 한국을 식민지화하는 데 대한 서구열강의 간섭을 예방하기 위해서는 한국이 이들 국가와 접촉하는 것을 막아야 했고 따라서 외교를 장악해야 했던 것이다. 또 재정은 세입·세출을 관장하는 모든 행정의 기초였기 때문에 재정을 장악한다는 것은 간접적으로 행정 전반을 장악하는 것과 같은 효과를 볼 수 있는 것이었다.

1904년 10월에 체결된 메가타 타네타로(目賀田種太郎)와의 傭聘계약은 메가타가 재정에 관한 모든 사항을 관장하며 그의 동의없이는 어떤 재정사무도 취급할 수 없다는 내용으로 되어 있었다.[4] 재정고문의 역할을 재정에 관한 자문과 협조로 상정하고 있었던 한국정부의 입장과는 달리 계약문에는 재정

2) 《日本外交文書》 37-1, 1904년 4월 1일, 伊藤特派大使ヘ呈セシ覺書貳通及同大使謁見始末書送附ノ件 附屬書1 對韓私見概要, 282~286쪽.
3) 《日本外交文書》 37-1, 1904년 8월 23일, 重要外交案件ニ關シ日本政府ト協議ヲ約スル日韓覺書調印ノ件 (附記)日韓協約, 367쪽.
4) 《男爵目賀田種太郎》, 346~347쪽.
《日本外交文書》 37-1, 1904년 10월 16일, 目賀田韓國財政顧問傭聘契約電報ノ件, 373~374쪽.

고문이 한국재정 전반을 감독하는 것으로 규정하였던 것이다. 즉 재정고문으로 고용된 일본인 메가타는 한국정부의 재정사무에 협조하는 고문으로서가 아니라 사실상 재정 전반을 관리하는 감독으로서의 지위를 가지게 되었던 것이다. 특히 제2조에 있는 '의정부 및 각부의 사무로서 재정에 관계있는 사항은 모두 재정고문의 동의를 필요로 한다'는 규정은 메가타가 거의 모든 행정에 간섭할 수 있는 여지를 만들어 준 것이었다.

재정고문의 업무를 시작한 메가타는 먼저 한국의 재정상황을 세밀히 조사하였다. 그것을 기초로 '재정정리'의 방침을 확정하기 위해 일본으로 돌아갔던 메가타는 1905년 3월에 다시 외무대신으로부터 〈재정통일에 관한 10개항의 각서〉를 받았다.[5] 이 10개항의 각서는 〈대한시설강령〉을 보다 구체화한 것으로 한국재정의 장악뿐만 아니라 행정 전반을 간섭하기 위한 세밀한 내용을 담고 있다. 그것은 독립되어 있었던 황실재정을 탁지부 산하로 흡수시켜 재정고문이 장악하고, 외교 공관도 세출을 줄인다는 명목으로 모두 철수하게 하며, 경찰사무를 정비하여 치안을 강화하는 데 중점을 두고 있었다. 그리고 이러한 일제의 계획들은 이후 거의 대부분 실현되었다. 이처럼 메가타는 한국정부의 재정고문이 아니라 일본정부의 지시를 받아 한국재정을 식민지 재정으로 전환시키기 위한 대한식민지화 정책의 집행자로서 역할이 주어졌던 것이다.

재정고문 메가타의 이와 같은 역할은 그가 재정고문 본연의 임무인 재정 업무만이 아니라 재정과 관련이 있다는 이유를 내세우면서 한국정부의 행정 전반을 간섭하려 한 데에서 명백히 드러난다. 메가타는 우선 1905년도 예산을 편성하면서 세출이 세입을 초과하자, 이를 최대한 이용하여 경비삭감을 구실로 군대감축, 재외공관 철폐, 통신사무의 일본 위임 등을 한국정부에 강요하였다.[6] 또한 한국정부가 1905년 7월 지방제도를 개정하면서 각 관찰부의 摠巡 2인을 1인으로 줄이는 대신 警務官 1인씩을 두기로 하자,[7] 메가타

5) 《男爵目賀田種太郎》, 347~350쪽.

6) 《日韓外交資料集成》 5, 1904년 12년 28일, 韓國來年度豫算ニ關スル目賀田顧問ノ意見報告ノ件, 340~341쪽.

7) 《勅令》 下, 1905년 7월 11일, 勅令 제38호 地方制度改正(서울대 도서관, 1991), 70쪽.

는 이것은 봉급지불이 달라지는 문제로서 직접 재정과 관련있는 사항이라고 주장하면서 재정고문인 자신의 동의를 받지 않았으므로 그들의 봉급을 지불할 수 없다고 위협하여 결국 무산되도록 했다.[8] 이때 메가타가 내세운 근거는 앞의 '용빙계약' 제2조로서, 한국정부의 처사는 여기에 규정된 재정고문의 권한을 무시하는 행위라는 것이었다. 이러한 메가타의 주장대로라면 정부의 업무 가운데 재정과 관련없는 사항은 거의 없다고 할 수 있으므로 한국정부의 업무는 모두 메가타의 동의를 필요로 한다고 해도 과언이 아닐 것이다.

재정고문으로서의 업무를 시작하면서 한국의 재정상황을 조사한 메가타는 화폐의 문란, 宮中과 府中의 혼동, 세출의 남발 및 세입 기관의 不整頓 등을 '재정제도상 不備의 주요인'이라고 지적하고 있다.[9] 메가타의 입장에서 재정 전반을 정비하고 완전히 장악하기 위해서는 황실재정의 정리와 징세기구의 설치가 무엇보다 중요한 것이었지만 이런 일들은 재정고문만의 힘으로는 감당하기 어려운 것들이었으므로 일단 뒤로 미룰 수밖에 없었다. 따라서 그의 목표는 우선 국고·회계제도를 정비하고 화폐제도를 일본과 통일시키는 데 두어졌다. 메가타가 가장 먼저 정비를 추진한 화폐제도와 국고·회계제도는 재정과 경제에서 가장 기초적인 분야였음에도 불구하고 당시 많은 문제를 안고 있었으므로 그 정비가 어느 정도 설득력을 가지고 있었던 것도 사실이다. 그러나 메가타의 본래 의도는 이 분야를 장악함으로써 한국재정과 경제 전체를 장악하는 토대로 삼을 뿐만 아니라 한국에 진출해 있던 일본 상인·기업가에게 이익을 주고자 했던 것이다. 따라서 화폐제도의 정비는 한국의 화폐제도를 일본의 화폐제도와 통일시키는 한편 第一銀行券을 法貨로서 통용시키는 방식으로, 그리고 국고·회계제도의 정비는 일본 제일은행이 한국의 國庫銀行의 역할을 하도록 하는 방식으로 진행되었다.

1904년 12월 〈金庫出納役設置件〉이 제정되어 금고(國庫)를 설치하고 금고출납역으로 하여금 국고금의 출납을 관리하도록 하는 길이 열렸다.[10] 이어

---

8) 《男爵目賀田種太郎》, 396~398쪽.
《韓國財政整理報告》 제1회, 2-58~61.

9) 《韓國財政整理報告》 제1회, 1-1.

10) 《한말근대법령자료집》 III, 1904년 12월 30일, 度支部令 제2호 金庫出納役設置件, 707~708쪽.

탁지부와 일본 제일은행 사이에 〈국고금 취급에 관한 계약서〉가 체결됨으로써 제일은행이 금고출납 업무를 담당하면서 한국정부의 수입·지출을 관장하게 되었다.[11] 이처럼 일본의 일개 사립은행에 불과한 제일은행이 한국의 국고금 출납에 관한 일체의 사무를 취급하는 중앙은행으로서의 지위를 갖게 된 것이다. 뿐만 아니라 제일은행 경성지점은 형식상 탁지부 대신의 지휘·감독을 받아 국고업무를 취급하게 되어 있었으나, 사실은 재정고문 메가타와 일본 外務省·大藏省의 명령에 따라 움직이고 있었으므로 일본은 제일은행을 통해 한국의 국고를 완전히 장악할 수 있었던 것이다.[12]

메가타는 국고은행인 제일은행을 통한 세입·세출의 감시뿐만 아니라 재무기관에 대한 감시·감독에도 철저하였다. 재무기관을 직접적으로 장악하기 위해서는 감독을 맡을 일본인 관리와 감독기관의 확대가 요구되었다. 1905년 1월 이미 재정고문 소속 직원을 둘 수 있도록 하는 규정을 마련했던 메가타는 계속해서 일본인 직원을 채용하는 한편 마침내는 지방에까지 일본인 직원을 파견하였다.[13] 같은 해 9월 평양·대구·전주에 재정고문부속 재무관을 파견하여 '정부재정고문지부'로 하고 재정고문 메가타의 집무소를 '정부재정고문본부'라 함으로써 재무기관에 대한 감독작업이 본격화되었던 것이다.[14] 지방에 파견된 재무관은 모두 일본인으로서 주재지 각도의 재정사무 일체를 담당하였고, 재무관이 파견되지 않은 각도의 재정사무는 역시 일본인으로서 이미 파견된 경무고문 보좌관 또는 보좌관보로 하여금 감독케 하였다.[15] 메가타는 이처럼 제일은행을 통한 국고장악과 일본인 관리를 앞세운 감시·감독으로 한국의 세입과 세출을 철저히 통제할 수 있었다.

한편 白銅貨의 남발에 따른 화폐유통의 혼란과 물가상승은 당시 한국경제의 커다란 문제였다. 이와 같은 상황 아래서는 일본이 의도하는 대한식민지

11) 《韓國財政整理報告》 제1회, 2-9~13.
　　澁澤榮一, 《韓國ニ於ケル第一銀行》(1908), 321~322쪽.
12) 《韓國ニ於ケル第一銀行》, 勅令(일본) 제73호 제1조, 341쪽.
13) 《한말근대법령자료집》 Ⅳ, 1905년 1월 18일, 奏本 탁지부 재정고문 소속 직원을 설치하고 그 員數 및 月俸相當額을 인정하는 건, 4~5쪽.
14) 《度支部來去案》(奎17792) 제8책, 1905년 9월 8일, 財政顧問 目賀田種太郎의 外部大臣에 대한 申牒.
15) 《韓國財政整理報告》 제1회, 6-24.

화 정책이 제대로 수행될 수 없었을 뿐만 아니라 한국에 진출한 일본상인·기업가의 활동도 어렵게 하였다. 따라서 일본으로서는 한국에 일본과 같은 화폐제도를 수립하는 것이 매우 중요한 과제였다. 메가타가 초기에 가장 역점을 두었던 사업도 자연히 한국에 일본과 같은 화폐제도를 도입하는 것이 아닐 수 없었다.

메가타는 '화폐정리'의 방법에 대해 검토한 끝에 한국의 유통 및 교통상 가장 밀접한 관계를 가진 것이 일본이므로 한국의 화폐본위는 일본과 동일하게 하며, 한국의 화폐제도에 가장 큰 이해를 가진 것도 역시 일본이라는 이유를 내세워 한국정부는 일본정부에서, 또는 일본정부의 보증으로 (화폐정리에 필요한)자금을 차입한다는 기본방침을 수립하였다.[16] 또한 화폐정리의 방법으로 ① 한국화폐의 기초 및 발행화폐를 완전히 일본과 동일하게 할 것, ② 한국 화폐제도와 동일한 일본화폐의 유통을 인정할 것, ③ 본위화폐와 태환권은 일본과 같은 것으로 하거나 일본태환권을 준비금으로 하여 일본정부의 감독 및 보증에 의한 은행권으로 할 것, ④ 보조화폐는 모두 한국정부에서 발행할 것 등을 정했다. 이같은 메가타의 계획을 바탕으로 '화폐정리사업' 즉 한국에 일본의 화폐제도를 그대로 도입하고 일본 제일은행권을 法貨로 공인하는 작업이 추진되었다.

舊貨의 정리는 그동안 한국에서 통용되던 은화·적동화·백동화·엽전 등 모든 화폐를 대상으로 하였으나 역시 중점이 두어졌던 것은 백동화였다. 백동화는 주조량이 많았을 뿐만 아니라 그 화폐가치가 불안정하여 경제에 커다란 문제를 일으키고 있었기 때문이다. 백동화의 교환은 제일은행에서 담당하고 백동화를 品位와 量目 등에 따라 갑·을·병종으로 구분하여 갑종은 법정 교환율인 2전 5리로 교환해 주며, 을종은 1전으로 교환해 주거나 교환을 원치 않을 경우 화폐로 사용할 수 없도록 절단하여 돌려주고, 병종은 아예 교환해 주지 않기로 하였다.[17]

---

16) 《韓國貨幣整理報告書》, 22~23쪽.
17) 《한말근대법령자료집》 Ⅳ, 1905년 6월 24일, 度支部令 제1호 舊白銅貨 교환에 관한 건, 260~261쪽
《한말근대법령자료집》 Ⅳ, 1905년 6월 24일, 度支部令 제2호 舊白銅貨 교환처리순서, 261~264쪽.

이러한 조치는 화폐교환 역사상 유례가 없는 것이었다. 우선 법정교환율 자체부터 문제였다. 일본에서는 은본위제도에서 금본위제도로 바꾸면서 은화 1円을 금화 1엔으로 교환해 주었으므로, 은본위제도를 기초로 한 백동화를 금본위제도하의 신화폐로 교환할 때에도 당연히 그 법정 가치인 5전으로 교환해 주어야만 했다.[18] 또 을종·병종 백동화를 부정화폐라 하여 반액의 가치로 평가하거나 전혀 가치없는 것으로 평가하는 방식도 부당한 것이었다.[19] 불량 백동화는 典圜局의 백동화 남발에 따라 발생한 것이었을 뿐만 아니라 그 동안 정부에서도 통용을 인정하여 왔으므로 교환에 따른 손해는 당연히 정부에서 부담해야 하는 것이다. 더욱이 일본인들이 대량으로 백동화를 위조하여 유통시켰기 때문에 불량 백동화가 많아졌으므로 일본도 상당한 책임을 져야했다.[20] 그런데도 이러한 실정을 무시하고 위와 같이 기만적 방법으로 백동화 정리를 강행한 것은 한국의 화폐재산을 약탈하는 한편 일본자본을 위한 본원적 축적의 기회를 마련해 주려는 의도였다고 할 수 있다.

1905년부터 1909년 사이에 이루어진 백동화 교환의 결과를 보면 '화폐정리'가 한국인들의 희생을 강요하면서 추진되었다는 것을 분명히 알 수 있다. 즉 화폐정리를 실시한다는 소식을 전해들은 한국인들은 자신이 가지고 있는 백동화가 액면가치의 2분의 1, 또는 5분의 1로 평가절하되거나 심지어는 아예 교환이 거부된다는 점에 놀라서 백동화를 헐값에 방매하여 상품을 사들이거나 토지·가옥에 투자하는 등 온갖 수단을 동원하여 백동화를 처분하였으므로 교환 당시에는 오히려 한국인의 수중에 백동화가 거의 없는 상태가 되었던 것이다.[21] 이처럼 '화폐정리사업'이 한국인의 화폐재산을 약탈하는 기만적 방법으로 강행되었고, 그 과정에서 심각한 화폐부족 현상마저 발생하였기 때문에 많은 한국인 상인들이 몰락하고 말았다.

---

18) 김재순, 〈로일전쟁 직후 일제의 화폐금융정책과 조선 상인층의 대응〉(《한국사연구》 69, 1990), 146~150쪽.

19) 화폐정리를 담당한 제일은행조차 '백동화를 正貨와 不正貨로 구분하는 것은 매우 곤란한 문제'이며 또한 '인민의 권리상에 중대한 관계를 가지는 문제'라고 하여 백동화 교환방식의 불합리성을 인식하고 있었다(《大韓國貨幣整理經過報告》, 6쪽).

20) 《貨幣制度》(奎17259) 참조.

21) 《男爵目賀田種太郎》, 388쪽.

나. 대규모 차관 도입과 징세기구 신설

재정·외교고문을 파견하였음에도 불구하고 처음의 기대와는 달리 일제가 한국에 대한 식민지화 작업을 본격화하는 데에는 많은 어려움이 있었다. 그 주요 원인은 고종의 강력한 반대와 러일전쟁으로 말미암은 국제적·국내적 조건에 있었다. 고종은 특히 메가타 재정고문이 황실재정에 간섭하는 것을 철저히 저지하였다. 반면에 메가타는 황실재정과 정부재정이 명확히 구분되지 않은 상태에서 황실재정을 정리하지 않고 정부재정을 개편한다는 것은 불가능하다고 생각하였다. 따라서 일제는 반일세력의 구심점인 고종을 무력화하지 않고서는 한국재정 장악은 물론, 나아가서는 한국의 식민지화가 불가능하다는 결론을 내리고 고종을 억압할 수 있는 방안을 찾게 되었다.[22] 이와 더불어 이 시기 일본의 정책을 규정했던 최대의 조건이 러일전쟁이었는데 산업혁명과정을 거쳤다고는 하나 아직 빈약한 일본의 경제력으로는 장기간의 전쟁 군수를 충당하기 어려웠다. 승세를 타고 있다고는 하지만 더 이상 전쟁을 수행할 힘이 없던 일본은 1905년 9월 미국의 중재로 러시아와 강화조약을 맺고 전쟁을 끝냈다. 러일전쟁의 과정에서 이미 한국을 '보호국'으로 삼는다는 방침을 세워 두고 있었던 일본은 전쟁이 끝나자 곧 한국을 '보호국'으로 삼겠다는 결정을 내렸다.[23]

일본은 이러한 계획을 실현하기 위해 이토 히로부미(伊藤博文)을 한국에 파견하였다. 이토는 1905년 11월에 일본군을 동원하여 왕궁을 포위한 가운데 대신들을 협박하여 조약이 체결되었음을 선언하였다. 강요된 '을사조약'(제2차 한일협약)은 통감부의 설치와 외교권의 박탈을 주요 내용으로 하였다.[24] 이로써 한국은 대외적으로 주권행사를 할 수 없게 되었을 뿐만 아니라 대내적으로도 일본 통감의 감독을 받는 사실상의 식민지로 전락하고 말았던 것이다.

이미 언급한 바와 같이 일본의 대한식민지화 정책에 가장 큰 장애물은 황제인 고종이었다. 그러나 황실에 대한 간섭과 황실재정 장악은 고종의 반발

22) 《日本外交文書》 38-1, 1905년 9월 25일, 韓國皇帝ノ動向並宮中肅正ノ必要ニ關スル件, 903~906쪽.

23) 日本外務省, 《日本外交年表竝主要文書》 上, 1905년 10일 27일, 韓國保護權確立實行に關すル閣議決定(原書房, 1965), 250~251쪽 .

24) 《日本外交年表竝主要文書》 上, 1905년 11월 17일, 日韓協約, 252~253쪽.

이 강력하였으므로 쉽게 실현될 수 없었다. 따라서 이토는 고종의 권한을 제한하고 고종의 외부와의 교섭을 차단하는 한편, 황실과 정부, 황실재산과 정부재산의 구분을 엄격히 하는 간접적인 방식으로 황실과 황실재정에 대한 간섭을 시도하였다. 이것은 사실상 황제권력의 제한과 황실재산의 축소를 의미하는 것이었다. 이를 위해 이토는 황실을 압박하는 일련의 조치를 단행하였다. 먼저 1906년 7월에 雜輩의 황제에 대한 접근을 막고 궁궐을 엄숙히 한다는 구실로 宮禁令을 내리게 하여 허락을 받지 않은 사람과 물품의 궁궐 출입이 엄격히 통제되었고, 이를 위해 일본인 간부가 지휘하는 顧問警察이 궁궐문의 경비를 담당하게 되었다.[25] 이토는 곧이어 황제의 명령임을 뜻하는 '啓字'('啓字'는 황제의 명령임을 나타내는 '啓'라고 찍힌 도장을 의미)가 남발된다는 이유로 '啓字封印'조치까지 요구하였다.[26] 계자의 봉인은 바로 황제권력의 제한을 의미하는 것이었지만 이토의 주장에 따라 '계자'사용에 대해 엄격한 규제조치가 취해지지 않을 수 없었다.[27]

한편 이토통감은 부임하자마자 고종을 알현하고 한국을 부강시키기 위해서는 자금이 필요하다고 강변하면서 이를 일본에서 차관으로 들여올 것을 요구했다.[28] 그는 이어 대신들을 모아 놓고 '시정개선'을 위해 우선 1천만円 정도의 차관을 도입할 것을 제시하며 그 용도로는 '다수 농민을 이롭게 하는 방법, 예를 들면 농업개량·도로수축·排水·灌漑·植林 등의 사업과 간이교육 등'을 거론하였다.[29] 한국을 식민지화하기 위해서는 많은 사업과 경비가

---

25) 《詔勅》 제18책, 1906년 7월 3일, 詔勅 宮禁을 肅淸하는 건, 467쪽
《한말근대법령자료집》 V, 1906년 7월 6일, 奏本 宮禁令 ; 1906년 7월 12일, 1906년 7월 17일, 宮內府 告示 門票 並 物件票 交付 規則 ; 宮殿門 出入 及 入對細則, 3~4·15~17쪽

26) 《日韓外交資料集成》 6-上, 1906년 7월 23일, 韓國施政改善ニ關スル協議會 제9회, 300~304쪽.

27) 《한말근대법령자료집》 V, 1906년 7월 26일, 詔勅 宮內大臣·內大臣 소관 궁정사무·궁내부 사항의 啓下文蹟을 궁내부에 收藏하고 궁내 관원의 應行諸規程을 궁내대신이 奏請 시행하는 건 ; 1906년 8월 3일, 布達 제134호 啓字奏請規則, 51~52·57~58쪽

28) 《日韓外交資料集成》 6-上, 1906년 3월 9일, 伊藤統監漱玉軒ニ於テ正式謁見ノ始末書, 123쪽.

29) 《日韓外交資料集成》 6-上, 1906년 3월 13일, 韓國施政改善ニ關スル協議會 제1

요구되었는데 그 자금은 '한국의 利源을 개발하고 農工商의 발달을 기하기 위한' 것이라는 명분으로 한국정부에서 부담하는 것을 원칙으로 하고 일본으로부터의 借入金으로 충당하기로 방침이 세워졌던 것이다.[30] 이처럼 일제는 한국을 개발시키겠다는 미명하에 그들의 식민지 지배와 수탈을 위한 토대, 즉 교통・통신시설의 확충을 꾀하였다. 이것은 식민지 지배를 위한 군사시설의 성격을 가질 뿐만 아니라 일본자본의 침투로이자 식민지 수탈을 위한 혈관으로서의 성격도 가지고 있었다. 이러한 차관공세는 일제가 1894년 경복궁을 점령하고 개화파 정권을 수립시키면서 한국을 보호국화하려고 할 때 이미 사용했던 방법이었다. 당시 주한공사인 이노우에(井上馨)가 한국을 식민지화하기 위해 썼던 거액의 차관도입이라는 방법을 동지인 이토가 다시 시도한 것이다. 이노우에는 영국이 이집트로 하여금 거액의 차관을 도입하게 하고 그것을 빌미로 보호국화한 전례를 한국에 적용하려고 했었다.[31]

한국정부는 결국 일본 興業銀行과 '起業資金' 1천만円의 借入을 계약하여 그중 5백만엔은 즉시 들여오고 나머지는 필요한 때 받기로 하였다.[32] 그러나 1907년말까지 실제로 사용된 것은 290만엔에 불과하였다. 그나마 사용된 것도 당초의 계획에 구애됨이 없이 일제의 정책적 목표를 위해 자유롭게 사용되었다. 그 주된 용도는 평양-진남포-원산간, 광주-목포간, 대구-경주-영일만간, 전주-군산간 도로 총 132里의 도로개설비와 인천 수도공사비, 農工銀行 보조금, 교육자금 등이었다.[33] 이것은 차관으로 들여온 자금이 일본자본의 진출을 쉽게 하고 내륙지방에서의 수탈을 용이하게 하는 동시에 확대되고 있던 반일의병전쟁을 탄압하기 위해 사용되었다는 것을 의미했다.

메가타는 국고・회계제도의 정비를 통하여 세출을 엄격히 통제하는 데는 성공하였으나 세입에는 아직 손을 대지 못하고 있었다. 물론 메가타도 세원조사와 함께 새로운 징세기구를 설치하고 징세제도를 정비하는 것이야말로

회, 129쪽.

30) 荒井賢太郎, 《韓國財政施設綱要》, 1910, 157쪽.

31) 유영익, 《갑오경장연구》(일조각, 1990), 62~63쪽.
森山茂德, 《近代日韓關係史硏究》(東京大學出版會, 1987), 31~32쪽.

32) 《韓國財政施設綱要》, 157쪽.

33) 《韓國財政整理報告》 제4회, 274쪽.

재정을 장악하는 데 가장 중요한 작업임을 알고 있었다. 하지만 '수입의 정리는 바로 人的 관계를 야기하고 인적 관계는 바로 감정문제로 변하기 때문에 그 정리의 성과는 時運의 발전에 기대할 수밖에 없었으므로' 징세사무의 장악은 뒷날로 미루어졌던 것이다.[34] 그러나 통감부의 설치 등 상황의 변화는 일제로 하여금 새로운 징세기구의 설립, 즉 세입의 장악을 꾀할 수 있는 조건을 만들었다.

1906년 9월 〈管稅官官制〉에 의해 신설된 징세기구는 탁지부의 관할하에 세무감·세무관·세무주사 등으로 편성되었다.[35] 세무감은 당분간 관찰사가 겸임토록 하였고 주요한 지역 36개소에 세무관을 파견하여 일체의 세무를 담당케 하는 동시에 각군에 주재하는 168명의 세무주사를 감독하게 하였다. 이어서 10월에는 〈조세징수규정〉이 반포되어 면 단위에서의 징세기구도 신설되었다.[36] 〈관세관관제〉와 〈조세징수규정〉에 의해 징세사무는 지방행정업무에서 분리되었고, 세무관·세무주사·면장으로 이어지는 별도의 징세기구가 만들어졌다. 이러한 새로운 징세기구의 설치는 종래 징세사무를 담당하고 있던 부윤·군수 등 지방관과 吏胥·鄕任層을 배제하는 데 그 중요한 목적이 있었다.[37] 〈관세관관제〉와 같이 반포된 〈지방관관제〉도 부윤·군수의 권한을 일반 행정업무로 대폭 축소시키고 있다.[38] 이제 세무·법무·경무 등 중요한 업무들이 군수와 이서층의 손을 벗어나게 된 것이다.

새로운 징세기구의 설치와 더불어 재정사무 전반을 감독할 기관도 강화되어야 했다. 그 일환으로 1907년 3월에는 〈통감부재정감사청관제〉가 제정되어 통감부 산하에 재정감사청이 신설되었다.[39] 재정감사청은 감사장관과 재정감

---

34) 《韓國財政整理報告》 제1회, 6-13.

35) 《한말근대법령자료집》 Ⅴ, 1906년 9월 24일, 勅令 제54호 管稅官官制, 193~194쪽.

36) 《勅令》 제18책, 1906년 10월 16일, 勅令 제60호 租稅徵收規程, 197~198쪽.

37) 일제는 새로운 징세기구의 설치와 군수·이서층의 배제를 통해 지주계급을 농촌의 지배층으로 성장시킴으로써 이들을 식민지 지배를 위한 사회적 기반으로 삼으려는 의도도 가지고 있었다(田中愼一, 〈韓國財政整理における徵稅制度改革について〉 《社會經濟史學》 39-4, 1974 참조).

38) 《한말근대법령자료집》 Ⅴ, 1906년 9월 24일, 勅令 제50호 地方官官制 改正, 184~187쪽.

39) 《統監府法規提要》, 42쪽.

사관으로 구성되었으며 감사장관인 메가타는 통감의 지휘를 받아 한국재정 전반을 감독하였다. 한편 메가타의 집무기관인 '재정고문부'도 여전히 존속하여 1907년 6월 서울·평양·대구·전주·원산에 재정고문감부를 두고 재정감사관을 배치하여 지부 이하의 감독과 지방재무의 감독을 맡게 하는 등 계속 확대되었다. 이미 각도에 배치되어 있었던 고문지부 13개소는 여전히 존속하였고, 산하의 13개 分署는 分廳으로 개편되면서 69개소로 증가하였다. 그리고 재무관과 재무관보가 그곳에 파견되어 지방세무 및 재정일반에 걸친 사무를 감독했다.[40] 이는 종래의 재정고문본부 및 재정고문지부를 확충한 것으로 〈관세관관제〉에 의해 만들어진 새로운 징세기구의 장악과 감독을 보다 강화하기 위한 것이었다. 이처럼 재정감독기구가 복잡해진 것은 메가타가 한국정부의 고문이면서 동시에 통감부의 관리라는 이중적 성격을 가지고 있었으며 재정고문부는 형식상 한국정부의 관청이었으므로 일본정부가 직접 간섭하기에 불편했기 때문일 것이다.

다. 재정기구 장악과 증수정책의 추진

재정고문과 통감부에 의해 장악된 재정은 급격히 일본에 예속되어 갔다. 그러나 고종의 밀사파견과 일제의 재정침탈에 대한 저항이 계속되었으므로 일제의 식민지화 정책은 상당한 제약을 받지 않을 수 없었다. 더욱이 1907년 1월부터는 각지에 '國債報償期成會'가 조직되어 독립에 방해가 되는 외채를 갚음으로써 일본이 물러가도록 하자는 국채보상운동을 전개하는 등 민간의 반일감정도 고조되고 있었다.

하지만 이토는 '1천3백만엔의 국채를 상환하면 일본인은 한국을 버리고 본국으로 돌아갈 것이라는 생각은 夢想'이라고 하면서 더욱 큰 규모의 차관을 도입하여 적극적으로 식민지화 작업을 확대해 나감으로써 이러한 사태를 타개하려고 하였다.[41] 이러한 이토의 구상에 따라서 메가타는 도로개설, 철도부설, 토지정리 등의 사업과 담배·소금의 전매, 酒稅의 신설 등을 통해 세

---

40) 《男爵目賀田種太郎》, 441쪽.
41) 《日韓外交資料集成》 6-中, 1907년 6월 4일, 韓國施政改善ニ關スル協議會 제17회, 516쪽.

원을 개발하였고 세입을 크게 확장하기 위해 총 5천 2백만円에 달하는 차관을 5개년에 걸쳐 도입하여 한국의 경제전반을 혁신시키자는 계획을 내놓았다.[42] 그러나 이토조차 그 대가로 지불해야 할 이자의 엄청남에 놀라, 당시 한국의 재정형편으로는 그 이자를 지불할 수 없다고 반대하였다. 메가타의 계획은 일시에 차관을 들여와 투자를 하고 토지정리의 결과 늘어나는 지세수입과 담배·소금의 전매수입, 酒稅와 같은 新稅와 지방세의 부과 등에 의한 수입으로 그것을 점차 상환해 나가자는 것이었으나 당시 한국의 실정으로는 무리가 아닐 수 없었다.[43] 뿐만 아니라 自國의 빈약한 경제력 때문에 러일전쟁을 중단해야만 하였던 일본으로서도 벅찬 일이 아닐 수 없었다. 따라서 '식민지 경영비'를 일본의 자금으로 충당하고 한국에서 수탈된 재원으로 점차 갚아 나가려는 메가타의 계획은 후퇴하였다. 대신 소규모의 자본을 계속 투자하여 서서히 식민지화를 추진하면서 수탈을 강화하려는 정책이 채택되었다.

이러한 상황에서 헤이그밀사사건을 절호의 기회로 삼은 일본은 1907년 7월 고종을 퇴위시키는 한편 '한일협약(3차)'을 강요하여 한국군대를 해산시키고 일본인들이 한국정부의 주요 관직을 차지하도록 하였다.[44] 이리하여 일제의 대한식민지화 정책은 새로운 단계를 맞이하게 되었다. 이전 단계에서도 통감과 외교·재정·경무 등 각 분야의 고문, 그리고 그 휘하에 다수의 일본인 관리들이 있었지만 그들의 역할은 철저한 감독을 통한 간접적인 간여에 그칠 뿐 행정전반을 직접 담당할 수는 없었다. 그러나 이제는 일본인이 각부의 차관 등 중요한 관직에 임명되어 행정전반을 직접 장악할 수 있게 되었던 것이다. '한일협약(3차)'에서 고문과 참여관제도를 없애기로 한 것도 바로 이 때문이었다.[45]

일본인 관리들이 실권을 장악하게 되면서 1907년 12월 정부기구도 대대적

---

42) 《日韓外交資料集成》 6-中, 1907년 6월 18일, 韓國施政改善ニ關スル協議會 제18회, 528~532쪽.

43) 《日韓外交資料集成》 6-中, 韓國施政改善ニ關スル協議會 제18회, 276~277쪽.

44) 《日本外交年表竝主要文書》 上, 1907년 7월 24일, 日韓協約, 276~277쪽.

45) 이에 따라 재정고문으로 파견되었던 메가다는 임무를 마치고 귀국하였고, 대신 荒井賢太郎이 탁지부 차관에 임명되어 한국의 재정전반을 장악하였다.

으로 개편되었다.[46] 개편의 방향은 행정조직을 중앙집권적인 형태로 재구성하고 일본식의 관제를 도입하는 것이었다. 이제 과거와 같이 한국인들로 구성된 집행기구와 일본인들로 구성된 감시·감독기구가 병존하는 이원적인 체제는 불필요했으며 한국식의 관제가 일본인 관리들에게 대단히 불편했기 때문이다. 일제는 이처럼 한국의 정부기구를 대폭적으로 개편하고 수많은 일본인 관리를 파견하여 한국의 사법·행정전반을 장악하기 위해 필요한 경비를 '일시대부금'이라 하여 일본정부의 차입금으로 충당하도록 강요하였다.[47] 비록 이자가 없고 상환기간을 정하지 않았다고는 하지만 이것도 결국 한국이 갚아야 할 부채임에 틀림없었다. 일제는 일본인 관리들의 한국이주와 고용을 위한 자금, 즉 식민지 지배기구를 확충하기 위한 비용까지를 한국이 부담하도록 한 것이다.[48]

기구개편과 일본인 관리 고용은 지방행정·경찰·사법·재정 등 식민지 지배와 수탈을 위한 부문에 집중되었다. 재정부문의 기구개편은 재정고문부와 재정감사청 등 감독기구의 폐지로부터 시작됐다. 이어서 1908년부터 〈관세관관제〉가 폐지되고 새로 〈재무감독국관제〉와 〈재무서관제〉가 실시되었다.[49] 이에 따라 서울·평양·대구·전주·원산 5개소에 재무감독국을 설치하여 탁지부 대신의 지휘하에(사실상 일본인 차관의 지휘하에) 세무와 재무를 감독하게 하고 그 밑에 231개소의 재무서를 두어 1내지 3개 군의 세무와 재무를 담당하게 하였다. 재무감독국장은 모두 일본인이었고, 재무서장도 대부분 일본인이 임명되었다.

〈재무감독국관제〉와 〈재무서관제〉는 징세업무를 담당하고 있던 〈관세관관제〉와 징세 및 재무를 감독하는 재정고문부제도가 하나로 통합된 것이었다.

---

46) 《한말근대법령자료집》 VI 참조.

47) 이 자금은 일본의 정부예산에서 상환기간을 정하지 않고 무이자로 들여온 것으로, 처음에는 1912년까지 모두 1,968만円을 도입하기로 계획했으나 실제로는 1907년에 177만円, 1908년 526만円, 1909년 465만円, 1910년 160만円이 도입되었다(水田直昌, 《統監府時代の財政》, 友邦協會, 1974, 198~200쪽).

48) 堀和生, 〈日本帝國主義の朝鮮植民地化過程における財政改革〉(《日本史硏究》 219, 1980), 25쪽.

49) 《勅令》 제20책, 1907년 12월 13일, 勅令 제46호 財務監督局官制 ; 1907년 12월 13일, 勅令 제47호 財務署官制, 358~361쪽.

종래에는 한국인 관리들이 관세관으로서 징세업무를 담당하고 일본인으로 구성된 재정고문부에서 이를 통제·감독하는 이중적인 체제로 되어 있었는데, 이를 재무감독국·재무서체제로 통합하여 일본인 관리들이 일원적으로 장악할 수 있게 하였던 것이다. 재무감독국과 재무서의 설치로 재무기관과 일반 행정기관이 완전히 분리되었고, 일본인들이 재무를 직접 장악하는 일원적인 징세·재무기구가 완성되었다. 식민지 재정으로의 질적 전환을 위한 제도적 장치를 완비하게 된 것이었다.

일본인들이 징세·재무기구를 장악하게 되자 전부터 계획하고 있었으나 실행에 옮기지 못하고 있었던 각종 증수정책이 본격적으로 추진되었다. 그러나 세율의 인상에 의한 증세에는 커다란 반발이 예상되었으므로 당분간 세원의 정확한 파악과 중간 횡령의 배제를 통한 증수를 추진하기로 했다. 그 일환으로 실시된 것이 황실재정의 정부재정으로의 편입, 세원 조사, 新稅의 창설 등이었다.

황실재정의 정부재정 편입은 고종의 퇴위와 함께 본격화되었다. 궁내부·내장원 소속 광산이 폐지되고, 經理院(1905년 3월부터 내장원이 경리원으로 개편됨) 收租官이 폐지됨과 함께 역둔토와 궁장토의 1907년도 수조를 탁지부에 위탁한다는 결정이 내려졌다. 이어서 경리원의 홍삼전매사업과 잡세도 모두 정부재정으로 이관되거나 폐지되었다. 역둔토 도조수입과 홍삼전매사업처럼 황실재정 수입의 대부분을 차지하는 것들이 국고로 이관됨에 따라 황실재정은 사실상 해체되었고, 1908년 6월에는 마침내 황실재정 해체의 마지막 단계인 황실재산의 國有化가 단행되었다.

세원조사 가운데 가장 먼저 시작된 호구조사는 1906년 11월 경무고문이 각도 경무고문지부에, 그리고 내부대신이 각도 관찰사에 훈령을 내려 고문경찰을 일정한 기간 호구조사에 종사케 함으로써 비롯되었다.[50] 1906·7년에 진행된 호구조사의 결과 1907년의 과세 호수가 1906년의 2배 이상으로 증가하였다. 그러나 여기에는 심각한 문제가 내포되어 있었다. 종래에는 토지소유의 정도에 따라 戶稅를 정하여, 어느 정도 이상의 토지를 소유한 자를 징

50) 《顧問警察小誌》, 203~205쪽.

세상의 1호로 하고 그 이하의 자는 2·3호, 심지어는 10호 이상을 묶어서 징세상의 1호로 하여 과세하는 지방도 있었다.[51] 이는 호세가 지세와는 달리 빈부의 차이를 무시하고 일정하게 과세되는 데 따르는 불균형을 시정하기 위해 취해진 방법이었다. 그러나 일본인 관리들은 이런 관행을 무시하고 모든 호를 그대로 징세상의 1호로 계산하였다. 따라서 도저히 과세에 응할 수 없었던 貧戶·挾戶와 破産流離戶들까지도 모두 과세대상이 되었던 것이다.[52]

지세의 부과 대상인 토지에 대해서는 그 파악이 매우 어려웠기 때문에 조사가 미루어질 수밖에 없었다. 토지의 소유권을 확인하는 본격적인 토지조사사업은 1910년 토지조사국의 설치와 함께 시작되어 1918년에 가서야 완성되지만 이 시기에 이미 그 기초작업이 진행되고 있었다. 지세징수의 기초가 되는 징세대장을 새로운 방식에 따라 작성하는 사업이 1907년 후반기부터 이미 시작되었던 것이다.[53] '作伕簿'의 작성에서 '結稅連名簿'의 작성으로 이어지는 새로운 징세대장 작성사업을 서두르지 않을 수 없었던 원인은 엽전 유통지역의 지세를 백동화 유통지역과 동일한 수준으로 부과하게 되면서 재정수입의 대부분을 차지하는 지세수입이 감소했기 때문이다.

그리고 일본인 관리들이 종래의 징세대장을 판독할 수 없었다는 것도 또 하나의 이유였다. 당시에는 한국인 관리들조차 판독하기 어려운 작부부가 많았다. 따라서 새로운 징세대장 작성사업은 일본인 관리들도 이해할 수 있는 징세대장을 만드는 한편 지세수입을 대폭 늘리는 것을 목표로 하였다. 특히 작부체계를 개편하는 과정에서도 隱結을 색출하는 데 치중하여 일단 은결로 파악된 것은 실지조사를 하지 않고도 모두 세금을 부과하는 등 出稅結을 증

---

51) 《韓國財政整理報告》 제1회, 6-5.

52) 《韓國稅制考》, 37쪽.

53) 일제의 지세 징세대장 정비사업에 대해서는 다음의 글이 참고된다.
田中愼一, 〈韓國財政整理における〈徵稅臺帳〉整備について〉(《土地制度史學》 63, 1974),
이영호, 〈1894~1910년 지세제도 연구〉(서울대 박사학위논문, 1992).
이종범, 〈19세기말 20세기초 향촌사회구조와 조세제도의 개편〉(연세대 박사학위논문, 1994).
조석곤, 〈조선토지조사사업에 있어서의 근대적 토지소유제도와 지세제도의 확립〉(서울대 박사학위논문, 1995).

가시키기 위해 폭력적인 방법까지 동원하였다.

술·담배·소금 등 새로운 재원이 될 수 있는 것들에 대한 조사는 1907년 12월 〈탁지부관제〉 개정에 따른 대규모의 임시재원조사국 설치와 함께 본격화되었다.[54] 임시재원조사국이 염업시험장·양조시험소를 설치하는 등 술·담배·소금의 생산과 유통에 대해 전면적인 조사활동을 벌인 끝에 술과 담배에 대해서는 세금을 부과하고 소금은 관영사업으로 하도록 결정되었다.[55] 새로운 세금의 부과는 1907년부터 추진되었으나 여러 가지 사정으로 미루어지다가 1909년에 와서 비로소 실시되었다. 이때부터 부과되기 시작한 세금이 家屋稅·酒稅·煙草稅 등 이른바 '新三稅'였다.

(2) 식민지화를 위한 재정운영－세입·세출예산 분석

가. 세원 확대에 따른 세입의 증가

〈표 1〉과 〈표 2〉가 1905년부터 1910년까지의 세입예산을 정리한 것인데, 이것을 앞 시기와 비교하면 1905·1906년 단계에서는 별다른 차이를 보이지 않는다. 메가타를 앞장세운 일제가 세출부문은 어느 정도 통제할 수 있었지만 세입부문은 아직 장악하지 못했기 때문에 세입의 전체 규모나 항목별 비중이 거의 변화하지 않은 것이다. 하지만 일제가 새로운 징세기구를 창설하고 일본인들을 대거 파견하여 재무기관 전체를 장악하는 1907년부터 세입의 규모뿐만 아니라 항목별 구성도 크게 변화하기 시작하였다. 세입의 전체 규모는 1906년까지 7백만圜대에서 유지되었으나 1907년에 2배 가까이 증가한 것을 시작으로 해마다 급증추세를 보인다. 특히 본예산이 편성된 후 추가예산이 자주 편성되어 최종 예산은 본예산보다 훨씬 불어나는 현상을 보였다. 이렇게 해서 결국 1910년의 추경예산은 1905년 예산의 3배가 넘는 규모에 달했다.

1907년부터 예산규모가 급증한 것은 일제가 황실재정을 해체하여 그 수입을 정부의 세입에 포함시키는 한편, 징수기구를 장악하고 나아가 세원까지 철저히 파악할 수 있었기 때문에 가능해진 것이었다. 그러나 그보다 더 중요

54) 《勅令》 제20책, 1907년 12월 13일, 勅令 제41호 度支部官制 改正, 348~350쪽.
55) 《統監府時代の財政》, 173~179쪽.

〈표 1〉 세입예산 Ⅰ(1905~1907년)

(단위 : 圜)

		1905		1906		1907			
						본예산		추경예산	
경상비	租稅	5,675,912	75.9	6,422,744	85.8	8,181,653	62.0	9,732,872	59.1
	(地稅)	4,871,767	65.1	5,208,228	69.6	5,866,109	44.5	5,866,109	35.6
	(戶稅)	231,630	3.1	234,096	3.1	269,404	2.0	292,404	1.8
	(驛賭稅)	105,000	1.4	105,000	1.4	105,000	0.8	105,000	0.6
	(漁鹽藿船稅)	42,515	0.6	25,420	0.3	31,140	0.2	13,540	0.1
	(水産稅)							5,210	0.0
	(港稅)	850,000	11.4	850,000	11.4	1,870,000	14.2	2,221,219	13.5
	(礦稅)					40,000	0.3	40,000	0.2
	(雜稅)							12,390	0.1
	印紙收入			30,000	0.4	158,000	1.2	158,000	1.0
	官業官有財産收入	121,250	1.6	74,000	1.0	13,450	0.1	13,450	0.1
	(전보)	90,750	1.2						
	(전화)	3,750	0.1						
	(우편)	17,250	0.2						
	(인쇄국)	15,000	0.2	70,000	0.9				
	(醫院)					9,450	0.1	9,450	0.1
	(官報)	2,000	0.0	4,000	0.1	4,000	0.0		
	(평양광업소 수익금)							4,000	0.0
	雜收入	625	0.0	6,000	0.0	12,000	0.1	12,000	0.1
	旣往年度所屬未納稅收入	1,250,000	16.7	952,000	12.7	1,200,000	9.1	1,200,000	7.3
	경상비 합계	7,480,287	100	7,484,744	100	9,565,103	72.5	9,916,322	60.2
임시비	繰入金								
	(起業資金)					2,325,868	17.6		
	(海關工事基金)					1,298,365	9.8		
	公債金繰入							5,562,438	33.8
	公債金繰替							980,000	6.0
	임시비 합계					3,624,233	27.5	6,542,438	39.8
	총 계	7,480,287	100	7,484,744	100	13,189,336	100	16,458,760	100

* 출전 : 《奏本》 제86책.
  《官報》, 1905년 12월 15일, 1906년 11월 22일.
  《韓國財政施設綱要》, 14~16쪽(추경예산).
* 비고 : 1904·1905년의 예산은 元을 圜으로 환산(2元=1圜).

〈표 2〉 세입예산 Ⅱ(1908~1910년)

(단위 : 圜)

		1908				1909				1910			
		본예산		추경예산		본예산		추경예산		본예산		추경예산	
경	租稅	10,340,604	51.0	10,518,444	45.2	10,468,202	48.8	11,334,984	38.8	11,565,592	55.3	11,565,592	48.7
	(地稅)	6,469,890	31.9	6,469,890	27.8	6,283,906	29.3	6,219,085	21.3	6,219,929	29.7	6,219,929	26.2
	(戶稅)	503,947	2.5	503,947	2.2	584,983	2.7	584,983	2.0	591,316	2.8	591,316	2.5
	(家屋稅)							216,976	0.7	216,976	1.0	216,976	0.9
	(酒稅)							163,031	0.6	244,546	1.2	244,546	1.0
	(煙草稅)							486,775	1.7	486,775	2.3	486,775	2.0
	(漁鹽藿船稅)	117,000	0.6	102,000	0.4	102,000	0.5	102,000	0.3	36,670	0.2	36,670	0.2
	(水産稅)	100,000	0.5	100,000	0.4	100,000	0.5	100,000	0.3				
	(關稅)	2,279,183	11.2	2,454,639	10.5	3,123,015	14.1	3,123,015	10.7	3,127,874	15.0	3,127,874	13.2
	(噸稅)	65,248	0.3	67,632	0.3	68,260	0.3	68,260	0.2	89,109	0.4	89,109	0.4
	(礦稅)	81,072	0.4	81,072	0.3	132,538	0.6	132,538	0.5	152,802	0.7	152,802	0.6
	(雜稅)	24,264	0.1	39,264	0.2	73,500	0.3	73,500	0.3	36,692	0.2	36,692	0.2
	印紙收入	195,000	1.0	195,000	0.8	234,000	1.1	234,000	0.8	286,697	1.4	286,697	1.2
	驛屯賭收入			750,000	0.3	1,198,823	5.6	1,378,647	4.7	1,516,511	7.3	1,516,511	6.4
	官業官有財産收入	118,560	0.6	1,175,875	5.1	948,704	4.4	951,204	3.3	693,202	3.3	693,202	2.9
	(醫院)	52,054	0.1	52,054	0.2	67,085	0.3	67,085	0.2	95,444	0.5	95,444	0.4
	(官報)	5,946	0.0			17,172	0.1						
	(水道事業)							2,500	0.0	59,570	0.3	59,570	0.3
	(度量衡事業)	35,560	0.1	35,560	0.2	43,500	0.2	43,500	0.1	80,210	0.4	80,210	0.3
상	(鑛業)	25,000	0.1	404,000	1.7	404,000	1.9	404,000	1.4				
	(蔘業)			665,115	2.9	125,000	0.6	125,000	0.4	101,550	0.5	101,550	0.4
	(林野)					150,580	0.7	150,580	0.5	150,080	0.7	150,080	0.6
	(수도공전제작)					28,337	0.1						
	(鹽業)					24,000	0.1	24,000	0.1	53,887	0.3	53,887	0.2
	(교과서·曆書)					43,690	0.2			35,281	0.2		
	(생산품)					5,772	0.0			20,645	0.1		
	(평양광업소)			19,146	0.1			134,539	0.5	57,630	0.3	152,461	0.6
	(官有物貸下料)					44,968	0.2			38,905	0.2		
비	雜收入	769,844	3.8	771,028	3.3			1,280,068	4.4	720,835	3.4	725,330	3.1
	(準許·手數料)	45,740	0.2	47,098	0.2	57,034	0.3	67,433	0.2	15,717	0.1	40,615	0.2
	(受入金)							21,000	0.1	340,000	1.6	340,000	1.4
	(官有物品賣却貸)	1,358	0.0			9,252	0.0			19,256	0.1		
	(벌금·몰수금)	100,000	0.4	100,000	0.4	100,410	0.5	100,410	0.3	816	0.0	816	0.0
	(稅關잡수입)	155,569	0.8	157,953	0.7	158,560	0.7	158,560	0.5	78,406	0.4	78,406	0.3
	(辨償·違約金)					1,147	0.0			1,147	0.0		
	(未勘金整理收入)							200,000	0.7	200,000	1.0	200,000	0.8
	(雜入)	467,177	2.3	465,977	2.0	672,311	3.1	732,665	2.5	65,493	0.3	65,493	0.3
	既往年度未納稅收入	700,000	3.5	700,000	3.0			64,821	0.2	362,903	1.7	362,903	1.5
	경상비 합계	11,424,008	56.3	13,410,347	57.6	13,848,443	64.6	15,178,903	51.9	14,782,837	70.7	14,787,332	62.2

	繰入金	3,603,144	17.8	5,959,580	25.6	2,932,740	13.7						
	(宮殿營造基金)	171,700	0.8			165,200	0.8						
임	(起業資金)	1,730,198	8.5			1,562,840	7.3						
	(海關工事基金)	1,410,091	7.0			1,204,700	5.6						
	(金融資金)	291,155	1.4										
	公債金繰入			3,903,309	16.8			6,437,980	22.0	2,432,841	11.6	3,063,585	12.9
시	借入金	5,259,580	25.9			4,653,540	21.7	4,653,540	15.9	2,600,000	12.4	4,694,677	19.8
	公債金繰替							200,000	0.7	1,063,000	5.1	1,063,000	4.5
비	前年度剩餘金繰入							957,588	3.3	37,000	0.2	37,000	0.2
	導掌賜金公債金											120,000	0.5
	임시비 합계	8,862,724	43.7	9,862,889	42.4	7,586,280	35.4	14,049,108	48.1	6,132,841	29.3	8,978,262	37.8
	총 계	20,286,732	100	23,273,236	100	21,434,723	100	29,228,011	100	20,915,678	100	23,765,594	100

* 출전 : 《官報》, 1907년 12월 20일 · 1908년 12월 28일 · 1909년 12월 27일.
《韓國財政施設綱要》, 14~16쪽(추경예산).

한 이유는 일제가 식민지화 정책을 본격화하면서 한국에 강요한 대규모의 外債에 있었다. 〈표 1〉과 〈표 2〉에서 명백히 드러나듯이 세입예산의 급증은 조세를 중심으로 한 경상비보다 외채를 중심으로 한 임시비의 팽창에 말미암은 것이었다. 특히 1909년 추경예산의 경우 임시비 세입이 경상비 세입에 육박할 정도로 급증하고 있었다.

이러한 임시비의 증가는 재정에 심각한 영향을 주었다. 1905년의 貨幣整理資金 300만円, 國庫證券 200만엔, 金融資金 150만엔의 도입으로 시작된 외채의 증가 추세는 1906년의 제1차 起業資金 1천만엔, 1908년의 제2차 기업자금 1,796만엔, 企業公債, 1908년 5월부터의 일본정부 차입금 등으로 가속화되었다.[56] 특히 제1차 및 제2차 기업자금과 일본정부 차입금은 각각 1,000만엔을 넘는 막대한 액수였다. 이러한 외채의 증가는 재정의 자주적인 운용을 방해하는 결정적인 요인으로 작용하였다. 일제는 다른 나라로부터의 차관은 철저히 방해하면서 한국에 막대한 규모의 차관을 강요하여 재정부문에 대한 침탈은 물론 행정전반을 장악하는 데 이용하고 있었다. 세출부문의 검토에서

56) 《韓國財政施設綱要》, 156~160쪽.

자세히 살펴보겠지만 일본이 강요한 외채는 대부분 한국을 식민지로 지배하고 수탈하기 위한 기초적인 사업에 투입되었다.

조세부문 역시 1907년을 획기로 해서 커다란 변화를 보이고 있었다. 1906년까지는 종전과 비슷한 양상이었으나 1907년 후반기부터 港稅의 급증, 1908년부터는 戶稅의 급증, 1909년 후반기부터는 가옥세·주세·연초세 등 '新三稅'의 창설 등 일제의 增收政策이 예산편성에 그대로 반영되면서 세입의 구조가 변화하고 있었다. 증수의 방법으로는 세율의 인상이 아니라 황실재정의 해체와 정부재정으로의 편입, 독립회계였던 항세(1908년부터 關稅와 噸稅로 분리)의 國庫移屬, 新稅의 창설, 세원조사 등의 조치가 취해졌다. 이에 따라 1907년의 경상비 세입예산도 지세에서 結과 陞摠이 증가되고, 호세에서 戶數陞摠이 증가되었으며 鑛稅가 부활됨에 따라 크게 증가하였다. 이러한 과정을 거쳐 이제까지 정부재정 수입의 대부분을 차지해왔던 지세가 아직도 큰 비중을 점하고 있기는 하였으나 점차 그 비율이 낮아져가는 대신 항세와 驛屯賭 收入 등의 비중이 늘어나면서 세입의 항목도 다양해지는 경향이 뚜렷해지고 있었다.

황실재정의 경우에는 경리원 소속으로 그 수입 중 일부가 국고로 이월되고 있던 驛賭稅, 즉 驛屯土의 地代수입이 탁지부로 이속되면서 驛屯賭收入으로 명칭이 바뀌고 1907년까지의 10만圜 수준에서 1909년 이후에는 100만환 이상으로 그 액수도 엄청나게 불어났다. 뿐만 아니라 황실 소유의 방대한 司宮庄土도 역둔토로 편입하여 국유지로 만들고 그 수입을 국고수입으로 하였다. 이것은 황실재정의 급격한 축소와 정부재정의 확대를 가져 왔다. 더욱이 경리원 소속이던 각종 조세수입(漁·鹽·船稅 및 鑛稅 등)도 1907년부터는 다시 탁지부로 이속되었다. 즉 '鑛業法', '砂鑛採取法', '水産稅規則' 등의 시행으로 광세·염세·수산세 등이 부활 혹은 신설되는 동시에 정부재정으로 편입되었던 것이다. 이어서 홍삼의 전매 및 蔘稅收入이 탁지부로 이속되어 국고수입으로 들어갔다.[57]

항세의 경우 독립회계로서 그 수입 중 경비를 제외한 일부분만 국고로 들

57) 일제의 한국 황실재정 침탈에 대해서는 이윤상, 〈통감부시기 황실재정의 운영〉(《한국문화》 18, 1996) 참조

어갔었으나 1906년부터는 재정고문 메가타가 총세무사를 겸하면서 종래 총세무사의 전관에 속하던 관세수입을 일반 조세수입과 같이 직접 국고로 수납하게 되었다. 이에 따라 1905년에 85만환에 불과하던 항세가 1910년이 되면 320만환으로 증가하고 있다. 호세도 1906·7년에 걸친 호구조사로 말미암아 1908년의 예산이 급증하고 있다.

조세 이외의 부분으로는 각종 잡세를 전환한 인지수입이 신설되었고 관업수입이 잡수입에서 독립하여 새로운 항목으로 편성되고 있었다. 인지수입은 '세입정리'의 한 방법으로 소액의 조세 및 수수료를 인지로 납부하도록 한 데에서 비롯되었는데, 인지로 납부하는 조세와 수수료의 종류가 점차 늘어갔다. 관업수입은 인쇄국수입과 관보수입으로 구성되며 그 액수가 증가함에 따라 독립된 것이다. 인지수입·관업수입·잡수입 모두 조세와 마찬가지로 커다란 증가폭을 보였다. 조세수입에 포함되던 기왕년도 소속 수입은 점차 감소하여 1909년의 본예산에서는 독립항목으로 설정되지 않고 각 조세수입으로 분산·정리되고 있다.

통감부시기에는 이전과 비교해서 각종 조세의 징수실적도 훨씬 나아진 것으로 나타나고 있다. 특히 1907년 이후에는 예산액에 대한 실수액의 비율과 과세액에 대한 실수액의 비율이 모두 상승하였으며 각 조세수입과 세입총액도 크게 증가하고 있었다.[58] 의병전쟁과 거납운동으로 인한 징세사무의 곤란에도 불구하고 이러한 실적을 올릴 수 있었던 것은 일제의 수탈이 한층 가혹해진 데서 가능한 것이었다. 앞서 살펴본 것처럼 〈관세관관제〉 및 〈재무감독국관제〉 등 징세·재정기구를 정비하고, 일본인 관리를 대거 이주시켜 재정기구를 장악하는 한편, 지방위원회와 경찰·헌병을 이용한 징수 독려 등 만반의 준비를 갖추었기 때문이다.

지금까지 살펴본 통감부시기 세입예산 변화의 특징을 몇 가지로 정리해 보면 다음과 같다. 첫째 황실재정이 정부재정으로 移管되었다는 점이다. 종래 정부재정과 독립되어 엄청난 규모로 운영되고 있던 황실재정이 점차 통감부가 지배하는 정부재정으로 편입되어 탁지부의 관리를 받게 되었다. 따라

58) 이윤상, 〈일제에 의한 식민지재정의 형성과정〉(《한국사론》 14, 1986), 338~344쪽.

서 염세·광세 등 여러 가지 조세수입이 국고로 이속되고 막대한 액수의 국유지(역둔토) 소작료 수입이 1908년부터 탁지부로 이속되면서 세입규모도 크게 불어났다. 둘째 세원 파악에 의한 증수가 추진되었다는 점이다. 1906년부터 시작된 警務顧問警察에 의한 호구조사에 따른 엄청난 新査增戶의 발생, 그리고 1907년부터 시작된 結數連名簿 작성작업을 통한 납세자의 확정, 隱結의 陞摠을 통한 結數의 증가 등으로 인하여 지세·호세수입이 증대되고 있었다. 셋째 세관의 수입이 國庫로 편입되었다는 점이다. 종래 총세무사 브라운에 의해 독립회계로 운영되고 있었던 세관을 통감부 재정고문 산하로 옮기면서 막대한 항세수입도 국고로 편입되었다. 이제 가장 확실한 세원인 항세가 명실공히 정부재정으로 편입되었던 것이다. 넷째 일제의 식민지화 정책에 따라 일본으로부터의 국채도입이 급속히 증가하였다는 점이다. 재정수입의 증가에도 불구하고 식민지화를 위한 각종 기구와 시설의 확충, 그리고 일본인 관리들의 이주와 고용을 위한 비용을 충당하기에 부족하였기 때문에 일제는 막대한 규모의 차관·공채를 한국정부에 강요하는 한편 자신들이 이를 독점적으로 제공함으로써 한국재정을 일본에 예속시켜 나갔다. 이러한 외채는 일제의 '식민지 경영비'를 한국의 부담으로 전가시키려 했던 것으로 주로 일제의 침략을 지원하는 시설에 사용되었다. 일제는 개발이라는 명목으로 막대한 외채를 한국에 빌려주고 그 자금을 이용하여 한국 민중을 지배하고 수탈하기 위한 시설을 확충하였던 것이다.

나. 수탈과 탄압을 위한 세출의 확대

1905년의 세출예산 편성에 있어 메가타는 재정지출의 엄격한 통제와 재정긴축정책을 강조하였다.59) 그러나 1905년의 세출예산은 전년도의 세입 부족 때문에 세입에 비해 2백만圜 가량 초과되었다. 메가타는 이것을 기화로 그가 부임하면서부터 노리고 있었던 우편·전신 및 전화사업의 일본 관리, 외국공관의 철수, 군대의 감축을 꾀하였다. 또한 李容翊 등이 추진하고 있던 관영사업도 전부 중단시키거나 폐지시켜 버렸다.

〈표 3〉과 〈표 4〉를 보면 재정긴축정책에 따라 편성된 1905년의 세출예산

59) 《韓國財政整理報告》 제1회, 6-30.

〈표 3〉 세출예산 Ⅰ(1905~1907년)

(단위 : 圜, %)

		1905		1906		1907			
						본예산		추경예산	
경상비	황실비	727,000	7.6	1,300,000	16.3	1,309,000	9.4	1,339,000	7.7
	궁내부	161,778	1.7						
	기로소	12,963	0.1	15,805	0.2	17,993	0.1		
	원수부								
	의정부	29,889	0.3	37,475	0.5	62,997	0.5		
	내부	446,743	4.7	960,856	12.1	1,296,126	9.3	2,368,062	13.6
	외부	255,417	2.7	204,021	2.6				
	탁지부	2,412,745	18.4	2,170,349	27.2	4,282,876	30.7	4,368,847	25.1
	군부	2,426,087	25.4	1,379,617	17.3	1,522,209	10.9	1,321,566	7.6
	법부	34,335	0.4	46,259	0.6	146,336	1.0	183,001	1.1
	경무청	193,374	2.0						
	학부	109,378	1.1	154,942	1.9	286,853	2.1	206,512	1.2
	농상공부	28,554	0.3	29,596	0.4	277,358	2.0	406,288	2.3
	중추원	8,917	0.1	16,406	0.2	12,642	0.1		
	호위대	40,359	0.4						
	통신원	236,270	2.5	9,012	0.1				
	합 계	7,123,812	67.7	6,324,338	79.4	9,214,390	66.0	10,193,276	58.7
임시비	궁내부	105,000	1.1					46,401	0.3
	의정부	1,650	0.0						
	내부	18,644	0.2	189,372	2.4	1,023,050	7.3	1,832,617	10.5
	탁지부	2,307,726	24.1	1,326,974	16.7	3,134,437	22.4	4,714,434	27.1
	군부								
	법부					78,000	0.6	8,115	0.0
	외부								
	학부			86,704	1.1	267,015	1.9	353,023	2.0
	농상공부			40,000	0.5	168,190	1.2	228,085	1.3
	합 계	2,433,020	25.5	1,643,050	20.6	4,748,645	34.0	7,182,675	41.3
세출 총계		9,556,832	100	7,967,388	100	13,963,035	100	17,375,951	100

* 출전 : 〈표 1〉·〈표 2〉의 자료.

은 경상비에서 탁지부의 예산이 전년도에 비해 증가하고 있지만 이것은 주로 紙貨예산에 의한 差增, 특히 國債費 중 제일은행에 지불할 47만圜의 지화 지출에 따른 증가분에 지나지 않았다.[60] 임시비에서의 탁지부 소관 예산도

60) 《奏本》 제86책, 광무 9년 예산.

〈표 4〉 세출예산 II(1908~1910년)

(단위 : 圜, %)

		1908				1909				1910			
		본예산		추경예산		본예산		추경예산		본예산		추경예산	
경상비	황실비	1,500,000	7.4	1,500,000	6.4	1,500,000	6.7	1,500,000	5.1	1,800,000	8.6	1,800,000	7.6
	궁내부												
	기로소												
	원수부												
	의정부												
	내부	3,528,675	17.4	3,578,966	15.3	3,912,494	17.6	3,996,505	13.7	4,555,234	21.8	4,555,234	19.2
	외부												
	탁지부	6,252,841	30.8	6,937,201	29.7	7,011,223	31.5	9,208,630	31.5	7,889,702	37.7	7,889,702	33.2
	군부	314,982	1.6	314,982	1.3	321,607	1.4	321,607	1.1				
	법부	1,168,252	5.8	1,146,252	4.9	1,900,762	8.5	1,875,762	6.4				
	경무청												
	학부	298,735	1.5	329,224	1.4	384,320	1.7	409,320	1.4	429,198	2.1	429,198	1.8
	농상공부	535,546	2.6	908,309	3.9	952,028	4.3	952,028	3.3	721,146	3.4	721,146	3.0
	중추원												
	호위대												
	통신원												
	합 계	13,599,031	67.0	14,714,934	63.0	15,982,434	71.8	18,263,852	62.5	15,395,280	73.6	15,395,280	64.8
임시비	궁내부												
	의정부												
	내부	1,367,954	6.7	2,071,984	8.9	1,555,805	7.0	1,928,540	6.6	723,052	3.5	2,334,706	9.8
	탁지부	5,028,510	24.8	6,134,343	26.3	3,163,221	14.2	8,447,952	28.9	3,905,530	18.7	4,660,769	19.6
	군부												
	법부												
	외부												
	학부	154,115	0.8	154,115	0.7	218,874	1.0	218,874	0.7	271,400	1.3	271,400	1.1
	농상공부	146,463	0.7	277,481	1.2	368,331	1.7	368,331	1.3	620,416	3.0	1,103,439	4.6
	합 계	6,697,042	33.0	8,637,923	37.0	6,286,221	28.2	10,963,697	37.5	5,520,398	26.4	8,370,314	35.2
세출 총계		20,296,073	100	23,352,857	100	22,268,655	100	29,227,549	100	20,915,678	100	23,765,594	100

* 출전 : 〈표 1〉·〈표 2〉의 자료.

전년도 歲入 부족에 의한 것일 뿐 전혀 새로운 사업을 준비하는 것이 아니었다. 따라서 전체적으로 보아 1905년의 지출예산은 전년의 것을 거의 그대로 답습한 것이었다. 1906년의 예산은 일본의 식민지정책에 따른 軍部의 축소, 通信院의 폐지에 의해 1905년보다 격감하고 있다. 이때가 바로 세출예산의 구조가 점차 변화하기 시작하는 출발점이었다.

1907년 이후 세출규모는 비약적인 증가를 거듭하여 1910년에는 1906년의 3배 가량에 이르고 있다. 경상비의 증가폭보다 임시비의 증가폭이 훨씬 컸는데, 그것은 '제1차 起業資金' 이후 각종 외채도입에 의한 식민지화 정책의 추진 때문이었다. 즉 한국의 官制를 대폭적으로 개편하는 한편 많은 일본인 관리들을 이주시켜 한국정부의 중요 관직을 차지하게 함으로써 한국을 식민지로 지배하고 수탈하기 위한 기초적인 사업을 벌이는 데 많은 비용이 소요되었던 것이다. 1907년부터 나타나는 특징적인 현상으로는 外部 폐지에 따른 외부 소속 예산의 소멸, 軍部 예산의 급격한 감소, 內部와 度支部 소속 예산의 급격한 팽창 등이 있다. 이것은 모두 한국재정이 식민지 재정으로서의 성격을 갖게 되면서 나타난 현상이었다.

일제의 외교권 박탈에 따라 외부예산은 1907년부터 완전히 없어졌고, 군부예산 역시 일제의 한국군대 약화 및 해산방침에 의해 급격히 감소하다가 1910년에는 마침내 소멸되어 버리고 말았다. 1905년 전체 세출예산의 25%, 242만圜에 달했던 군부예산은 1906년에 137만환(전체의 17%)으로 축소되었고 1908년에 이르면 겨우 31만환(전체의 1%)에 지나지 않게 되었다. 한국의 군대는 1907년에 강제로 해산되었고 이제 황제 호위병 정도로 겨우 명색만 유지할 뿐이었다. 국가의 존립에 가장 중요한 요소라 할 수 있는 외교와 국방이 모두 일제의 손아귀에 들어갔음을 세출예산을 통해서도 분명히 알 수 있다. 반면에 1905년 3만환(전체의 0.4%)에 불과했던 법부예산은 1909년이 되면 190만환(전체의 8.5%)에 이를 정도로 급격히 증가하였다. 법부예산의 급증은 지방관으로부터 사법권을 박탈한 데 따른 재판소의 설치 및 운영비용의 충당을 위한 것이었다. 하지만 1909년에 이르러 한국의 재판권 자체가 일제로 넘어갔으므로 1910년부터는 아예 법부예산이 없어져 버렸다.

경상비·임시비 모두 내부·탁지부 소속 예산의 급증이 전체 세출규모의 확대를 좌우하였다. 내부예산은 경상비만 해도 1905년의 44만환에서, 1910년에는 455만환으로 5년간 10배 이상의 급증현상을 보였을 뿐만 아니라 임시비에도 매년 100~200만환 정도가 배정되었다. 탁지부예산 역시 경상비에

〈표 5〉 내부 소관 경상비 예산

	1905	1906	1907	
			본예산	추경예산
本廳	22,307	38,721	48,801	74,404
漢城府	3,185	6,193	8,669	
地方 各道	41,394	55,033	86,302	
地方 各府	6,597	8,154	51,568	777,268
濟州牧	2,020	3,004		
地方 各郡	360,646	587,244	629,458	
警務廳	155,192	167,883	158,968	
開港場警務署		24,102		1,412,703
各道 警務署	25,916	55,049	258,440	
邊界 警務署	12,266	4,252		
地方警察費				
廣濟院	4,478	10,785	33,947	
種痘司	2,080			
地方 各 享祀費	435	436		
屠獸場			14,323	
罹災救助費			2,650	
傳染病豫防費			3,000	
大韓醫院				103,687
水道事業費				
慈惠醫院 支出金				
합 계	467,435	960,856	1,296,126	2,368,062

* 출전 : 〈표 1〉·〈표 2〉의 자료.

서 1905년에 241만圜이던 것이 1910년에는 788만환으로 증가하고 있었으며 임시비에서도 1908년에 6백여만환, 1909년에 8백여만환이 배정되는 등 급격히 증가하였다. 뿐만 아니라 내부·탁지부 소속 예산이 전체 세출예산에서차지하는 비중도 압도적으로 높아지고 있었다. 경상비와 임시비를 합하면 내부예산은 1905년 세출예산의 5% 정도에 지나지 않았으나 의병전쟁이 격화되는 1907년에는 34% 수준으로 늘어났다. 탁지부예산은 이전 시기에도 전체 세출예산에서 차지하는 비중이 군부 다음으로 높았지만 이 시기에 들어오면 그 비중이 더욱 높아져 1905·6년에는 전체 세출예산의 약 40%에 달하였고 징수기구의 신설과 일본인의 재정기구 장악 등 일제의 재정침탈이 본격화되는 1907년 이후에는 50% 이상으로 늘어나고 있었다.

(1905~1910년)

(단위 : 圓)

1908		1909		1910	
본예산	추경예산	본예산	추경예산	본예산	추경예산
284,970	284,970	326,866	326,866	307,145	307,145
14,869		25,989		41,333	
198,692	1,149,696	408,352	1,286,753	463,119	1,469,181
60,797					
825,047		852,412		964,729	
620,150		479,616		499,537	
1,374,584	1,994,734		2,181,103		2,411,780
		1,645,729		1,912,243	
149,566	149,566	173,530	173,530	249,499	249,499
			2,340	72,629	72,629
			25,913	45,000	45,000
3,528,675	3,578,966	3,912,494	3,996,505	4,555,234	4,555,234

이처럼 통감부시기 세출예산의 구조적 변화를 가장 특징적으로 보여주고 있는 것이 내부와 탁지부의 예산이므로 이를 좀더 구체적으로 살펴보기로 하자. 먼저 내부 소속 예산으로 경상비에서 주목할 만한 것은 〈표 5〉에서 나타나는 것처럼 本廳費, 경찰사업비, 지방행정비의 급증이다. 본청비와 지방행정비의 경우에는 주로 기구의 확충에 따른 인건비의 증가가 중요한 원인이었다. 경찰사업비는 1906년에는 251,286환에 지나지 않았으나 1910년에는 2,411,780환으로 거의 10배 가까운 규모로 급증하고 있다. 그 중에서도 지방경무비가 더 빠른 속도로 늘고 있는데 이는 전국적으로 반일의병전쟁에 대한 탄압을 위해 경찰업무를 크게 확장시켰기 때문이다. 특히 1907년 군대해산을 계기로 전국적으로 격렬하게 전개되는 의병활동으로 말미암은 지방의

혼란상태에 대처하기 위해 많은 예산이 책정되었다.

한편 〈표 6〉을 보면 임시비에서는 1907년의 警務整理費를 제외하면 治道費와 水道工事費가 거의 대부분을 차지하고 있었음을 알 수 있다. 뿐만 아니라 뒤의 〈표 10〉에 보이는 것처럼 본예산에 속하지 않은 계속비에서도 치도비와 수도공사비는 막대한 액수를 차지했다. 도로건설은 치안·군사상의 목적을 위한 것과 일제의 경제적 진출을 손쉽게 하기 위한 것으로 1907년부터

〈표 6〉 내부 소관 임시비 예산(1905~1910년)

(단위 : 圜)

	1905	1906	1907		1908		1909		1910	
			본예산	추경예산	본예산	추경예산	본예산	추경예산	본예산	추경예산
濬川·治道費	14,500	14,500	454,000	454,000	194,000	894,000	494,000	688,000	294,000	1,755,654
漂燒恤金	2,500	2,500								
埋葬費	150	150								
掃穢費	1,244	6,500								
特別賜金	250									
整理費		165,722								
警務整理費			505,850							
土木費			26,500	26,500	26,500	26,500	36,965	60,965		150,000
衛生費			5,000	5,000	25,000	25,000	25,000	155,000	25,000	25,000
臨時水上警備費								27,735	65,397	65,397
臨時營繕費			1,700							
監獄建設費			30,000							
軍用及鐵道用地費					7,454	7,454	7,000	7,000		
仁川水道工事費				658,616	615,000	615,000	719,408	719,408	326,815	326,815
平壤水道工事費				545,068	500,000	500,000	249,432	249,432		
木浦水道貸付金							24,000			
大韓醫院設備費				143,433		4,030		21,000	11,840	11,840
합 계	18,644	189,372	1,023,050	1,832,617	1,367,954	2,071,984	1,555,805	1,928,540	723,052	2,334,706

* 출전 : 〈표 1〉·〈표 2〉의 자료.

그 사업이 시작되었으며, 수도공사는 주로 한국에 와있던 일본인들을 위한 것으로서 일본인들이 많이 거주하던 개항장인 인천·평양·부산·목포 등지에서 1907년부터 시작되었는데 그 예산은 점차 감소하고 있었다.

〈표 7〉 탁지부 소관 경상비 예산 I (1905~1907년)

(단위 : 圜)

	1905	1906	1907	
			본예산	추경예산
本廳	35,240	114,726	137,148	137,148
耆老所				17,993
內閣				53,062
中樞院				33,436
表勳院				14,933
建築所				52,504
稅關	141,600	141,600		
內國管稅費			315,938	864,255
地方財務費				808,518
海關及燈臺費			899,522	
修理費				109,382
國債	976,712	415,000	1,699,558	1,455,808
(舊末下追排及續排)	6,500	7,834		
(第一銀行 借款)	939,425	180,000	180,000	
(京釜鐵道會社借款利子)	1,000	17,166	140,000	
(內藏院 借貸)	500,000			
(新公債利子)		140,000		
(日本政府 償還金)		70,000		
(國庫證券 利子)			140,000	
(興業銀行借款 利子)			650,000	
(貨幣整理借越金利子)			300,000	
(鐵道路線地買收代金)			289,558	
功臣世祿	978			
國庫金運搬費	100,000	198,552		
國庫金取扱費			250,000	250,000
地方各面交附金			132,710	
印刷局	28,642	100,471	48,000	
財務整理費				571,808
豫備金	650,000	1,200,000	800,000	
합 계	2,412,745	2,170,349	4,282,876	4,368,847

* 출전 : 〈표 1〉·〈표 2〉의 자료.

〈표 8〉 탁지부 소관 경상비 예산 II(1908~1910년)

(단위 : 圜)

	1908		1909		1910	
	본예산	추경예산	본예산	추경예산	본예산	추경예산
本廳	430,477	450,074	491,831	518,095	488,977	488,977
耆老所	5,383	5,383	6,000	6,000		
內閣	103,034	103,034	95,972	95,972	87,764	87,764
中樞院	32,002	32,002	42,602	42,602	42,602	42,602
表勳院	12,170	12,170	19,694	19,694	21,179	21,179
會計檢査局	18,818	18,818	49,973	49,973	53,439	53,439
建築所	73,068	112,716	136,675	136,675	134,791	134,791
內國管稅費	761,439	871,786	824,655	836,780		864,154
內國稅徵收費	897,654					
地方財務費		988,756	1,035,636	1,194,654	1,394,641	1,394,641
關稅及海務費					633,221	
航路標識費					230,933	
修理費	98,096	98,096	132,694	132,694	130,107	130,107
國債	2,070,700	2,070,700	2,321,700	4,321,700	2,895,830	2,895,830
國庫金取扱費	250,000	250,000	250,000	250,000	250,000	250,000
諸返還及缺損補塡金			3,422	3,422	18,069	18,069
蔘業費		423,666	100,369	100,369	128,149	128,149
豫備金	1,500,000	1,500,000	1,500,000	1,500,000	1,380,000	1,380,000
합 계	6,252,841	6,937,201	7,011,223	9,208,630	7,889,702	7,889,702

* 출전 : 〈표 1〉·〈표 2〉의 자료.

탁지부 소속 예산에서는 위의 〈표 7〉과 〈표 8〉에서 드러나듯이 경상비의 경우 本廳費·地方財務費·國債費·稅關 및 航路標識費 등이 중요한 비중을 차지하였다. 본청비의 급증은 내부와 마찬가지로 기구의 확충과 일본인 관리들의 고용에 따른 것이었다. 국채비는 1907년 제1차 기업자금의 원리금 지불에 따라 급증하였고 이후 계속되는 국채의 도입에 의해 증가 추세가 지속되었다. 세관 및 항로표지비는 1906년 메가타가 총세무사직을 맡게 되면서 세관의 지출도 역시 국고에서 담당하게 되었고, 일제의 식민지화 정책에 의한 항만공사·등대건설 및 항로표지사업이 실시되었기 때문에 1907년부터 엄청나게 증가하였다.

탁지부의 경상비 예산 가운데 가장 눈에 띄는 것이 지방재무비, 즉 내국세 징수비로서 1907년 〈관세관관제〉 및 〈재무감독국관제〉의 제정과 징세사무 및 재무기관의 확충, 일본인 관리들의 고용에 따라 급격히 증가하고 있다. 이외에 면장과 임원에 대한 면교부금의 지급에 의한 것도 포함되어 있다. 이는 한국에서의 수탈을 의미하는 조세징수에 필요한 경비를 다시 한국민중의 부담으로 전가시키는 것을 뜻한다. 그밖에 황실에 소속되었던 홍삼전매사업이 탁지부로 移屬된 데 따라서 1908년부터 蔘業費의 지출이 시작되었고, 임시비의 배정된 염전축조 및 역둔토·토지조사사업비는 세원의 파악 및 관영사업의 확장에 의한 증수정책을 반영하는 것이었다.

한편 탁지부 임시비에서는 1905년과 1906년의 경우 前年度의 세입 부족을 보충하기 위한 補塡金이 대부분을 차지하였지만, 이것은 일시적인 현상이었고 1907년부터는 일제의 정책 의도에 따라 예산이 배정되고 있다. 그것이 바로 〈표 9〉에 나타나는 支出金·營繕費·稅關設備工事費·憲兵補助員費 등이었다. 지출금은 대부분 地方 金融組合과 印刷局, 營林廠 등 官營事業에 대한 보조금으로서 1907년부터 본격적으로 배정되었다.

영선비는 징세기구의 신설과 재무기구의 확충에 따른 각종 청사시설의 신축·개축비용으로 사용되었다. 1906년에는 그 액수가 미미하였으나 일본인 관리들이 대거 이주하는 1907년과 1908년에 급증했다가 점차 감소하고 있다. 세관설비공사비는 세관의 설비를 확충하기 위한 것으로 탁지부 임시비 예산 가운데 가장 큰 비중을 차지하였으며 군사상 및 산업적 목적하에 항만의 시설 확충에 충당되었다. 헌병보조원비는 의병활동을 탄압하기 위해 고용한 헌병보조원에 대한 급료로서 당시 부족한 경찰과 군대병력을 보충하기 위한 수단으로 책정되었다. 헌병보조원비는 원래 軍部예산으로 책정되어야 할 것이었지만 1907년에 일제가 한국군대를 강제로 해산하고 일본군대의 헌병으로 치안을 담당하도록 하였기 때문에 탁지부예산으로 배정된 것이었다. 여기에는 반일의병전쟁의 격화에 따라 헌병보조원이 확충되는 1908년부터 상당한 액수가 배정되었다.

〈표 9〉 탁지부 소관 임시비 예산

	1905	1906	1907	
			본예산	추경예산
支出金				1,015,202
(金融組合 資金)				
(金融組合補助金)				
(釜山 水道 出資金)				
(西北營林廠費)				
(印刷局 支出金)			34,702	
(法令佈知費)				
(韓國銀行 補助金)				
(기타)				
臨時帝室有及國有財産調査費 및 臨時財産整理局				
國有地 및 驛屯賭調査費				
土地調査費				
測量講習費		44,000	48,741	
文獻備考 刊行費				
營繕費		76,000	50,000	1,188,206
臨時稅關工事·海關工事 및 開港設備工事調査費			1,298,365	1,298,365
法典調査局				571,926
鹽田築造 및 廳舍新營設備費				
憲兵補助員費 및 解隊賜金				548,735
導掌資金 및 帝室債務支拂金				
煉瓦製造署事業費				92,000
前年度 歲入不足 補塡額	2,307,131	1,050,000		
仁川 水道費			658,616	
平壤 水道費			545,068	
病院建設費		100,000	284,769	
財務整理費			214,176	
기타	595			
합 계	2,307,726	1,326,974	3,134,437	4,714,434

* 출전 : 〈표 1〉·〈표 2〉의 자료.

〈표 10〉은 일제가 별도의 계속사업비로 편성해 놓은 것들을 정리한 것이다. 계속사업비로서 설정되었던 것에는 大韓病院 建設費, 臨時 學事 擴張費, 工業傳習所 建設費 등 교육과 복지를 위한 것들도 있었지만 그것은 구색을 맞추기 위한 것에 지나지 않았으므로 그 액수는 대단히 적었다. 계속사업비

(1905~1910년)

(단위 : 圜)

1908		1909		1910	
본예산	추경예산	본예산	추경예산	본예산	추경예산
606,000	716,000	476,000	3,582,000	721,361	721,361
220,000		100,000		300,000	
50,000		150,000		177,975	
50,000		50,000		50,000	
200,000		100,000			
70,000		70,000		70,000	
6,000		6,000		6,000	
				105,000	
10,000				2,386	
5,000		291,300		37,000	
			132,609	127,348	127,348
					599,245
93,514					
22,500				1,000	
2,808,536	2,926,201	1,141,025	1,500,848	426,484	461,694
1,492,960	1,565,312	1,208,700	1,208,700	1,012,979	1,013,754
	223,940	46,196	432,743	46,038	132,321
			229,587	505,047	505,047
	702,890		979,990	979,990	979,990
			381,475		120,000
				48,283	
5,028,510	6,134,343	3,163,221	8,447,952	3,905,530	4,660,769

의 대부분은 바로 治道費·水道工事費·海關工事費 등으로 사용되었다. 이것 역시 앞으로 한국을 식민지로 지배하고 일본자본의 침투를 쉽게 하며 수탈을 강화하기 위한 시설을 확충한다는 일제의 침략적 의도를 명백히 드러내는 것이었다.

〈표 10〉 임시비 중 계속사업비

(단위 : 圜)

	1906년까지	1907	1908	1909	1910	1911	1912	합 계
臨時治道費	16,000	454,000	344,000	194,000	194,000	194,000	140,000	1,496,000
인천 수도공사비	100,000	658,616	615,000	505,000	291,384			2,170,000
평양 수도공사비	5,500	545,068	500,000	249,432				1,300,000
海關공사비	496,066	1,298,365	1,318,091	527,914	232,916			3,873,352
대한병원건설비	8,797	284,769						293,566
재판소건설비	2,000	78,000						80,000
임시학사확장비	244,985	255,015						500,000
공업전습소건설비	43,600	50,400						94,000

* 출전 : 1907년도 예산설명서.

통감부시기 일제의 식민경제정책, 특히 한국재정에 대한 침탈은 단계적으로 강화되어갔다. 그 첫번째 단계는 1904년 10월 메가타가 한국정부의 재정고문으로 부임하여 재정에 대한 실권을 장악하고 일본 화폐제도의 도입과 국고의 장악 등 한국의 재정을 식민지재정으로 만들기 위한 기초작업을 벌여나간 시기이며, 두번째 단계는 1906년 2월 통감부가 설치되고 이토 히로부미가 통감으로 한국의 내각을 사실상 통솔하면서 내정을 좌우해 나간 시기로서 메가타는 이토의 휘하에서 징세제도를 개편하는 등 본격적으로 한국재정에 대한 침탈을 감행하고 있었다. 세번째 단계는 1907년 7월 헤이그밀사사건을 구실로 반일세력의 구심인 고종을 퇴위시키고 일본인들을 대거 한국정부의 고위관료로 임명하여 일본인들에 의해 재정을 비롯한 행정전반이 운영되는 소위 '次官政治'의 시기로서 황실재정의 해체, 세원조사, 新稅의 창설 등에 기초한 세입의 확대와 수탈·지배에 필요한 기구 및 시설의 확충을 위한 세출의 증대를 통해 한국재정이 식민지 재정으로서의 성격을 갖게 되는 단계이다.

이처럼 일제가 한국의 재정을 단계적으로 장악해가면서 세입·세출예산의 편성에서도 1907년부터 식민지 재정으로서의 성격이 뚜렷해지기 시작했다. 세입부문에서는 고문경찰을 동원한 호구조사에 의한 戶稅의 급증, 항세수입의 국고 편입, 내장원 소속 수입의 국가재정으로의 편입, 가옥세·주세·연초세 등 新稅의 창설, 막대한 외채의 도입 등으로 그 규모가 급속히 팽창하였고, 세출부문에서는 군대해산·외국공관의 철수·통신원 폐지에 따른 소관 예산의 소멸, 의병전쟁의 탄압과 지방통제 강화를 위한 내부예산의 급증, 징세기구 확충·징수실적 향상을 위한 탁지부예산의 급증이 나타났다. 뿐만 아니라 교통·통신시설의 확충, 수도공사, 식민시설 등 일본자본의 진출을 돕고 한국 민중의 반발을 탄압하기 위한 사회간접자본의 확충에도 엄청난 액수의 자금이 투입되었다. 세입·세출의 이러한 변화는 결국 '식민지경영비'를 식민지에서의 수탈로 메꾸려는 정책에서 나온 것으로, 재무기관뿐만 아니라 헌병·경찰까지를 총동원한 강제적인 조세 증수를 통해 한국 민중에게 부담을 전가시키는 결과를 가져왔다.

일제에 의한 식민지화, 그리고 재정 침탈에 저항하는 한국인들의 움직임은 납세거부운동, 세무 방해, 의병운동 등으로 나타났다. 특히 자신의 이익을 빼앗겨 버린 吏胥層은 세무장부를 가지고 도주해 버리거나 농민을 선동하여 조세징수를 방해하는 등 적극적으로 행동에 앞장섰다. 아직 새로운 제도가 정착하지 못한 상태에서 종전에 징세사무를 담당했던 실무자들의 반발이나 의병의 세무관리 습격, 농민을 중심으로 한 세무방해는 일제의 식민지화 정책에 막대한 피해를 주었다. 이에 대해 일제는 地方委員會·面長協議會 등을 이용한 회유와 경찰·헌병을 동원한 강력한 탄압으로 대응하였다.

이리하여 통감부시기 한국의 재정은 '식민지 재정'으로 변모해 가기 시작하였다. 화폐·조세·예산·회계·은행 등 재정과 관련된 모든 부분이 일제에 장악되고 그들의 식민지정책, 경제정책에 따라 운영되었던 것이다. 따라서 한국의 식민지화와 일본 자본주의의 발전을 위한 비용이 한국에서 수탈되었고, 이것은 더 많은 수탈을 위해 식민지 지배기구를 확충하고 새로운 稅源을 개발하는 데 사용될 수밖에 없었다.

〈李潤相〉

Ⅴ. 대한제국의 종말

1. 고종의 국권회복 노력과 강제퇴위
2. 한일신협약(정미7조약)의 체결
3. 군대해산과 사법권 피탈
4. 일진회의 합방청원운동
5. 한일합병조약의 체결

V. 대한제국의 종말

1. 고종의 국권회복 노력과 강제퇴위

1) 밀사파견 외교의 전개

고종의 국권회복 노력은 1904년 2월 韓日議定書 체결 직후부터 시작되어 강제적인 '보호조약' 체결 이후 더욱 본격화되었다. '보호조약'은 외교권 박탈 조약이었으므로 대한제국의 해외공관들은 모두 폐쇄되고 한국주재 외국공관들도 속속 철수함으로써 공식적인 외교교섭의 통로는 봉쇄되었다. 더구나 1906년 1월 통감부 설치 이후 일제가 내정 전반에까지 점차 통치권을 잠식해 들어오면서 대한제국의 주권 상실은 눈앞으로 다가왔다.[1] 이에 고종은 적극적으로 해외에 密使들을 파견하여 일제의 주권침탈의 부당성을 알리고 국제사회의 지원을 호소하는 밀사파견 외교를 전개하였다.

밀사외교의 첫번째 대상은 러시아였다. 고종은 러일전쟁의 와중에도 러시아의 승리를 굳게 믿고 있었다. 거기에는 光武年間 황제의 측근친위세력으로 활약했던 참모들의 영향도 컸다. 한일의정서 체결 직후 上海로 망명한 李學均·玄尙健 등은[2] 전 주한러시아공사 파블로프(A. Pavlov)와 접촉하면서, '러시아가 조만간 일본을 격퇴하고 한국의 독립을 보장할 것이니 잠시 시기를 기다리라'는 내용의 密書를 고종에게 보내왔다.[3] 이들은 또 1905년 2월에 또

1) '保護條約' 이후 大韓帝國의 대내외적 주권상실의 과정에 대해서는 徐榮姬, 〈일제의 한국 保護國化와 統監府의 통치권 수립과정〉(《韓國文化》 18, 서울대 한국문화연구소, 1996) 참조.

2) 이학균·현상건 등의 외교노선에 대해서는 徐榮姬, 〈러일전쟁기 대한제국 집권세력의 시국대응〉(《역사와현실》 25, 1997) 참조.

3) 《駐韓日本公使館記錄》 23(影印本, 國史編纂委員會, 1992), No. 42 및 No. 52, 83·88쪽.

다른 측근세력 중 한 명인 李寅榮 측에도 밀서를 보내 일본의 압제에서 벗어나기 위해서는 러시아를 비롯한 구미열강에 호소하여 그 간섭을 요청하는 수밖에 없다고 주장하였다. 李容翊을 통해 이러한 내용을 상주받은 고종은 비밀리에 그 대책을 논의하게 하였다. 그 결과 궁내부 대신 李載克과 이용익이 한국의 현재 상황을 기술한 國書 5통을 작성해 상해의 이학균 등에게 전달하고, 그들로 하여금 歐美에 가지고 가게 할 계획을 세웠다는 첩보가 있었다. 주한일본공사 하야시 곤스케(林權助)와 외교고문 스티븐스(D. Stevens)는 즉각 고종을 알현하여 이러한 사실에 대해 추궁했고 결과적으로 한국에 중대한 불이익이 생길 뿐이라고 협박하였다.[4] 그러나 3월 하순 상해에서는 러일전쟁 발발 이후 한국에 진주한 일본군의 폭압과 내정간섭을 고발하고 러시아의 지원을 요청하는 고종의 친서가 발견되었다.[5] 또한 1905년 4월경 종친 李載現이 주러한국공사 李範晉과 러시아군 참령 金仁洙에게 보낸 편지에서도 '皇帝의 封書'가 언급되는 등,[6] 고종과 측근참모들은 러일전쟁이 러시아의 승리로 끝나리라 전망하면서 여러 차례 러시아에 지원을 호소하였다.[7]

그러나 1905년 9월 포츠머스조약으로 러시아는 일본의 대한제국에 대한 '保護・指導・監理'의 권한을 인정함으로써 정치적・군사적 간섭 능력을 상실하였다. 더구나 만주문제를 둘러싸고 미국과 일본간의 긴장이 심화되면서 일본이 러시아에 유화적인 태도를 취한 결과 1907년 7월에는 제1차 러일협상이 체결되었다.[8] 러시아는 1884년 처음 한반도에 진출한 이래 청과 일본

幣原坦, 《日露間之韓國》(博文館, 1905), 164쪽.

4) 金正明, 《日韓外交資料集成》 5(巖南堂書店, 1967), 1905년 2월 11일, 406쪽.

5) 《日韓外交資料集成》 5, 1905년 3월 5일, 422쪽 ; 3월 26일, 423쪽 ; 3월 28일, 425~426쪽 ; 4월 1일, 437쪽 및 《日本外交文書》 38-2, 1905년 3월 19일・3월 21일, 407~408쪽 등의 자료를 종합해볼 때, 러시아 황제에게 보내는 고종의 親書는 총 120자 정도로, 고종황제의 自署와 印章이 찍혀있는 것이었다.

6) 《日韓外交資料集成》 5, 1905년 4월 26일, 453쪽.
《駐韓日本公使館記錄》 23, No. 423, 1905년 5월 15일, 407~408쪽.

7) 현재 모스크바 帝政러시아 대외정책문서보관소에 보관중인 1905년 1월 10일자 고종의 親書에서도 고종은 하루빨리 러시아군이 한반도에 진주하여 일본의 압제를 제거해줄 것을 요청하고 있다.

8) 이창훈, 〈러일전쟁후 동북아 신질서의 형성과 한국의 대응(1905~1910)〉(한국정치외교사학회 편, 《한국외교사》 2, 집문당, 1995) 참조.

의 간섭으로부터 주권을 지켜보려는 고종에게 큰 기대를 가졌고, 삼국간섭과 아관파천을 통해 일본의 한국 보호국화를 일시 저지하기도 했으나 이후 소극적인 對韓政策으로 일관하면서 고종의 기대를 충족시키지 못했던 것이다.

한편, 고종은 미국에 대해서도 한일의정서 체결 직후부터 지원을 요청하는 親書를 여러 차례 보냈다. 1904년말에는 주미한국공사관 고문이자 콜롬비아대학 총장인 니담(Charles W. Needham)을 통해 미국무장관에게 밀서를 전달하고, 미국정부가 현존 조약과 저촉되지 않는 범위내에서 한국의 독립유지에 진력해 줄 것을 요청하였다. 니담은 국무장관으로부터 동정적인 반응을 얻었다는 회답을 보내왔다.[9] 이 시기 미국의 對韓政策의 기조로 볼 때[10] '同情'의 실제적인 의미가 무엇이었는지는 의문이나, 이후 고종은 미국의 주선을 더욱 기대하게 되었다.

1905년 7월에는 러일간의 강화담판이 루즈벨트(Theodore Roosevelt) 대통령의 중재로 미국 포츠머스에서 열리게 된다는 사실을 알고, 우리 대표를 파견하여 한국의 독립을 보장받자는 취지로 이승만을 밀사로 선정하였다.[11] 이승만은 독립협회운동 당시 급진공화세력으로 활동하다가 체포되었으나, 선교사들의 배려로 1904년 8월 특별사면을 받고 11월 미국으로 출국한 상태였다. 당시 정부대신 중 미국과 가까웠던 민영환과 한규설은 이승만에게 미국정부요로에 한국의 독립보전을 요청하는 서신을 전달하게 하였고, 이승만은 주한미국공사였던 딘스모어(H. A. Dinsmore)의 주선으로 1905년 1월 상순에서 2월 사이에 미국무장관 헤이(John Hay)를 면담한 바 있었다.[12] 이때 다시 이승만을 강화담판 밀사로 선정했던 것은 러일간의 협상이 한국에 유리하게 결정되도록 잘 교섭해 보라는 지시였던 것이다. 이승만은 8월 4일 하와이 교민 8,000명을 대표해서 미국에 온 목사 윤병구와 함께 루즈벨트 대통령을 면

9) 《日韓外交資料集成》 5, 1905년 6월 12일 · 14일, 491~492쪽.

10) 러일전쟁기 미국의 對韓政策, 특히 루즈벨트의 친일적 동아시아 정책과 對韓방침에 대해서는 金基正, 〈1901~1905年間의 美國의 對韓政策 硏究〉 1(《東方學志》 66, 1990) 참조.

11) 《日韓外交資料集成》 5, 1905년 7월 14일 · 19일, 507~511쪽.

12) 고정휴, 〈독립운동기 이승만의 외교 노선과 제국주의〉(《역사비평》 31, 1995) 참조.

담하고 한국의 주권과 독립보전에 대한 청원을 전달하였다. 그러나 친일파인 주미 한국대리공사 김윤정이 한국정부의 공식 훈령없이는 움직일 수 없다면서 이들의 對美교섭을 지원하지 않음으로써 별다른 성과를 거두지 못하였다.[13] 물론 미국이 이미 태프트-가츠라밀약을 통해 일본의 한국 보호국화를 승인한 상태였으므로 이승만 등의 루즈벨트 면담이 특별한 결과를 낳을 것도 없는 상황이었다.

이승만의 면담에도 불구하고 러일강화조약이 일본의 한국보호권을 승인하는 것으로 결정되자, 고종은 미국인 헐버트(Homer B. Hulbert)를 1905년 10월 미국 대통령에게 보내 친서를 전달했다. 1882년 朝美條約 제1조의 '居中調整' 조항에 의거하여 미국이 나서서 한일의정서를 파기하고 열강의 공동보호를 통해 일본의 침략을 견제해달라는 요청이었다. 일제의 강압으로 '保護條約'이 체결된 직후인 11월 26일에는 헐버트에게 勒約은 무효라는 긴급 전문을 보냈고, 주프랑스공사 閔泳讚에게도 밀명을 내려 12월 11일 미국무장관 루트를 면담하게 하였다. 그러나 루트는 '한국은 1904년 2월의 한일의정서와 8월의 顧問協約 체결로 사실상 일본의 보호국 상태가 되었으므로 미국은 어떠한 협조도 할 수 없다'고 대답하였다. 전 주한미국공사 알렌(Horace N. Allen)도 고종으로부터 운동자금 1만불과 황제의 어새가 압인된 백지 친서 등을 전달받고 미국정부를 상대로 교섭을 벌였으나 미국은 고종의 호소를 모두 묵살하였다. 미국정부의 입장은 일관되게 친일적이었기 때문이다.[14]

미국의 냉담한 반응에 실망한 고종은 다시 세계 열강을 상대로 을사조약의 불법성을 알리고 열강의 한국문제 개입을 호소하는 비밀외교를 전개하였다. 런던 트리뷴지 기자인 스토리(Douglus Story)에게 의뢰하여 북경주재영국공사에게 전송한 1906년 1월 29일자 國書에서 고종은 5년간 열강의 공동보호를 요청하기도 했다. 헐버트에게도 1906년 6월 영국·프랑스·독일·러시아·오스트리아·헝가리·이태리·벨기에·중국 등 9개국 국가원수에게 협조를 요청하고 헤이그 국제사법재판소에 한국문제를 제소할 뜻을 전달하도

13) 고정휴, 위의 글, 131~139쪽.

14) 金基奭, 〈光武帝의 主權守護 外交(1905~1907) : 乙巳勒約 無效宣言을 중심으로〉 (《일본의 대한제국 강점》, 까치, 1995) 참조.

록 밀지를 내렸으나 친서는 각국에 전달되지 않은 것으로 밝혀졌다.[15]

한편 고종의 최측근인 이용익은 1905년 9월 상해로 망명한 후[16] 직접 유럽을 거쳐 러시아를 방문하고 한국문제에 개입해줄 것을 호소하였다. 파리·베를린을 경유하여 11월 하순 러시아 페테르부르크에 도착한 이용익은 주러 한국공사 李範晉과 함께 외무대신 람스도르프(Lamsdorf) 등을 수 차례 면담하였다. 이용익은 러시아측에 한국 이권을 주는 대신 보호를 요청한다는 고종의 啓字공문을 제시하였으나, 러시아는 이미 러일강화조약으로 일본의 한국지배를 인정한 이후였고, 또한 제1차 볼세비키혁명의 와중이어서 한국문제에 깊이 개입할 여력이 없었다. 이용익은 결국 아무런 소득도 얻지 못하고 1906년 3월 상해에 귀환한 후, 다시 블라디보스톡으로 이주하였다. 이곳에서 국내의 고종과 연락하면서, 세계 각국에 밀사들을 파견하여 일본의 강압실태를 알리고 도움을 요청할 계획을 세웠으나, 1907년 2월 급작스럽게 사망하고 말았다.[17]

그런데 이때 이용익은 고종으로부터 헤이그에서 열리는 만국평화회의에 참석하라는 지시를 받고 있었던 것으로 알려졌다. 고종은 우선 러시아 황제 니콜라이 2세에게 이용익을 파견하여, 그를 한국의 독립문제에 관한 수석 전권으로 임명했음을 알리고 러시아측 협조를 얻게 하려 했던 것이다.[18] 그러나 이용익이 급작스럽게 사망해버리자 다시 李相卨·李儁 등을 헤이그밀사로 선정하였다.[19] 이상설 등은 러시아 황제에게 보내는 고종의 친서를 가지고 러시아에 도착한 후 주러공사 이범진의 아들로서 프랑스 유학 경험이 있는 李瑋宗과 합류하여 헤이그회의에 참석하였다.[20] 이상설 등이 가지고 간

15) 위의 글, 246~260쪽.

16) 《日本外交文書》 38-1, 1905년 9월 4일, 922~926쪽.

17) 상해 망명 이후 이용익의 행적에 대해서는 日本外務省편, 〈韓國人李容翊來朝並同人擧動取調一件〉(《極秘 日本의 韓國侵略史料叢書》 14, 한국출판문화원) 참조.

18) 위의 책, 458~461쪽.

19) 헤이그밀사에 대해서는 윤병석, 《國外韓人社會와 民族運動》(一潮閣, 1990), 353~363쪽 및 日本外務省, 〈韓國において第2回萬國平和會0議へ密使派遣並び同國皇帝の讓位び日韓協約締結一件〉(《日本外務省特殊調査文書》 37·38, 高麗書林) 참조.

20) 《駐韓日本公使館記錄》 28, No. 99, 1907년 3월 1일.

고종의 친서는 '일본이 1905년 11월 18일 勒約 이후 우리 나라에 가한 모욕과 기만에 대해 심히 민망하던 차에 海牙에서 平和會議가 열린다는 말을 듣고 전 의정부參贊 이상설과 平理院 판사 이준, 駐露공사관 참서관 이위종을 위원으로 특파하여 일본의 불법행위를 각국 위원에게 알리고자 하니, 세계가 모두 한국의 고난을 알고 公法에 의거하여 公議로써 다시 한국의 국권을 찾을 수 있도록 도와달라'는 내용이었다. 또한 '格外의 派員임을 용서하고 짜르가 헤아의 러시아 委員에게 칙명을 내려 한국위원들을 도와서 회의석상에서 한번 호소할 수 있도록 도와달라'는 간절한 부탁이었다.[21] 고종은 이때까지도 여전히 러시아측에 기대를 버리지 않고 있었고, 그들의 도움으로 세계여론에 호소하려는 희망을 가지고 있었던 것이다.

이처럼 고종은 한일의정서 체결 직후부터 1907년 강제로 퇴위되기까지 갖가지 방법을 동원하여 끈질기게 밀사외교를 전개하였다. 해외로 망명한 측근 친위세력들은 물론이요, 친한파 외국인들도 밀사로 파견하였다. 광무년간 宮內府 內藏院을 통해 축적한 막대한 재원과 오래전부터 홍콩·상해 등지의 외국계 은행에 예치해오던 고종의 秘資金이 그 자금줄 역할을 하였다.[22] 러시아와 미국을 향해 끊임없이 한국문제에 개입해 줄 것을 호소하였고, 보호조약 이후에는 열강의 공동보호를 요청하면서까지 세계여론의 관심을 이끌어내려고 고심하였다. 헤이그 국제사법재판소에 提訴라는 법률적 차원의 해결도 모색하였다. '保護條約'은 강압에 의한 것이고, 황제의 비준이 없었으므로 국제법상 무효라는 法理的 판단에 따른 것이었다.

그러나 고종과 측근 참모들의 밀사외교는 모두 수포로 돌아갔다. 기본적으로 萬國公法的 인식에 의거한 이러한 외교활동은 당시의 제국주의 세계질서에 대한 현실적 인식을 결여한 것 또한 사실이었다. 1880년대에 한국에 들어온《萬國公法》·《公法會通》등 서양의 국제법 저서들은 이 땅의 지식인들이 기존의 華夷論的 세계관에서 벗어나 제국주의시대의 국제질서에 대해 인

21) 모스크바 제정러시아 대외정책 문서보관소에 보관되어 있는 이 친서는 1907년 4월 20일자이고, 고종의 친필 서명이 들어 있다.

22) 고종의 비자금에 대해서는 徐榮姬,《光武政權의 국정운영과 日帝의 국권침탈에 대한 대응》(서울大 博士學位論文, 1998), 189~194쪽 참조.

식하게 하였으나, 한편으로 그것을 너무 이상주의적으로 맹신하고 오해하게 한 문제점도 있었다. 고종과 그 측근들도 기본적으로 이러한 만국공법류의 인식에 의거하여 끝까지 국제여론에 대한 호소 등 외교적인 방법으로 일제의 주권침탈을 막을 수 있다고 믿었던 것이다.[23]

2) 고종의 통치권 회복 시도

고종은 밀사외교 활동을 펴는 한편으로 대내적으로도 일제의 주권침탈에 대항하였다. 1906년 2월 일제 통감부가 공식적으로 업무를 시작한 이후에도 광무년간 강화된 황제권의 실현기구였던 궁내부를 중심으로[24] 통치권 회복을 시도하였다. 일제는 통감부 설치 초기 기존의 顧問機構를 통한 시정감독 방식으로 의정부를 어느 정도 장악할 수 있었을 뿐, 宮內府의 권력행사를 완전히 봉쇄하지는 못했다. 황제측의 반발로 황실재산에 대한 실제적인 정리에도 착수하지 못했으며, 의정부 관리에 대한 고종의 영향력도 건재하여 '위로는 정부대신으로부터 군수 이하에 이르기까지 궁중에서 황제가 친재하는 상황'이라고 일본측은 반발하고 있었다.[25]

재정상으로도 의정부와 별도로 궁내부가 징세관을 파견하여 각종 잡세를 징수하고 궁내부 훈령으로 영업특허를 부여하는 등 광무년간 이래의 관행이 계속되었다. 1906년 7월 함흥 明太洞 금광채굴권의 부여와 啓字納稅證 발행, 9월 제주도 해초 매수독점권 부여 사건, 10월 충남 안면도 田土개간권과 연해 각 포구 養魚·捕魚·염업특허권 허락도 그러한 예였다.[26] 궁내부는 여전히 의정부 각부의 행정에 간여하거나 의정부를 무시하고 직접 행정권을 행사함으로써 '정부 以外의 정부', 혹은 '정부 以上의 정부'로서의 위상을 유지

---

23) 金容九, 〈西洋國際法理論의 朝鮮傳來에 관한 小考〉 1(《泰東古典硏究》 10, 1993). 姜相圭, 〈高宗의 對外認識과 外交政策〉(《韓國史 市民講座》 19, 一潮閣, 1996).

24) 광무년간 황제권 강화와 궁내부의 위상에 대해서는 徐榮姬, 〈1894~1904년의 政治體制 變動과 宮內府〉(《韓國史論》 23, 서울大, 1990) 참조.

25) 徐榮姬, 앞의 책, 278쪽.

26) 《統監府來文》 의정부편, 11책(奎17849, 1906~1910), 1906년 5월 29일·7월 11일·9월 1일·10월 23일.

하고 있었다.[27]

대외관계에 있어서도 궁내부는 통감부·이사청과 협의없이 외국인과 계약을 체결하거나 광산채굴권 등을 부여하는 행위를 계속하였다. 1906년 9월 궁내부가 인천소재 영국교회에 궁내부 소속 대지를 대여하면서 일본 理事官과 전혀 협의하지 않은 것, 11월 이태리 광업회사가 궁내부에 갑산광산 채굴권을 신청한 사건, 1907년 2월 프랑스인이 평안북도 구성·선천·초산·희천광산 채굴권을 신청한 사건, 6월 청국인이 궁내부 경리원으로부터 평안북도 의주 외 9군의 檀木벌채 수출권을 획득한 사건 등으로 궁내부는 통감부와 큰 마찰을 빚기도 하였다.[28] '보호조약'으로 일본 통감부가 한국의 모든 외교사무 및 외국인과의 계약을 담당하게 되었음에도 불구하고 외국인들도 여전히 궁내부에 각종 특허를 신청하고 있었다.

또한 1906년 1월 外部 폐지 이후 남은 업무는 의정부 外事局이 담당하게 되었으나 중요한 대외관계 문서나 조약 원본들은 대부분 궁중에서 보관하고 있었다. 통감부에서는 모든 외교문서와 조약 원본을 외사국으로 옮겨 달라고 여러 차례 요구하였으나[29] 궁내부에서는 모두 궁중 화재시에 분실했다고 하며 이에 응하지 않았다. 그러나 나중에 밝혀진 바에 의하면, 고종은 조카인 趙南昇을 통해 중요 외교문서들을 프랑스인 주교 뮈텔(Mutel)의 성당에 맡겨 보관하고 있었다. 〈朝日修好條規〉 등 각국과의 통상조약 문서, 해외파견 외교관에 대한 임명장, 경인철도 부설 계약문서 등 공식적인 외교문서 외에도 고종이 이태리 황제에게 '局外中立'을 성명한 親書, 한일의정서 이후 러시아·프랑스·독일 황제 등에게 국권회복을 청원한 친서, 러일전쟁중 러시아 황제에게 보내는 친서와 密勅 등 총 87건의 문서를 몰래 감춰두고 있었던 것이다[30]

27) 《韓國施政年報》 1(統監府, 1906~1907), 63~64쪽.
28) 《統監府來文》, 1906년 9월 30일·11월 6일 ; 1907년 2월 25일·6월 3일.
29) 《統監府來文》, 1906년 4월 21일·5월 5일.
30) 1910년 6월 고종의 매부인 趙鼎九의 장남 조남승은 고종의 밀명으로 미국인 헐버트에게 고종이 상해의 독일계 은행에 예치한 비자금을 인출해 달라는 신임장을 전달한 혐의로 일본 경시청의 취조를 받았는데, 이 과정에서 일제는 조남승이 감추고 있던 대외관계 비밀문서들을 찾아냈다(《駐韓日本公使館記錄》 20, No. 93~95, 188~192쪽).

한편 고종은 일제에 의해 성립된 친일내각을 불신임하는 방법으로 정국의 불안을 조성하면서 끊임없이 주권회복을 시도하였다. 당시 박제순참정이 이끄는 친일내각은 '보호조약' 반대 운동자들의 시위 등으로 매우 불안정한 상태였다. 특히 박제순은 조약체결 당시 책임이 큰 외부대신이었다는 점에서 각계의 공격을 피할 수 없었다. 오직 일본 주차군과 헌병대의 무력으로 겨우 현상을 유지하고 있을 뿐이었다. 하세가와(長谷川好道)가 이끄는 일본 주차군과 헌병대는 친일내각 반대상소를 올린 지방유생들을 무차별 체포하고,[31] 의병의 배후 혹은 치안방해라는 이유로 閔炯植·閔丙漢·閔京植·李鳳來 등 대관들을 무시로 체포하는 등 살벌한 계엄상태를 연출하고 있었다.[32]

1906년 3월 2일 통감 이토 히로부미(伊藤博文)가 부임한 이후에도 사정은 마찬가지였다. 게다가 이토는 만주문제와 러일전쟁 전후처리 등 일본의 국내사정 때문에 부임한지 얼마 안된 4월 21일 귀국하여 6월 23일에 복귀하는 등 자주 일본을 방문하였고,[33] 한번 귀국하면 몇 개월씩 체류하는 것이 예사였다. 이토 부재중에는 하세가와 주차군사령관이 통감을 대리하였으나, 고종은 통감 부재기간을 이용하여 친일내각을 붕괴시킬 공작을 추진하는 경우가 많았다.

실제로 고종은 이토가 부재중인 5월 28일 황태자 결혼식 거행을 빌미로 독단으로 議政에 閔泳奎를 임명했다.[34] 그밖에 몇몇 친일대신들도 경질한다는 소문이 있다는 보고를 일본에서 들은 이토는 고종에게 자신이 부재하는 동안 대신을 경질하지 않고 國政은 大小를 불문하고 통감에게 電問하겠다고 한 약속을 상기시키면서 유감을 표명했다.[35] 귀임한 이토는 7월 2일 고종을 알현하고 자신의 부재중 각지에서 치성한 의병봉기와 내각동요에 대해 고종의 책임을 힐난하였다. 헌병대에 붙잡힌 金升旼이라는 儒生에게서 압수한 문서를 들이대면서 궁중이 의병에게 자금을 공급하고 있다는 증거라고 주장하였다. 또한 고종이 자신을 '統監'이라 부르지 않고 단지 '侯爵'이라고 부르는

31) 《駐韓日本公使館記錄》 23, No. 658, 1905년 12월 11일, 534쪽.
32) 《駐韓日本公使館記錄》 26, No. 164·162, 1906년 6월 18일.
33) 《伊藤博文傳》 下(春畝公追頌會, 1940), 714쪽.
34) 《詔勅》(규장각 자료총서 근대법령편), 1906년 5월 28일, 463쪽.
35) 《駐韓日本公使館記錄》 26, No. 140·211, 1906년 5월 29일·30일.

것은 통감의 지위를 인정하지 않아서인지 묻는 등 무려 3시간 동안이나 고종을 추궁하였다. 그리고 궁중과 상해·블라디보스톡 등지간의 密使왕래와 비밀電文도 모두 파악하고 있다면서 철저한 宮禁肅淸을 요구하였다.[36)]

이토의 강요에 못이겨 고종은 7월 3일 詔勅 〈궁궐을 肅淸하는 건〉을 발표했다. 비록 實職이 있는 관리라도 公事가 아니면 함부로 궁궐에 출입할 수 없고, 실직이 없는 자는 大臣 역임자라도 황제의 召命없이는 궁궐을 출입할 수 없다는 내용이었다.[37)] 이어서 7월 6일에는 〈宮禁令〉이 발포되어 궁궐에 출입할 때는 누구나 門票를 소지해야 한다는 규정이 만들어지는 등[38)] 일제는 고종과 측근참모들의 접촉을 철저하게 차단하는 데 혈안이 되어 있었다.

그런데 이토는 11월 21일 또 다시 귀국하여 1907년 3월 20일에야 귀임하였다. 이토가 없는 동안 《大韓每日申報》에 '보호조약'이 무효임을 알리는 고종의 친서가 게재되는 등 고종의 주권회복 시도는 계속되었다.[39)] 박제순내각의 일부도 경질되었다. 11월 25일 통감대리 하세가와 주차군사령관을 방문한 박제순은 농상공부대신 權重顯을 군부대신에, 경기도관찰사 成岐運을 농상공부대신에, 궁내부특진관 沈相薰을 侍從武官長에 임명하겠다고 통보하였다. 하세가와는 통감 부재시 대신 경질은 불가하다고 반대하였지만,[40)] 박제순은 통감이 부득이한 경우 2, 3대신의 경질은 일임한다고 했다면서 이번 인사는 황제의 뜻이 아니라 순전히 자신의 의사에 의한 것이라고 강변하였다.[41)] 물론 박제순의 강변은 고종을 엄호하기 위한 변명에 지나지 않았다. 법부대신 이하영과 학부대신 이완용 등 친일대신들은 통감 부재중 황제가 언제라도 자신들을 숙청할 수 있다는 생각에 전전긍긍할 수밖에 없었다.[42)] 실제로 고종은 한일의정서 체결에 협조한 공로로 일본으로부터 서훈까지 받은 친일파 이근택을 중추원의장에 취임하지 못하게 하는 대신, '보호조약'에 반대하여

36) 《伊藤博文傳》 下, 718쪽.
37) 《韓末近代法令資料集》 5(국회도서관, 1971), 1쪽.
38) 《韓末近代法令資料集》 5, 3~4쪽.
39) 《伊藤博文傳》 下, 726~744쪽.
40) 《駐韓日本公使館記錄》 26, No. 311, 1906년 11월 26일, 397~398쪽.
41) 《駐韓日本公使館記錄》 28, No. 12, 1906년 11월 27일, 31~33쪽.
42) 《駐韓日本公使館記錄》 27, No. 5, 1906년 12월 1일, 統監府 제1회 報告, 9~10쪽.

유형에 처해졌던 한규설을 임명하는 등[43] 친일대신들에 대한 압박을 강화해 나갔다.

친일대신들의 현저한 동요에 불안을 느낀 하세가와는 고종을 알현하고, 이토통감이 일본에서 귀국하면 사태를 타개할 특단의 수단을 강구해올 것이라고 협박하였다. 또한 통감부 설치 이후에도 고종의 저항으로 권력이양이 쉽게 이루어지지 않고 있고 '시정개선'도 아무런 효력이 없는 상황에 대해 불만을 토로하면서, 황제는 앞으로 政務에 간여하지 말고 宮中과 府中을 구별하여 정부사무는 모두 의정부에 위임하라고 요구하였다. 나아가 궁중사무도 궁내부대신이 專管케 하고, 황제는 御命으로 법률·칙령을 발포하는 외에 기타 사소한 사항에 대해서는 전혀 간섭하지 말라고 강요하였다. 이어서 열린 대신회의에서 하세가와는 이러한 사항을 詔勅으로 발표하자고 발의하고 12월 13일자로 이를 발표하였다.[44] 궁중과 부중을 구별하여 관리들이 그 직무 권한을 다하게 하고, 1895년 〈宗廟誓告〉의 정신대로 참정이 의정부의 수반으로서 대신들을 통솔하며, 궁중숙청에 힘쓰겠다는 내용이었다.[45] 일제가 갑오개혁 당시부터 집요하게 추구해온 황제권의 축소와 내각에의 권력 이양을 다시 한번 강조한 조칙이었다.

3) 이완용 내각의 성립과 고종의 강제퇴위

계속되는 고종의 주권회복 시도로 실제적인 내정장악이 이루어지지 않고 있다고 판단한 일제는 1907년에 들어서면서 근본적으로 對韓政策을 再考하기 시작하였다. 그 동안 각부 顧問들을 통해 간접적이고 우회적인 방법으로 지휘감독권을 행사해온 통감부의 통치방식에도 한계를 느끼고 있었다. 대한자강회·서북학회 등 계몽운동단체들과 《황성신문》·《대한매일신보》 등이 주도하고 있는 친일내각 공격의 여론도 상당한 부담이었다. 지방에서도 국채보상운동을 중심으로 排日主義가 고취되어 한때 기승을 부리던 친일단체 일

43) 《詔勅》, 光武 10년 11월 17일 및 12월 18일, 476·480쪽.
44) 《駐韓日本公使館記錄》 26, No. 315, 1906년 12월 23일, 400쪽.
45) 《詔勅》, 光武 10년 12월 13일, 479쪽.

진회의 기세도 한풀 꺾인 정황이었다. 그러나 일본의 후원 외에는 지지기반을 갖지 못한 박제순내각은 이러한 상황을 타개할 능력이 전혀 없었다.[46]

박제순은 결국 5월 초순 사직을 결심하였다. 이토는 일단 일진회와의 제휴를 권유했으나 박제순은 동의하지 않았다. 오히려 일진회가 박제순내각 총사퇴를 요구하기에 이르렀다. 이에 이토는 차제에 유약한 박제순내각을 경질하여 황제권에 대항할 수 있는 강력한 친일내각을 결성하기로 결심하고, 1907년 5월 22일 이완용을 참정대신으로 발탁하였다.[47] 일제가 이완용을 발탁한데는 '보호조약' 체결 당시 단호한 태도를 보인 것과 더불어 일찍부터 황제폐위를 주장해온 것이 크게 고려되었다.

이완용은 1906년 12월 박제순에게 고종황제를 그대로 두면 정부대신의 빈번한 경질로 결국 친일내각이 붕괴될 것이라고 경고하면서, 내각은 우리의 힘만이 아니고 통감부의 힘으로 유지되어 왔고 앞으로도 그럴 것이므로 황제가 싫어하고 분노해도 내각이 일치협력하여 황제권에 대항해야 한다고 주장하였다.[48] 또한 일본측도 황제에 대해 불만을 가지고 있다는 것을 안 이완용은 하세가와 주차군사령관을 방문한 자리에서, 어떤 방법으로도 황제의 성격을 고칠수 없으니 마지막 수단은 한국역사에서 그 實例를 볼 수 있는 '廢位'밖에 없다고 건의하였다. 게다가 이런 일을 공공연한 방법으로 일본측과 상의하면 여론의 반발이 있을 것이므로, 자신을 포함한 3, 4명의 동지가 단행해서 조금도 일본측에 누를 끼치지 않겠으니, 다만 이면에서 동의만 해달라고 요구할 만큼 폐위문제에 적극적인 태도를 보였다. 하세가와는 일단 '당신들이 실행해도 그 배후에는 일본이 있다고 세계여론이 주목할 것'이라면서 난색을 표명하였으나[49] 이 일로 이완용은 일본측의 전폭적인 신뢰를 얻게 되었다.

---

46) 日本外務省編, 〈統監府政況報告竝雜報〉(《極秘日本の韓國侵略史料叢書》 18, 1988), 341~388쪽.

47) 《日本外交文書》 40-1, No. 581, 韓國內閣更迭始末, 556~560쪽.

48) 《駐韓日本公使館記錄》 27, No. 8, 1906년 12월 20일, 統監府 제2회 報告, 18~22쪽.

49) 《駐韓日本公使館記錄》 27, No. 7, 1906년 12월 14일, 長谷川戶道 謁見始末 및 別紙 甲·乙과 附屬書, 12~18쪽.

참정으로 발탁된 이완용은 자신의 내각은 時務에 통하고 '韓日提携'를 현실로 인정하는 사람, '施政改善'에 열심인 사람, 어떤 곤란을 만나도 그 목적을 달성하기까지 중도하차하지 않고 비록 황제의 의사라도 능히 반대할 수 있는 사람으로 조직하겠다고 기염을 토하면서 내부대신 任善準, 군부대신 李秉武, 학부대신 李載崑 등을 추천하였다. 이토는 5월 22일 오후 4시 고종을 알현하고 한일관계 진전과 '시정개선' 추진에 적당한 인물이라면서 이완용을 참정에 추천하였다. 고종은 나이와 경력, 일반 여론 등을 이유로 반대의사를 표명하였다. 그러나 이토는 일반의 여론은 하등 기준이 될 수 없다고 단언하면서 지금까지 고종이 행한 모든 배일주의적 행동, 즉 미국인 헐버트를 밀사로 파견한 것, 《트리뷴》지 기자 스토리에게 '보호조약'을 부정하는 친서를 보도하게 한 행위 등은 모두 조약위반 사항이라고 몰아붙였다. 이토의 협박을 이기지 못한 고종은 결국 오후 7시반 이완용을 불러 내각조직을 하명하였다. 이완용은 기존의 정부대신 중 이지용·권중현·성기운의 사표만을 수리하려 했으나, 탁지부대신 민영기와 법부대신 이하영도 사의를 고집함으로써 후임으로 고영희와 조중응을 추천하였다. 나아가 고종과 여론의 엄청난 반발에도 불구하고 일진회의 송병준을 농상공부대신에 발탁하였다. 이완용은 고종에게 종래의 내각이 황제에 의해 임명된 것이라면, 신내각은 처음부터 일본에 의지한 것이라고 주장하면서, 황제도 지금까지와 같은 은밀한 배일주의를 버리고 완전히 한일제휴의 태도를 취하지 않는다면 자신은 알현할 때마다 반복하여 그 점을 상주하겠다고 협박하였다.[50]

이렇게 성립된 이완용내각은 친일파로 지목되기는 하지만 그런대로 어느 정도 지위가 있었던 이지용·이하영·권중현·성기운·민영기 등 重臣 大官들 마저 모두 퇴각하고, 이완용이 수족처럼 부릴 수 있는 인물들이 대거 포진한 형태였다. 오랜 일본망명 생활을 마치고 귀국한 개화정객 조중응이 일약 법부대신에 임명된 것도 파격이었다. 무엇보다도 송병준의 입각으로 친일단체 일진회의 지원을 받게됨으로써 이전 박제순내각에 비하면 안정적 출발을 하는 셈이었다. 이토로서는 송병준을 내각에 발탁하여 일진회의 지지를

50) 《日本外交文書》 40-1, No. 581 韓國內閣更迭始末, 556~560쪽.

이끌어냄으로써 보다 강력한 친일내각을 만들려고 했던 것이다. 이제 이완용 내각의 성립으로 일제는 자신들의 의도를 아무런 여과없이 통과시킬 수 있는 기반을 마련하였다. 특히 적극적 폐위론자인 이완용과 송병준을 앞세워 황제권에 적극 대항할 수 있는 태세를 갖춘 것이었다.

실제로 일제는 이완용내각이 출범하자마자 그간 통감부 통치에 저항해오던 황제권을 본격적으로 무력화 해가는 작업을 시작하였다. 이토는 5월 30일 신내각 전원과 통감부 관리들을 소집한 자리에서, 앞으로는 내각과 통감이 1개월에 적어도 2, 3회 만나 시정을 논의할 것이니 각료들은 개별적으로 황제를 만나거나 단독으로 上奏하지 말라고 경고하였다. 또한 부득이하게 각료가 황제를 알현할 때는 반드시 參政大臣 이완용을 동반해야 하고, 황제가 설혹 개별적으로 召見하더라도 이를 준열히 거부하라는 지침을 내렸다. 고종과 정부대신들의 접촉 자체를 제한하여 황제의 정무간여를 원천적으로 봉쇄하려는 조치였다.[51]

더 나아가 6월 14일에는 일제가 그 동안 오랜 숙제로 여겨왔으나 황제권의 반발로 실시하지 못했던 〈內閣官制〉를 전격적으로 발표했다.[52] 일본의 내각관제를 모델로 한 신관제에서 내각總理大臣은 명실공히 정부수반으로서 내부·탁지부·군부·법부·학부·농상공부 등 각부를 통할하면서 필요한 경우 閣令을 발포하거나 각부의 처분 또는 명령을 중지시키는 勅裁를 청할 수 있고(제4조·제5조), 군부대신이 軍機·軍令에 관해 상주할 때는 미리 보고받는 권리(제8조) 등을 확보하여 이전의 의정부참정에 비해 대폭 권한을 강화하였다.[53] 그간 황제권이 궁내부 기구를 중심으로 완강히 저항하며 통감부 통치를 무력화시켜온 현실을 타개하기 위해 일단 내각의 위상을 강화함으로써 황제권을 견제하려는 것이었다.

고종은 이토와 이완용내각에 대한 불만으로 이완용이 궁중에 들어와도 병을 칭하고 만나주지 않거나 매일 눈물을 흘리며 비탄에 잠겨 있었다.[54] 그러

51) 《日本外交文書》 40-1, 1907년 5월 30일, 韓國新內閣大臣ニ對スル伊藤統監ノ演述, 561~565쪽.
52) 《韓末近代法令資料集》 5, 522~528쪽.
53) 《韓末近代法令資料集》 5, 1907년 6월 14일 칙령 35호, 524~525쪽.
54) 黑龍會編, 《日韓合邦秘史》 上(1930 ; 原書房, 1966), 271쪽.

면서도 일본에 망명중인 박영효에게 밀지를 내려 급거 귀국시키는 등 이토와 이완용내각에 맞서 정국 주도권을 회복할 방안을 모색하고 있었다.[55]

그러나 7월 2일 헤이그만국평화회의에 밀사를 파견했다는 사실이 알려지면서, 고종황제의 운명도 마지막을 향해 지닫기 시작하였다. 일제는 이 기회를 놓치지 않고 황제폐위를 단행하기 위해 고종을 무섭게 몰아붙였다. 7월 3일 이토는 마침 인천항에 입항한 일본 해군중장 일행을 대동하고 고종을 알현한 자리에서 일본에 대항하려면 공공연한 방법으로 하라고 힐난하였다. 7월 6일 어전회의에서 송병준은 고종이 스스로 일본 천황에게 가서 사과하든지 아니면 大漢門 앞에서 하세가와 사령관에게 사죄하라고 하면서 2시간 동안이나 핍박하였다.[56] 이토는 본국정부에 보낸 전보에서, 황제의 밀사파견은 한국이 일본에 대해 공공연히 적의를 표현한 조약위반 사실이므로 일본은 한국에 선전포고를 할 권리가 있다고 주장하면서, 향후 일본정부가 취할 방책에 대해 원로대신들이 숙의해 줄 것을 요청하였다. 또한 한국정부의 총리대신 이완용과는 이미 고종의 양위 문제를 거론하였음도 보고하였다.[57]

일본정부는 7월 10일 원로대신회의를 열고 이토통감의 청훈에 대해 논의하였다. 그 결과 이번 기회에 한국 내정의 전권을 장악하기로 결정하였다. 그것이 여의치 않을 경우 최소한 내각대신 이하 중요 관헌의 임명에 통감이 동의할 권리, 통감이 추천하는 일본인을 내각대신 이하 중요 관헌에 임명할 권리 등을 확보하기로 하였다. 이때 閣議에 제출된 對韓처리요강의 최초안은 첫째 한국 황제로 하여금 大權에 속하는 內治 政務의 실행을 통감에게 위임하게 할 것, 둘째 한국정부로 하여금 내정에 관한 중요 사항은 모두 통감의 동의를 얻어 시행하게 하고, 또 시정개선에 대해 통감의 지도를 받겠다고 약속하게 할 것, 셋째 군부대신·탁지부대신은 일본인으로 임명할 것 등이었다. 또한 제2안으로 첫째 한국 황제가 황태자에게 양위하여 장래의 화근을 두절케 할 것, 둘째 본건의 실행은 한국정부가 스스로 실행케 함이 得策이

55) 徐榮姬, 앞의 책, 300쪽.
56) 《日韓合邦秘史》, 282쪽.
57) 《日韓外交資料集成》 6中, 特別機密 57호, 密使海牙派遣ニ關シ韓國皇帝ヘ嚴重警告竝對韓政策ニ關スル廟議決定方稟請ノ件, 581~582쪽.

며, 국왕과 정부는 통감의 副署없이는 정무를 실행할 수 없게 하여 통감이 副王 혹은 攝政의 권리를 가지게 할 것, 셋째 한국정부의 중요 各部에 일본 정부가 파견한 관료가 대신 혹은 차관의 직무를 행하게 할 것 등이 제출되었다. 토론과정에서 한국 황제가 일본 천황에게 양위하는 것에 대해서는 아직 시기상조라는 의견이 대부분이었고, 한국 황태자에게 양위하는 안에 대해서도 다수가 반대했으나 육군대신 테라우치(寺內正毅)가 적극 주장하여 요강안에 반영시켰다. 顧問제도를 폐지하고 통감부는 幕僚 기능에 한정시키며 나머지 기구는 모두 한국 정부조직에 합병한다는 통감부 기구개편안도 논의되었다. 이러한 방침의 실행은 한국 황제가 결정하는데 맡기지 않고 양국 정부간 협약의 형태로 추진하되 황제가 동의하지 않을 때는 즉시 병합을 단행해야 한다는데 대부분의 원로들이 동의하였다.[58]

이처럼 일본정부의 對韓정책이 강경기조로 치닫고 있을 때 일본 재야의 對外硬論者들도 한국병합을 부르짖으면서 목소리를 높이고 있었다. 頭山滿 등 黑龍會 인사들이 일본의회에 제출한 對韓政策 의견이나, 大同구락부·猶興會·同志記者구락부·憲政本黨外交調査會·日韓同志會 등이 제출한 의견서들은 대부분 對韓 강경론의 입장에서 적어도 영국의 인도정책, 프랑스의 안남정책과 같은 것의 실시를 주장하였다. 한국에 시찰단을 파견하여 실정을 조사하고 유약한 이토통감의 책임을 추궁하자는 제안도 있었다.[59]

일본정부가 이러한 對韓 강경방침을 전달하기 위해 외무대신 하야시를 직접 파견한 가운데 한국 내각에서는 이완용과 송병준이 앞장서서 황제폐위를 추진하고 있었다. 일본측이 정권의 위임이나 합병을 요구하기 전에 황제가 알아서 양위로써 사죄하는 것만이 한국이 살길이라는 주장이었다. 7월 16일 열린 내각회의에서는 마침내 황제폐립을 결정하고 이완용이 입궐해 고종에게 이 사실을 알렸다. 고종은 "짐은 죽어도 양위할 수 없다"고 거절하면서 오히려 박영효를 궁내부대신으로 임명했다. 박영효가 나서서 이 위기를 타개

58) 《日本外交文書》 40-1, No. 474, 1907년 7월 12일, 韓帝ノ密使派遣ニ關聯シ廟議決定ノ對韓處理方針通報ノ件, 附記 1·2·3, 455~456쪽.
59) 《日本外交文書》 40-1, No. 485, 1907년 7월 19일, 林外相渡韓後ノ本邦輿論硬化ニ關スル件, 460~464쪽.

해줄 수 있으리라 믿었던 것이다. 그러나 이토의 재촉을 받은 송병준이 수백명의 일진회원들을 동원해 궁궐을 에워싸는 등 살벌한 분위기가 연출되면서 사태는 점점 고종에게 불리해져 갔다. 7월 18일 이완용의 집에서 열린 내각회의에서 송병준은 황제가 거부하면 강제로라도 도장을 찍게 하는 수밖에 없다면서 옥새를 확보하라고 지시하고, 그것도 어려우면 우선 황태자 대리를 실행하기 위해 代理의 조칙안과 讓位의 조칙안 두 가지를 마련하자고 제안했다. 이들은 오후 5시 입궐하여 이토의 고종 알현이 끝난 후 어전에 나아가 양위를 상주했다. 고종은 단연코 거절하면서 궁내부대신 박영효를 불러오라 하였으나 그는 병을 칭하고 오지 않았다. 어쩔 수 없이 고종은 새벽 5시에 이르러 비로소 황태자 대리의 조칙에 도장을 찍고 말았다.[60] 이날 重明殿에서의 알현에 대신들은 만약의 사태에 대비해 권총을 품에 숨기고 들어갔다. 황제도 황태자를 비롯한 다수의 宮內官들과 侍臣들을 불러 배석케 하였으나 송병준이 이들을 모두 물리쳤다. 뿐만 아니라 법부대신 조중응이 궁중과 외부 연락이 가능한 전화선들을 모두 절단한 후 양위를 압박했던 것이다.[61]

그리고 7월 19일자로 마침내 황태자 대리 조칙이 발표되었다.[62] 고종은 어디까지나 황태자 대리를 선언한 것이지 양위하겠다고 한 것은 아니었으나, 일제는 7월 20일 오전 9시 서둘러 양위식을 거행하였다. 대한제국의 마지막 황제인 純宗(李坧)의 즉위였다. 中和殿에서 거행된 양위식은 신구황제가 직접 참석하지 않고 내관이 이를 대신하는 權停例로 치러졌다.[63] 일제는 서둘러 세계 각국에 이를 알리고 고종의 퇴위를 기정사실화 하였다.[64]

이러한 사실이 알려지자 서울시내 곳곳에서 시민들의 통곡이 이어지고, 수천명이 모여 일본인들을 공격하는 폭동사태가 연출되었다. 이완용의 집이 불태워지고 통감이 저격 목표가 되는 등 폭동이 계속되자 정부대신들은 신변

---

60) 《日韓合邦秘史》 上, 297~309쪽.
61) 戶叶薰雄・楢崎觀一, 《朝鮮最近史 附韓國併合誌》(蓬山堂, 1912), 112~113쪽.
62) 《日本外交文書》 40-1, No. 486, 1907년 7월 19일, 韓帝讓位ノ經緯及右詔勅發布ニ關スル件, 465~466쪽.
63) 李泰鎭, 〈통감부의 대한제국 寶印탈취와 순종황제 서명위조〉(《일본의 대한제국 강점》, 까치, 1995), 122~126쪽.
64) 《日韓外交資料集成》 6中, 1907년 7월 20일, 韓國皇帝讓位顚末通報ノ件, 614쪽.

의 위협 때문에 통감 관저에 가까운 송병준의 집을 임시 내각회의 장소로 사용할 정도였다.[65] 대한자강회·동우회·기독교청년회 회원들이 주도하는 시위군중 2천여 명은 종로에 모여 연설회를 개최한 후 일진회 기관신문인 국민신보사를 습격하고, 또 일부는 경운궁 대한문 앞 십자로에 수백명이 꿇어앉아 황제에게 결코 양위하지 말라고 애원하기도 하였다.

이러한 군중들의 시위를 일제는 경찰과 주차군을 동원하여 무자비하게 진압하였다. 특히 侍衛隊 제2연대 제3대대가 박영효 등과 연계하여 양위반대 쿠데타를 일으킨다는 첩보를 입수했다는 명분으로 주차군 보병 제51연대 1개 대대를 7월 19일 밤 돌연 경운궁에 입궐시켜 왕궁의 일부를 점령하였다. 또한 서대문 밖에 있던 포병 제17연대 1개 중대는 야포 6문을 이끌고 입성하여 남산 倭城臺 상에 포열을 갖추고 서울시내를 감시하였다. 서울시내에 주둔하고 있던 한국군들이 서로 기맥을 통해 저항에 나설 것에 대비한 조처였다. 기관포 2문을 가진 일본군대가 軍部 화약고를 점령하고 용산의 육군 화약고도 접수하여 탄약 보급을 차단한 것도 그러한 맥락에서 였다.[66] 이처럼 막강한 물리력을 동원한 일제의 제압으로 양위반대 시위는 점차 수그러들고 말았다.

고종은 1880년대 개화정책을 추진하기로 결심한 이래 1907년 일제에 의해 강제로 퇴위당하기까지 언제나 정국의 중심에 서있었다. 1894년 농민전쟁과 갑오개화파 정권의 성립, 독립협회운동 등 민권운동세력에 의한 아래로부터의 압력과 끊임없는 정변·쿠데타·폐위음모 등 왕조시대 전통적인 왕권의 위상은 상실하였으나 1897년 大韓帝國을 선포하고 스스로 황제의 자리에 오른 光武年間에는 측근 친위세력을 양성하여 강력한 황제권을 구사해왔다. 특히 宮內府를 중심으로 추진한 光武改革은 부국강병한 근대국가 건설을 목표로 한 중상주의적 식산흥업정책이었다. 물론 자체 능력의 한계와 국제정세의 악화로 큰 성과를 거두지는 못하였다.[67] 1903년 이후 러일간의 전쟁위기가

65) 《日韓合邦秘史》 上, 312~319쪽.
66) 戶叶薰雄·楢崎觀一, 앞의 책, 116~123쪽.
67) 徐榮姬, 〈광무정권의 형성과 개혁정책 추진〉(《역사와 현실》 26, 한국역사연구회, 1997) 참조.

점증하자 고종은 우선 러일 양국 사이에서 '戰時中立'을 선언함으로써 주권을 지켜보려 하였고, '보호조약' 이후에도 여러 가지 방법으로 끊임없이 주권회복을 시도하였으나 결국 그것이 자신의 폐위를 앞당긴 결과만을 가져왔다. 이제 일제의 주권침탈에 저항하는 마지막 구심점이던 고종이 강제로 퇴위됨으로써 일제에 의한 대한제국 병합은 목전의 일로 한발 더 다가오고 있었다.

2. 한일신협약(정미7조약)의 체결

일제는 고종의 퇴위를 단행한 후 그 여세를 몰아 7월 24일에는 제3차 한일협약(韓日新協約 ; 丁未條約)의 체결을 강요하였다. 서울의 치안유지를 명목으로 일본 혼성1여단 병력이 급파되고, 외무대신 하야시가 서울에 도착하는 등 강압적인 분위기 속에서 일본측 요구는 별다른 수정없이 가결되었다. 조약체결 사실은 바로 다음날 《官報》 號外를 통해 공표되고, 각국주재 일본대표들을 통해 열강에도 통보되었다.[1] 협약의 내용은 다음과 같다.

제1조 한국정부는 시정개선에 관해 통감의 指導를 받는다.
제2조 한국정부는 법령의 제정 및 중요한 행정상의 처분은 미리 통감의 승인을 거친다.
제3조 한국의 사법사무는 보통 행정사무와 구별한다.
제4조 한국 고등관리의 임면은 통감의 동의를 얻어 행한다.
제5조 한국정부는 통감이 추천하는 일본인을 한국 관리에 임명한다.
제6조 한국정부는 통감의 동의없이 외국인을 傭聘할 수 없다.
제7조 1904년 8월 22일 조인한 일한협약 제1항은 폐지한다(統監府編, 《韓國條約類纂》, 1908, 25~28쪽).

즉 신협약으로 일제는 '시정개선'에 관한 통감의 지도권이라는 명목으로 한국의 내정에 대한 간여를 공식화하였다. 물론 그동안에도 '시정개선'이라는

1) 金正明 편, 《日韓外交資料集成》 6中(巖南堂書店, 1967), 1907년 7월 25일, 韓國皇帝讓位後ノ紛紜締略落著及ビ日韓協約調印ノ件, 639~640쪽.
《統監府來文》 의정부편, 11책(奎17849, 1906~1910), 1907년 7월 24일.

명목으로 사실상의 내정간섭을 하고 있었지만, 원래 '보호조약'에 의거한 통감의 임무는 한국의 외교권만을 대행하는 것이었다. 따라서 통감부 설치 이후 통감은 실제로 각부 고문에 대한 지휘 감독권을 통해 내정에 간섭하더라도 형식상 한국정부에 협조를 요청하거나 권고하는 절차를 밟아야만 했다. 이러한 간접적이고 우회적인 방법에 한계를 느낀 일제는 이제 법령제정 및 중요한 행정상의 처분에 대한 승인권, 고등관리 임면에 대한 동의권 등을 확보함으로써 명실공히 한국내정의 최고 감독권자가 되었다. 또한 1904년 고문협약의 조항을 폐지하는 대신 일본인을 직접 한국관리로 임명할 수 있는 권리를 확보함으로써 조언이나 권고 수준에서 나아가 직접 행정실무까지 장악할 수 있는 기틀를 마련하였다. 애초에 이토가 생각한 對韓 요구사항에는 한국 황제가 詔勅을 발표하기 전에 미리 통감의 자문을 받게 한다는 항목까지 있었으나, 이는 협의과정에서 제외되었다.[2)]

그런데 신협약에서 보다 중요한 사실은 조약체결 당시 이토와 이완용간에 교환된 이면각서에 있었다. 각서에서는 한일 양국인으로 구성된 재판소(大審院·控訴院·지방재판소·區재판소)를 신설하고(제1조), 간수장 이하 반수를 일본인으로 하는 감옥을 설치하며(제2조), 황궁 수비를 위한 육군 1대대 외 모든 군대를 해산할 것 등이 약속되었다(제3조). 가장 기본적인 국가적 강제기구들인 감옥·군대·재판소 등을 일제가 장악함으로써 철저하게 대한제국을 해체하는 과정에 들어간 것이다. 또한 그간 顧問 또는 參與官 명의로 한국정부에 용빙된 사람들은 모두 해고하고(제4조) 대신 중앙 및 지방관리에 직접 일본인을 임명하기로 결정하였다(제5조). 구체적으로 각부 次官, 內部 경무국장, 警務使 또는 副警務使, 內閣 書記官 및 書記郎 중 약간명, 각부 서기관 및 서기랑 중 약간명, 각도 事務官 1명, 각도 경무관, 각도 主事 중 약간명과 재무, 경무 및 기술관련 관리 등이 그 대상이었다.[3)] 중앙 각부의 차관, 내각 서기관 등을 일본인으로 임명함으로써 중요 정책의 결정과 집행과정을 장악하게 하고 내부 경무국장 임명을 통해 치안권을 확보하며, 각 지방의 일선

2) 《日韓外交資料集成》 6中, 1907년 7월 24일, 日本ノ對韓要求ニ關シ統監ノ意見報告ノ件, 624~625쪽.

3) 《日韓外交資料集成》 6中, 日韓協約規定實行ニ關スル覺書案ノ件, 627~629쪽.

對民 행정분야에까지 공식적으로 일본인을 진출시키려는 것이었다.

이러한 방침에 따라 1907년 8월 2일 경무고문 丸山重俊이 경시총감에 임명된 것을 시작으로 8월 8일 궁내부차관 鶴原定吉(전 통감부 총무장관), 내부차관 木內重四郞(전 통감부 농상공부총장), 학부차관 俵孫一(전 통감부 서기관)이 임명되고, 8월 13일 내부 경무국장에 松井茂가 임명되었으며, 8월 15일에는 각도 사무관 및 경시, 9월 7일 탁지부차관 荒井賢太郞(前 재정고문부 소속), 9월 19일 농상공부차관 岡喜七郞, 법부차관 倉富勇三郞 등이 임명되었다.[4] 이들은 대부분 통감부에서 자리를 옮기거나, 그간 고문직으로 간접적으로 한국정부에 참여하다가 직접 한국 내각에 들어서게 된 경우였다.

일본인들이 직접 한국정부에 진출함으로써, 통감부의 입장에서는 그간 효율성에 문제가 있었던 '한국정부 집행－통감부·고문부의 감독'이라는 이중구조가 필요없게 되었다. '시정개선'사업에서 막강한 권한을 휘둘러오던 財政顧問部는 폐지되어 탁지부 재무감독국에 귀속되었고, 顧問경찰의 폐지로 각도 警務顧問支部 보좌관은 각도 警視에, 나머지 경무고문부 직원들은 경부, 순사로 임용되는 등 다수의 일본경찰이 한국정부에 임용되어 내부 경무국장의 지휘를 받게 되었다.[5] 이미 일제가 한국의 치안경찰권을 모두 장악한 마당에 여러 종의 경찰이 존재할 필요가 없었으므로 한국경찰과 고문경찰, 통감부·이사청 경찰의 3종이 모두 통일된 것이다.

더 나아가 대한제국의 정부조직에 대해서도 대대적인 정리를 시작하였다. 먼저 1907년 11월 27일 궁내부 신관제의 발포로 경리원 등 궁내부 소속 다수의 院司를 폐지하고 관리도 대폭 감축하는 한편 일본인을 궁내부 수뇌에 배치하였다.[6] 궁내관 중에서 폐관 또는 퇴관된 사람은 1908년 상반기말까지 칙임관 이하 166인, 하급 役員 2천 400여 명, 궁중제사관 300여 명 등이었다.[7] 또한 메가타(目賀田種太郞) 재정고문이 부임 당시부터 추진하였으나 황제측의 심한 반발로 완전히 효과를 보지 못하고 있던 황실재산 정리도 본격

4) 《韓國施政年報》 1(統監府), 49~50쪽.
5) 《韓國施政年報》 1, 110~112쪽·116~117쪽.
6) 《韓國施政年報》 1, 49~50쪽.
7) 《韓國施政年報》 1, 69~80쪽 및 2, 12쪽.

적으로 시작되었다.[8] 일제에 대한 저항의 물적·인적기반이었던 궁내부와 황실재산을 철저하게 해체하는 작업이었다.

1908년 1월 각부 신관제 실시 이후 일본인 관리의 임명은 더욱 현저한 증가를 보였다. 종래 고문·보좌관·참여관 혹은 그 부속원으로서 한국정부에 용빙되었던 사람들은 대부분 상당한 직에 한국정부 관리로 임명되었다.[9] 1908년 6월 현재 대한제국 정부관료 5,096명 중 일본인은 1,797명이고 통감부 소속의 일본인 관료는 4,403명이었다. 1908년 12월말 현재 2,080명의 한국정부 소속 일본인 관리의 배치상황을 보면, 탁지부가 962명(46.3%)로 가장 많고 법부가 393명(18.9%), 내부 373명(17.9%)의 순서였다.[10] 탁지부의 경우 1909년말이면 일본인 관리 수가 한국인보다 많을 정도로 급속도로 일제에 의해 장악되었다.

〈표 1〉 통감부시기 대한제국 관료의 국적 및 인원 현황(1909년말 현재)

관원 / 부명	칙·주임관		판임관		합계		총계
	일본인	한국인	일본인	한국인	일본인	한국인	
궁 내 부	18	165	31	226	49	391	440
내 각	6	42	8	38	14	80	94
내 부	107	350	470	844	577	1,194	1,771
탁 지 부	142	76	1,180	860	1,322	936	2,258
학 부	28	27	137	386	165	413	578
농상공부	58	14	214	109	272	123	395
합 계	359	674	2,040	2,463	2,399	3,137	5,536

* 출전 : 水田直昌, 《統監府時代の財政》(友邦協會, 1974), 47쪽.

한편 이처럼 일본인들이 한국 내각에 직접 진입함에 따라 통감부 조직은 대폭 축소되었다. 일본인들이 직접 대한제국의 내정을 완전히 장악했으므로

8) 李相燦, 〈일제침략과 황실재산 정리〉(《奎章閣》 15, 1992) 참조.

9) 《統監府時代の財政》, 46~47쪽.
《內部去來案》권 1(奎17768, 내각 외사국편), 1907년 9월 11일, 일본인관리임용에 관한 내규.

10) 《韓國施政年報》 2, 18쪽 및 3, 35쪽.

한국정부와 통감부간에 중복되는 부분은 과감히 정리·조직을 간소화하였다. 통감부는 이제 집행기능을 대폭 할애한 幕僚機構가 되었다. 1907년 9월 9일 칙령 295호 〈統監府 및 理事廳 官制〉 개정의 내용을 보면 일단 통감의 職權은 확장되었다. 통감은 한국에서 일본정부를 대표하여 조약 및 법령에 기초하여 제반 정무를 통할한다고 규정되어(제3조) 외교업무 대행 이외에 한국의 일반 내정까지 관장하는 한국 국정의 실질적인 최고 통치권자가 되었다. 이전에도 실제로는 그러한 위치였지만 한국 황제권의 반발로 명문화되지 못했으나, 이제 법적·공식적으로도 명실상부한 권한을 확보하게 되었던 것이다. 그러나 통감부 관리 수는 副統監의 신설(제10조 2항) 외에는 상당히 축소되었다. 총무장관 1명, 참여관 專任 2명(감사부장·외무부장), 비서관 2명, 서기관 6명, 기사 4명, 통역관 9명, 屬·技手·通譯生 43 명 등이 전부였다. 警視 및 警部는 폐지되었다. 그럼에도 불구하고 대한제국 각부의 일본인 차관 9명을 참여관 자격으로 통감부에 소속시키고, 또 한국 내각에 진출한 일본인 관리들이 실제로 통감의 지휘를 받게되므로 통감부는 변함없이 최고의 권력기관이었다.[11]

1907년 10월 9일에는 통감부 훈령 21호 〈統監府事務分掌規程〉의 개정으로 총무부·경무부·농상공부를 폐지한 대신 통감관방과 감사부·지방부를 신설하고 관방장관에 총무장관, 각 부장에는 총무장관 혹은 專任 참여관을 임명하였다. 통감관방에는 문서·인사·회계과를 두고, 외무부 각 분과는 폐합하여 영사관 및 외국인에 관한 사항, 이민에 관한 사항, 조약 및 取極書에 관한 사항, 儀式 및 敍勳에 관한 사항 등을 관장하였다. 監査部는 통감부 법령과 함께 한국정부 제정의 제 법령 및 처분을 심사하는 업무를 관장하고, 지방부에서는 지방행정에 관한 사항, 殖産 및 금융에 관한 사항, 종교 및 교육에 관한 사항, 사법 및 경찰에 관한 사항 등을 관장하였다.[12]

이러한 통감부 개정관제의 특징은 통감부가 집행기능을 축소하고 한국 내각의 통치행정을 감독하는 상위기구로서의 성격을 분명히 한 점이었다. 종래 통감부와 대한제국의 정부조직이 이중적으로 존재하고 또 고문부가 중간에

---

11) 《統監府法令集》 上, 449~451쪽.
12) 《統監府法令集》 上, 461~463쪽.

개재해있던 병렬적 구조에서 고문부가 해체되고 통감부와 고문부의 일본인 관리들이 직접 한국 내각에 진입함으로써 통감부의 집행기구적 측면은 최소화되고 한국정부를 감독하는 상위기구적 성격이 강화된 것이다.

통감은 여전히 통감 관저에서 한국정부 대신들을 소집하여 시정개선협의회를 계속하되 실행의 세부사항에 대해서는 통감부 총무장관 및 각 참여관과 한국정부 각부의 일본인 차관들을 參與官會議에 소집하여 직접 집행을 지휘하였다.[13] 특히 통감이 한국정부의 법령 제정에 동의·승인권을 행사하게 됨으로써, 대한제국정부가 칙령·법률을 제정하려면 먼저 내각 또는 각부의 초안을 내각회의에서 논의한 후 황제에게 결재를 稟請하는 문안을 만들어 통감부에 넘기고, 통감의 승인이 나면 황제에게 상주하여 칙재를 받아 반포할 수 있었다. 閣令·部令은 법률·칙령의 범위 안에서 내각총리대신 및 각부 대신이 통감의 승인을 받아 관보에 공포하였다.[14] 이로써 대한제국의 황제권은 완전히 해체되었고 통감이 실질적인 최고 통치권자가 되었다.

3. 군대해산과 사법권 피탈

1) 군대해산과 의병봉기

신협약 체결 당시 미발표 각서 제3조에서 계획한 대로 일제는 7월 31일 밤 순종으로부터 군대해산의 조칙을 얻어냈다. 재정부족과 軍制 쇄신을 이유로 한 것이었으나, 사실상 대한제국의 마지막 보루까지 해체하는 작업이 시작된 것이었다. 고종의 강제퇴위 당시 일부 시위대 병사들이 양위 반대파인 박영효 등과 함께 저항계획을 세웠던 것도 그 직접적인 계기가 되었다.

광무년간 고종은 꾸준히 군비증강에 힘써 왔는데, 이러한 군비증강사업은 국방력 강화뿐 아니라 대내적으로 황제의 친위세력을 보강하려는 의도로 추

13) 《韓國施政年報》 1, 11~12쪽.
14) 《統別原案》(奎17854-1)·《統別法律關係往復文》(奎17852) 등 참조.

진된 것이었다. 1898년 6월 육해군 친총을 천명한 고종은 육군 증설과 해군 定制에 관한 조칙을 잇달아 내리고 친위 각대 편제를 개정하였으며, 1898년 7월에는 武官學敎를 창설하고 1899년 6월에는 元帥府를 설치하였다.[1] 신무기·군함의 도입에도 막대한 비용을 썼을 뿐 아니라[2] 1903년 3월에는 징병제 실시 계획을 발표하기도 하였다.[3]

그러나 1904년 러일전쟁 발발과 함께 일제는 韓日議定書를 강제로 체결하고 군사적 공수동맹이라는 미명하에 한반도에서의 군사행동을 합법화하였다. 한국 주차군사령부를 설치하고 대규모 군대를 파견함과 동시에 고문협약으로 군부고문 野津鎭武를 파견하여 갖가지 명목으로 대한제국의 군비를 축소하였다. 1904년 5월 일제가 파악하기로 실병력수 16,000여 명에서 1905년 4월과 1907년 4월 2단계에 걸쳐 대대적인 감축을 실시한 결과 해산 당시 한국군은 시위보병 2개 연대 약 3,600명, 기병·포병·공병·치중병 약 400인, 지방군대 8개 대대(수원·청주·대구·광주·원주·해주·안주·북청 8개소) 약 4,800인, 도합 8,800여 명에 불과하였다.[4]

주차군사령관 하세가와(長谷川好道)의 지휘 아래 치밀한 해산계획을 세운 일제는 8월 1일 이른 아침 중앙군인 시위대 해산부터 시작하였다. 훈련원 주위에 일본 군대를 배치하여 완벽한 전투준비를 갖춘 가운데 오전 7시 군부대신 李秉武가 일본군 사령관 관저인 大觀亭에 시위대 각 대장들을 소집하고 해산 조칙을 전달하였다. 8시까지 각 대원들을 훈련원에 소집하면 10시에 해산식을 거행한다는 선고였다. 소집 부대 중 시위대 제1연대 제1대대, 제2연대 제1대대는 미리 이 사실을 알고 오지 않았다. 나머지 부대에서는 군인들의 군모와 견장을 회수하고, 下士에게 80원, 병사 중 1년 이상자에게 50원, 1년 미만자에게 25원의 은사금을 지급한 후 바로 귀향명령을 내렸다. 돌연한

---

1) 조재곤, 〈대한제국기 군사정책과 군사기구의 운영〉(《역사와현실》 19, 1996) 참조.
2) 광무년간 군부예산은 1897년에서 1900년 사이에 전체 세출 예산의 25%를 차지하였고 1901년 이후에는 40%에 육박하였다(李潤相, 《1894~1910년 재정제도와 운영의 변화》, 서울大 博士學位論文, 155쪽).
3) 《詔勅》, 314~315쪽.
4) 徐仁漢, 《大韓帝國 軍事制度 硏究》(國民大 博士學位論文, 1996), 216~226쪽.

해산명령에 군인들은 비분강개하였으나 이미 무장이 해제된 채 일본군대의 총검 앞에서 아무런 저항도 할 수 없었다. 일부 해산병들과 장교는 서로 껴안고 땅바닥에 주저앉아 비탄에 잠기기도 하였다. 그러나 해산식에 참가하지 않은 시위 제1연대 제1대대와 제2연대 제1대대 병사들은 무장한 상태로 병영을 이탈하여 서울시내 곳곳에서 일본군과 치열한 전투를 벌였다. 특히 시위 제1연대 제1대대장 참령 朴性煥이 군대해산에 반대하여 자결한 모습을 보고 격분한 병사들은 병영내에 있던 일본인 교관에 대한 총격을 시작으로 인근의 제2연대 병사들과 합세하여 남대문 부근에서 일본군과 맹렬한 총격전을 벌이고 많은 사상자를 냈다.[5] 이 날 훈련원 해산식에 참가한 인원은 제1연대 제2대대 575인, 제1연대 제3대대 488인, 제2연대 제3대대 405인, 기병대 88인, 포병대 106인, 공병대 150인 총계 1,812인에 불과하였다. 제2연대 제2대대는 궁궐호위를 위해 근위대로 개칭하여 존속시켰으므로 참석하지 않았다고 해도 절반에 가까운 병사들이 일제에 의한 강제해산에 응하지 않고 저항에 나선 것으로 추산된다. 나머지 잔존부대인 旅團司令部·硏成學校·헌병대·치중대·홍릉수비대·군악대는 8월 28일 해산되었다.[6]

시위대 해산을 마친 일제는 각 지방 진위대에 대해서도 해산작업을 시작하였다. 8월 1일부로 각 지방 진위대 대대장이 배속된 일본군 교관과 함께 군부에 출두하여 해산지시를 받고, 각 대대 인근의 일본군 수비대의 지원을 받아 병사를 무장해제 하라는 지시가 내려졌다. 8월 3일 개성·청주를 시작으로 9월 3일 북청 진위대까지 약 1개월에 걸친 해산계획이 세워졌다. 그러나 8월 6일 강원도 원주 진위대의 저항을 시작으로 강화도 분견대의 무장봉기, 충주·제천 등 각지 진위대의 저항이 이어졌다. 진압에 나선 일본군의 사상자도 68인에 이르렀으며 해산 진위대군을 포함 한국측 피해는 1,850명으로 집계되었다.[7]

이러한 지방 진위대의 저항은 8월 이후부터 전국적인 의병봉기의 열기로 연결되면서, 의병의 구성성분에도 큰 변화를 가져왔다. 즉 서울에서 해산된

---

5) 黑龍會編, 《日韓合邦秘史》 上(1930 ; 原書房, 1966), 335~337쪽.
6) 戶叶薰雄·楢崎觀一, 《朝鮮最近史 附韓國倂合誌》(1912), 155쪽.
7) 위의 책, 165~170쪽.

시위대 병사나 각 지방 진위대 해산 군인들이 경기도·강원도·충청도·호남 일대로 내려가면서 의병부대에 합류하여[8] 기존의 유생 의병장 중심의 의병 대오는 평민 주도 분위기로 전환하는 계기를 맞게 되었다. 閔肯鎬·池弘允·延期羽 등이 대표적인 군인 출신 의병장이었으며, 해산군인들의 참여로 실제적인 전투력과 기동성을 갖춘 의병들은 1908년 가장 격렬한 전투를 치러낼 수 있었다. 그러나 1909년 하반기에 일본군의 대대적인 남한대토벌 작전으로 궤멸되기 시작한 의병대오는 점차 만주 등지로 이전하여 독립군으로 전환되었다.[9]

군대해산 이후 친위보병 1대대, 기병 1중대와 무관학교 업무만을 관장하며 명목만 유지해오던 軍部도 1909년 7월 30일 칙령 제68호로 완전히 폐지되었다. 남은 병력은 신설된 궁중 親衛府에 부속되었으나, 친위부의 감독은 고문으로 배치된 일본장교들이 담당하였고, 병기·탄약 관리 및 처분은 한국주차일본군 사령관이, 軍人·軍屬의 범죄에 대한 사법처분은 주차일본군 군법회의가 맡게 되었다. 또한 폐지된 무관학교의 생도들은 전원 일본에 유학시켜 사관양성을 위탁함으로써 병합 이전에 실질적인 대한제국의 군사력은 하나도 남김없이 모두 해체되었다.[10]

2) 일제의 사법권 장악

일제는 신협약 제3조에서 사법사무는 보통행정과 구별한다는 것으로 사법권 탈취의 의도를 분명히 하였다. 일제는 이전에도 이미 법부고문·참여관·보좌관의 배치를 통해 대한제국의 사법사무에 광범하게 관여해 오고 있었다. 일제는 한국의 재판제도가 한성재판소 및 平理院을 제외하고는 대부분의 지방재판소에 전담 재판관 없이 관찰사·목사 등이 겸직해온 현실을 비판하면서 사법권 독립이라는 명목으로 각 재판소에 일본인 보좌관 등을 배치하여

8) 洪淳權,《韓末 湖南地域 義兵運動 硏究》(서울大 博士學位論文, 1991), 261~265쪽.

9)《韓國施政年報》2, 55~58쪽.

10)《韓國施政年報》3, 27~35쪽.

한국의 사법권을 침탈해왔다.[11)]

여기에서 더 나아가 신협약 부속 각서에서 한일 양국인으로 구성된 재판소(大審院·控訴院·지방재판소·區재판소)를 신설하고, 간수장 이하 반수를 일본인으로 하는 감옥을 설치할 것을 약속받은 일제는 이제 사법권의 완전 장악을 위한 준비를 시작하였다. 1907년 12월 법률 제8호 재판소구성법, 제9호 同시행법, 제10호 재판소설치법 공포로 일본과 같은 3심제를 채택한 일제는 大審院 1(서울), 控訴院 3(서울·평양·대구), 지방재판소 8(서울·공주·함흥·평양·해주·대구·진주·광주), 區재판소 113(한성부 1·경기도 12·강원도 8·충청남도 12·충청북도 6·함경남도 5·함경북도 3·평안남도 7·평안북도 7·황해도 8·경상북도 14·경상남도 10·전라남도 11·전라북도 9)개소를 설치하고, 典獄을 일본인으로 하는 감옥도 설치하기로 결정하였다. 그러나 재정상의 이유로 한꺼번에 모든 재판소를 신설하는 것이 무리라고 판단한 일제는 1차로 1908년 1월 대심원, 공소원과 서울 외 7개 지방재판소, 서울 외 15개 구재판소를 개청하고, 1909년 1월에는 2차로 인천 외 7개 지방재판소 지부와 개성 외 23개 구재판소를 개청하였다.[12)]

뿐만 아니라 1908년 3월부터 대심원장, 검사총장, 서울공소원장 및 검사장, 서울지방재판소장 및 검사장, 서기 6인에 일본인을 용빙한 것을 시작으로 이후 다수의 일본인 법관을 임명함으로써 경찰권과 함께 통치권을 보장하는 가장 중요한 국가적 강제기구인 사법기관을 완전히 장악하게 되었다. 1908년 새로 임용된 법관 내역을 보면 일본인은 판사가 74명, 검사 32명, 재판소 서기장 4명, 번역관 4명, 서기 90명, 飜譯官補 9명이 임용된 데 비해 한국인은 판사 36인, 검사 9인, 서기 4인이 임용된 데 불과하였다.[13)]

또한 장차 병합 이후 한국에 대한 법률적 지배에 대비하여 구래의 한국법에 대한 조사와 그 개정작업도 시작하였다. 1908년 1월부터 형법·민사소송법·형사소송법 및 기타 부속법령의 立案 및 그 재료조사에 착수하였고, 5월 말부터는 민법편찬 재료수집을 위해 한국 각지의 慣習에 대한 조사가 이루

11) 《韓國施政年報》 1, 91~92쪽.
12) 《日韓外交資料集成》 8, 保護及び併合錄編, 170~174쪽.
13) 《韓國施政年報》 1, 97쪽.

어졌다. 그 결과 1908년 7월《刑法大全》을 개정하고, 민·형사 소송규칙 및 기타 제 법률에 대한 개정 및 신설 법령이 발표되었다.[14]

이처럼 한국의 사법권을 장악하는 데 필요한 모든 기초준비를 마친 일제는 마지막 단계로 1909년 7월 12일 한국의 사법 및 감옥사무를 모두 일본정부에 위탁한다는 소위 〈己酉覺書〉의 체결을 강요하였다.

1. 한국의 사법 및 감옥사무가 완비되었다고 인정될 때까지 한국정부는 사법 및 감옥사무를 일본정부에 위탁한다.
2. 일본정부는 일정한 자격이 있는 일본인 및 한국인을 재한국 일본재판소 및 감옥의 관리로 임용한다.
3. 재한국 일본재판소는 협약 또는 법령에 특별한 규정이 있는 외에는 한국인에 대해서 한국법규를 적용한다.
4. 한국 지방관청 및 公吏는 각각 그 직무에 따라 사법 및 감옥사무에 대한 재한국 일본 해당관청의 지휘 명령을 받고 또는 이를 보조한다.
5. 일본정부는 한국의 사법 및 감옥에 관한 일체의 경비를 부담한다.

이상 5조로 이루어진 각서의 내용에 따라, 10월 법부가 폐지되고 그 사무는 신설된 통감부 사법청으로 이관되었다. 칙령 제236호 통감부재판소령, 제243호 통감부 감옥관제를 발포한 일제는 통감부 사법청 산하에 고등법원 1개소, 공소원 3개소, 지방재판소 8개소, 동 지부 9개소, 구재판소 80개소를 설치하고 일본인 판사 192명, 검사 57명, 통역관 기타 246명 총 495명과 한국인 판사 88명, 검사 7명, 기타 215인 총 310명을 채용하였다.[15] 그러나 한국인 법관은 민사재판은 원고·피고 모두 한국인인 경우, 형사재판은 피고인이 한국인인 경우에 한정하여 담당하게 하였다. 특히 적용법규에 있어서 일본제국 법규를 원칙으로 하되 한국인에 대해서는 한국 법규 및 관습을 적용한다고 했으면서도, 실제로 한국인과 한국인이 아닌 사람의 민사소송에 대해서는 일본 법규를 적용하게 함으로써[16] 대한제국의 국민들은 병합 이전부터 이미 대부분 일본제국주의의 법률적 지배를 받게 되었다.

---

14)《韓國施政年報》2, 43~45쪽.
15) 戶叶薰雄·楢崎觀一, 앞의 책, 199~210쪽.
16)《韓國施政年報》3, 47~48쪽.

4. 일진회의 합방청원운동

1) 일진회의 창립과 정계진출

一進會는 오랜 일본 유랑생활에서 돌아온 宋秉畯이 1904년 8월 前독립협회원 尹始炳·尹吉炳·兪鶴柱·廉仲模 등과 함께 결성한 維新會와 9월 李容九가 전국의 舊동학교도들을 결집시켜 창립한 진보회가 결합되어 탄생하였다. 진보회가 처음에 지방 각지에서 대단한 형세를 보이며 성장하자, 대중적 기반을 가지지 못한 채 일본 주차군의 보호하에 겨우 명맥을 유지하던 송병준 등은 이용구를 매수하여 일진회를 창립한 것이다. 송병준은 1876년 병자수호조약 체결 당시 구로다(黑田淸隆)대사가 파견되었을 때 接伴使 隨員으로 인연을 맺어 이래 일본에 건너가 인삼재배, 직물염색 등을 공부하였고, 러일전쟁이 일어나자 일본군 小將의 군사통역으로 귀국하였다. 1894년 농민전쟁에 참여했던 이용구는 1899년 최시형 사망 이후 북한지방 선교에 종사하다가 역시 러일전쟁을 전후하여 교세회복에 나선 손병희의 지령으로 진보회를 창립한 것이었다.[1)]

윤길병이 저술한 일진회취지서에 의하면, 일진회는 기본적으로 국민주권론을 전제한 위에서 君主를 입법·행정의 大權을 총람하는 '無上第一'의 위치에 설정하고, 人民은 이에 협찬하는 형태로 입법권에 간접적으로 參論할 수 있다고 규정하였다. 황제권과 타협하에 제한된 범위에서나마 정치참여를 통한 민권신장을 바라는 독립협회 온건파 계열의 입헌군주제적 정체관을 계승한 것이었다. 또한 연설회 개최, 정부 대관과의 면담 요구 등 운동방식도 독립협회 당시의 그것과 매우 흡사하였다. 그러나 실제로 일진회의 목표가 이러한 입헌군주제적 정체변혁운동에 있었던 것은 아니고, 다만 창립초기 활동에 舊독립협회 회원들이 참여했던 것이 영향을 미친 것일 뿐이었다.

1) 일진회 창립경위에 대해서는 趙恒來,《韓末社會團體史論考》(형설출판사, 1972), 40~46쪽 참조.

일진회의 친일행위는 러일전쟁 당시 일본군의 북한지방 진입을 후원하기 위해 수송대를 조직하고 보급품을 운반하는 활동에서 본격화되었다. 이들은 러시아측 기밀을 정탐하기 위한 간첩활동에도 앞장섰으며, 경의철도 공사에서도 철도 工夫隊를 편성하여 공사의 속성에 일조하였다. 철도공사에 거의 무보수로 봉사한 평안남북도·황해도 거주 일진회원이 연인원 149,114명이나 참가하였던 것으로 알려졌다.[2] 또한 1905년 11월 6일에는 '보호조약' 찬성 선언서를 발표하였고, 외교권은 한일의정서 체결과 고문협약으로 이미 일본에 의존하고 있는 이상 새삼스럽게 외교권 박탈에 저항해야 할 필요가 없다고 주장했다.[3]

통감부가 설치되면서 통감부 囑託 우치다 료헤이(內田良平)를 고문으로 맞이한 일진회는 그의 지도로 본격적으로 정계 진출을 도모하였다. 우치다는 이토통감이 부임할 때 國政調査 촉탁으로 데리고 온 대륙낭인 계열의 인물이었다.[4] 그는 1906년 10월 황제의 옥새도용사건에[5] 연루된 李逸稙을 숨겨주었다가 투옥된 송병준을 구해주고 빈약한 일진회의 재정사정을 해결해주는 것을 빌미로 고문에 취임한 후[6] 일진회의 매국적 친일활동을 배후에서 조종하였다.

실제로 우치다의 도움으로 석방된 송병준은 그 직후부터 공공연히 '日韓聯邦說'을 주장하기 시작했고 황제폐위 문제에서도 일제보다도 앞장서서 과감

---

2) 조항래, 위의 책, 114~119쪽.

3) 戸叶薫雄·楢崎觀一,《朝鮮最近史 附韓國併合誌》(蓬山堂, 1912), 19쪽.

4) 內田良平은 청일전쟁 당시 天佑俠이라는 낭인조직를 이끌고 방한한 경험 등으로 인해 이토통감에게 발탁되었으며, 對外硬 운동론자인 스기야마 시게마루(杉山茂丸)을 통해 일본 軍部를 대표하는 야마가타 아리토모(山縣有朋)·가츠라 타로(桂太郎)·데라우치 마사타케(寺內正毅) 등의 후원을 받고 있었다(趙恒來, 〈內田良平의 韓國併呑행적〉,《國史館論叢》3, 國史編纂委員會, 1989 참조).

5) 옥새도용사건이란 고종황제가 李逸稙이라는 인물에게 밀칙을 내려 23건의 한국내 이권을 몇몇 일본인 政商들에게 양여하는 대신 그 상납금으로 비자금을 마련하고자 한 시도로서, 사건이 일본정부측에 알려지자 이일직이 사적으로 옥새를 도용해서 일으킨 것으로 서둘러 무마한 사건이다(徐榮姬,《光武政權의 국정운영과 日帝의 국권침탈에 대한 대응》, 서울대 박사학위논문, 1998, 235~242쪽).

6) 黑龍會編,《日韓合邦秘史》上(1930 ; 原書房, 1966), 20~53쪽.

한 결행을 제의하고 나섰다. 그러나 고종이 황제권 보위를 위해 갖은 방법으로 저항하고 참정 박제순도 일진회와의 제휴를 거절하자 일진회는 1907년 5월 2일 박제순내각 탄핵문을 제출하고 총사직을 권고했다. 유약한 박제순내각의 경질을 결심한 이토통감은 차제에 보다 강력한 친일내각을 구성하기로 결심하고, 특히 폐위문제에 적극적인 이완용을 참정에 발탁함과 아울러 송병준을 농상공부대신으로 입각시킴으로써 일진회를 친일내각의 지지기반으로 삼고자 했다.[7] 3품대신이라는 일반의 조롱에도 불구하고 송병준의 입각은 끊임없이 정계진출을 엿보던 일진회 세력에게는 일정한 성과라고 생각되었으며, 이는 또한 그간의 친일활동에 대한 일본측의 보상이기도 하였다.

송병준은 내각에 들어가자 더욱 맹렬한 친일행위로 일본측 기대에 부응하였다. 특히 일제가 숙원사업으로 생각해온 고종의 폐위문제에 적극적으로 뛰어 들었다. 1907년 7월초 헤이그밀사사건이 알려지자 송병준은 가장 앞장서서 고종의 폐위를 極諫하고 이를 관철해 내었다. 그러나 고종폐위와 신협약체결에 성공한 일제는 일진회에 대한 일반의 심각한 반대여론에 부담을 느끼고 점차 일진회를 멀리하기 시작하였다. 전국적인 의병봉기가 이어지면서 반일 분위기가 고조되고, 일진회가 그러한 반일운동의 공격 목표가 되자 이용가치보다는 오히려 통감부 통치에 부담이 된다고 판단했던 것이다. 애초에 우치다 등도 일진회를 정치적 목적으로 이용한 후에는 財團으로 만들어 산업활동에 종사시키려고 계획하고 있었는데,[8] 이러한 일본측 의도를 전혀 간파하지 못한 일진회는 일제의 후원으로 언젠가는 정권을 장악하려는 꿈을 가지고 있었다. 일진회는 의병의 공격에 대항하여 自衛團을 결성하였으나, 통감부측은 일진회가 국난극복을 빌미로 당세확장을 도모하며 양민에 대한 폭행·협박·단발 강제 등을 일삼아 문제를 일으킨다는 이유로 경고조치를 취하기도 하였다.[9]

이처럼 통감부측 태도가 돌변하자 내각내에서 송병준의 위치도 흔들리기 시작하였다. 참정 이완용은 통감부와의 밀착관계를 기반으로 권력을 독식하

---

7) 조항래, 앞의 책, 114~200쪽.
8) 《日韓合邦秘史》 上, 338~347쪽.
9) 위의 책, 433쪽.

면서 송병준을 궁지에 몰아넣었다. 송병준은 이토통감이 자신을 폐위문제에만 이용하고 권력은 이완용 쪽에 실어주는 것에 심히 분노하였다. 이완용과 송병준 등 일진회의 대립은 단지 권력갈등의 문제라기보다는 원천적으로 서로 다른 배경을 가진 두 세력이 정권장악을 위해 연합한 데서 오는 필연적인 결과였다. 즉 일진회가 구래의 양반 지배질서에 대한 철저한 해체를 지향한데 비해 이완용을 비롯한 대부분의 관료들은 일진회를 하층 무뢰배 출신이라 냉소하였고, 이에 통감부측 일본인들도 동조하면서 일진회측 불만이 고조된 것이었다. 날로 높아가는 회원들의 불만으로 더 이상 조직을 운영할 수 없다고 판단한 일진회 지도부는 이완용내각과 통감부를 상대로 한 특단의 조치를 도모하게 되었다.

2) 3파연합과 합방청원운동

이완용의 권력 독식에 대한 회원들의 불만을 해소하고, 의병의 공격으로 거의 궤멸 상태에 빠진 지방조직을 재건하는 등 난국 타개를 위해 송병준과 이용구·우치다 고문 등이 생각해낸 방법은 송병준의 사직이었다. 송병준이 사임함으로써 이완용내각을 불안에 빠뜨리고, 그 혼란의 책임을 물어 일진회에 등을 돌리고 합방문제에 소극적인 이토통감을 사직하게 한다는 발상이었다. 1908년 6월부터 시작된 송병준 사직 문제는 우치다 등 합방급진론자들이 일본 軍部 강경파의 지원을 받아 벌이고 있던 이토통감 퇴진운동과도 같은 맥락이었다. 그러나 이 운동은 이토에게 설득당한 송병준이 사직 대신 內部大臣으로의 전임을 택함으로써 무산되고 오히려 일진회 지도부 내에 갈등만 가져오는 결과를 낳았다.[10] 이토통감은 1909년초 순종황제를 데리고 남북한 순행길에 오르는 등 통감정치의 안정을 과시하고자 노력했으나, 그간 실시한 보호정치의 실적이 미미하다는 일본내 여론에 부담을 느낀 나머지 결국 6월 14일자로 부통감 소네(曾禰荒助)에게 후임을 넘겨주었다.[11]

이완용내각을 옹호하던 이토가 물러나자 1909년 9월부터 일진회는 다시

10) 《日韓合邦秘史》 下, 54~69쪽.

11) 《伊藤博文傳》 下(春畝公追頌會, 1940), 800~841쪽.

한번 이완용내각 타도를 시도하였다. 일진회·대한협회·서북학회 등 재야 3단체가 연합하여 이완용내각을 타도하고 나아가 새 정권 창출을 통해 숙원사업인 합방을 촉진한다는 계획이었다. 대한협회와 서북학회는 종래 반일적 성향을 유지해온 단체였지만 강한 권력지향적 성격으로 인해 일단 이완용내각 타도, 새 정권 참여라는 목표 앞에서는 친일단체인 일진회와도 연합이 가능하다는 논리였다. 실제로 서북학회의 崔錫夏·鄭雲復 등은 매우 적극적으로 일진회측 공작에 협조하였다. 그 결과 9월 23일 3파합동 간친회가 열리고 보다 확실한 盟約書 교환을 준비하는 등 자못 기세를 확장하였으나,[12] 궁극적인 목표가 서로 다른 만큼 언제든지 붕괴될 소지가 있는 불안정한 제휴이기도 하였다.

결국 10월 26일 이토 암살사건을 계기로 상황이 급변하면서 3파연합은 붕괴의 위기를 맞게 되었다. 일진회측이 합방을 더욱 서두르게 된 반면 대한협회 등은 연합의 궁극적 목표가 합방이 아니라는 것을 분명히 하였다. 또한 이완용내각도 합방의 공로를 일진회에게 빼앗길까 두려워 적극적으로 방해공작에 나서기 시작하였다. 모든 것이 허사로 돌아갈 것을 우려한 일진회는 12월 3일 전격적으로 일진회와 대한협회의 政見協定委員會를 소집하고 합방성명서 발표 가부에 대한 의견를 물었다. 이에 대한협회가 반대함으로써 공식적으로 3파연합은 결렬되었고, 일진회는 이날밤 즉시 在京 회원 200여 명을 소집하여 총회를 열고 합방제의를 가결하였다. 일진회측은 대한협회와의 제휴가 결렬될 것에 대비하여 이미 각도 유생 30여 명과 보부상단체인 大韓商務組合·漢城普信社 등의 유력자 300여 명을 동원하고, 정운복·최석하 등을 통해 기독교계 중요 인물에 대한 설득도 병행하면서 12월 4일 아침 일찍 합방성명서를 발표하였다. 또한 황제와 내각총리대신, 통감에게 합방청원서를 전달하였다.[13] 이 上皇帝書·上韓國首相書·上韓國統監書 등은 10월초 일본에 귀국했던 우치다가 이토를 만나 한국병합에 대한 동의를 얻고 고무되어 곧바로 山崎三郎·葛生修亮 등과 함께 기초한 문건으로서 나중에 能文家인 武田範之·崔永年 등이 다듬은 것이었다. 송병준·이용구는 우치다 등이

12) 《日韓合邦秘史》 下, 104~106쪽.
13) 위의 책, 215~233쪽.

작성한 합방청원서에 대해 단지 완전한 합방으로 할 것인지, 日韓聯邦으로 할 것인지에 대해 이견을 보였을 뿐 청원서는 순전히 일본인들의 손에 의해 작성된 것이었다. 일진회는 다만 한국인 스스로 합방을 청원하였다는 명분을 쌓기 위해 이용당한 데 불과하였던 것이다.[14)]

그런데 합방청원서를 전달받은 이완용내각은 12월 7일 대신회의를 열고 이를 각하하는 한편 대한협회·한성부민회·國是연설단·흥사단 등을 사주하여 국민대연설회를 개최하고 일진회의 합방청원에 반대하는 운동을 펼쳤다. 일진회는 재제출을 반복하였으나, 12월 9일 일본경찰은 시국 혼란을 이유로 일진회장 이용구와 국민대연설회장 閔泳韶를 함께 불러 모든 집회 연설 및 선언서류의 반포를 금지한다는 명령을 내렸다.[15)]

그러나 여기서 이완용과 대한협회 등이 진실로 합방에 반대했는지는 의문이다. 왜냐하면 대한협회가 12월 4일 밤 결의한 합방반대 이유서에 의하면, "지금은 합방의 시기가 아니지만, 향후 한국이 開明 富强을 달성하여 일본의 보호국 상태로부터 벗어나는 것은 도저히 불가능하므로 자연히 모든 한국인들이 합방을 주장할 것인데, 그때 합방을 해도 늦지 않다"는 인식일 뿐, 절대적인 합방반대를 주장한 것은 아니었기 때문이다. 그들은 또한 정부와 제휴하여 일진회에 반대하는 한편, 중추원관제를 개정하여 대한협회 회원들을 다수 議官에 임용하고, 각도에도 參事會를 개설하여 대한협회 회원들을 진출시킬 것을 계획하는 등[16)] 여전히 정권참여에 대한 미련을 버리지 못하고 있었다. 즉 일진회와 연합하여 이완용내각을 타도하고 정권에 참여하려던 노선을 바꾸어, 다시 이완용내각과의 타협하에 정권참여를 실현해 보려는 전술적 선택을 했을 뿐이었다. 그러나 주지하듯이 일제는 자신들의 목적이 달성되자 대한협회나 일진회를 가리지 아니하고 모든 정치적 성격을 띤 단체에 대해 가차없는 해산명령을 내림으로써 이들의 간절한 정권참여 희망을 무참히 꺾어 버렸다.

---

14) 위의 책, 152~159·197·217쪽.
15) 위의 책, 284~287쪽.
16) 《日韓外交資料集成》 8 保護及び併合錄編, 317~318쪽.

5. 한일합병조약의 체결

1) 일본정부의 한국병합 방침

한국에서 일진회의 합방청원서 제출은 사실 일본정부 지도자간에 한국병합 방침이 최종 결정된 후 그 단행을 위해 여론을 조성하는 작업의 일환이었다. 보호국화 이후 병합은 어차피 충분히 예견되는 상황이었지만, 원래 일본 지도자들간에는 병합의 시기를 두고 다소 이견이 있었다. 이토(伊藤博文)·이노우에(井上馨) 등 文官들과 야마가타(山縣有朋)·가츠라(桂太郞)·테라우치(寺內正毅) 등으로 대표되는 軍部의 대립이 그것이다. 이는 征韓論 이래 뿌리깊은 문치파와 무단파의 대립이라는 전통과도 같은 맥락으로[1] 통감부시기 對韓政策의 기조뿐 아니라 그 궁극적 목표인 병합 실행의 문제에 대해서도 영향을 미쳤다.

이토 히로부미 등 문치파들도 물론 한국병합을 최종 목표로 하고 있었다. 그러나 군부보다는 그 실행을 점진적으로 추진하고 있었으므로 이토 등의 對韓政策은 문화정책·자치육성정책 등으로 평가되기도 하였다.[2] 이토는 한국을 병합하기에는 아직 일본의 재정능력이 부족할 뿐만 아니라 한국이 법적으로 보호국 상태인 만큼 국제열강의 주시를 무시하지 못한다는 두 가지 이유를 들어서 한국병합에 대해서 신중론을 견지하고 있었던 것이다.[3] 실제로 당시 일본은 러일전쟁 이후 막대한 전쟁비용에 대한 상환부담으로 재정적으로 매우 곤궁한 상태에 있었다.[4] 그러므로 일본은 당시 한국의 병합을 단행할 수 있을 정도로 충분한 여력이 준비되어 있었던 것은 아니었다. 뿐만 아니라 국제정세의 경우에도 일본은 여전히 만주문제를 둘러싸고 미국·러시아와 갈등이 계속되고 있었으므로 이러한 이토 등의 신중론에도 타당한

1) 黑龍會編, 《日韓合邦秘史》 下(1930 ; 原書房, 1966), 18쪽.
2) 森山茂德, 《近代韓日關係史硏究》(현음사, 1994), 201~240쪽 참조.
3) 《日韓合邦秘史》 下, 109쪽.
4) 信夫淸三郞 편, 《日本外交史》 1(每日新聞社, 1974), 220쪽.

이유가 있었다.5)

반면 합방급진론의 입장에 선 군부와 재야의 對外硬 운동론자들은 이토 통감을 유약하다고 비판하며 끊임없이 비판여론을 조성하고 결국 이토의 사직을 이끌어냈다. 그리고 그들의 설득에 의해 이토도 1909년 6월 통감직 사임을 전후한 시기에 이르면 병합 단행에 동의하게 되었다. 즉 4월 10일 총리대신 가츠라, 외무대신 고무라(小村壽太郎), 이토 3자간 회합에서 마침내 이토는 병합 단행에 이의가 없다는 견해를 표시하였다.6) 그 결과 이미 3월 30일자로 가츠라총리가 閣議에 제출해 놓은 〈韓國併合에 관한 件〉이 7월 6일 결정되었다. 적당한 시기에 한국병합을 단행하고, 그 시기가 도래할 때까지 충분히 實權을 확보하는데 노력하자는 내용이었다.7) 일제의 한국병합 방침이 일본정부의 공식입장으로 閣議에서 결정되고, 병합을 위한 구체적인 준비가 시작되는 순간이었다.

이때 마련된 〈韓國施設大綱〉에 의하면, 향후 준비할 항목으로 ① 한국 방어 및 질서유지를 담당할 군대를 주둔시키고 또 가능한 다수의 헌병 및 경찰을 증파하여 충분히 질서를 유지할 것, ② 한국에 관한 외국과의 교섭사무를 파악할 것, ③ 한국 철도를 일본제국 철도원 관할로 이관하고 그 감독하에 남만주철도와 밀접한 연락을 가지게 해서 일본-대륙간 철도의 통일과 발전을 도모할 것, ④ 가능한 다수의 일본인을 한국내에 이식하여 일본 실력의 根底를 깊이 함과 동시에 일한간 경제관계를 밀접히 할 것, ⑤ 한국 중앙관청 및 지방관청에 재임하는 일본인 관리의 권한을 확장해서 한층 민활한 통일적 행정을 기할 것8) 등이 거론되었다. 병합을 실행하는데 필수적인 치안질서의 유지뿐 아니라 병합 이후 植民統治를 위한 준비, 나아가 일본-한반도-만주간 철도 연결까지 구상함으로써 한국병합을 교두보 삼아 대륙침략에 나설 의도를 분명히 하고 있었다.

---

5) 이토가 열강의 태도에 대해 시종 주의하고 있었다는 사실은 1907년 11월 16일 일본 閣議에 올린 의견서에서도 명백이 읽혀진다(日本外務省編, 《日本外交年表竝主要文書》 上, 1965, 對外政策に關する伊藤韓國統監意見書, 282~284쪽).

6) 小松綠, 《朝鮮併合之裏面》(中外新論社, 1920), 8쪽.

7) 《日本外交年表竝主要文書》 上, 315쪽.

8) 위의 책, 316쪽.

2) 병합조약의 체결

내부적으로 병합을 위한 모든 준비를 마친 일제는 1910년 2월 해외 일본 공관에도 한국병합 방침 및 施設大綱을 통보하고, 3월에는 만주문제에 대해 러시아와 제2차 협약을 체결하기로 결정하였다. 그 결과 러시아는 4월 한국 병합을 승인한다는 의사를 표시하였고, 영국도 5월 병합을 승인하였다.[9] 그간 병합단행을 지연시켜온 하나의 요인이었던 국제열강의 태도가 이렇게 해결되자 이제 병합은 행정적인 절차만을 남겨놓은 상태가 되었다.

1910년 5월 30일 일제는 병합을 단행할 인물로 육군대신 테라우치를 한국 통감에 겸임 발령하고, 6월 3일에는 閣議에서 한국에 대한 시정방침과 總督의 권한 등에 대해 확정하였다. 그 방침에 따르면 병합 후 당분간은 일본헌법을 시행하지 않고 대권에 의해 통치하되 總督은 天皇에 직속하여 일체의 政務를 통할하고, 또한 대권의 위임에 의해 법률사항에 관한 명령을 발할 권리를 갖는 것으로 규정되었다. 일본헌법의 적용을 받지 않는다는 것은 '分離主義'원칙에 입각하여 식민지 총독에게 특수한 독자적 위상을 부여한다는 의미였다. 합병 실행에 필요한 경비는 일단 일본정부의 예비비로 지출하되, 향후 총독부 회계는 특별회계로서 총독부의 政費는 한국에서의 세입으로 충당함을 원칙으로 하고, 다만 당분간은 일정한 금액을 일본정부가 보충해주기로 하였다. 병합에 따른 일본정부의 재정부담을 최소화하기 위한 조치였다. 또한 통치행정 분야에서 정치기관은 최대한 간이하게 改廢하고, 통감부 및 한국정부에 재직하는 일본 관리 중 필요없는 자는 귀환 혹은 휴직시킴으로써 최소한의 기구와 인력으로 효율적인 식민통치를 실시할 것을 계획하였다.[10]

마지막으로 병합조약 체결에 대한 한국민의 저항을 제압하기 위해 6월 24일에는 경찰권 위탁에 대한 각서를 요구하였고, 6월 30일자로 한국경찰을 폐지하였다. 1907년 신협약 체결 이후 이미 한국의 치안경찰권은 일제가 완전히 장악한 상태였지만, 보다 강력한 경찰력 확보를 위해 한국주차군 헌병대

---

9) 森山茂德, 앞의 책, 268~269쪽.

10) 《日本外交年表竝主要文書》 上, 韓國に對する施政方針, 336쪽.

산하에 통합시키기로 한 것이다.[11)]

이러한 모든 준비를 끝낸 신임 총독 테라우치는 7월 23일에야 한국에 착임하였다. 착임 후에는 일단 헌병경찰을 동원하여 일체의 정치적 집회나 연설회를 금하고 이를 어기는 경우 가차없이 검속·투옥하는 등 숨도 함부로 쉬지 못할 만큼 공포분위기를 조성하였다. 그리고 8월 16일 드디어 한국정부의 총리대신 이완용을 통감 관저로 불러 병합을 위한 담판을 개시하였다.[12)] 테라우치가 병합조약안을 수교하자 이완용은 이에 대부분을 동의하면서도 국호를 朝鮮으로 개칭하는 문제와 황실 존칭문제에 대해서만 이의를 제기하였다. 現 황제를 병합 이후에 李太公이라 부르자는 일본측 제안에 이완용은 李王殿下라는 명칭을 고집하였다. 그러나 그것은 일본과 병합조약을 체결할 당사자로서 자신의 체면을 유지하고 황실 및 원로들의 반발을 완화시키려는 제스처에 불과하였다. 일본측도 원활한 교섭을 위해서 이완용의 체면을 세워줄 필요가 있었으므로 황실 칭호 부분만은 양보하였다. 그 결과 병합조약안은 별다른 수정없이 8월 18일자로 한국정부의 내각회의를 통과하였고, 8월 22일에는 형식적인 어전회의를 거쳐 순종황제가 이완용을 전권위원으로 임명함으로써 같은 날 이완용과 테라우치통감 사이에 병합조약이 조인되었다. 그리고 8월 29일자로 다음과 같은 내용의 한일병합조약이 공포되었다.[13)]

〈한국병합에 관한 조약〉

제1조 한국 황제폐하는 한국 전부에 관한 일체의 통치권을 완전하고도 영구히 일본국 황제폐하에게 양여한다.

제2조 일본국 황제폐하는 이 양여를 수락하고 한국전부를 일본제국에 병합하는 것을 허락한다.

제3조 일본국 황제폐하는 한국 황제폐하·태황제폐하·황태자전하 및 后妃·後裔에게 각기 지위에 상당한 존칭·위엄 및 명예를 향유하게 하고 또 이를 보유하는데 충분한 歲費를 공급할 것을 약속한다.

제4조 일본국 황제폐하는 前條 이외에 한국 황족 및 그 후예에 대해 각기 상당한 명예 및 대우를 향유하게 하고 또 이를 유지하는데 필요한 자금을 제공

11) 《日韓外交資料集成》 8, 302~305쪽.
12) 《日韓合邦秘史》 下, 678~682쪽.
13) 《日韓外交資料集成》 8, 330~333쪽.

할 것을 약속한다.

제5조 일본국 황제폐하는 勳功있는 한국인으로서 특히 표창하기에 적당하다고 인정되는 자에 대해서는 榮爵을 주고 恩金을 공여한다.

제6조 일본국정부는 병합의 결과로서 전연 한국시정을 담임해 同地에 시행하는 법규를 준수하는 한인의 신체 및 재산에 대해 충분히 보호를 제공하고 또 그 복리 증진을 도모한다.

제7조 일본국정부는 성실 충실히 신제도를 존중하는 한국인으로서 상당한 자격 있는 자를 사정이 허락하는 한 관리에 등용한다.

제8조 본 조약은 일본국 황제폐하와 한국 황제폐하의 재가를 얻어서 공포하는 날로부터 시행한다(《日本外交年表竝主要文書》 上, 340쪽).

이상 8조로 이루어진 한일간 병합조약의 체결로 대한제국 2천만 동포의 운명은 간단히 일본 제국주의자의 발길 앞에 내동댕이쳐졌다. 나라 전체를 들어 남에게 맡긴 대신 얻은 것이라곤 극소수 황실가족들의 품위유지비와 몇몇 친일파 관리들에게 주어진 작위, 몇푼의 은사금이 전부였다. 나머지 무고한 일반 민중들은 오로지 일본 제국주의자들의 은총에 자신의 신체와 재산을 맡긴 채, 그것도 '성실하고 충실하게' 일본통치를 따르는 경우에 한해서 그들의 '사정이 허락하는 한' 보호를 받을 수 있는 식민지 백성의 처지로 전락하였다.

〈徐榮姬〉

찾 아 보 기

[ㄱ]

[ㅂ]

[ㅅ]

[ㅇ]

[ㅈ]

[ㅊ]

[ㅋ]

[ㅌ]

[ㅍ]

[ㅎ]

집 필 자

V. 대한제국의 종말

한국사 42

대한제국

편찬간행 **국사편찬위원회**

초판1쇄 2003년 11월 30일
2쇄 2013년 6월 4일

번각발행 **탐구당**

등록일 1950년 11월 1일
등록번호 서울 제 03-00993 호

주소 서울특별시 용산구 한강대로 62 나길 6
전화 (02) 3785-2211(대표)
팩스 (02) 3785-2272
홈페이지 www.tamgudang.co.kr
전자우편 tamgudang@paran.com

ISBN 978-89-8236-608-6
978-89-8236-566-9(세트)

값 16,500 원